Arando o Mar

Fortalecendo as Fontes Ocultas do Crescimento em Países em Desenvolvimento

Tradução
Maria Motta

Prefácio de Michael E. Porter

ARANDO O MAR

Fortalecendo as Fontes Ocultas do Crescimento em Países em Desenvolvimento

Michael Fairbanks & Stace Lindsay

QUALITYMARK

Edição original Copyright© 1997 by Michael Fairbanks, Stace Lindsay e Monitor Company
Publicado através de acordo com a Harvard Business School Press

Copyright© 2000 by Qualitymark Editora Ltda.

Todos os direitos desta edição em língua portuguesa reservados à Qualitymark Editora Ltda.
É proibida a duplicação ou reprodução deste volume ou de parte do mesmo,
sob qualquer meio, sem autorização expressa da Editora.

Direção Editorial
SAIDUL RAHMAN MAHOMED
editor@qualitymark.com.br

Ilustração da Capa
FANTASIA CAFETERA DE
CIRO ORTEGA E PERÉIRA, COLÔMBIA

Capa
WILSON COTRIM

Foto dos Autores
KELLY FEALY

Produção Editorial
EQUIPE QUALITYMARK

Editoração Eletrônica
UNIONTASK

1ª Edição: 2000

1ª Reimpressão: 2001
2ª Reimpressão: 2002

CIP-Brasil. Catalogação-na-fonte
Sindicato Nacional dos Editores de Livros, RJ

F949m

Fairbanks, Michael

    Arando o mar: fortalecendo as fontes ocultas do crescimento em países em desenvolvimento / Michael Fairbanks, Stace Lindsay : tradução Maria Motta. – Rio de Janeiro : Qualitymark Ed., 2002.

    ISBN 85-7303-264-2

    1. Inovação e competitividade. 2. Competitividade das nações. I. Título.

00-3045

CDD 968.406
CDU 957.011.9

2002
IMPRESSO NO BRASIL

Qualitymark Editora Ltda.
Rua Teixeira Júnior, 441
São Cristóvão
20921-400 – Rio de Janeiro – RJ
Tel.: (0XX21) 3860-8422

Fax: (0XX21) 3860-8424
www.qualitymark.com.br
E-Mail: quality@qualitymark.com.br
QualityPhone: 0800-263311

Quem serve a uma revolução, ara o mar.
— *Epitáfio de Simón Bolívar.*

Apresentação

O Brasil tem um grave problema de déficit na sua balança de pagamentos cujo financiamento tende a ficar cada vez mais difícil. A venda de ativos tem um limite, e somente com um aumento importante do nosso comércio exterior (importação e exportação), com a geração de um superávit comercial consistente, conseguiremos uma solução.

Só alcançaremos este objetivo se o aumento das exportações se transformar na prioridade nacional, como foi o combate à inflação nos últimos anos. Mas não adianta tentar avançar por decreto. Precisamos de ações concretas que melhorem a **competitividade** dos nossos meios de produção.

As reflexões de Michael Porter retratadas nos seus livros (*Competitive Advantage* e *The Competitive Advantage of Nations*), trabalhadas e confirmadas pelos mais de 60 projetos realizados pela Monitor Company em dezenas de países, são a base dos conceitos comprovados e relatados por M.Fairbanks e Stace Lindsay neste livro.

É impressionante notar como os erros sistematicamente cometidos pelos países pobres, e que assim ficam cada vez mais pobres, são, também, uma constante no Brasil. Não é com benefícios fiscais, mão-de-obra barata, recursos naturais abundantes, protecionismo ou paternalismo governamental que seremos competitivos. Abundante em cifras e casos concretos vividos principalmente na América Latina, o livro mostra como estes paradigmas são nocivos para a criação de riqueza.

O leitor certamente se impressionará com a importância que a solidariedade entre empresas assume na competitividade de um *cluster*.

Temos aqui lições fundamentais que, se aprendidas pela sociedade brasileira, pelos governantes e, principalmente, por nós empresários, poderão mudar este país.

Edson Vaz Musa

Engenheiro (ITA), Ex-presidente da Rhodia e é atualmente Senior Partner da Monitor do Brasil (Consultoria). É sócio majoritário da EVM Empreendimentos S/A *holding* controladora das empresas: Caloi, Rimet e Officemax do Brasil. Conselheiro de empresas como Natura, Abril, Weg e de entidades sem fins lucrativos como Aliança Francesa, Instituto Uniemp, Fundação Dom Cabral, Fundação Padre Anchieta, etc..

Prefácio da Edição Brasileira

Recentemente, ao final de uma palestra fui surpreendido com o pedido de um dos participantes do evento para que recomendasse os cinco livros de Administração mais importantes da última década.

Sem hesitar, os enumerei: *"A Vantagem Competitiva das Nações"*, de Michael Porter; *"Competindo pelo Futuro"*, de Gary Hamel e C.K. Prahalad; *"Feitas Para Durar"*, de Jim Collins e Jerry Porras; *"A Máquina de Liderança"*, de Noel Tichy; e, deixei por último por não ter sido traduzido até então, o *"Plowing the Sea"*, de Michael Fairbanks e Stace Lindsay.

O executivo que fez o pedido se disse surpreso por dois motivos. Em primeiro lugar, por não ter enumerado nenhuma obra de Peter Drucker. Em segundo, pelo seu desconhecimento do livro de Fairbanks e Lindsay. Pediu-me uma explicação, a qual tenho a alegria de reproduzir nessas páginas, desta feita com o conforto da versão em português oportunamente aqui publicada pela Qualitymark com o título de ARANDO O MAR.

Baseados na sua diversificada experiência como consultores da Monitor Company em vários projetos na América Latina, os autores demonstram neste livro, de forma clara, desconcertante e contundente como certas premissas e modelos tradicionais de competição ainda utilizados na América Latina são contraproducentes no cenário de hipercompetitividade global no qual vivemos. Enfatizam que a chave para a competitividade não reside apenas nas políticas macroeconômicas de um país, mas também nas ações microeconômicas das empresas que compõem cada setor da economia. E realizam essa proeza em linguagem acessível e com impressionante riqueza de exemplos vividos em vários países latino-americanos.

Um dos mais importantes capítulos é dedicado à descrição de alguns padrões de comportamento que impedem maior competitividade em vários países da América Latina, lançando luz sobre as razões que levam certas nações a desenvolverem vantagens competitivas enquanto outras empobrecem por serem prisioneiras do velho modelo das vantagens comparativas.

O livro propõe que os modelos mentais — de empresários, governantes, dirigentes de associações de classes, formadores de opiniões, clientes, fornecedores e os membros da cadeia produtiva dos diversos negócios — constituem-se no lado invisível da guerra pela competitividade de produtos, empresas, setores e países da região.

Na realidade, já começamos a perceber no dia-a-dia do mundo corporativo que residem nos valores e nas posturas dos empresários e demais agentes econômicos mais do que as condições materiais ou estruturais, as causas determinantes de comportamentos geradores de baixa produtividade e competitividade.

Sabemos como algumas crenças típicas de nossa cultura de tão arraigadas se transformam em forças restritivas à maior presença de nossos produtos, serviços e empresas nos *fronts* de batalha do comércio internacional. Tomemos como exemplo o dito popular segundo o qual *"o olho do dono é que engorda o gado"*, que reflete um nível de centralização inadequado para a agilidade requerida pelo mercado. Pode-se inferir como crenças desse tipo possam se constituir em sério obstáculo para uma maior internacionalização das empresas brasileiras. Isso para não falar em outras pérolas da nossa cultura popular como o *"manda quem pode, obedece quem tem juízo"*, ou o *"você é pago para fazer e não para pensar"*.

Prefácio da Edição Brasileira

A leitura desse livro por certo contribuirá para que líderes empresariais e formuladores de política no Brasil reflitam mais sobre os atuais modelos mentais e como eles afetam a competitividade de nossas empresas e produtos. Não podemos mais nos dar ao luxo de entrar no século XXI contaminados por modelos que perpetuaram a pobreza e camuflaram a baixa competitividade dos negócios, baseados nas vantagens ilusórias dos recursos naturais, da fertilidade do solo, da mão-de-obra barata e de subsídios protecionistas. Não poderemos ter sucesso na Era da Hipercompetição com hábitos que já são impróprios até mesmo no apagar das luzes da Era Industrial.

O livro é, por essas razões, muito oportuno para o público brasileiro nesse momento de dramática transformação em praticamente todos os setores de nossa economia. Negócios, setores e até indústrias inteiras estão sendo reinventadas. As empresas necessitam conceber e implementar estratégias sofisticadas, pois cada vez mais se torna necessário agregar valor para toda a cadeia produtiva de um negócio e não apenas para uma empresa isolada. Necessitam aprender a surpreender os seus clientes mais exigentes — e não apenas atender as suas expectativas. Necessitam entender melhor os benefícios da competição acirrada entre todas as empresas que se relacionam em determinado mercado, formando um verdadeiro *"cluster"* de empresas que se por um lado competem entre si, por outro também se complementam e se reforçam mutuamente elevando o patamar de competitividade para padrões que as deixem, no conjunto, menos vulneráveis. Necessitam colocar suas exportações em um nível compatível com o porte da nossa economia. Mesmo as pequenas e médias empresas que se dedicam exclusivamente ao mercado doméstico necessitam tomar o único antídoto válido para que não sejam tragadas pelo efeito da globalização: tornar-se uma empresa de classe mundial no seu negócio.

Por seu turno, as agências promotoras de desenvolvimento no País necessitam repensar seu papel à luz desse novo cenário e das novas exigências do mercado. As instituições governamentais precisam encontrar o caminho para promoverem de fato o tão desejado desenvolvimento auto-sustentado e integrado.

Nesses tempos bicudos, o provocativo livro de Michael Fairbanks e Stace Lindsay ajudará ao leitor atento a entender melhor a natureza das mudanças e das ações necessárias para dotar o país — suas empresas, produtos e serviços — do nível de competitividade que todos almejamos. Pode assim contribuir para um diálogo mais construtivo sobre o papel das empresas, do governo e da sociedade, com o propósito de evitar que o Brasil em particular e a América Latina em geral passem mais um século *"carregando água no cesto"*, a metáfora tropical equivalente à idéia de *"arando o mar"* que inspirou o título do livro.

Cesar Souza
É Consultor Sênior da Monitor Company, Presidente da Focus Desenvolvimento Empresarial e autor do livro *Talentos & Competitividade*, publicado pela Qualitymark Editora.
E-mail Cesar_Souza@monitor.com)
Washington, D.C. — Junho 2000

Prefácio

Michael E. Porter

No meu livro *A Vantagem Competitiva das Nações* (1990), propus-me a explicar as fontes da prosperidade nacional sustentada na economia global moderna. Argumentei que a riqueza é regida pela produtividade, ou pelo valor criado por dia de trabalho, por dólar de capital investido e por unidade empregada de recursos físicos de uma nação. O aumento da produtividade nacional depende de progressos simultâneos na sofisticação das estratégias das empresas e na qualidade do meio empresarial nacional. Minha pesquisa em dez nações industriais, e subseqüentemente em muitas outras, determinou as condições que regem o progresso econômico nacional (e regional) e os respectivos papéis das empresas e do governo nesse processo. O progresso depende da melhoria e especialização dos fatores de produção locais, do aumento da sofisticação da demanda doméstica para ajudar os produtores locais a se anteciparem e a corresponderem às necessidades internacionais, do desencadeamento da rivalidade local em dimensões competitivas cada vez mais avançadas, e da formação de núcleos de empresas e de setores correlatos e de apoio.

A alentadora atenção dispensada à minha obra se deve, no mínimo, a dois motivos. Em primeiro lugar, o livro foi lançado oportunamente, quando as nações estavam se reconcentrando, afastando-se da guerra fria em direção ao aumento da prosperidade de seus cidadãos. No entanto, enfrentar a economia global revelou-se difícil. Em muitas partes do mundo, os ricos ficaram mais ricos e os pobres mais pobres, em especial na América Latina. Com freqüência, a qualidade das relações entre os governos e o setor privado tem sido tensa. Os líderes nacionais, ainda propensos a supervalorizar a importância dos dotes naturais, ficam intrigados quando o petróleo, os minerais e outros recursos naturais não produzem mais a mesma riqueza gerada no passado. Meu livro ofereceu uma estrutura sistemática para tratar desses problemas.

Em segundo lugar, embora tenha havido bastante progresso no entendimento do lado macroeconômico do desenvolvimento, há também o reconhecimento crescente de que a reforma macroeconômica é necessária mas não suficiente. Importância igual ou maior têm os fundamentos microeconômicos do desenvolvimento, enraizados na natureza das estratégias empresariais e em instituições, recursos e diretrizes que constituem o ambiente da concorrência das empresas. Meu livro preencheu uma lacuna no enfoque do lado microeconômico da competitividade.

Michael Fairbanks e Stace Lindsay vivenciaram o processo e os problemas do desenvolvimento econômico em primeira mão. Ao contrário de muitos especialistas em desenvolvimento de formação acadêmica, eles iniciaram suas respectivas carreiras, um como professor do Corpo da Paz, outro como ativista comunitário na América Central. Tornaram-se consultores de diversas empresas e de muitos chefes de estado sobre o modo de pensar a respeito da competitividade em nível empresarial e do desenvolvimento econômico nacional, em alguns dos ambientes empresariais mais difíceis do mundo. Muito do que eles aprenderam consta das páginas que se seguem.

Este livro complementa o meu trabalho de três maneiras importantes. Em primeiro lugar, enquanto eu sou um acadêmico, com a atenção concentrada em idéias, Fairbanks e Lindsay são militantes. Eles completaram meu trabalho e também o de outros, tais como James Austin e Chris Argyris, e mostraram que as idéias se aplicam na prática. A obra é repleta de esplêndidos estudos de caso, que transmitem tanto teoria quanto prática para os anos vindouros. O mais importante, contudo, é que o livro se baseia não somente em idéias, mas em resultados que Fairbanks e Lindsay alcançaram durante os projetos implantados em muitos países.

Em segundo lugar, enquanto meu trabalho procurou articular uma estrutura que englobasse e se aplicasse a qualquer país, Fairbanks e Lindsay focalizam sua atenção nas nações em desenvolvimento com ambientes empresariais em grande dificuldade. Para tanto, trabalharam em países como o Haiti, a Federação Russa, o Peru, a Bolívia e a África do Sul, e contribuem com freqüência para o diálogo sobre desenvolvimento econômico incipiente no Banco Mundial e em outras instituições educacionais e de desenvolvimento.

Em terceiro lugar, enquanto meu trabalho estabeleceu uma estrutura normativa, Fairbanks e Lindsay abrem novas e importantes perspectivas sobre o processo de mudança. Não basta saber o que fazer para melhorar a economia em uma nação em desenvolvimento. Desafio igual, se não maior, é realizar a mudança, devido principalmente a desacordos sobre o paradigma apropriado para a competitividade, à desconfiança mútua entre empresariado e governo, à superposição e ao conflito de papéis e responsabilidades no próprio governo, dentre outras causas. Fairbanks e Lindsay oferecem valiosa compreensão tanto das barreiras às mudanças existentes nos países como da maneira de ultrapassá-las.

O propósito primordial deste livro é incentivar e estabelecer nas nações em desenvolvimento um diálogo construtivo entre o papel das empresas e dos governos na criação e na distribuição de riqueza. Muitos dos exemplos no livro foram tirados dos Andes, foco recente do trabalho de Fairbanks e Lindsay. Contudo, as lições aqui presentes são aplicáveis a muitos locais: África, Ásia, como também a regiões menos desenvolvidas de países estabilizados, inclusive nos Estados Unidos.

Intitulei minha obra de *A Vantagem Competitiva das Nações* para salientar a importante distinção entre vantagem relativa e vantagem competitiva como fontes de riqueza. Fairbanks e Lindsay mostram que a falta de compreensão dessa distinção é uma das causas básicas do problema do desenvolvimento econômico. *Arando o Mar* é uma declaração vívida e eloqüente da razão pela qual as nações em desenvolvimento devem abraçar o novo paradigma da competitividade.

Considerando que as questões macroeconômicas do mundo em desenvolvimento estão se tornando mais compreendidas, é hora agora dos líderes dos setores público e privado dos países em desenvolvimento começarem a trabalhar em conjunto para atacarem as questões microeconômicas. E, neste sentido, este livro representa uma fonte atual e imprescindível.

Michael E. Porter
Professor
Harvard Business School

Sumário

Preâmbulo: A esperança das nações XIX

Agradecimentos XXIX

Introdução: A história das flores colombianas —
uma advertência 3

PARTE UM: ROMPENDO COM O PASSADO: PADRÕES DE INIBIDORES DA COMPETITIVIDADE 23

1 Evite depender demais dos fatores básicos de
   vantagem 25

2 Entenda melhor a clientela 45

3 Conheça a sua posição competitiva relativa 57

4 Saiba quando se integrar verticalmente (ou
   não) com a distribuição 73

5 Melhore a cooperação entre empresas 91

6 Supere a atitude defensiva 111

7 Evite o paternalismo 123

PARTE DOIS: ENTENDENDO AS ORIGENS DOS SETE PADRÕES 141

8 Ações estratégicas — não optar é uma opção 145

9 Aprendizado ao nível da empresa 161

10 Mecanismos de direção 205

11 Modelos mentais 225

12 As fontes ocultas do crescimento 263

PARTE TRÊS: JUNTANDO AS PEÇAS 285

13 Um modelo para ação 287

Notas 313

Índice remissivo 323

Sobre os autores 339

Preâmbulo: A Esperança das Nações

Pode-se adormecer para sonhar, ou sonhar para mudar o mundo.
— *Frantz Fanon (1925-1961), psiquiatra, filósofo e ativista político martiniquense.*

A grande maioria das nações em desenvolvimento encontra-se hoje em crise econômica, embora não necessariamente por estar agindo de maneira errada. Pode-se dizer que estão agindo de maneira correta e adequada a épocas passadas. Isso pode parecer uma distinção sutil e quase sem nenhum consolo, em especial nos países andinos — Colômbia, Venezuela, Peru, Bolívia e Equador — cujas empresas, e cujos cidadãos, parecem estar ficando, ano após ano, cada vez mais ultrapassados quando comparados às principais democracias industriais. Contudo, tendo trabalhado muito nessa região, aprendendo com praticamente todos os seus líderes e lhes oferecendo consultoria no campo da competitividade, encontramos motivos para ter esperança.

A esperança não é exclusiva dos países andinos, mas de todos os países pobres por toda a América Latina, Oriente Médio, antiga União Soviética e África. Trata-se de uma esperança vinculada a uma estrutura de mudança, a qual tem ajudado nossos clientes a tomarem providências. Estrutura na qual as vantagens competitivas do conhecimento se sobrepõem às vantagens da natureza. Além disso, a esperança é mantida viva pela convicção crescente de que os líderes das nações em desenvolvimento estão abertos à mudança como nunca o estiveram e dispostos a se comprometerem com os novos fundamentos do desenvolvimento econômico, mesmo embora não tenham obtido êxito com os antigos fundamentos. Felizmente, os países não precisam seguir pressupostos ultrapassados até o amargo fim.

Porém, o que não se tem tanta certeza é se esses novos princípios do desenvolvimento econômico serão efetivamente postos em prática com a rapidez necessária para fazerem diferença para as pessoas da nossa geração. A situação é urgente; mas as soluções não podem ser precipitadas. Os líderes andinos terão que atravessar as múltiplas camadas que herdaram de polêmica, cinismo e rigidez burocrática. Os mais determinados lutarão para continuar seu trabalho, com pouca expectativa de mostrar os resultados de seu esforço ainda por muitos anos. Por si sós não conseguirão alcançar muito. Será preciso tentar algumas experiências inovadoras de parceria entre os setores público e privado, no sentido de preparar os cidadãos para investimentos a longo prazo, em geral sem precedentes, na infra-estrutura empresarial, no desenvolvimento de mercados e na educação pública. Esses investimentos terão que ser feitos sob condições cada vez mais desesperadas, o que tende a gerar nos líderes empresariais e governamentais um estado de espírito defensivo e de desconfiança mútua que está longe de constituir as melhores condições para a aprendizagem e a cooperação.

Não obstante, foi visando a aumentar a chance de tais parcerias que decidimos escrever este livro. Vamos defender uma nova abordagem para o desenvolvimento econômico e tentar justificar nossas alegações com estudos profundos sobre a indústria andina — vantagens, desvantagens e oportunidades. Contudo, com a mesma importância, vamos indicar o que julgamos ser um processo humano no qual os líderes governamentais e os administradores privados podem se empenhar em pensamento produtivo. Quem quer promover mudanças em nações em desenvolvimento tem a obrigação não apenas de dizer o que precisa ser dito, mas também de buscar as formas mais eficazes de dizê-lo.

Os Andes: Um Laboratório de Desenvolvimento

Para a maioria das pessoas instruídas dos Estados Unidos e da Europa, as quais têm idade suficiente para se lembrar da Aliança para o Progresso de John F. Kennedy, nomes como "Bolívia" ou "Colômbia" ainda evocam ditadura militar e sacas de aniagem cheias de café barato. Os mais jovens ouvem "Cáli" ou "Medellín" e pensam logo em "cartel", suas imagens dos Andes são vinculadas de maneira insolúvel a helicópteros sobrevoando campos de coca, a Uzis nos portões das mansões dos magnatas das drogas. De qualquer modo, os países andinos continuam a dar impressão de lugares exóticos, que se debatem em dificuldades, lugares curiosamente perdidos. Tendemos a imaginar a miséria da região rural, taxas de inflação mais altas do que as de alfabetização, obstinada atividade de guerrilha liderada por marxistas bazófios (e, agora, um tanto exaustos). Pensamos, também, em empresas estrangeiras passíveis de desapropriação, como empresas que ali estão voltadas para a extração de estanho ou de madeira ou para a compra de colheitas inteiras, muito pouco sendo destinado aos trabalhadores — negócios que correm perigo, não temos certeza se não merecidamente.

Alguns desses estereótipos são duros de combater, pois, como todos os estereótipos, estes também têm uma ponta de verdade. Porém os fatos são mais complexos e, de certa forma, mais promissores. Os países andinos têm aproximadamente 95 milhões de habitantes, cerca de metade vive em áreas urbanas, sendo estas cidades aninhadas em montanhas exuberantes, com as pessoas calejadas pelo trânsito pesado e pela atmosfera rarefeita. O produto interno bruto total dos países andinos é de aproximadamente US$200 bilhões. Se estivéssemos em uma era industrial mais primitiva, diríamos que as economias desses países têm muito a seu favor. São famosas pela abundância de recursos naturais: reservas madeireiras nas florestas tropicais e inimagináveis depósitos minerais nas montanhas. Possuem resquícios de uma história nativa fascinante, potencialmente uma grande atração para turistas aventureiros. Suas planícies são extremamente férteis e gozam de um período vegetativo equatorial. As cidades situadas nos altiplanos oferecem surpreendente clima temperado.

A coesão nacional, e portanto econômica, tem demonstrado maior possibilidade prática nos países andinos, em especial durante os últimos vinte anos, com o avanço das telecomunicações e da televisão em rede nacional. Para viajantes a negócios, as pontes aéreas se tornaram mais importantes do que as estradas que serpenteavam e isolavam as cidades andinas uma das outras da mesma forma que as interligavam. As conexões globais agora também são efetivas. As telecomunicações internacionais são boas na Colômbia e aceitáveis em outros lugares. Bogotá, uma cidade de quase 7 milhões de habitantes, dista de avião de Miami quase tanto quanto Miami de Boston. Em todas as cidades mais importantes — Lima, La Paz, mas especialmente em Bogotá e Caracas — há uma classe média alta cada vez maior (em geral, educada nos Estados Unidos), composta de proprietários, administradores e profissionais famintos de progresso.

Essas nações agora são reconhecidamente democráticas, cada uma com um presidente que assumiu o poder através de eleições pacíficas, uma imprensa ativa embora um tanto agressiva, e uma legislatura eleita. As reais condições políticas, no entanto, continuam a variar bastante de país para país, de administração para administração. A maioria dos líderes políticos chegaram ao poder prometendo progresso econômico e, posteriormente, se viram enredados entre a pressão da insurreição violenta — proveniente dos cartéis de drogas e das guerrilhas remanescentes — e a tentação de recorrer ao despotismo militar. (Por exemplo, em 1994, cerca de 4.000 colombianos foram seqüestrados e depois libertados mediante pagamento de resgate.) Os líderes políticos também tiveram de presidir burocracias governamentais não imunes a propinas. Um líder boliviano nos externou o problema da seguinte forma: "Este país é governado por 100 filhos-da-puta; eu que o diga, pois são todos grandes amigos meus."

Os Andes constituíram um laboratório fantástico para nós, partilhando várias características de muitas das nações num mundo em desenvolvimento. Os países andinos abrangem quase que toda a distribuição de países de renda média-baixa do mundo.[1] O Banco Mundial relaciona a Bolívia, com uma renda *per capita* de US$760 (valores em dólares de 1996), como o 49º país mais pobre do mundo, e por sua vez muito próximo a alguns dos países mais ricos da África, como Senegal e Camarões. A Venezuela é o 87º país mais pobre, com renda *per capita* de US$2.840. Situa-se próxima à República Tcheca, à Turquia, à África do Sul e à Estônia.

Esses países passaram por toda a gama de experiências de ajuste macroeconômico. A Bolívia, com uma taxa anual de inflação que atingiu 20.000% em 1985, atraiu a atenção das instituições multilaterais, à semelhança do que ocorreu com muitas nações africanas na década de 80. O conservadorismo fiscal e monetário da Colômbia faz com que ela seja a única nação sul-americana a jamais ter tido sequer que reescalonar sua dívida.

Os negócios nesses países variam amplamente em porte e tipo. No Peru e na Bolívia, estimativas do tamanho de seus respectivos setores informais (negócios não registrados junto ao governo ou à câmara de comércio) chegam a dois terços de suas economias, com empresas que, muitas vezes, têm apenas cinco ou dez empregados. Isso não difere do Zaire, de partes da Federação Russa, do México ou até mesmo de países asiáticos num passado não muito distante. Os Andes também possuem algumas empresas estatais de peso, que empregam aos milhares. Em Bogotá, grande parte das pessoas formalmente empregadas trabalha para o governo colombiano, e 80% das exportações da Venezuela são de propriedade do estado — situação semelhante à do Leste Europeu e da África.

Todo tipo de estratégia nacional alguma vez testada em países em desenvolvimento foi observado nos Andes. Nas últimas três décadas, assistimos nos Andes à substituição de importações, monetarismo, livre comércio, redistribuição de renda, ênfase na agricultura, e até mesmo "flertes" com o Socialismo. A extensão e a abrangência da experimentação com essas inúmeras estratégias nacionais — sem falar na rapidez das mudanças — nos deixaram atônitos, mas não são exclusivas dessa parte do mundo.

Nos anos de Mike Fairbanks como banqueiro na África e na época em que Stace Lindsay trabalhava em desenvolvimento na América Central e no Caribe, determinados padrões se repetiram sempre, em ambos os níveis, micro ou da empresa: líderes excessivamente dependentes da abundância de suas reservas naturais para concorrer nos mercados mundiais e assim criar prosperidade para os cidadãos; pouco ou nenhum conhecimento acerca do conceito de "usuários finais", concorrentes, ou estruturas de custo; pouca integração em direção a mercados sofisticados; demasiada dependência de apoio governamental; e, de modo geral, relacionamento insatisfatório entre os setores governamental e privado. Desta forma, foi possível fazermos dos Andes o laboratório no qual podemos explorar detalhadamente esses padrões de subdesenvolvimento do setor empresarial e suas oportunidades ocultas.

Nova Vontade de Mudar

Será que os líderes políticos dos Andes chegam ao poder com uma idéia nítida de como aumentar a competitividade de suas economias? Na realidade, a pergunta ajuda a articular o princípio determinante do nosso trabalho e o que consideramos seu aspecto mais original.

A partir de nossas conversas com os líderes andinos, fica evidente que eles têm tido uma noção muito mais nítida do que impede o desenvolvimento ao invés do que o fomenta. Estão agora, pelo menos na sua maioria, comprometidos com a estabilidade e com a reforma macroeconômica — abertura do mercado, responsabilidade fiscal — e, além disso, bastante conscientes de que a falta de um ambiente macroeconômico saudável no passado os levou à estagnação e à hiperinflação.

Chegaram a esse compromisso com sinceridade. Considere-se o Peru. Entre 1968 e 1990, do presidente Velasco ao presidente García, o governo peruano mudou de atitude com respeito à propriedade estrangeira das empresas nacionais no mínimo cinco vezes. O resultado foi devastador. De 1968 a 1992, a parcela do Peru nas exportações mundiais caiu cerca de 6%. A produtividade despencou de maneira dramática entre 1980 e 1990, e o setor "informal", o mercado negro, cresceu para acomodar trabalhadores demitidos de empresas cada vez menos competitivas. Os déficits fiscais criaram uma tremenda dívida externa, que isolou progressivamente a nação de qualquer ajuda internacional, não deixando ao governo outra alternativa senão imprimir dinheiro. Quando o presidente Fujimori assumiu o cargo em 1990, a inflação estava em 7.000%. O mercado acionário encontrava-se em frangalhos.

Por enquanto, vamos deixar de lado as diretrizes adotadas pelo presidente Fujimori desde a posse. Hoje em dia, estabilidade macroeconômica não passa de cacife mínimo. Um clima econômico mais previsível e amistoso em relação aos negócios permite que um país em desenvolvimento entre no jogo, mas não lhe garante êxito — exceto, talvez, para uma pequena elite capaz de jogar bem. A estabilidade macroeconômica, sem uma mudança correspondente no modo de competir das economias em desenvolvimento, não vai alterar a crise social herdada por muitos dos atuais líderes na região.

O que tem sido mais difícil para os líderes andinos e, na verdade, para grande parte da liderança das economias em desenvolvimento é perceberem que para melhorarem as perspectivas das empresas nacionais seus governos precisam dominar os detalhes de como as empresas globais de sucesso fazem opções competitivas, opções estratégicas, em uma era de mercados globais e tecnologias de informação interligadas em rede. Os líderes governamentais sempre estiveram absorvidos pelas macroteorias de um velho paradigma de geração de riqueza, em que as metas estratégicas das empresas eram tidas como quase óbvias: explorar as economias de escala, obter mão-de-obra barata ou limitar as pressões competitivas. Agora, eles têm que aprender as teorias complexas de estratégia e escolha em nível empresarial, bem como as novas teorias microeconômicas indicadas para a nova economia; eles têm que aprender a maneira pela qual as cadeias de geração de riqueza são de fato formadas e como as empresas globais optam por participar delas.

Os governos que deixarem de compreender esses detalhes serão incapazes de criar condições para ajudar as empresas nacionais a competirem em termos globais, e provavelmente também não poderão gerar as condições capazes de atrair empresas globais a investir em seus países. Os investimentos dos competidores globais, quer nacionais, quer estrangeiros, são importantes pelas pessoas que eles empregam e pela riqueza que geram. Mas são ainda mais importantes pelo aprendizado que transmitem a outros empresários nacionais que vão surgindo.

A Organização de *Arando o Mar*

A Parte Um deste livro consiste em um resumo, por capítulo, dos sete padrões de comportamento não competitivo que se tornaram tão familiares para nós (e que talvez pareçam familiares também ao leitor). Vamos discuti-los em detalhe, pois acreditamos que representem tanto o problema quanto as oportunidades de nutrir o crescimento em economias frágeis.

A Parte Dois trata das causas básicas: os motivos sistêmicos que impedem os países de tirarem proveito das oportunidades que se lhes apresentam. Essa parte do livro diz respeito a estratégias, estruturas institucionais e modelos mentais, e aos desafios inerentes àqueles que ultrapassarem antigos padrões e modos de fazer negócios.

A Parte Três constitui o que consideramos o núcleo de integração do livro. Em breve não será suficiente falar sobre as mudanças que precisam ser feitas. Os líderes que se limitam a falar sobre mudanças vão desaparecer. Se bem que a criação da mudança seja um mistério, pudemos detectar alguns padrões bastante observáveis. Estabelecemos aqui uma visão da mudança desenvolvida em especial (e ironicamente) a partir da frustração pela nossa própria incapacidade de fazer acontecer a mudança. É um modelo dentro do espírito de Paul Krugman, que escreveu: "Se um modelo for bom, ele é uma visão aperfeiçoada do motivo pelo qual o sistema real, muitíssimo mais complexo, se comporta da maneira como ele se comporta."[2]

O que se segue neste livro é um vislumbre de um trajeto notável que tivemos a oportunidade de percorrer na região dos Andes durante os anos de 1990 a 1997. Mas não se limita a esse período. Stace tem trabalhado em ambientes caóticos desde 1984, incluído o tempo dedicado à atividade de desenvolvimento rural na República Dominicana, ao serviço com refugiados e ao estudo das diretrizes da ajuda humanitária na América Central, esta durante o auge dos conflitos entre Sandinistas e Contras, na Nicarágua, e dos conflitos entre o governo salvadorenho e a frente FMLN (Farabundo Martí Liberación Nacional), em El Salvador. Além disto, ele passou os últimos cinco anos na América Latina, dirigindo projetos nacionais em quase vinte setores. Mike, por sua vez, exerce atividades em regiões instáveis desde 1979, inclusive como voluntário do Corpo da Paz no Quênia, diplomata na África Ocidental e banqueiro de investimentos no sul da África. Nos últimos sete anos, trabalhou no Oriente Médio, na Federação Russa, na América Latina e no Caribe como consultor de líderes empresariais e governamentais.

Iniciamos nosso trajeto com atividades ligadas ao desenvolvimento em nível comunitário e prosseguimos através de nossos estudos de pós-graduação e experiências profissionais. No percurso, observamos determinados padrões repetitivos. Ocorreu-nos que deveria haver algum tema ou alguns temas que ligavam esses padrões e, de fato, lhes conferiam sentido. É, então, decidimos abandonar tanto quanto possível as nossas idéias preconcebidas e começamos a nossa pesquisa.

A Respeito Deste Livro

O título do nosso livro — *Arando o Mar* — foi retirado do epitáfio constante na tumba do revolucionário sul-americano Simón Bolívar, que é uma citação sua: "A América é ingovernável. Quem serve a uma revolução, Ara o mar." Bolívar, que liderou a luta contra a Espanha pela independência das nações andinas no início do século XIX, e morreu como uma figura desiludida e um tanto controversa, é hoje um herói para toda criança em idade escolar nos cinco países andinos. Seu retrato é encontrado nos escritórios e nos lares de muitos líderes andinos. Tomamos seu epitáfio, pelo qual ele queria transmitir a tarefa supostamente impossível de revolucionário ser inexorável, nunca desistir; trabalhar em países nas mais calamitosas condições, países que se encontram "em transição"; trabalhar e de certa forma aprender com os consumidores mais exigentes e críticos de nossas idéias. Já há algum tempo, decidimos que mudar a mentalidade dos líderes era nossa própria revolução, revolução essa em que lutaríamos para desempenhar um papel. E, se mudar a mentalidade de uma nação constitui uma tarefa, mudar nossa própria mentalidade é o meio. Este livro facilitou nosso próprio aprendizado e mudança. Em última análise, ele é dedicado à reorientação daqueles que o lêem, na expectativa de que de todas as idéias lançadas em forma de sementes ao mar, a serem engolidas inteiras em meio à espuma, uma ou duas possam cair em solo fértil.

Com freqüência, somos questionados sobre a nossa perspectiva no que se refere aos resultados obtidos nas nações com as quais trabalhamos. Para julgar nosso trabalho, utilizamos três áreas de mudança.

A primeira, que é a mais fácil de alcançar e na qual obtivemos o maior êxito, consiste em mudar os sistemas de *linguagem*. A maioria dos líderes, nos países em que trabalhamos, agora falam a respeito de "competitividade"; estes líderes tiveram que assimilar a linguagem do "aperfeiçoamento", e alegam ter entendido a importância do capital social na competição global. Inúmeros programas de rádio e de televisão mostraram receptividade a esse novo modelo de competitividade e têm transmitido nossa mensagem para locais tão remotos quanto a selva amazônica, os subúrbios de Bogotá, o altiplano da Bolívia, as cidades no sul da África e as cidades históricas do Leste Europeu. A mudança lingüística está em andamento.

O segundo nível de mudança é a capacidade das nações de colocar em *prática* o novo aprendizado. Nessa abordagem, nossos resultados são mistos. Em alguns lugares, muito foi realizado, noutros nem tanto. O exemplo que mais nos ocorre é o de Christine Ternent, em Bogotá. Christine é vice-presidente de competitividade na Câmara de Comércio de Bogotá e tem sido a pessoa-chave na manutenção de estratégia e competitividade entre os temas principais de discussão entre os líderes empresariais e públicos na Colômbia.

O terceiro e mais alto nível de mudança é o *gerador*. Trata-se da capacidade dos líderes de criar suas novas tecnologias integradas, baseando-as nos princípios de competitividade e capital social. Nesse nível, ainda há muito a ser feito. Contudo, somos otimistas, pois acreditamos que essas três mudanças são seqüenciais: a mudança lingüística vem antes da mudança na prática, que antecede a mudança geradora.

Nós acreditamos que estas mudanças ocorrerão a longo prazo; não somente meses em países, tampouco anos numa região, mas décadas nos lugares mais sofríveis deste mundo. Vão exigir trabalho incansável e imensa aprendizagem por parte de todos os envolvidos — tanto os que ajudarão a implantar a mudança quanto os que a sofrerão.

Esperamos que este livro não seja um testemunho de vidas parcialmente desperdiçadas, e sim de um processo de aprendizado e de reestruturação. Esperamos que não seja visto como um fim, mas como o início de um estilo de aprendizado e de uma qualidade de discurso que edifica a quantos toca. Se ele inspirar as pessoas a mudarem seu sistema de linguagem, em seguida porem em prática essas mudanças e, então, gerarem processos novos e melhores de aprendizado e reestruturação, teremos talvez alcançado mais do que temos o direito de esperar. E, com esse ânimo, convidamos o leitor a associar-se à nossa comunidade intelectual, daqueles que optam por não "adormecer para sonhar".

Agradecimentos

O co-fundador e presidente executivo da Monitor Company, Mark Fuller, incentivou e apoiou nosso grupo, disponibilizando cerca de cinqüenta consultores e pesquisadores para serem colocados na "linha de fogo", acreditando que o maior aprendizado e inovação se dão sob condições de exigências dramáticas, em geral bem distantes de nossa sede, ou seja, "na fronteira", como diria ele. A maioria dos que nos conhecem diria que nós o levamos a sério. Fizemos isso, em primeiro lugar, ao optarmos por trabalhar em países em circunstâncias extremas: a Colômbia durante o reinado de terror do magnata das drogas, Pablo Escobar; o Peru, devastado pelas guerrilhas do Sendero Luminoso, durante sua transição para a estabilidade; a África do Sul, no ano que levou ao sufrágio universal e à eleição de Nelson Mandela à presidência; a Federação Russa, enquanto as repúblicas lutavam pela autonomia; e a margem ocidental da Faixa de Gaza, durante seu intermitente processo de paz. Nossos consultores estiveram envolvidos em um ataque a bomba em Bogotá, deflagrado por estudantes trotskistas, e depois sob bombas de gás da polícia em La Paz; esgueiraram-se para a segurança de um vão de porta para escapar de uma saraivada de balas em Cáli, e foram ameaçados pela criminalidade urbana em Moscou, Porto Príncipe e Joanesburgo. Em todos esses locais as economias estavam em transição; transição para o que, não sabemos. Mas sabemos que há uma tendência para um maior aprendizado em meio ao caos e à confusão.

Este livro representa o conhecimento cumulativo de um grupo notável de pessoas, a começar por nossos companheiros na Monitor Company, que nos desafiaram a ficar na linha de fogo e criaram as condições para possibilitar este livro: Joe Fuller, Roger Martin, Tom Craig e Alan Kantrow.

Agradecemos o apoio de Michael Porter, Chris Argyris e James Austin da Harvard Business School, cujas contribuições intelectuais lançaram os alicerces da nossa própria pesquisa e cujo encorajamento e apoio durante todo o processo de publicação foram inestimáveis. Somos gratos, também, a Diana Smith, cujo trabalho com os dirigentes da Monitor Company na criação de mudanças serviu de inspiração para nosso próprio trabalho com os líderes das nações em desenvolvimento.

Somos particularmente gratos à estreita colaboração e ao diálogo franco que conseguimos ter com os seguintes líderes na Colômbia: Luis Alberto Moreno, o exigente e perspicaz ex-ministro do Desenvolvimento, que deu início ao nosso trabalho na Colômbia; Guillermo Fernandez, Fabio Rodriguez, Francisco Piedrahita, Augusto Martinez e Christine Ternent, líderes em suas Câmaras de Comércio; Mauricio Rodriguez na imprensa empresarial; Jimmy Mayer, nosso primeiro campeão no setor privado; Orlando Cabrales, líder tanto no setor público quanto no privado; Raul Sanabria, na área acadêmica da administração de empresas; ex-ministro do Comércio Juan Manual Santos; ministros das Finanças Juan Antonio O'Campo e Guillermo Perry; ministro da Defesa Rafael Pardo; Juana Maria Unda, nas associações industriais; Luis Jorge Garay, intelectual e ex-negociador na diplomacia comercial; Gabriel Mesa; e Enrique Lucque. Merece menção especial o ex-presidente da República, Cesar Gaviria, por nos permitir que o entrevistássemos inúmeras vezes a respeito de sua ótica sobre liderança, reforma econômica e história colombiana.

Na Bolívia, agradecemos ao presidente da República Gonzalez Sanchez de Losada, por nos permitir testar nossas idéias com ele; a Douglas Ascarrunz, ministro da Indústria e Comércio, o líder mais corajoso do movimento da competitividade no seu país; e ao líder empresarial Marcos Iberclyde, cuja empresa é um exemplo para todas as empresas exportadoras das nações em desenvolvimento. Também a Bern Abendroth, Peter Weiss, Juan Carlos Cremer, Ricardo Rojas, Juan Luzio, Gerardo Velasco, Carlos Meave e Gonzalo Miranda.

Agradecimentos

No Peru, gostaríamos de agradecer ao presidente Alberto Fujimori pela extraordinária oportunidade de percorrer, em sua companhia, as cidades nas montanhas e as favelas de Lima; à nossa principal cliente, Liliana Canale, ex-ministra da Indústria, Turismo e Comércio, por sua liderança suave e abertura à mudança; e ao ex-primeiro-ministro Alfonso Bustamante, que nos levou ao Peru. Agradecimentos, também, a Pablo de la Flor, Gabriela Ruiz, Luis Chang, Joey Koechlin, Samuel Gleiser, Richard Custer, Patricio Barclay, Andres Von Viedermeyer, Jan Mulder e Derek Mitchell.

Na Venezuela, agradecemos à ex-ministra do Comércio Gabriela Febres Cordero, que tem sido uma campeã nesse trabalho há muitos anos por toda a região andina, e aos ministros Werner Corrales, Freddy Rojas Parra e Teodoro Petkoff. E a Jose Luis Cordeiro, um dos principais formadores de opinião no país, por seu constante entusiasmo. E a Jonathan Coles e Leonardo Vivas, da Venezuela Competitiva; a Pedro Carmona e Juan Francisco Mejía, da Conindustria; a Henrique Machado, da Sivensa; a Elba de Mago, da CVG; a Nelson Quintero, da FONCREI; ao ex-vice-ministro Rafael Pena; e a Francisco Peleato, que foi o administrador do nosso projeto lá.

Foi através de incontáveis reuniões até tarde da noite, seminários, cafés da manhã, almoços e jantares, e longas viagens de avião que tivemos a oportunidade de aprender e testar nossas idéias com esse formadores de opinião de nível internacional. Suas perspectivas nos forçaram a repensar muitas de nossas crenças sobre o desenvolvimento. E passamos a considerar muitos deles como bons amigos.

Gostaríamos de agradecer, em especial, à Corporación Andina de Fomento (CAF), por seu apoio no aprendizado constante destas páginas. Sem a visão do presidente executivo Enrique García e de José Luis Lupo, diretor de estratégia, este livro poderia não existir. Eles constituem um tipo singular de banqueiro, o tipo que se sente confortável e é até mesmo agressivo ao investir em conhecimento — um dos ativos intangíveis das nações. As medidas tomadas por García e Lupo serão cada vez mais imitadas por outros líderes em todo o mundo. Agradecimentos especiais também a Judith Rojas, pela sua hábil administração de nossos projetos na CAF.

Muitas das histórias neste livro foram extraídas do nosso trabalho de campo. Os seguintes consultores da Monitor contribuíram significativamente para a própria forma do livro e para a qualidade de suas perspectivas: Matthew Eyring, na indústria de flores colombiana; Jeffrey Glueck, no turismo peruano e nas indústrias de alpaca; Joseph Babiec, na análise da política e da economia boliviana e peruana; e Kaia Miller e Jonathan Donner nos modelos mentais.

A primeira equipe do projeto a trabalhar conosco na Colômbia merece menção especial. Apelidada de "Equipe de Macondo", por causa da terra lendária de Gabriel García Márquez, era formada de Ben Powell, Gabriela Alvarez, Ethan Berg, Amy Birtel, David Coppins, Phil Cooper, Matthew Eyring, Ralph Judah, Jennifer Kelly, Randall Kempner, Claudia Levy, Susan Mayer, Meredith Moss, Moses Muthini, Rob Price e Michael Sagan.

Esses projetos são extremamente intensivos em trabalho. Seríamos remissos se não aproveitássemos a oportunidade para agradecer aos companheiros da Monitor e aos membros da equipe que nos ajudaram a criar uma estimulante comunidade intelectual nos últimos cinco anos. Isso inclui Bill McClements e David Kaplan, cujas paciência e indulgência deram condições de sucesso ao nosso projeto. E a Juan Solé, Phil Cunningham, Ignacio Masias, Ignacio Giraldo, Alejandro Salazar, Laura Reyes, Eduardo Gomez, Josh Green, Jim Vesterman, Heidi Ellemberg, Veronica Gil, Rafael Araque, Andres Hernandes, Anne Lufkin, Carmen Helena Marin, Mauricio Anaya, Joanna Sieh, Wendy Gutierrez, Neal Donahue, Carlos Diaz, Juan Carlos Pascual, Herman Olade, Alejandra Guerra, Mariana Merech, Carola Blohm, Mellina Del Vechhio, Carlos Segovia, Tony Perez, Felipe Bedoya, Michael Brennan, Pato Guerra, Christina Pero, Sandra Martinez, Charlie McMaster, Dawn Sylvester, Carolyn Volpe, John Warner, Brendan Kiernan, Giovanna Sardi, Herman Hererra, Jennifer Jones, Sabine Charpentier, Jackie Cleere, Arlene Guerrera, Denise Oates, Janice Bertwell, James Costa, Romney Resney, Claire Cronin, Karen Buholski, Judy Freeman, Cynthia Mastroianni, Kevin Grund, Paul Grund, Joe Balis, Tim Shaughnessy, Tim Sayers, Wendy Falcigno, Anthony Chiccuarelli e Lizette Figueredo. E a Phil Porter e, depois, à equipe de recursos de informação de Neil Liberman — Rosemarie Alongi, Eric Smith, Gatumba Abu, Freddy Yaitanes, Sean Walter, Johnathan Duce, Michael Moore, Larry Tosi e Pat

Agradecimentos   **XXXIII**

DeVoe — cuja constante atenção nos proporcionou uma vantagem competitiva em locais remotos.

Mike deseja agradecer a Kirk Lovenbury, Steve Mossholder, Mike Canon, Melanie May Thompson, Marty Brenner e Tom Millsop — e aos demais amigos do Corpo da Paz no Quênia, 1979-1981, cujos ideais originais e abertura à aprendizagem continuam a inspirá-lo depois de todos esses anos. E à sua mãe, Jeanne Fairbanks, e a Regis Dale, Peter Henriques, Kelly Fealy, Hannah Blomgren, Zoe Stein, Dan Donahue, Mike Brennan, Ken Buntz, Ray Miller, Amy Davidsen, Lisa Ceremsak, Nigel Jagernauth e Jeanine Bourcier, cuja amizade e entusiasmo pelo seu trabalho o mantiveram durante a pesquisa e a redação deste livro. E ao seu pai, Matt Fairbanks, e a Edward Gannon, Ed Jarvis, Stephan Ryan, Len Gougeon, Jack Earl, Mike Didoha e Tom Garrett, todos escritores e professores que, através de diversas e importantes lições de vida, contribuíram para o desenvolvimento de nossa prática e deste livro. E ao ministro de Tecnologia do Quênia, Zachary Onyonka.

Stace gostaria de agradecer a Lisa, por sua paciência e bom humor durante todo esse processo, e a Abigail e Cameron, que passaram muitas horas de revisão no seu colo — ele espera que gostem deste livro, quando forem capazes de lê-lo. E agradece à sua família, Diane e Tim Jerhoff, Myke e Pat Lindsay, e Robbe e Jay Lindsay, cujo apoio que quase nunca enfraqueceu permitiu-lhe as primeiras visitas a países em situação instável. Agradecimentos a Dave Hagstrom e Scott Lynch, que primeiro lhe inspiraram a pensar sobre a América Latina, e a Cesár Lopez e Cesár Torres, que lhe ensinaram a apreciar a beleza e a complexidade de sua cultura. Agradecimentos também a Gary Buchanan, que lhe incutiu a importância das parcerias entre os setores privado e público, e a Bill Kunnath, que tem sido fonte inesgotável de inspiração e desafio tanto para a mente quanto para o espírito. E, finalmente, ao Padre Timothy Healy, S.J., cuja orientação foi fundamental no desenvolvimento de Stace e cuja ausência é dolorosamente sentida.

Jamais teríamos conseguido levar este livro até o final sem o comprometimento infatigável e a amizade de Liz Caldas e de Nancy Nichols.

Gostaríamos de transmitir um agradecimento especial aos nossos editores: Nick Phillipson, na Harvard Business School Press, que investiu em nós quando o livro ainda era uma idéia, e cujo aconselhamento foi sempre certo; e Lucy McCauley, cujo bom gosto para escrever e suave persuasão nos ajudaram a ser melhores escritores. Uma palavra especial de agradecimento a Bernard Avishai, o primeiro autor com quem conversamos, que nos auxiliou na introdução e, nesse processo, passou a nos ensinar sobre o livro como meio de transmissão.

Michael Fairbanks   Michael_Fairbanks@Monitor.com
Stace Lindsay   Stace_Lindsay@Monitor.com
Cambridge, Massachusetts

ARANDO O MAR

INTRODUÇÃO

A História das Flores Colombianas — Uma Advertência

Por que o mundo em desenvolvimento tem tido tanta dificuldade em gerar riqueza para a maioria dos seus cidadãos? Chegamos à conclusão de que o motivo reside em falhas na maneira tradicional de competir; os líderes no mundo em desenvolvimento precisam encontrar novas maneiras de competir em uma economia global. Contudo, antes de nutrir a esperança de seguir esses novos caminhos, precisamos entender com nitidez os limites dos antigos. Uma exploração instrutiva desses limites pode ser feita na história daquilo que talvez tenha se tornado a indústria mais respeitada dos Andes: as flores colombianas. Seu destino revela padrões específicos nas hipóteses adotadas e nas medidas tomadas; padrões que se repetem em empresas exportadoras outrora bem-sucedidas, agora em decadência. As hipóteses eram bastante plausíveis na antiga economia, porém se auto-invalidam na nova. Levaram a oportunidades perdidas de crescimento e ajudaram a criar padrões de competição que devem ser rompidos para que se possa entender o tremendo potencial oculto de tantos países no mundo em desenvolvimento.

EM BUSCA DO *EL DORADO*

O sr. Edgar Wells era um homem com uma idéia. Transformando a floricultura de passatempo em empreendimento, retornou à Colômbia com a família, depois de vinte anos no exterior, na intenção de fazer com que sua terra natal se tornasse fonte das melhores flores das Américas.

Na ocasião, os únicos cultivadores de flores de alta qualidade no hemisfério estavam nos Estados Unidos. Em 1950, os cultivadores norte-americanos venderam cerca de US$220 milhões de flores de corte, 68% a consumidores do nordeste do país, especialmente Boston, Filadélfia e Nova York. Setenta e cinco por cento de todos os floricultores, na maioria pequenas empresas familiares, também estavam localizados na região nordeste. As limitações de transporte naquela época e a qualidade perecível do produto significavam que aqueles cultivadores competiam principalmente entre si, esquecidos dos produtores ou consumidores de outras partes do país ou de outros lugares no mundo.

No entanto as mudanças estavam a caminho, e seriam dramáticas. A década de 60 assistiu ao desenvolvimento de chácaras novas e em grande escala e a inovações no transporte que dariam uma nova configuração ao lucrativo mercado norte-americano. Devido ao relativo frescor de suas flores, os produtores do nordeste dos Estados Unidos cobraram durante anos ágios sobre os preços dos produtores do sul e do oeste. Contudo, agora era o apogeu das novas frotas a jato; o desenvolvimento de vôos comerciais com horários regulares praticamente eliminou a capacidade dos cultivadores do nordeste de cobrar ágio pelo frescor. O transporte aéreo e o transporte terrestre com refrigeração possibilitaram que as flores fossem cortadas e enviadas a qualquer lugar nos Estados Unidos em questão de horas.

Essa foi a abertura para novos participantes. Os produtores podiam optar por se mudar para áreas rurais no oeste norte-americano, onde gozariam de custos de produção mais baixos, em especial salários inferiores, e assim ganhariam dos cultivadores do nordeste, mesmo se os custos de transporte do oeste fossem mais altos. Em 1968, na verdade, mais de dois terços das flores cultivadas nos Estados Unidos já eram produzidos na Califórnia e no Colorado. Em 1975, o Departamento de Agricultura dos Estados Unidos reportou que 25% dos cultivadores eram responsáveis por cerca de 75% da produção total de flores de corte dos EUA. Custo baixo, chácaras em larga escala no oeste e emprego de trabalhadores baratos para colher flores levaram muitos cultivadores do nordeste, que tinham operações com custos mais altos, a saírem do mercado.

As lições contidas nessas mudanças no mercado norte-americano foram devidamente percebidas por Edgar Wells. Muito embora não fosse especialista na produção em massa de flores, Wells sabia que a Colômbia era capaz de oferecer a um atacadista de flores todas as vantagens do oeste norte-americano e ainda mais. A savana de Bogotá, chapada em redor da capital da Colômbia, dispunha realmente de um dos melhores climas no hemisfério ocidental para o cultivo de flores. Esta área proporcionava temperaturas estáveis e moderadas durante todo o ano, sol forte doze horas por dia, e abundância de solo rico. As condições eram tão favoráveis que muitos anos mais tarde os cultivadores narrariam: "No princípio, podia-se enfiar uma vara no solo, jogar sementes em torno, cuspir no chão e cobrir com uma folha de plástico. As flores brotavam."

Foi mais ou menos isso o que fizeram Wells e outros empresários de flores, pioneiros na Colômbia. Flores de alta qualidade davam o ano todo na savana de Bogotá, em estruturas simples de madeira e plástico. Não só as flores eram de cultivo relativamente fácil, como provaram ser de colheita barata: o salário diário dos trabalhadores rurais colombianos era um pouco superior a meio dólar dos Estados Unidos; em 1966, esse salário subiu para apenas oitenta e dois centavos de dólar, quantia ainda ínfima se comparada ao salário diário dos trabalhadores norte-americanos. Depois de lutar durante muitos anos para implantar as técnicas de cultivo desenvolvidas nos Estados Unidos, Wells e seus sócios conseguiram convencer um atacadista norte-americano a aceitar uma remessa experimental de flores. Fizeram sua primeira remessa para os Estados Unidos em 18 de outubro de 1965.

Contudo, naquele momento, Wells não era o único a perceber o potencial da Colômbia na indústria de flores de corte. No mesmo ano em que a sua primeira remessa seguiu para os Estados Unidos, uma série de estudos da Universidade de Chicago observou a combinação perfeita entre as exigências climáticas para o cultivo de cravos e as condições da savana de Bogotá. Então, em 1969, um grupo de quatro norte-americanos, inclusive um floricultor da Califórnia, investiu, cada um, US$25.000 na constituição de uma empresa que seria pioneira na exportação de flores de corte colombianas. Denominada Floramerica, a companhia começou com a exportação de cravos e crisântemos, flores resistentes e de produção, manuseio e transporte tecnicamente menos exigentes. Não tardaram a incluir rosas, que são mais frágeis e mais complexas de produzir, manusear e transportar.

A Floramerica exportou quase US$400.000 de cravos para os Estados Unidos em 1970 e quase US$2 milhões em 1972. Em 1986, a empresa teve vendas anuais de US$50 milhões (33% do total), tornando-se uma das principais exportadoras mundiais de flores de corte. Logo, outras empresas colombianas começaram a copiar a produção e os métodos de comercialização da Floramerica, chegando inclusive a atrair membros da sua equipe. As empresas em crescimento puderam aproveitar plenamente as vantagens da estação de cultivo mais longa na Colômbia e dos custos salariais mais baixos, que lhes proporcionavam 31% de vantagem sobre os produtores norte-americanos, mesmo depois de contabilizar os custos mais altos de transporte.

Entre 1966 e 1978, as exportações colombianas se elevaram de menos de 1% para 89,6% do total de importações de flores de corte dos Estados Unidos. A estimativa de um estudo do governo colombiano em 1971 era de que os produtores locais, que exportavam para o mercado dos EUA e vendiam seus produtos a preços norte-americanos, podiam esperar um lucro de 57% da receita. Esse tipo de lucratividade oferecia aos investidores pioneiros notáveis 600% ao ano de retorno sobre o investimento inicial. Edgar Wells comparou a indústria de flores com a fonte lendária de ouro procurada pelos espanhóis na Colômbia: "Passados 400 anos, a verdadeira riqueza do *El Dorado* foi descoberta... uma fonte permanente de riqueza para todos os colombianos, para sempre."[1]

Padrão: Excesso de Dependência dos Fatores Básicos

Os produtores domésticos pressupõem que as vantagens em recursos naturais e mão-de-obra barata vão lhes proporcionar posições de liderança nos mercados exportadores e, assim, deixam de criar condições para a inovação.

O Eixo de Miami: Fecho da Cadeia de Valor das Exportações

Animados pelos surpreendentes bons resultados, os produtores colombianos buscaram maneiras de aumentar o sucesso inicial. Logo perceberam que, apesar de suas tremendas vantagens em custo, para que as exportações para os Estados Unidos atingissem todo o seu potencial, eles teriam que passar por dois testes: encontrar uma maneira eficiente de distribuir as flores e descobrir como expandir a base de clientes. Com o tempo, descobririam maneiras inovadoras de fazer ambas as coisas. As soluções criaram condições para um desenvolvimento explosivo mas, ao mesmo tempo, plantaram as sementes para os futuros problemas do setor.

O primeiro teste que os colombianos enfrentaram — distribuição veloz e eficiente das flores para os Estados Unidos — seria difícil. A infra-estrutura interna de transporte na Colômbia era fraca, sem perspectiva de melhora significativa. As estradas eram de má qualidade, não havia empresas de carga que oferecessem transporte refrigerado, e as instalações aeroportuárias de armazenagem deslocavam o produto com ineficiência e eram superaquecidas, o que prejudicava o frescor. Além disso, até quase o início da década de 90, o aeroporto de Bogotá só dispunha de uma pista, o que levou, no mínimo em uma ocasião, a significativos atrasos e perdas de flores durante o feriado crítico do Dia dos Namorados.

Padrão: Cooperação Deficiente Entre Empresas

Um conjunto fraco de setores correlatos e de apoio, por exemplo, em transportes, traz sérias desvantagens para as empresas nos países em desenvolvimento.

O que a indústria de flores fez foi convencer a Avianca, companhia aérea nacional, e diversas empresas colombianas de transporte a fornecerem manuseio especial, para que as flores pudessem ser remetidas para a América do Norte com zelo e credibilidade, primeiro nos compartimentos de bagagem de aviões de passageiros e, mais tarde, em aviões de carga. Ao mesmo tempo, telecomunicações deficientes e ausência de *marketing* direto nos Estados Unidos limitaram a capacidade colombiana de coordenar, de Bogotá, o trajeto das flores para destinos espalhados por todo os EUA. Sem ultrapassar essa dificuldade, jamais teria capacidade de permanência no mercado norte-americano.

Os produtores colombianos reagiram a esse desafio implantando um sistema pioneiro e sofisticado de instalações de recebimento e distribuição em Miami. Através da associação industrial, a Asocolflores, os cultivadores colombianos constituíram uma empresa de manuseio comum chamada Transcold. A empresa de manuseio descarregava flores em áreas refrigeradas de armazenamento e as preparava para a fiscalização aduaneira e transporte por caminhão para atacadistas que, por seu turno, vendiam as flores aos varejistas. Com o passar do tempo, desenvolveu-se um sistema complexo de intermediários para combinar a oferta vinda da Colômbia com a demanda dos atacadistas em todo o país.

O centro de distribuição de Miami proporcionou aos colombianos a alavanca que precisavam para penetrar profundamente no mercado norte-americano. A própria existência do eixo de Miami criou novos e demandantes clientes ao longo das rotas de transporte. A maior escala permitiu que os custos de transporte das flores colombianas para os mercados no nordeste caíssem abaixo do das flores remetidas da Costa Oeste. Diversos cultivadores colombianos, inclusive a Floramerica, estabeleceram como subsidiárias integrais empresas exportadoras/distribuidoras em Miami, que lhes permitiam eliminar terceiros intermediários e ganhar maior controle sobre a comercialização de seus produtos. Tendo superado os impedimentos à distribuição, as exportações colombianas tiveram um crescimento extraordinário e estabeleceram os produtores de Bogotá como sérios concorrentes dos norte-americanos no seu próprio mercado.

Novos Mercados

Tendo aumentado a eficiência dos canais de distribuição, os produtores colombianos voltaram-se para o segundo desafio, que era expandir a base de clientes através destes novos canais de distribuição. Até então, os pequenos floristas eram responsáveis por quase todo o varejo de flores nos Estados Unidos. Há muito tempo acostumados aos preços altos dos produtores norte-americanos, e às significativas flutuações sazonais na oferta e na qualidade das flores, os floristas cobravam em geral preços altos por seus estoques cuidadosamente mantidos. Os consumidores norte-americanos haviam passado a encarar flores como um bem de luxo, disponível apenas em lojas especializadas. Sob a ótica dos produtores colombianos, essa percepção dos consumidores havia refreado o crescimento do consumo total de flores.

Limites como esse são superados atacando os clientes através de novos canais de distribuição, e foi precisamente isso o que os colombianos fizeram. O preço baixo, a boa qualidade e a disponibilidade durante todo o ano das flores colombianas transformaram a maneira pela qual as flores de corte seriam comercializadas e distribuídas nos Estados Unidos. A oferta estável e o preço baixo reduziram para os varejistas os custos e os riscos associados à manutenção de grandes estoques de flores. Isso transformou pontos não tradicionais de venda a varejo, como supermercados, em bons alvos, enquanto a dependência de floristas podia ser reduzida. E a escala de produção na Colômbia, combinada com a disposição dos cultivadores de criar buquês de flores em suas chácaras ou em Miami, fez com que os supermercados estivessem dispostos a dar uma oportunidade aos colombianos.

Os colombianos fizeram exatamente o que deveriam ter feito, aumentando a demanda por meio de novos canais através dos quais os consumidores norte-americanos podiam comprar flores. Colocando flores menos dispendiosas à disposição com maior rapidez através de diferentes canais de distribuição, os colombianos aumentaram de maneira extraordinária a demanda norte-americana de flores de corte; e usando publicidade de massa, mantiveram a demanda em crescimento, transformando as flores de corte de produto de luxo em bens acessíveis a quase todos. As flores se tornaram mercadoria-padrão em muitos supermercados, vendedores de rua e *shopping centers*. Por exemplo, em 1977, somente 13% dos supermercados vendiam flores, enquanto em 1986, esse número subiu para 86%. Os consumidores reagiram calorosamente. Entre 1976 e 1988, o consumo total de flores nos Estados Unidos cresceu mais de 300%, de US$227,5 milhões para US$713,6 milhões. As importações das flores colombianas elevaram-se em média 21% ao ano, de US$22,6 milhões para US$175,6 milhões.

Os colombianos haviam descoberto um segmento que era atrativo, barato e com qualidade razoável para os compradores de impulso que freqüentavam mercearias e supermercados nos Estados Unidos. Estavam correspondendo à demanda latente, já existente há algum tempo, e rapidamente aprenderam a aliar suas vantagens naturais com o que os consumidores pareciam demandar. Como vamos demonstrar, no entanto, os produtores, naquele momento, começaram a subestimar duas coisas: as barreiras à entrada no seu setor e o dinamismo do relacionamento entre produtor e consumidor. Os floricultores eram ativos em *entender* e em *procurar* demanda, mas não estavam aprendendo a *criar* uma demanda sofisticada nos clientes, educando-os sobre o valor de suas flores.

Padrão: Pouca Compreensão a Respeito da Clientela

As empresas tendem a produzir bens e depois buscar mercados onde vendê-los. Muito pouco dever de casa é feito na tentativa de compreender as necessidades dos compradores antes de lhes empurrar os produtos. Além disso, há pouco entendimento no que diz respeito às implicações estratégicas a longo prazo sobre a opção de atender determinados segmentos de compradores.

O GOVERNO

Grande parte do sucesso inicial da indústria colombiana de flores deveu-se aos empresários na savana de Bogotá e aos seus sócios inovadores em Miami. Os pioneiros da indústria de flores, no entanto, beneficiaram-se de mudanças na política governamental relativa às exportações, que coincidiram com o período de crescimento mais ambicioso dos cultivadores. Entre 1967 e 1973, o governo atuou especificamente em sentido contrário à predisposição antiexportação do clima empresarial colombiano, desvalorizando o cronicamente sobrevalorizado peso, relaxando as restrições à importação que haviam feito pressão deflacionária sobre a moeda e estabelecendo um regime de desvalorizações cambiais acompanhando a inflação, para impedir uma recorrência da sobrevalorização. O resultado foi uma taxa de câmbio real que permaneceu razoavelmente constante até 1972.

Além das mudanças na política cambial, o governo estabeleceu diversas medidas de promoção às exportações em geral. Primeiramente, foi criado, um novo certificado de exportação, o *Certificado de Abono Tributário* (CAT), que proporcionava créditos fiscais mais generosos do que os que haviam sido oferecidos anteriormente a exportadores não tradicionais, inclusive produtores de flores de corte.[2] Em segundo lugar, criou-se um novo órgão e fundo de promoção à exportação, PROEXPO, que prestava serviços promocionais, tais como exposições-feiras e estudos de mercado, e subsidiava empréstimos a curto prazo de "capital de giro" (e, em menor medida, empréstimos a longo prazo para bens de capital). Em terceiro lugar, o Plan Vallejo permitia importação livre de direitos de insumos usados em produtos para exportação.

Essas políticas provocaram uma onda extraordinária de exportações não tradicionais. Durante o surto exportador de 1967-74, estas exportações cresceram mais de 500%, comparadas a um aumento de apenas 86% nas exportações tradicionais. Não foi por coincidência que as exportações de flores de corte cresceram nos mesmos anos de menos de US$100.000 para US$16,5 milhões.

PRESSÕES INCOMUNS

No entanto, ao mesmo tempo em que as exportações de flores atingiam níveis recordes, os floricultores da savana de Bogotá começaram a sentir novos tipos de pressão. Na realidade, como heróis de uma tragédia grega, os cultivadores colombianos descobriram que o seu sucesso começava a ser a fonte de sua ruína. Hoje, os colombianos acham que estão muito longe dos dias em que era fácil ganhar dinheiro: "Agora, estamos lutando para sobreviver", afirmou um cultivador.

Como essa mudança se deu de modo tão dramático? O primeiro problema residia no poder crescente das pessoas que controlavam os canais de distribuição. O sucesso significou uma tremenda riqueza para os cultivadores na savana de Bogotá, mas também significou aumento de lucros para as operações de intermediação em Miami. De fato, os cultivadores verticalmente integrados, que haviam entrado nas operações de intermediação, afinal reconheceram o eixo Miami como crucial para estabelecer relacionamentos com clientes e para obter dados de mercado. Por fim, eles tentaram consolidar seu poder regateando (alguns diriam aproveitando-se de) com um número crescente de cultivadores colombianos de menor porte, não verticalmente integrados, que precisavam de serviços de intermediação.[3] Também procuraram se garantir contra riscos em um mercado propenso a forte demanda sazonal e conseqüente flutuações de preço.

Os intermediários alcançaram ambas as metas. Em primeiro lugar, aceitaram flores de terceiros apenas em consignação. Isso significava que não fariam a terceiros cultivadores pedidos a preço fixo: os intermediários comprariam de outras chácaras apenas quando suas próprias flores estivessem em falta, e receberiam então 15% sobre as vendas de flores de terceiros, sem qualquer responsabilidade pelo produto não vendido. Além do mais, garantindo-se contra preços declinantes, os intermediários instituíram um sistema de "taxa de caixa". Eles receberiam US$12 por caixa, independentemente do preço pelo qual as flores fossem vendidas. O sistema funcionava para benefício tanto dos cultivadores quanto dos intermediários em um ambiente de produção crescente e preços firmes. Mas beneficiava somente os intermediários em um ambiente de alto volume e preços *em queda*. E, dado o foco estratégico dos cultivadores colombianos em uma variedade limitada de flores de corte, a possibilidade de excesso de oferta era cada vez maior. Isso conteria o preço das flores e prejudicaria a estrutura industrial dos floricultores — sem prejuízo, a curto prazo, para os intermediários.

Padrão: Falta de Integração Vertical com a Distribuição

Muitas empresas ficam tipicamente à mercê dos intermediários na distribuição, que dispõem de alto poder de barganha sobre eles, impedindo-os de fazer uma aprendizagem vital do mercado. Já as empresas que se integram verticalmente com a distribuição tendem a estabelecer mecanismos de promoção de lucros a curto prazo, deixando de reexaminar e reinventar suas fontes de vantagem competitiva.

Os Produtores dos EUA Provocam uma Mudança Importante

A onda crescente das importações colombianas durante a década de 70 provocou uma reação defensiva. Em 1977, os cultivadores norte-americanos entraram com um pedido de redução de todas as importações de flores de corte, independentemente do país de origem ser considerado culpado de *dumping*. Em 1979, o pedido foi seguido por outro, limitado às importações de rosas. Muito embora os pedidos não focalizassem países específicos, estava claro que as medidas visavam as exportações colombianas, as quais, naquele momento, compreendiam 89% do total das importações norte-americanas de rosas.

No final, ambos os pedidos fracassaram. O governo norte-americano concluiu que as dificuldades dos cultivadores nacionais resultavam, em grande parte, da recessão que se seguiu ao choque do petróleo em 1973-74; que a indústria de flores encontrava-se essencialmente saudável; e que as importações não estavam causando dano grave ou injusto. Mas os pedidos dos cultivadores norte-americanos não fizeram com que os cultivadores colombianos e seus sócios intermediários em Miami formassem em uma frente unida, e isso levaria a uma importante mudança no papel da associação industrial colombiana Asocolflores.

A associação industrial de flores foi originalmente constituída para oferecer a seus membros assistência através de iniciativas tais como estudos do mercado norte-americano, consolidação da oferta e pesquisa agrícola e biológica. A partir do duelo comercial no final da década de 70, contudo, a Asocolflores passou cada vez mais a funcionar como coordenadora dos recursos humanos e financeiros necessários para lutar contra os esforços protecionistas dos cultivadores norte-americanos.

Uma de suas iniciativas foi a criação do Conselho Colombiano de Flores, que assumiu o papel de liderança na coordenação dos esforços de *lobby* e publicidade nos EUA em nome dos cultivadores colombianos. A Asocolflores, então, concentrou-se mais nos desafios que os cultivadores enfrentavam dentro da Colômbia.[4] A decisão da associação industrial de retirar-se da luta de mercado para concentrar seus esforços exclusivamente nas questões dentro da Colômbia foi uma virada sutil, contudo crucial, a nosso ver, na história das flores de corte colombianas.

Na escolha entre vantagens competitivas dirigidas a novos mercados ou proteção governamental e *lobby*, os cultivadores colombianos preferiram proteção e *lobby*.

Tem início o desenvolvimento de um padrão, portanto, no qual a associação industrial vê o seu papel como agente de *lobby* junto ao governo colombiano na batalha contra o governo norte-americano, que defende os interesses dos cultivadores localizados nos Estados Unidos. A associação também faz *lobby* para obter benefícios como custos mais baratos de insumos, entre os quais mão-de-obra e maquinaria importada, e para conseguir estruturas econômicas vantajosas, tais como câmbio desvalorizado, que torna as flores mais baratas para os consumidores norte-americanos.

Padrão: Paternalismo

O Governo se sente responsável pelo sucesso da indústria, mas historicamente não foi eficaz em ajudar a criar vantagens sustentáveis; as empresas se tornam sub-responsáveis pelo seu futuro e, tendo crescido acostumadas com a ajuda do governo e a falta de verdadeira pressão competitiva, passam a depender de vantagens facilmente imitadas.

EXCESSO INEVITÁVEL DE OFERTA

Muito embora os cultivadores norte-americanos não tivessem obtido uma reação protecionista satisfatória às exportações colombianas, os cultivadores colombianos começaram a reconhecer um inimigo mais perto de casa: eles mesmos. Tirando partido das excelentes condições de cultivo e da mão-de-obra barata no vizinho Equador, o investimento colombiano alimentou o desenvolvimento da produção equatoriana de 50 hectares no início da década de 80 para mais de 500 hectares (um hectare equivale a 2,47 acres) no início da década de 90, e, segundo se informa, para 800 hectares em 1996. Além disso, as exigências relativamente baixas de capital e o fácil acesso à tecnologia necessária continuaram a atrair mais cultivadores colombianos no sentido de estabelecerem suas operações no Equador.

A demanda norte-americana não acompanhou o ritmo do tremendo crescimento da produção. Em conseqüência, os preços começaram a despencar. O preço médio real de uma cesta de flores caiu de US$18,88 para US$15,96 entre 1980 e 1990. Os supermercados, um canal de preço baixo que representava uma parcela crescente das vendas de flores, contribuíram para o problema. Além disso, o mecanismo estabelecido para proteger os interesses dos intermediários de Miami começou a contribuir para o declínio dos preços. Os intermediários passaram a ficar preocupados com as flores não desejadas murchando no estoque e foram forçados a cobrar preços de acordo com a demanda do mercado, que em alguns casos refletiam o custo de produção ou até menos. Enquanto isso significava que os intermediários e os cultivadores colombianos ganhavam quase nada na venda de flores, os intermediários ainda ganhavam as taxas de caixa sobre as flores que eles movimentavam. As margens líquidas dos intermediários caíram abaixo de 10% no início da década de 90, mas as margens dos cultivadores colombianos evaporaram. Enquanto isso era penoso para as chácaras que tinham operações verticalmente integradas em Miami, o mesmo foi mortal para os cultivadores colombianos independentes.

A falta de informação referente à posição do custo relativo das empresas na Colômbia e no exterior tornou-se cada vez mais problemática. Além do Equador, países como o México haviam aumentado sua produção em estufa de 100 hectares em 1982 para 750 hectares em 1992. Embora sempre vistas como concorrentes com flores de qualidade mais baixa que atendiam mercados geograficamente diferentes, as empresas mexicanas haviam melhorado a qualidade do seu produto e tinham planos para fazer remessas rodoviárias diretas para os Estados Unidos. Qual era a sua posição de custo então, e quais seriam sua posição de custo e seus planos de expansão no futuro? Perguntas como essa se tornaram mortalmente graves.

Padrão: Parco Conhecimento da Posição Relativa

As empresas e os governos nem entendem, nem avaliam sua posição relativa a empresas ou países concorrentes. Operar sem esse conhecimento inibe a capacidade empresarial de moldar o futuro de sua indústria.

A Abertura da Economia

Assim, os cultivadores colombianos e os intermediários enfrentavam dificuldades, entrincheirados em um sistema que havia ganho demasiado impulso. Com o mercado norte-americano sofrendo excesso de oferta, e uma gama relativamente estreita de produtos florais cada vez menos diferenciados, suas margens ameaçavam tornar-se negativas no início da década de 90. Poderiam os cultivadores, naquele ponto, voltar-se para o governo colombiano em busca de algum tipo de desafogo?

É preciso dizer que o governo não havia dado aos cultivadores de Bogotá qualquer motivo para terem esperança de que queria ou podia ajudar. O histórico de suas relações com a indústria era ambíguo. Entre 1973 e 1982, o governo havia tomado várias medidas que praticamente reverteram a orientação pró-exportação do ambiente empresarial colombiano. Para frear a inflação crescente, o governo reduziu a taxa que desvalorizava o peso, para que a taxa de câmbio real se valorizasse continuamente de 1975 a 1981. Em 1978, ela havia de fato caído abaixo do seu nível em 1967. Os subsídios no programa CAT foram reduzidos, e em 1982 as restrições à importação ficaram mais severas visando o contínuo desequilíbrio macroeconômico.

Os cultivadores, mesmo assim, tiveram condições de acelerar o crescimento das exportações durante esse período. Enquanto as exportações não tradicionais cresceram como um todo a uma taxa média de apenas 2% ao ano, as exportações de flores de corte, impelidas pelo poder da distribuição e das operações de comercialização de Miami, tiveram um crescimento médio de 17%. E, em 1984, quando o governo fez nova reversão, desvalorizando o peso de forma brutal e afrouxando as restrições às importações, a indústria de flores incrementou a receita de exportações, produzindo um crescimento médio de mais de 20% ao ano. Então, no geral, a indústria de flores havia se erguido do chão sem a ajuda almejada do governo e havia começado a prosperar mais a despeito da política governamental do que graças a ela. No entanto, depois que o governo determinou que daria apoio às exportações não ficou claro se alguma coisa que o governo pudesse fazer pelos cultivadores de Bogotá seria suficiente para mitigar a dificuldade estratégica que a indústria de flores enfrentava.

O governo colombiano se mostrou comprovadamente ineficaz no combate às crescentes exigências protecionistas dos cultivadores norte-americanos.[5] No início de maio de 1986, os cultivadores norte-americanos começaram a entrar maciçamente com pedidos de proteção para os segmentos da indústria de flores nos quais a concorrência das importações era mais intensa. Citando dez países, inclusive a Colômbia, o Equador e a Holanda, os produtores norte-americanos, de fato, procuravam se defender de 98% de todas as importações norte-americanas. Essas exigências eram muito clamorosas, e exigências similares haviam fracassado na década de 70. Contudo, na nova atmosfera de comércio administrado da década de 80, muitos dos pedidos norte-americanos foram atendidos. Os protestos do governo colombiano nada adiantaram para impedir que o governo dos EUA impusesse sobretaxas retroativas e instituísse restrições comerciais contra importações provenientes da Colômbia e de outros países. É verdade que essas sobretaxas e restrições se mostraram insignificantes (embora os custos de gestão dos processos, somados aos honorários advocatícios, fossem significativos), mas a Asocolflores e os cultivadores de Bogotá estavam certos de que o seu governo lhes havia falhado em um momento de necessidade.

E esse sentimento de abandono só iria piorar. Em 1989, o presidente Barco iniciou o programa de *apertura*, a transição da economia colombiana para o livre comércio, que pretendia restaurar a estabilidade macroeconômica da Colômbia e levar ao crescimento sustentável. Seu governo moderou a velocidade da desvalorização do peso. Isso, combinado com a inflação, significou uma efetiva *valorização* da moeda, resultando em um aumento de custo real para os cultivadores colombianos em um mercado sobrecarregado pela oferta de flores. Foi a última gota.

TENSÃO EM ALTA

Unindo-se e transmitindo suas opiniões através da associação industrial, a Asocolflores, os cultivadores de Bogotá começaram a sinalizar para o governo o seu desespero. Na opinião dos floricultores, o governo não só havia sido apático em relação à sua causa, mas, na realidade, tentara prejudicá-los pela administração temerária do peso. Usando a imprensa com liberalidade, a Asocolflores começou a acusar o governo de "comportamento anticompetitivo". A guerra fora declarada.

Melindrado pelas acusações da Asocolflores, o ministro colombiano do Comércio Exterior publicamente desancou o setor de flores por sua "preguiça" diante da concorrência mundial. Vale a pena citar algumas de suas acusações, feitas durante uma grande conferência pública sobre o livre comércio andino-norte-americano, à qual ele compareceu em junho de 1993:

> Em um mundo cada dia mais competitivo, aquele que dorme é levado pela correnteza. Embora o setor de flores tenha se beneficiado do ATPA [Acordo de Preferências Comerciais Andino[6]] mais do que qualquer outro, se os floricultores colombianos não "se mexerem", em cinco anos eles vão desaparecer. O setor de flores se desenvolveu baseado em vantagens naturais relativas, tais como a luz, a localização geográfica e a mão-de-obra barata. Com essas vantagens, ele alcançou o segundo lugar nas exportações mundiais. Mas, como ocorre em todo processo dinâmico, essas vantagens não são mais suficientes, e se os cultivadores assim o pensarem correm o risco de ter uma grande surpresa... Devemos seguir o exemplo dos holandeses que, sem qualquer dessas vantagens naturais, mantêm o primeiro lugar no mercado mundial. Como conseguiram? Com estratégias comerciais: segmentando o mercado, melhorando a distribuição e fazendo inovações tecnológicas.
>
> Enquanto isso, embora seja doloroso dizer, os floricultores colombianos dormem sobre os seus louros. Por exemplo, hoje têm apenas um ponto de acesso ao mercado norte-americano: Miami. Eles se concentraram na Flórida, que consome apenas 10,2% das flores nos Estados Unidos...
>
> Estou consciente de que o governo deve fazer um esforço maior para melhorar a infra-estrutura aeroportuária, as rodovias e as telecomunicações, e que uma maior valorização monetária deve ser evitada. Estamos nos esforçando. Mas, por enquanto, os floricultores têm de tomar medidas para evitar que sejam transformados em vítimas de seu próprio sucesso.[7]

O presidente da Asocolflores respondeu em uma carta aberta, alguns dias depois, no jornal:

> Prezado Sr. Ministro,
>
> Respeitosa, mas enfaticamente, rejeito a menção feita por V. Excelência. durante o Seminário de Livre Comércio que transmite a imagem de que o setor de flores está dormindo sobre seus louros, e de que deveríamos ser mais agressivos — atendendo a novos nichos de mercado e seguin-

do o exemplo dos holandeses que, segundo suas declarações, têm mantido a posição de liderança mundial através do mero desenvolvimento de estratégias comerciais.

Em primeiro lugar, permita-me lembrar-lhe que a posição conquistada pela Colômbia no mercado internacional não é conseqüência de mera coincidência de fatores naturais vantajosos; eles certamente estão presentes em muitas partes do mundo. O sucesso da Colômbia se deve, também, ao desenvolvimento de nossa própria tecnologia de produção (as flores costumavam ser produzidas apenas em países que têm estações). Deve-se, ainda, ao desenvolvimento de importantes e dinâmicos canais de distribuição, combinado com estratégias empresariais de exportação sérias, organizadas e futuristas. Esse esforço conta com o apoio de mais de 70.000 colombianos que trabalham eficiente e arduamente todos os dias para cultivar flores da mais alta qualidade.

Analisando o desenvolvimento das exportações holandesas de flores, Sr. Ministro, é surpreendente observar a coincidência da valorização do florim com a perda de parcela do mercado norte-americano. No caso dos crisântemos, por exemplo, a Holanda hoje detém apenas 3% do mercado dos Estados Unidos, depois de ter tido mais de 30% em 1985.

Sem dúvida, a Holanda continua hoje a liderar a exportação de flores no mundo. Conseguiu isso atendendo a mercados no seu próprio continente, cuja renda *per capita* faz do seu povo o melhor cliente de flores do mundo. Além disso, sua proximidade geográfica e infra-estrutura de comunicações permitem entrega rápida do produto, o que constitui uma vantagem incomparável na comercialização de perecíveis.

Não resta dúvida de que a valorização fez com que os holandeses perdessem competitividade na América do Norte. Por isso, eu também compartilho de sua menção hoje, no sentido de que, se não "se mexerem", os colombianos vão sair do mercado de flores da América do Norte. Isto é, Sr. Ministro, se o governo não decidir conferir tratamento interno favorável às exportações, eliminando o diferencial entre a inflação doméstica e a desvalorização do câmbio, que este ano chega a mais de 25%.

É de fato surpreendente que os exportadores de flores ainda mantenham suas posições no mercado internacional, mesmo frente a todos os obstáculos internos que enfrentam. Isso inclui valorização cambial, sérias deficiências em telecomunicações e infra-estrutura aeroportuária, e altos custos de energia, sem mencionar nossa recente crise energética.

Como mencionado por V. Excelência., outros países estão desenvolvendo o setor de flores como resultado da assistência de seus governos, conscientes de que na arena internacional não é apenas o setor privado que concorre, mas o próprio país.[8]

Segue-se a resposta do Ministro:

> Li com interesse, e vou confessar, com certa surpresa, a carta aberta que V.Sa. teve a gentileza de enviar-me. Digo certa surpresa porque aparentemente as associações industriais são intocáveis. O governo a elas não se pode referir, nem sugerir que adotem uma atitude mais agressiva ou mudem a maneira de fazer as coisas, porque ficam contrariadas. Dentro de um espírito de parceria, acredito que isso deva mudar.
>
> Como me referi no meu discurso, usei o exemplo das flores entre muitos que poderia ter escolhido para ilustrar um ponto de vista: a Colômbia deve orientar sua produção, sua comercialização e sua distribuição para o cliente. Deve integrar-se verticalmente, melhorar sua eficiência em cada elo da cadeia e, o mais importante, mudar sua mentalidade.
>
> Em momento algum refutei a necessidade de trabalhar mais para melhorar a infra-estrutura, e creio ter sido o Ministro que mais combateu a valorização cambial. Porém isso não significa que os exportadores não devam dar passos mais largos no sentido de se tornarem mais eficientes em um mundo onde a produtividade e a inovação cada dia assumem maior importância.

A situação no setor de flores sofreu fluxo e refluxo ao longo do tempo. Trata-se de uma indústria com grande histórico na Colômbia e, no final, talvez não corresponda às suas promessas. Um dos motivos é o setor público e o setor privado jamais terem tido uma visão compartilhada de suas possibilidades, de seus respectivos pontos fortes e fracos; isso provocou críticas recíprocas, cada lado detendo apenas uma parcela da verdade.

Padrão: Defensiva

À medida que a competitividade da indústria exportadora se torna mais crítica, o setor público e o setor privado se dividem em dois campos opostos, cada um assumindo que o outro é culpado pelo fracasso em questão: o setor público acusa o setor privado de má administração estratégica, o privado acusa o público de deixar de criar um clima macroeconômico favorável. Ambos os lados parecem estar certos.

Resumo

A narrativa da história das flores colombianas teve o intuito de introduzir os sete padrões dominantes em muitas empresas e indústrias por todo o mundo em desenvolvimento. O padrão que engloba a todos consiste nas empresas desenvolverem propostas empresariais que, quando testadas no mercado, obtêm sucesso. Esse sucesso, no mundo em desenvolvimento, é baseado na combinação de recursos abundantes, favores governamentais, mão-de-obra barata ou outra vantagem básica. A curto prazo, o sucesso constitui uma tremenda dádiva para a economia, orgulho dos políticos e modelo de virtude em competitividade para a comunidade empresarial.

Porém, com o passar do tempo, as coisas mudam. A fórmula do sucesso inicial não funciona mais. A grande adversidade do mundo em desenvolvimento é a repetição contínua desse ciclo — encontrar maneiras de competir com sucesso e, depois, não conseguir adaptar-se às realidades competitivas mutáveis. Vamos argumentar neste livro que as fantásticas vantagens que as nações em desenvolvimento têm em recursos naturais, mão-de-obra barata e solo fértil, em última análise, as mantêm na pobreza ao invés de produzirem crescimento econômico.[9] As vantagens relativas não são suficientes para criar padrões de vida elevados e crescentes para o cidadão médio. E os esforços para converter suas fontes de vantagens relativas, facilmente imitáveis, em fontes complexas e sustentáveis de vantagem competitiva não funcionam.[10] Ninguém parece capaz de romper o ciclo: nem o governo, nem o setor privado, nem as organizações multilaterais que tentam ajudar. Bilhões de dólares foram despendidos na África e na América Latina para erradicar a pobreza e acelerar o crescimento econômico. No entanto, essas regiões permanecem tão dependentes de exportações voláteis de recursos naturais e de ajuda externa quanto sempre estiveram. Os sete padrões estão agindo nos bastidores — e contribuem para a natureza aparentemente imutável — do problema maior.

Pense no seguinte: que o setor das flores seja um "fractal" da Colômbia — os sete padrões se repetem em cada empresa na indústria de flores, nas demais indústrias colombianas e no desempenho da

Colômbia como nação, assim como em outras nações em desenvolvimento.[11] Uma metáfora útil seria a de que os sete padrões residem em todos os níveis da empresa, da indústria, de cada nação e do mundo em desenvolvimento da mesma maneira que um graveto se parece com um galho que, por sua vez, lembra uma árvore.

PARTE UM

Rompendo com o Passado: Padrões de Inibidores da Competitividade

Este livro tem como subtítulo *Fortalecendo as Fontes Ocultas do Crescimento em Países em Desenvolvimento* porque não queremos apenas apontar o que está errado nas coisas tal como elas têm sido. Gostaríamos também de sugerir o que poderia ser o certo. Os sete padrões identificados na introdução resultam de determinados paradigmas de competição e de geração de riqueza. Nosso objetivo é a compreensão e a mudança desses padrões. Conseqüentemente, preferimos encará-los mais como oportunidades de crescimento do que como sintomas de fracasso.

1. *Padrão:* excesso de dependência dos fatores básicos de vantagem. *Oportunidade:* desenvolvimento de fontes mais complexas de vantagem.

2. *Padrão:* pouca compreensão a respeito da clientela. *Oportunidade:* investimento no conhecimento de clientela mais exigente e sofisticada.

3. *Padrão:* desconhecimento da posição competitiva relativa. *Oportunidade:* compreensão e melhoria da posição competitiva relativa.
4. *Padrão:* falta de integração vertical com a distribuição. *Oportunidade:* estudo das oportunidades para integração vertical.
5. *Padrão:* cooperação deficiente entre empresas. *Oportunidade:* melhoria da cooperação entre empresas.
6. *Padrão:* defensiva. *Oportunidade:* empenho em raciocínio produtivo.
7. *Padrão:* paternalismo. *Oportunidade:* controle das alavancas estratégicas de seu negócio.

Nos próximos sete capítulos, vamos tomar cada um desses padrões de inibidores da competitividade e explorá-la em detalhe. Em seguida, vamos criar uma referência para facilitar a prática dos novos conceitos e transformar os sete padrões em oportunidades de crescimento.

CAPÍTULO UM

Evite Depender Demais dos Fatores Básicos de Vantagem

> Lógico, podemos vender soja. O problema é que ninguém vai nos pagar nada por ela. Como é que comércio pode ser algo bom, se fico ainda pior depois de vender para você?
> — *Diretor boliviano de indústria de soja.*

O presidente do Banco Central de um país andino certa vez nos disse que acreditava piamente no bom posicionamento de seu país como concorrente de baixo custo em muitas indústrias globais. Como prova, citou os salários baixos em seu país *versus* os da Europa e da América do Norte. Prosseguiu, argumentando com arrebatamento, que os salários baixos proporcionavam à sua nação uma vantagem competitiva.

Embora não se pudesse negar que os salários nos Estados Unidos eram de fato muito mais altos, algo em sua lógica estava fundamentalmente errado. Se as empresas do seu país estivessem em concorrência direta com as empresas norte-americanas, sua afirmação seria correta. O problema é que elas não competiam com empresas norte-americanas, mas com empresas nas áreas mais pobres da Ásia, onde os salários são ainda mais baixos. Essa é a distinção crucial, porque levanta a questão da relatividade: quando se trata de fontes bastante imitáveis de vantagem competitiva, tais como mão-de-obra barata ou recursos naturais abundantes, haverá sempre outros que possam fazer a mesma atividade com custos ainda mais baixos, tornando esse tipo de vantagem "relativa" altamente insustentável.

Como a história da indústria colombiana de flores ilustra, as vantagens dos cultivadores no que diz respeito a solo rico e luz solar durante todo o ano não se traduziram automaticamente em riqueza. Acreditamos que os países cujas estratégias de exportação se baseiam somente em vantagens relativas — tais como matéria-prima, localização, clima ou mão-de-obra barata — a longo prazo tornam-se mais pobres ao invés de mais ricos.[1] De fato, nossa pesquisa revela que nas nações altamente dependentes da exportação de recursos naturais, os cidadãos são mais pobres, se medidos pela sua capacidade de adquirir bens e serviços em seu país (sua "paridade de poder de compra", ou PPC).[2] A Figura 1-1 ilustra essa correlação, usando uma amostra de 26 nações.[3]

Há três problemas no uso de uma abordagem voltada para fatores de produção na geração de riqueza e de competição.

1. Tudo é relativo: haverá sempre algum outro país que disponha de melhores recursos naturais ou que seja capaz de produzir mais barato.

2. A concorrência de custos por parte de outros países ricos em recursos gera pressão para a manutenção dos custos baixos, que cria um incentivo para os produtores manterem os salários baixos; o trabalhador médio, portanto, não colhe os benefícios do crescimento.

3. Se os países exportam seus recursos naturais a taxas de câmbio desvalorizadas, há uma perda dupla: os recursos se exaurem, e os consumidores estrangeiros ricos, capazes de adquirir esses produtos a preços competitivos, podem comprá-los, ao invés, a taxas subsidiadas, artificialmente reduzidas.

O uso das vantagens relativas como abordagem para a geração de riqueza constitui um dos problemas mais fundamentais enfrentados pelos líderes, empresariais e governamentais, por todo o mundo em

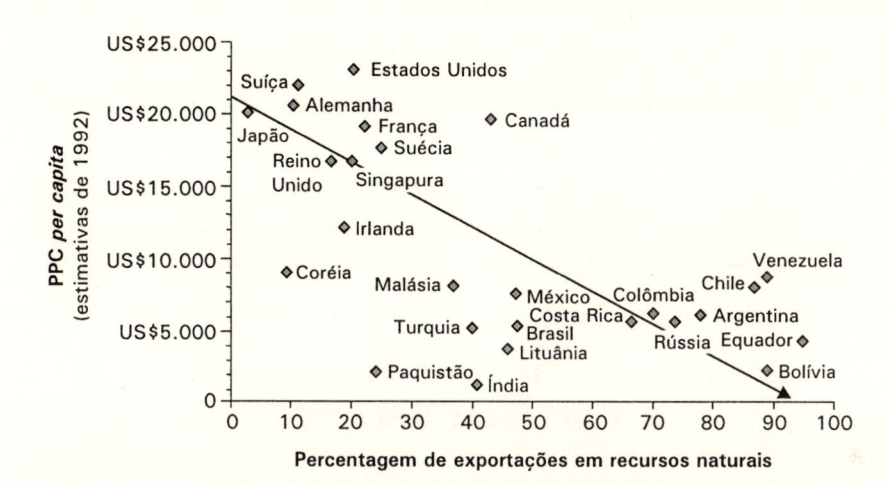

Capítulo Um: Evite Depender Demais dos Fatores Básicos de Vantagem

Figura 1-1. Relação entre riqueza e exportações de recursos naturais.

[Gráfico de dispersão: eixo Y "PPC per capita (estimativas de 1992)" variando de US$0 a US$25.000; eixo X "Percentagem de exportações em recursos naturais" de 0 a 100.

Países plotados: Suíça, Estados Unidos, Alemanha, Japão, França, Canadá, Suécia, Reino Unido, Singapura, Irlanda, Coréia, Malásia, México, Colômbia, Venezuela, Chile, Turquia, Costa Rica, Brasil, Argentina, Lituânia, Rússia, Equador, Paquistão, Índia, Bolívia.]

Fonte: Estatísticas de comércio, SITC da ONU, revisão 2, Banco Mundial, *World Tables 1994*.
Observações:

1. Os países incapazes de reduzir a dependência nos recursos naturais têm padrões de vida mais baixos.
2. A paridade do poder de compra é o critério-padrão para essa comparação, ao invés do PNB, porque se trata de uma estimativa das mudanças da taxa de câmbio baseadas na manutenção de níveis de preços semelhantes em diferentes países, compensando os diferenciais de inflação com as alterações nas taxas de câmbio.
3. O coeficiente de correlação determina a relação entre duas medidas; coeficientes próximos de 1 indicam que as variações em uma medida são perfeitamente explicadas pelas variações na outra.
4. A seta ilustra a correlação de -,66 entre a paridade do poder de compra e as exportações de recursos naturais.

desenvolvimento. À medida que as economias ficam cada vez mais globais e a competição mais acirrada, os que optam por participar de uma abordagem assim, facilmente imitada, de fazer negócios, estão fadados à pobreza permanente.

Os líderes do setor privado e do governo no mundo em desenvolvimento, as organizações multilaterais e os órgãos de desenvolvimento sem fins lucrativos têm que gerar as mudanças necessárias. Embora as estratégias para evitar a dependência excessiva dos dotes naturais possam ser relativamente diretas, poucos países as têm seguido, por dois motivos básicos — falta de consciência e política:

- poucos líderes se dão conta do dano causado por esse tipo de competição a suas economias;
- a dor de manter comportamentos passados é menor do que a exigida para reestruturar, fundamentalmente, a forma de concorrência das empresas nos países em desenvolvimento.

PRINCÍPIOS-CHAVE DO PENSAMENTO DA VANTAGEM RELATIVA

De certa forma, a crença na vantagem relativa se originou com David Ricardo. Em 1817, Ricardo publicou seu influente tratado *Princípios de Economia Política*, no qual questionava se o comércio internacional era propício ou danoso à riqueza de uma nação. Ao cogitar a respeito do potencial para troca de bens entre a Inglaterra e Portugal, Ricardo apresentou um argumento que, mais de 175 anos depois, permanece no cerne dos debates modernos sobre comércio internacional. Sua teoria da vantagem relativa, que promete o benefício do comércio a todos os participantes, ajudou a Grã-Bretanha a conduzir uma próspera era de livre comércio no século XIX e inspirou os Aliados vitoriosos, depois da Segunda Guerra Mundial, a entronizar o livre comércio como a pedra angular da economia política internacional do pós-guerra. Porém no mundo de hoje, onde as velhas regras de comércio não mais se aplicam, a teoria de Ricardo se torna insuficiente: muitas economias outrora protegidas no mundo em desenvolvimento estão explorando vantagens relativas — sua riqueza de solo, luz solar ou mão-de-obra barata — para se inserirem na economia internacional de uma maneira que vai conservá-las pobres.

Na história da indústria de flores, os colombianos ficaram presos na armadilha do seu modelo de geração de riqueza. Apoiados nos fatores vantajosos do país, no que se refere a solo rico, proximidade de mercados, clima favorável e mão-de-obra barata, os cultivadores de Bogotá conseguiram expulsar os floricultores norte-americanos dos seus próprios mercados e forçar a saída dos holandeses de mercados importantes como o de rosas e cravos. No entanto, os holandeses, que a princípio deixaram um segmento inferior do mercado de flores para os colombianos, continuaram a dominar segmentos mais atraentes e lucrativos do ramo de flores nos Estados Unidos. Fica claro que as vantagens relativas da Colômbia — apesar de serem um ponto de partida crítico para o comércio — não foram suficientes para criar vantagens competitivas sustentáveis. Como foi que os holandeses, para quem o sol jamais brilha, cujo custo de mão-de-obra está entre os mais altos do mundo, e cuja terra tem que ser reivindicada palmo a palmo, permaneceram como os exportadores de flores de corte de maior êxito no mundo?

Neste capítulo, gostaríamos de examinar alguns princípios-chave da teoria da vantagem relativa que regem o comportamento dos líderes empresariais e governamentais por todo o mundo em desenvolvimento. Embora já tenham sido apresentados, vamos repeti-los a seguir:

1. abundância de matéria-prima: a armadilha da matéria-prima e da exportação de produtos primários;
2. abundância de mão-de-obra barata: a relatividade dos custos de mão-de-obra;
3. localização geográfica estratégica: competir com base na localização.

No Capítulo Sete, no qual é discutido o conceito de paternalismo, vamos cobrir um quarto tipo de vantagem relativa, ou de fatores de produção, que inclui determinados programas econômicos e políticos com vantagens abundantes mas insustentáveis.

Todas essas vantagens só têm um ponto em comum: são facilmente imitadas e, portanto, impossíveis de se manter, em especial à medida que os avanços tecnológicos encurtam as distâncias entre os países. Enquanto as empresas insistirem em enxergar as vantagens relativas como a fonte de vantagem competitiva elas continuarão a enfrentar situações cada vez mais desagradáveis.

A Armadilha das Exportações de Matérias-Primas e Produtos Primários: a Indústria Boliviana da Soja

Há muitos exemplos por toda a região andina da riqueza ilusória criada pela exportação de matérias-primas, tais como petróleo, gás ou minérios. Para avaliar a verdadeira viabilidade das estratégias voltadas para a exportação de produtos primários, gostaríamos de considerar um setor não associado com freqüência aos produtos de exportação mais tradicionais: a indústria boliviana da soja. A Bolívia iniciou a produção de soja na década de 70, e o Banco Mundial começou a dar apoio nesse setor em meados da década de 80, para ajudar a compensar o colapso das indústrias de estanho e de algodão. A soja havia sido propagandeada como uma "cultura milagrosa" para auxiliar a Bolívia a romper sua dependência da coca e para levar o desenvolvimento econômico à metade leste do país. Vinte anos atrás a soja partiu praticamente do zero para uma posição de liderança entre as exportações não tradicionais da Bolívia, com a maior exportação agrícola legal, tornando-se uma valiosa fonte de emprego e de moeda estrangeira.

Apesar da turbulência política, da instabilidade macroeconômica e dos tremendos desafios logísticos, os produtores de soja da região de Santa Cruz conseguiram grandes realizações. A indústria da soja havia crescido, em média, 26% ao ano desde 1972. Os produtores bolivianos haviam desbancado líderes mundiais como o Brasil, a Argentina e os Estados Unidos nos mercados dos países do Pacto Andino. Essas realizações ajudaram a alimentar o crescimento de Santa Cruz, conferindo-lhe identidade como região agrícola exportadora.

Embora os produtores de soja tenham conseguido criar uma indústria de exportação de US$60 milhões ao ano no segundo país mais pobre do hemisfério[4] sinais diante dos quais a indústria e o país deveriam parar para refletir.

Em 1993, 92,5% das exportações de soja da Bolívia era de soja em grãos, carne de soja ou óleo de soja bruto. O problema é que essas exportações são todas de produtos primários, vendidos apenas com base no preço ao invés de critérios de qualidade ou de serviço que o produtor de soja pudesse alavancar para obter dos clientes um preço mais alto. Além do mais, os usuários finais não se importam com a origem do produto: estão comprando proteína e não soja boliviana ou soja brasileira. Para piorar a questão, desde 1973, o primeiro ano completo de produção de soja em Santa Cruz, o preço mundial de soja vem caindo em média 5,8% ao ano.

Quais as opções dos produtores bolivianos de soja para reagir a essas pressões de preço? Como em qualquer questão de lucro, eles podiam tentar aumentar preços ou reduzir custos. Se fossem fornecedores de uma grande parcela da produção mundial de soja, os bolivianos podiam reter uma parte da sua produção usual e deixar que a lei da oferta e da demanda voltasse a elevar o preço. No passado, essa estratégia funcionou bem para a Arábia Saudita com relação ao petróleo, por exemplo, e podia dar certo para os brasileiros, que produzem 22% da soja em grãos do mundo. Porque a soja boliviana compreende apenas 0,26% do mercado mundial, no entanto, restringir a produção não teria muita influência sobre os preços mundiais de soja em grãos e só provocaria a queda da receita de exportação.

Já que alterar o preço mundial da soja em grãos fica além do controle dos bolivianos, a sua única opção parece ser melhorar a lucratividade, reduzindo os custos. À primeira vista, parece que eles tiveram êxito nessa abordagem. Analisamos os custos médios da produção e do transporte de soja na Bolívia e em seu principal concorrente, o Brasil, localizado na outra margem do rio Paraguai. Para tornar as análises comparáveis, estimamos os custos dos produtores de ambas as nações na exportação de soja para um dos principais mercados da Bolívia, a Colômbia. Se olharmos para os custos totais, os produtores bolivianos parecem estar se saindo muito bem. Veja a Figura 1-2.

Apesar da menor escala de suas operações, os bolivianos têm uma pequena vantagem de custo sobre os brasileiros, na produção e no transporte, de US$6 por tonelada métrica de soja embarcada para a Colômbia. Então, os bolivianos venceram a batalha da soja?

Antes de declarar a Bolívia vencedora, vamos analisar os custos de maneira mais detalhada. Em primeiro lugar, vamos considerar somente os custos associados à fazenda produtora de soja: fertilizante, grãos, pesticidas e outros materiais e mão-de-obra ligados à cultura da soja. Para essa categoria, a vantagem de custo dos bolivianos é de US$1 por tonelada métrica. Veja a Figura 1-3.

Figura 1-2. Custos da produção e do transporte de soja da Bolívia e do Brasil para a Colômbia, 1994.

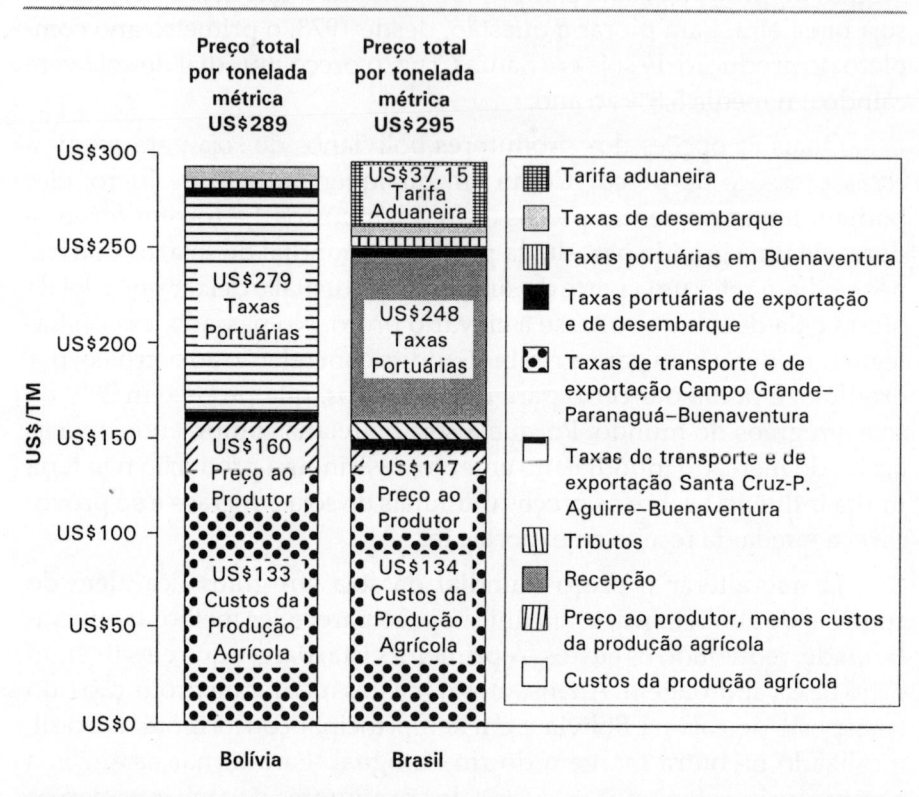

Bolívia	Brasil
Preço total por tonelada métrica US$289	Preço total por tonelada métrica US$295
US$279 Taxas Portuárias	US$37,15 Tarifa Aduaneira
US$160 Preço ao Produtor	US$248 Taxas Portuárias
US$133 Custos da Produção Agrícola	US$147 Preço ao Produtor
	US$134 Custos da Produção Agrícola

Legenda:
- Tarifa aduaneira
- Taxas de desembarque
- Taxas portuárias em Buenaventura
- Taxas portuárias de exportação e de desembarque
- Taxas de transporte e de exportação Campo Grande–Paranaguá–Buenaventura
- Taxas de transporte e de exportação Santa Cruz-P. Aguirre–Buenaventura
- Tributos
- Recepção
- Preço ao produtor, menos custos da produção agrícola
- Custos da produção agrícola

Fontes: ANAPO; SAFRAS & Mercado (março, outubro/1994); Secretaria da Agricultura do Estado do Paraná; Sementes Oleaginosas e Derivados (Relatório BR9406A); entrevistas da Monitor.

Observação: Os custos acima se baseiam em médias na região de Santa Cruz, e na região Centro-Sul do Brasil, sem incluir o custo da terra. Os custos individuais variam com base nos rendimentos, localização, propriedade de equipamento, uso da terra, preço de mercado e opções estratégicas do agricultor.

Contudo, quando comparamos os componentes dos custos agrícolas totais, surge um padrão interessante. Dos doze componentes de custos, os bolivianos estão em vantagem apenas em quatro: fertilizantes, depreciação da terra e despesas de benfeitorias, custos de financiamento e custo por tonelada da mão-de-obra contratada. O solo de Santa Cruz

Capítulo Um: Evite Depender Demais dos Fatores Básicos de Vantagem 33

Figura 1-3. Custo agrícola médio da produção de soja na Bolívia e no Brasil, 1994.

[Gráfico de barras empilhadas mostrando US$132,94 para Bolívia e US$133,95 para Brasil, com eixo vertical US$/TM variando de US$0 a US$140]

Legenda:
- Transporte local para armazém
- Seguro
- Depreciação da terra e benfeitorias
- Mão-de-obra fixa/administração
- Custos de financiamento
- Inseticida e outros produtos químicos agrícolas
- Herbicida
- Fertilizante, inoculação
- Sementes
- Combustíveis, óleos
- Maquinaria e reparos
- Mão-de-obra contratada

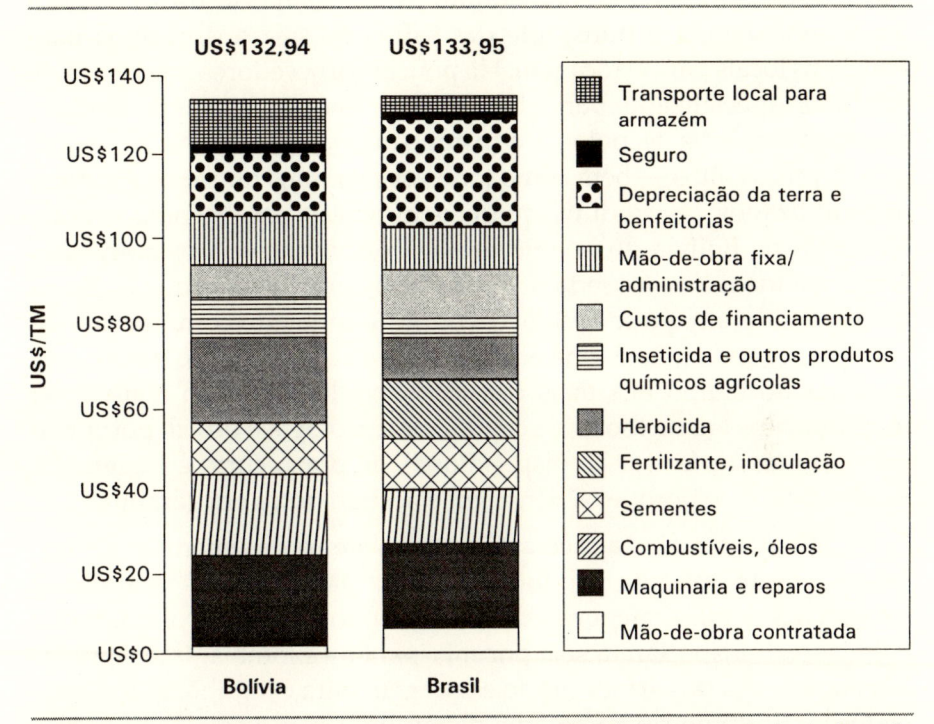

Fontes: ANAPO; SAFRAS & Mercado (março, outubro/1994); Secretaria da Agricultura do Estado do Paraná; Sementes Oleaginosas e Derivados (Relatório BR9406A); entrevistas da Monitor.

Observação: Baseado em médias de Santa Cruz e do Centro-Sul, sem incluir o custo da terra. Os custos individuais variam com base nos rendimentos, localização, propriedade de equipamento, uso da terra, preço de mercado e opções estratégicas do agricultor.

está entre os mais ricos do mundo produtor de soja, rendendo 2,2 toneladas métricas por hectare, comparadas à 1,7 tonelada métrica brasileira por hectare. Aproveitando-se de um maior rendimento, os bolivianos cultivaram soja durante anos sem uso de fertilizantes, e suas outras despesas relacionadas à terra são baixas. O custo da mão-de-obra não qualificada na Bolívia também é menor do que no Brasil.

Enquanto os custos dos bolivianos são inferiores nessas quatro categorias, eles são superiores em sete das outras oito (o custo com seguro é mínimo, em ambos os países). Essas categorias incluem os custos de maquinaria e reparos, combustíveis e óleos, sementes, herbicidas, inseticidas, mão-de-obra administrativa (supervisores, contadores, e similares), e o transporte das safras de soja dos campos para armazéns locais para estocagem. Há poucos fornecedores bolivianos de produtos especializados para a indústria de soja, portanto os produtores precisam importar tecnologia e insumos agrícolas do exterior — em geral a preços altos — bem como todos os produtos químicos e maquinaria utilizados. Os produtos químicos agrícolas, por exemplo, custam 95% mais na Bolívia do que no Brasil. Com freqüência os bolivianos compram maquinaria usada dos brasileiros (maquinaria que os brasileiros consideram quase obsoleta); contudo, enquanto comprar maquinaria de segunda mão é uma economia de dinheiro a curto prazo, com o passar do tempo fica mais caro conservá-la. Além do mais, fazer investimentos em melhoria de capital ou tecnologia é difícil, porque os empréstimos agrícolas são dispendiosos, de prazo curto e exigem garantias sólidas, e porque os bancos não aceitam terra em garantia.

Embora os custos agrícolas isoladamente representem quase metade do custo total da produção de soja, padrões mais dramáticos surgem nas demais categorias de custos. Tanto os brasileiros quanto os bolivianos transportam a soja por mar para a Colômbia. Isso significa transferir a soja dos armazéns de estocagem para caminhões, descarregá-los no porto no rio Paraguai e depois embarcar a soja para o porto colombiano de Buenaventura. Pode-se pensar, olhando o mapa, que os processos de transporte da Bolívia e do Brasil seriam praticamente os mesmos; contudo, quando se calcula os custos associados, observa-se uma *desvantagem* dramática de US$31 por tonelada métrica para os produtores bolivianos. Veja a Figura 1-4.

A ineficiência das estradas e dos serviços rodoviários é responsável por grande parte da diferença. Não há estradas pavimentadas ligando as regiões produtoras de soja da Bolívia ao rio Paraguai. Um monopólio governamental ineficiente administra uma única linha férrea que liga os produtores ao porto em Puerto Aguirre. Em oposição, os brasileiros construíram estradas pavimentadas ligando as regiões produtoras de soja ao porto fluvial de Rosário. Para crédito dos produtores de soja de Cruzeño, embora nem sempre tenham êxito, eles estão trabalhando com afinco para melhorar o serviço rodoviário e adquirir os caminhões necessários.

Capítulo Um: Evite Depender Demais dos Fatores Básicos de Vantagem 35

Figura 1-4. Custos de transporte da Bolívia e do Brasil para a Colômbia, 1994.

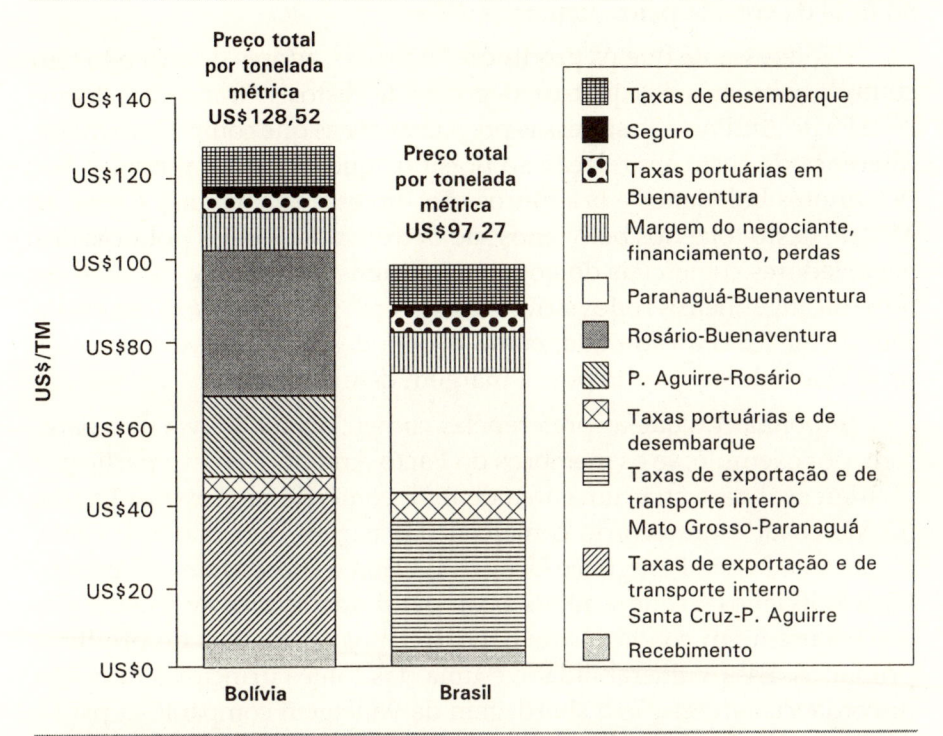

[Gráfico de barras comparando custos de transporte entre Bolívia (Preço total por tonelada métrica US$128,52) e Brasil (Preço total por tonelada métrica US$97,27), com legenda incluindo:
- Taxas de desembarque
- Seguro
- Taxas portuárias em Buenaventura
- Margem do negociante, financiamento, perdas
- Paranaguá-Buenaventura
- Rosário-Buenaventura
- P. Aguirre-Rosário
- Taxas portuárias e de desembarque
- Taxas de exportação e de transporte interno Mato Grosso-Paranaguá
- Taxas de exportação e de transporte interno Santa Cruz-P. Aguirre
- Recebimento]

Fontes: ANAPO; SAFRAS & Mercado (março, outubro/1994); Secretaria da Agricultura do Estado do Paraná; Sementes Oleaginosas e Derivados (Relatório BR9406A); entrevistas da Monitor Company.

Observação: Baseado em médias bolivianas (Santa Cruz-P. Aguirre-Buenaventura) e brasileiras (Centro-Sul-Paranaguá-Buenaventura). Custos individuais variam com base em localização, preço de mercado e outros fatores.

Fica claro que a pequena vantagem detida pelos bolivianos nos custos agrícolas é revertida pela desvantagem nos custos com transporte. Há, porém, dois outros custos a serem considerados — tributos e tarifas — onde os bolivianos estão em vantagem. Os bolivianos pagam de tributos quase US$12 menos por tonelada do que os brasileiros. Ainda mais significativo, quando exportam para a Colômbia, os bolivianos não pagam tarifas, já que ambos os países são membros do Pacto Andino; os brasileiros, que não são membros, pagam US$37 por tonelada. A combinação de tributos mais baixos e inexistência de tarifas permite que os bolivianos tomem a dianteira em relação aos brasileiros no final da corrida pelos menores custos.

É interessante que os produtores e processadores de soja não têm controle sobre três das quatro categorias de custos — transporte, tributos e Pacto Andino — e são essas precisamente as que compõem a maior diferença de custo em relação ao Brasil (já que os custos agrícolas dos produtores bolivianos e brasileiros são, em essência, iguais). Cerca de 45% do custo total dos bolivianos são determinados pelas políticas dos negociadores comerciais do governo, administradores das estradas de ferro ou engenheiros rodoviários. Se os preços médios da soja continuarem a cair 5,8% a cada ano, como ocorre desde 1973, isso deixa aos produtores de soja muito pouca margem de manobra.

Suponhamos que as preferências comerciais da Bolívia desapareçam, por exemplo, se os membros do Pacto Andino vierem a participar do Mercosul para criar uma área de livre comércio na América Latina. (O Mercosul é um acordo comercial das nações do Cone Sul: Chile, Argentina, Brasil, Paraguai e Uruguai.) Dada a abordagem dos produtores bolivianos no que se refere à competitividade, provavelmente eles não estariam em condições de concorrer nos segmentos de produtos primários. Essa vulnerabilidade é uma das fontes principais de nossa discordância em relação à abordagem da vantagem comparativa para a competitividade: ela confere todo o poder a variáveis ou atores exógenos.

Há muitas outras dimensões complexas na história da soja, e nós vamos revisitar essa indústria nos capítulos subseqüentes para tratar de algumas delas, tais como a dependência das fontes de vantagens oferecidas pelo governo e a necessidade de pensar de maneira estratégica a respeito das questões de integração. Devemos deixar claro que concorrer em segmentos sensíveis a preço em ambientes competitivos é no mínimo arriscado, especialmente se as vantagens estiverem além do próprio controle.

A Relatividade dos Custos de Mão-de-Obra

Conforme foi apontado quando relembramos o erro lógico no raciocínio do presidente do Banco Central a respeito de salários, no início do capítulo, mão-de-obra barata e taxas de câmbio favoráveis não são fontes convincentes de vantagens para as empresas. De fato, elas representam apenas metade da questão; a outra metade se refere à concorrência. A Figura 1-5 mostra como são verdadeiramente *relativas* as vantagens baseadas em custos de mão-de-obra.

Ter vantagem em custos de mão-de-obra, por si só, não é mau. Ter mão-de-obra barata como principal fonte de vantagem, no entanto, não é sustentável nem, de fato, desejável. Como já mencionado, se a principal fonte de vantagem advier da mão-de-obra barata, pressões inerentes manterão os salários baixos. Embora o emprego em larga escala, com salários baixos, possa parecer bom para uma nação, a escolha pela competição em segmentos industriais com base na vantagem em custos de mão-de-obra constitui uma opção estratégica medíocre. A geração de riqueza é o objeto do crescimento econômico; crescer de maneira a realmente empobrecer o povo não deve ser o objetivo. É melhor desenvolver possibilidades que permitam às empresas pagar bem aos trabalhadores. O crescimento econômico e a igualdade social, como vamos argumentar mais adiante neste livro, não são mais objetivos inerentemente contraditórios. No entanto, são impossíveis de serem alcançadas simultaneamente se a estratégia de crescimento for baseada na mão-de-obra barata.

As empresas precisam começar a competir onde há vantagens reais. E, no mundo em desenvolvimento, as únicas vantagens reais, para começar, parecem ser em geral a mão-de-obra barata ou os recursos naturais. Contudo, qualquer estratégia que comece dessa maneira deve conter, também, um plano nítido para migrar dessas espécies insustentáveis de vantagens. Do contrário, obtido o sucesso a curto prazo, os líderes empresariais e os políticos vão ter dificuldade de argumentar em prol da mudança, dando início a um círculo que só mantém o povo mais pobre por mais tempo.

Competição Baseada na Localização Geográfica: Dois Casos

A localização não é necessariamente tudo, como demonstram as histórias de Barranquilla e da indústria pesqueira peruana.

Figura 1-5. Salários relativos na indústria têxtil, 1990-1993.

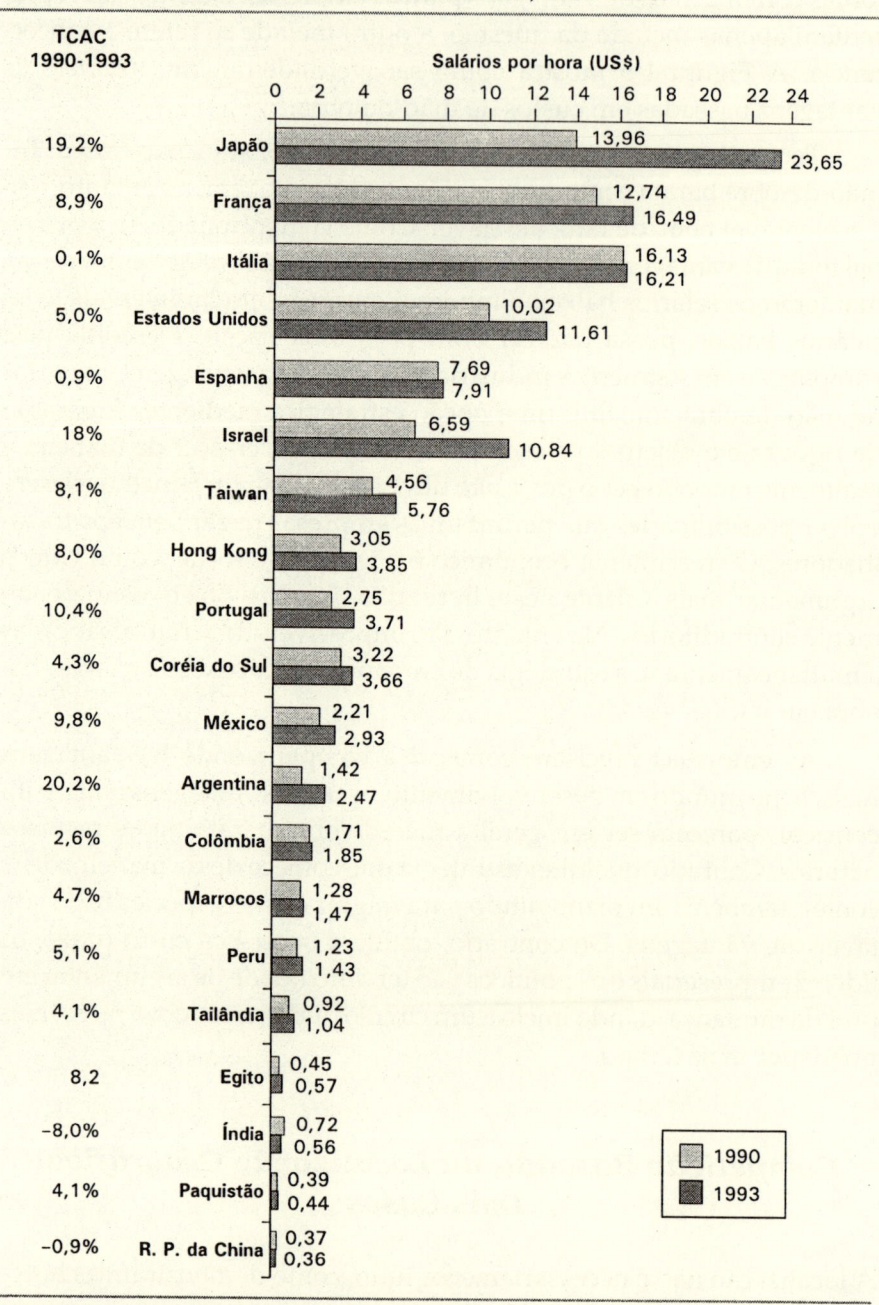

TCAC 1990-1993	País	Salários por hora (US$) 1990	1993
19,2%	Japão	13,96	23,65
8,9%	França	12,74	16,49
0,1%	Itália	16,13	16,21
5,0%	Estados Unidos	10,02	11,61
0,9%	Espanha	7,69	7,91
18%	Israel	6,59	10,84
8,1%	Taiwan	4,56	5,76
8,0%	Hong Kong	3,05	3,85
10,4%	Portugal	2,75	3,71
4,3%	Coréia do Sul	3,22	3,66
9,8%	México	2,21	2,93
20,2%	Argentina	1,42	2,47
2,6%	Colômbia	1,71	1,85
4,7%	Marrocos	1,28	1,47
5,1%	Peru	1,23	1,43
4,1%	Tailândia	0,92	1,04
8,2	Egito	0,45	0,57
-8,0%	Índia	0,72	0,56
4,1%	Paquistão	0,39	0,44
-0,9%	R. P. da China	0,37	0,36

Fontes: Organização Têxtil Gherzi; análise da Monitor.
Observação: TCAC = taxa de crescimento anual composta.

A História de Barranquilla, na Colômbia

Barranquilla, na Colômbia, foi uma das principais cidades do país, do final do século XIX ao início do século XX. Ufanava-se de ter a segunda empresa aérea estabelecida no mundo e a mais longa doca existente, e era considerada um centro intelectual e cultural da Colômbia. Na foz do rio Magdalena, Barranquilla era um porto natural de águas profundas e o centro do comércio exterior. Muitas mercadorias dos Estados Unidos e da Europa entravam na Colômbia e no resto da América do Sul através de Barranquilla, de onde a maior parte das exportações de café era embarcada. Na realidade, o apelido da cidade naquela época era "Puerto del Oro", o porto do ouro.

Os líderes locais de Barranquilla naquela época estavam satisfeitos com o desenvolvimento das vantagens marítimas da cidade. Com a abertura do Canal do Panamá, em 1914, no entanto, deu-se uma grande mudança. De repente, os cultivadores colombianos podiam transportar café de trem para o porto colombiano de Buenaventura e ter acesso a seus principais mercados pelo Canal. Assim, os cultivadores evitavam transportar a colheita descendo o rio Magdalena, em viagens longas e árduas, com a dificuldade causada pela necessidade do rio ser dragado continuamente. Buenaventura registrou um aumento extraordinário nas exportações de café depois da abertura do Canal, que proporcionou rotas alternativas de embarque para os cafeicultores. Isso, além do fato de o rio Magdalena não ter sido mantido de maneira adequada, instigou uma competição comercial acirrada na Colômbia — competição essa que Barranquilla terminou perdendo.

O índice de pobreza em Barranquilla está entre os mais altos de todas as cidades colombianas. Até hoje, os líderes de Barranquilla a consideram uma cidade abençoada por vantagens geográficas, sem que na verdade ela tenha se beneficiado dessas vantagens há décadas. A lição de Barranquilla é a mesma dos produtores bolivianos de soja: as fontes básicas de vantagem, no caso a localização, talvez sejam suficientes para criar um impulso competitivo, mas não para mantê-lo.

A História da Farinha de Peixe Peruana

Outro país abençoado pela localização geográfica é o Peru. Entretanto, como Barranquilla, o Peru não tem aproveitado o seu potencial com plenitude — neste caso, para se tornar um produtor de peixe fresco de categoria mundial.

O Peru produz farinha de peixe, muito rica em proteína, feita de peixe moído e usada principalmente para ração animal (e de peixes). Os peruanos fabricam essa farinha quase que só de anchovas e sardinhas, peixes dos quais o país dispõe há muito tempo em abundância por causa da corrente de Humboldt, uma corrente de água gelada de 120 a 180 milhas de largura que passa ao longo da costa do Peru e do norte do Chile. O plancto viceja nessas águas geladas, atraindo anchovas e sardinhas que, por sua vez, atraem outros peixes, tais como bonitos, atuns e corvinas.

A indústria de farinha de peixe se espalha ao longo de toda a costa do Peru, da fronteira chilena até o Equador, com grandes centros de produção em Chimbote e Callao. Há muitas empresas de farinha de peixe, assim como uma grande companhia estatal a ser privatizada em breve, PescaPeru, que concentra a maior parte da produção nacional. A história da farinha de peixe peruana é semelhante à da soja boliviana, só que, neste caso, o Peru é competitivo em termos globais no seu segmento industrial escolhido.

A indústria da farinha de peixe no Peru começou de fato no início da década de 50 e desenvolveu-se em resposta a uma estratégia de crescimento voltada para a exportação. Vista pela maioria como um grande sucesso, a indústria peruana foi a principal produtora e exportadora de farinha de peixe em 1994. Em conseqüência, o Peru se tornou líder mundial em métodos de pesca e produção de peixe; na verdade, é o quarto no mundo em produção pesqueira, se medida em toneladas métricas (e não por valor em dólar), grande parte dela — 83% — sob a forma de farinha de peixe. Além do mais, a indústria pesqueira é um componente crescente do PNB, e a produção de pescado agora compreende cerca de 1,2% do PIB peruano, quase o dobro do que era há vinte anos. No total, a indústria pesqueira perfaz 18% das exportações. Já que 95% desse número são exportações de farinha de peixe, essa indústria desempenha um papel importante na economia peruana.

O Peru fabrica, em geral, seis tipos de produtos pesqueiros: farinha de peixe, óleo de peixe (subproduto derivado da produção da farinha de peixe), peixe enlatado, peixe congelado, peixe curado e peixe fresco.

Enquanto a farinha de peixe perfaz 83% da produção pesqueira total, o óleo de peixe responde por apenas 9%, o peixe congelado 6%, e todos os demais 2%.[5] Concentrando-se na farinha de peixe, o Peru na realidade focalizou a parcela menos sofisticada do negócio pesqueiro.

À semelhança dos processadores de soja, o raio de ação escolhido pelos produtores de farinha de peixe foi ditado pela vantagem competitiva: competir com produtos primários significa competir em um jogo de custos. Muito embora haja diferentes categorias de farinha de peixe, o preço de cada categoria é determinado, em essência, pelo mercado mundial, com base no conteúdo de proteína e umidade. Há alguma margem para diferenciação de farinha de peixe "de primeira qualidade" para usos especiais (como aquacultura), mas poucos fabricantes peruanos optaram por competir nesse subsegmento. A maioria escolheu competir em um jogo no qual a principal variável é o custo.

Diferindo dos produtores bolivianos de soja, as frotas peruanas de farinha de peixe detêm uma posição substancial no seu ramo. Será que eles conseguiriam elevar o preço da farinha de peixe, se reduzissem a oferta mundial? Embora pudessem tentar essa estratégia, outra questão limita esse recurso. A farinha de peixe é produto substituto da soja em muitos mercados, sendo um deles o de ração para gado. Isso significa que os preços da farinha de peixe não podem subir muito acima do preço da soja, sem que um número significativo de compradores se passem para a soja. Portanto, muito embora os peruanos controlem uma grande parcela da oferta mundial de farinha de peixe, sua capacidade de controlar preços é limitada.

Como os produtores bolivianos de soja, as frotas de farinha de peixe seguem um modelo voltado para fatores de produção. A ampla oferta de sardinhas e anchovas, combinada com a mão-de-obra barata disponível para a sua produção, fez com que a competição no ramo da farinha de peixe ficasse tão fácil quanto jogar uma rede ao mar. Combustível, maquinaria e outros custos de produção são mais altos no Peru do que em outros países, mas facilmente compensados pela força das vantagens dos recursos naturais do país. A ironia da indústria da farinha de peixe é que o conceito de valor agregado vira de cabeça para baixo: na realidade, os clientes pagam menos pelo produto mais "processado" da farinha de peixe do que pagariam por peixe fresco. Mas, para os peruanos, a tecnologia e a logística sofisticada que eles precisariam para vender peixe fresco é mais difícil de conseguir do que as necessárias para a produção de farinha de peixe.

Concentrando-se de tal maneira em farinha de peixe, a indústria pesqueira peruana ignora um grande mercado em potencial para espécies de peixes que podiam ser pescados para enlatar ou vender frescos a estações de veraneio e hotéis de luxo na América Latina e no Caribe. Quando se considera o foco da indústria peruana, em relação a outras nações pesqueiras ao longo do tempo, surge uma ilustração interessante. (Ver a Figura 1-6.)

A estratégia no Peru tem sido dirigir todos os investimentos para o aumento da produção de farinha de peixe. E, de fato, a produção do país cresceu de maneira significativa nos últimos dez anos, apesar da diminuição das reservas de anchovas e sardinhas e da redução dos preços em todo o mundo. Além do mais, a contribuição do Peru para aumentar a oferta mundial de farinha de peixe só tem feito os preços — e as margens de lucros — declinarem.

Figura 1-6. Opções estratégicas: posicionamento na indústria pesqueira (exportações de peixe e de farinha de peixe em 1987, 1990, 1993, em US$).

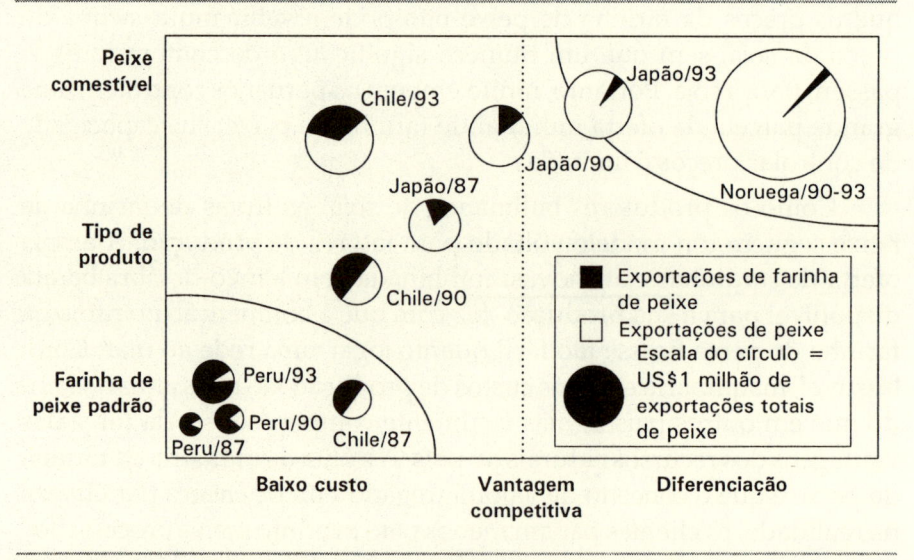

Fontes: Estatísticas do Comércio das Nações Unidas; Serviço Nacional de Pesca Marinha; Manedsstatitikk over Utenrikshandelen; análise da Monitor.

Há uma década, a indústria pesqueira do Chile começou mais ou menos na mesma situação em que se encontra hoje a do Peru: centrada na produção de farinha de peixe. Contudo, como a Figura 1-6 indica, o Chile desde então se transformou no principal exportador de muitos peixes de valor mais alto, especialmente o salmão e a truta. Tendo começado a criar salmão para valer menos de dez anos atrás, o Chile é agora o segundo maior produtor desse peixe no mundo (produzindo 46.000 toneladas para faturar US$250 milhões, em 1992). As exportações chilenas de outras espécies de peixe — fresco, congelado e enlatado — também estão aumentando com rapidez.

A Coréia e o Japão também se tornaram importantes fornecedores de peixe de primeira para restaurantes e estações de veraneio. De fato, e talvez o mais inquietante de tudo, o próprio ministro da pesca do Peru vende aos pescadores dos países asiáticos as licenças para pescar peixe fresco em águas profundas do mar peruano — por meros US$80 milhões ao ano. Com este investimento, os asiáticos exportam cerca de US$800 milhões de peixe fresco para o Japão e a Coréia.

Resumo

Na atividade econômica do mundo em desenvolvimento, prevalece a idéia que examinamos, em primeiro lugar na história das flores colombianas, e agora aqui com maior profundidade: os países e as empresas podem competir globalmente a partir de vantagens baseadas em fatores como são os recursos naturais, salários baixos ou localização geográfica. O desafio que os líderes empresariais e políticos desses países enfrentam é duplo: (1) desenvolver fontes mais sofisticadas de vantagem que não sejam imitadas com tanta facilidade e (2) compreender que exaurir os recursos naturais e arrochar os salários não levam à geração de riqueza sustentável a longo prazo. É crucial que os líderes desenvolvam a capacidade de pensar sobre o futuro, afastando-se das funestas indústrias "baseadas em fatores". Isso vai exigir uma reavaliação fundamental sobre o entendimento da competitividade e da geração de riqueza. As fontes do crescimento para as nações em desenvolvimento estão ocultas por trás da abundância dos recursos naturais que tantas possuem.

CAPÍTULO DOIS

Entenda Melhor a Clientela

> É estranha essa idéia de podermos escolher nossa clientela. Sempre pensamos que caberia aos clientes nos escolher.
> — *Funcionário peruano da área de turismo*

Quando os holandeses conquistaram a parcela mais lucrativa do mercado de flores dos Estados Unidos, como discutido no Capítulo Um, os colombianos a perderam muito mais por falta de estratégia própria do que devido à estratégia holandesa. Com os holandeses visando uma clientela mais fina e exigente, disposta a pagar mais por qualidade, os colombianos, por omissão, acabaram vendendo flores que agradavam a um segmento menos lucrativo de clientes. Nos países em que trabalhamos, encontramos muitas histórias semelhantes, nas quais as empresas "decidem ao não decidir" a respeito da sua clientela. O resultado inevitável é a perda de lucro e de competitividade.

No Peru, por exemplo, as duas companhias aéreas que voam diariamente entre Lima e Arequipa oferecem opção limitada de horários de vôos. Em Lima, a mulher ou o homem de negócios que precisa ir a Arequipa passar o dia tem duas escolhas detestáveis: voar pela Aeroperu às 6 horas da manhã ou na sua rival Faucett às 10. Se embarcar às 10 significa perder toda a manhã de trabalho, para a maioria dos residentes em Lima, que mora longe do aeroporto, decolar às 6 significa levantar da cama às 4 para enfrentar o longo percurso de carro. Chegando em Arequipa às 7h15min, salvo atraso, não se tem aonde ir. É muito cedo para fazer visitas de negócios, e os apartamentos dos hotéis em geral ainda não estão vagos, pois falta algum tempo para o horário estabelecido de saída.

As pessoas no balcão de atendimento da companhia aérea, quando indagadas sobre o motivo desses horários, respondem: *"Así ha sido siempre."* Sempre foi assim. Parece que 6 da manhã é a hora mais conveniente para a companhia aérea. Só é preciso usar um avião, preparando-o em Lima durante a noite e enviando-o para Arequipa a tempo de trazer passageiros, às 8h30min, para as reuniões matinais de negócios.

As decisões a respeito do serviço das companhia aéreas peruanas não estão voltadas para a preferência do cliente e, por isso, sem dúvida Arequipa é sofrível como atração turística. Em 1995, na Convenção Peruana Anual de Turismo, a oportunidade-chave de apresentar o Peru aos operadores de turismo estrangeiros, a viagem de demonstração foi a Arequipa. Um operador de turismo inglês, que havia retornado desse dia de excursão, disse o seguinte: "Não me lembro muito de Arequipa. Como fomos acordados antes das 4 horas da manhã para ir para o aeroporto, acabei adormecendo no ônibus ao percorrer Arequipa. Lembro-me de alguns pontos interessantes, mas não posso dizer que conheci a cidade, não o suficiente para recomendá-la."

Um novo hotel estatal no vale do Colca, próximo de Arequipa, é um outro exemplo da falta de enfoque no cliente, observado com freqüência nas nações em desenvolvimento. A Agência Nacional de Promoção ao Turismo (FOPTUR, em espanhol) apresenta com orgulho o novo hotel aos visitantes estrangeiros. Contudo, embora o vale do Colca ofereça um cenário de tirar o fôlego e passeios diários para ver os condores do desfiladeiro superior, o hotel jamais será uma atração turística. Foi construído a partir de casas de metal pré-fabricadas usadas anos atrás para acomodar os trabalhadores de projetos de irrigação. Ao contrário da charmosa pousada de adobe em construção a alguns quilômetros de distância, por iniciativa de um ativista ecológico local, o hotel estatal parece um estéril campo de *trailers* no meio da América. Além do mais, como os aquecedores são desligados às 11 da noite, nem uma gota de água quente dá o ar de sua graça nos chuveiros. O salão de jantar parece antes uma lanchonete de colégio do que um restaurante, com mesas e cadeiras de armar e tudo mais. Os garçons perambulam pelo restaurante, ignorando os clientes enquanto põem outras mesas com pratos de plástico; o café da manhã consiste em pão e manteiga com café instantâneo. Apesar das melhores intenções da FOPTUR, o hotel talvez tenha dificuldades em atrair o opulento turista que tem em vista.

Esses exemplos ilustram uma atitude em relação ao serviço ao cliente, encontrada em Arequipa e mais tarde confirmada por uma pesquisa realizada na região. A pesquisa identificou dois problemas principais: falta de interesse entre os empregadores do setor privado de investir no treinamento dos empregados, e falta de enfoque do setor público no desenvolvimento de institutos especializados em treinar pessoas para empregos relacionados ao turismo, tais como guia, garçom e administrador de hotel.

No capítulo anterior, discutimos como a dependência excessiva de vantagens básicas, devidas a fatores tais como recursos naturais ou localização geográfica, pode impedir a competitividade. O turismo é uma indústria cujo sucesso inicial em grande parte é motivado por recursos naturais. O vale do Colca, mais profundo do que o Grand Canyon no Arizona, é uma maravilha da natureza. As ruínas de Machu Picchu, perto de Cusco, constituem uma lembrança fantástica e misteriosa de antigas civilizações. Esses são recursos que nenhum outro país no mundo possui. No entanto, como os consumidores mundiais ficam cada vez mais exigentes e como os destinos turísticos concorrentes oferecem serviços, produtos e preços cada vez mais competitivos, as muitas vantagens relativas que os peruanos têm agora vão desaparecer com o tempo.

O serviço ao cliente é importante em milhares de pontos diferentes durante uma visita turística a um determinado local. Por isso, cada empresa que interage com turistas deve estar consciente do que é mais importante para o turista em termos de qualidade e conforto no que se refere a seus produtos ou serviços. Isso significa fazer opções sobre os segmentos de clientes-alvo e investir na compreensão de como assegurar a satisfação desses clientes. Não fazer isso só perpetua o padrão de dependência excessiva dos fatores herdados.

Alguns podem alegar que o tipo de serviço ao cliente a que estamos nos referindo reflete um padrão norte-americano, que os visitantes estão errados em esperar em um país em desenvolvimento. Nós discordamos. Os visitantes procedentes dos Estados Unidos representam os segmentos mais lucrativos que aqueles países andinos podem atrair, em razão de sua proximidade, interesses e elevada renda disponível. Ao negligenciar o esforço no sentido de obter conhecimento necessário para atrair e satisfazer esses segmentos lucrativos de clientes, os países andinos estão perdendo receita que têm direito de receber em troca das experiências turísticas singulares que eles têm a oferecer.

Por um Modelo de Desenvolvimento Voltado para o Cliente

Nos países do Terceiro Mundo, o desenvolvimento *per se* não pode se dar à parte dos mecanismos de uma economia de mercado. Assim sendo, os órgãos multilaterais de desenvolvimento têm tradicionalmente demonstrado a seguinte meta: em vez de oferecer peixe ao povo, ensinar o povo a pescar por si mesmo. O novo modelo de desenvolvimento, no entanto, é bem capaz de não ensinar aos outros a pescar, mas pode, ao invés, ensiná-los a fabricar varas de pescar de alta qualidade para exportar para os pescadores mais sofisticados do mundo.

A compreensão de como competir de maneira efetiva em uma economia aberta, especialmente para aqueles cujas economias estão há muito tempo protegidas das forças da concorrência, tem início com o conhecimento de que é crucial decidir que clientes atender e a melhor maneira de fazê-lo. Na teoria contemporânea de administração há inúmeras abordagens no que se refere a estratégia e a concorrência. E, implícita em todas essas abordagens, encontra-se a noção de que, em qualquer negócio, o cliente está acima de tudo. Além da sempre repetida expressão "localização, localização, localização", talvez não haja outro conselho tão aceito quanto "o cliente sempre tem razão". Obter e usar o conhecimento a respeito do cliente de maneira eficiente constitui o primeiro passo crítico para uma empresa desejosa de se tornar competitiva em escala global. E, em nossa experiência pelo mundo em desenvolvimento afora, o conhecimento sobre a clientela é deploravelmente inadequado para a concorrência no século XXI.

Com regularidade, executivos por toda a América Latina reclamam da impossibilidade de competir em termos globais por serem concorrentes do "Terceiro Mundo". Contudo, na realidade os consumidores globais ficam cada vez mais cegos quanto à origem dos produtos que compram. Se o produto se origina do "Primeiro Mundo" ou de qualquer outro não é importante; o que importa é os produtores corresponderem às necessidades vitais dos clientes. Se a infra-estrutura inadequada, o treinamento deficiente dos funcionários e os altos custos de insumos inibem a capacidade empresarial de concorrer no seu segmento industrial escolhido, os empresários precisam tomar uma decisão clara: será que esse segmento industrial é bom para mim, e que terei condições de competir nele caso faça os investimentos necessários visando as necessidades vitais dos clientes?

Mais uma vez, a questão não é "Primeiro" ou "Terceiro Mundo". A questão é: que qualidades são necessárias para corresponder às necessidades sempre mutáveis dos clientes? Os esforços de desenvolvimento devem focalizar a criação de um meio que permita às empresas competir em termos globais, oferecendo alternativas reais às formas tradicionais de concorrência. Em outras palavras, como vamos demonstrar mais adiante neste livro, os países não vão gerar riqueza sustentável continuando a competir em setores dependentes de fatores básicos. Só o farão se obtiverem conhecimento cada vez mais sofisticado a respeito da exigente clientela e a ela prestarem serviços.

Como o mundo se torna gradativamente menor através do aperfeiçoamento da tecnologia de transporte e comunicações, os clientes em todo o planeta ficam cada vez mais sofisticados. As oportunidades são abundantes para empresas no mundo em desenvolvimento se inserirem nesse processo. No entanto, apesar das oportunidades, as empresas de países em desenvolvimento em geral optam pela trajetória de menor resistência: exportar produtos simples, que exigem pouco investimento no conhecimento da clientela.

Como indica o exemplo do hotel da FOPTUR em Arequipa, os clientes têm critérios de compra cada vez mais diferentes. O que aprendemos, no entanto, é que esses diferentes critérios podem ser conhecidos e segmentados estatisticamente. O desafio para as empresas em todo o mundo, mas em especial para as do mundo em desenvolvimento, é dispor de um conhecimento maior sobre seus clientes. Elas vão descobrir que uns são mais atraentes de atender, outros menos. Gabriel García Márquez, o colombiano ganhador do Prêmio Nobel, afirma que se pode dizer a respeito de um bom escritor tanto pelo que se encontra na cesta de papel quanto pelo que está no trabalho acabado. O mesmo vale para as empresas de nível mundial: o que determina seu sucesso é muito mais o que elas optam por *não fazer* do que aquilo que escolhem *fazer*. E em lugar algum isso é mais importante do que na escolha da clientela a atender.

As empresas enfrentam um grande mercado em potencial para seus produtos ou serviços e, via de regra, não têm recursos suficientes para competir em todo esse mercado. Por isso, quer de maneira explícita ou implícita, as empresas visam segmentos específicos do mercado. Em economias voltadas para fatores, e com herança de políticas protecionistas, as empresas tendem a fazer opções baseadas em vantagens relativas. Isso as conduz a concorrer em áreas onde a matéria-prima, a mão-de-obra ou os custos de transporte baratos parecem oferecer alguma vantagem na concorrência. Mas para alcançar vantagem competitiva sustentável — que pode aumentar a riqueza do cidadão médio — as empresas precisam competir através da luta constante para inovar em termos de como gerar valor para os clientes. Podemos definir valor de várias maneiras — fornecer produto de baixo custo, ou produto altamente diferenciado, ou prestar determinado nível de serviço — mas para esse valor ser sustentável, o produto deve continuar sempre a corresponder às necessidades mutáveis dos clientes.

Fazer opções sobre como e onde competir antes de entrar na luta da concorrência pode parecer um conselho simples. Mas nossa experiência no mundo em desenvolvimento tem demonstrado que as pessoas costumam tomar a decisão de competir antes de determinar a clientela objeto da competição. Uma mentalidade voltada para vantagem relativa combinada com políticas protecionistas já levou muitos líderes empresariais a fazer hipóteses sobre o mercado que não foram testadas e muitas vezes são inverídicas.

NÃO OPTAR É UMA OPÇÃO: O EXEMPLO DO COURO COLOMBIANO

Em um dia ensolarado de maio de 1993, cem dos mais importantes membros da indústria colombiana do couro reuniram-se em uma sala em Bogotá para planejar uma saída. Não havia trancas nas portas, nem barras nas janelas, nem guardas no vestíbulo lá fora, mas aqueles fazendeiros, curtidores, fabricantes, distribuidores, exportadores e consultores se sentiam apanhados em uma verdadeira armadilha, sem vislumbrarem com clareza uma saída. À medida que um representante após outro resumia as dimensões do dilema, as emoções afloravam e havia arroubos de cólera. Lamentos ocasionais de desespero faziam com que a atmosfera da sala fosse quase insuportável.

As coisas nem sempre foram assim tão ruins para a indústria colombiana do couro. De 1986 a 1991, as exportações de produtos manufaturados de couro haviam aumentado em média quase 19% ao ano. As vendas externas de calçados, bolsas e outros produtos haviam mais do que dobrado o porte da indústria naquela época e gerado receitas de US$140 milhões para os homens e mulheres naquela sala de reuniões em Bogotá. Os líderes do setor tinham orgulho da capacidade de competir na América do Norte, Europa e Ásia; em 1991, a Colômbia era um "exportador líquido" — exportando mais produtos de couro para os Estados Unidos do que importava.

Contudo, em 1992, as exportações de produtos de couro começaram a cair. Quando a queda tornou a acontecer em 1993, o medo da estagnação econômica começou a se espalhar pelo setor, e as pessoas se questionavam: será que o futuro do couro colombiano estava correndo perigo?

A estratégia dos colombianos havia sido oferecer o que até então havia sido uma combinação atraente de um mínimo de qualidade com preços módicos. A estratégia se baseava em vantagens básicas, tais como mão-de-obra barata, baixo custo, produção local de peles e uma taxa de câmbio favorável. Dependentes dessas três vantagens advindas de fatores básicos, os fabricantes haviam compensado a qualidade um tanto inferior de seus produtos com preços também inferiores. A estratégia obteve êxito até que outros fabricantes, em grande parte na China, tirando proveito de salários ainda mais baixos que em Bogotá, passassem a oferecer qualidade similar a preços muito mais reduzidos. Os colombianos tinham vantagens tais como baixos salários, mas tinham também as desvantagens de transporte doméstico dispendioso e custos de mão-de-obra em elevação.

A China e a Coréia empurraram as marcas colombianas para fora dos varejos e canais de mercado de massa, um após o outro. Ao mesmo tempo, os mercados de primeira, dominados pelos produtos de couro italianos, estavam fora do alcance. A qualidade inconsistente e os modelos peculiares das bolsas de couro colombianas representavam pouca ameaça à dominação de Gucci ou Devecchi. Além do mais, tudo o que os colombianos tinham ouvido a respeito da força da indústria do couro italiana em *design*, fabricação e cooperação entre empresas levou-os a acreditar que sua própria indústria estava muitos anos aquém de apresentar qualquer espécie de desafio aos italianos. Espremidos pelos mercados internacionais acima e abaixo deles, os colombianos pareciam não ter aonde ir.

Na reunião de Bogotá, um representante expressou seu pessimismo em relação à indústria colombiana: "Está evidente que precisamos vencer os chineses ou os italianos para permanecer no setor. Porém, meus amigos, não posso usar pauzinhos para comer e massa não é do meu gosto, portanto a falência me parece ser a única saída." Nessa expressão de extrema frustração, o representante havia, sem querer, introduzido uma idéia que, em última instância, iria mostrar aos colombianos a solução de seus problemas. Que idéia revolucionária era essa? A noção de escolha.

Vamos revisitar as estratégias dos colombianos, italianos e chineses e fazer duas indagações sobre *opções estratégicas*. Em primeiro lugar, que tipo de vantagem competitiva as empresas em cada um dos países procuravam? Em segundo, que abordagem em relação a tecnologia e inovação as empresas adotavam? As respostas a essas perguntas põem a descoberto as raízes do problema colombiano.

Tomemos em primeiro lugar os italianos. Os fabricantes de couro italianos se beneficiam de dois pontos positivos do seu meio local: consumidores de moda muito exigentes e desenhistas da maior competência. Esses dois pontos positivos permitiram que os fabricantes desenvolvessem produtos de primeira, sofisticados, capazes de satisfazer à clientela mais exigente do mundo. E foi a essa clientela que eles escolheram atender.

Agora, tomemos em consideração os chineses. Com salários de quase um sexto dos colombianos (por ocasião da reunião do setor de couro colombiano), eles detinham uma tremenda vantagem relativa no ramo de couro, e haviam *optado* por seguir uma estratégia de baixo custo, enquanto mantinham modelos e capacidade de fabricação suficiente para permanecer em um nível médio de qualidade para a indústria mundial. Isso permite que concorram com bastante eficiência pelos consumidores mundiais mais preocupados com o preço.

Então, vamos voltar a considerar os colombianos. Eles não haviam feito opções nítidas no tocante aos consumidores desejados ou à maneira de melhor competir. Ao invés de se apoiarem em uma moeda historicamente desvalorizada e mão-de-obra barata, eles não haviam procurado estratégias para manter uma posição de baixo custo, nem haviam investido o suficiente em *design*, fabricação ou tecnologia de comercialização para chegar a produtos diferenciados, de alta qualidade. O que haviam feito, na verdade, foi ceder o campo de batalha estratégico a outros, como os chineses e italianos, perdendo assim a capacidade de determinar sua própria posição no mercado.

Se fizéssemos um levantamento da relação entre os concorrentes da indústria de couro, chegaríamos a um quadro como mostrado na Figura 2-1. Nessa figura, os participantes de maior sucesso são aqueles cujas estratégias os posicionaram nos cantos. Em outras palavras, aqueles localizados nos cantos foram os que fizeram opções estratégicas. Tanto os italianos quanto os chineses estão localizados com firmeza em um dos cantos, mas os colombianos se deixaram levar para o centro.

Quando mostramos esse quadro aos líderes colombianos da indústria do couro, eles deram uma das duas respostas seguintes. A primeira foi: "Por que vocês nos colocaram no meio? Nós não escolhemos ficar lá." A segunda: "O que há de errado em estar no meio? É óbvio que há clientes que desejam um produto decente a preço módico."

Nossa resposta à primeira pergunta é: não optar é uma opção. No dinamismo da batalha competitiva, os participantes que não fizerem opções vão permitir que os outros optem por eles. Em resposta à

Figura 2-1. Posicionamento estratégico na indústria de bolsas de couro (mercado dos Estados Unidos).

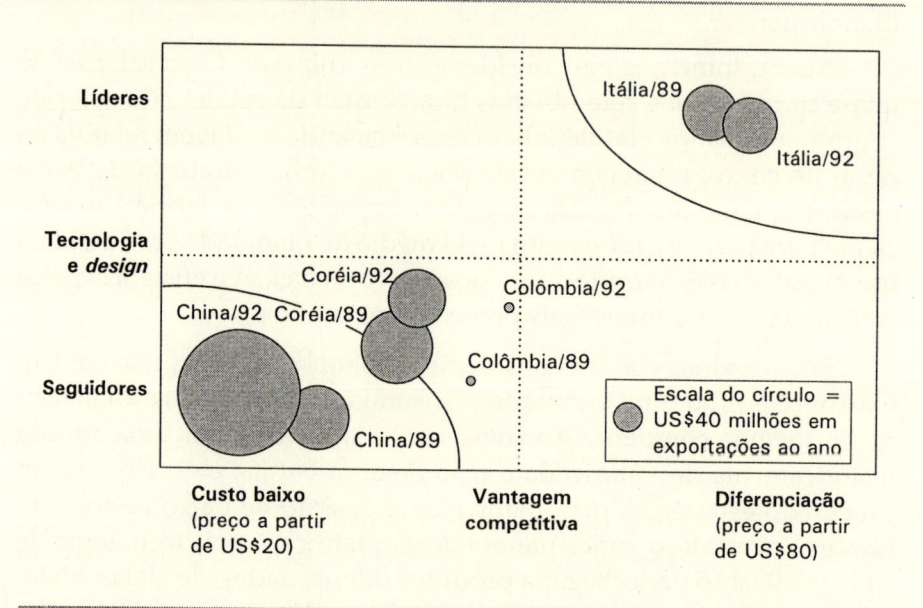

```
Líderes                                          Itália/89
                                                      Itália/92

Tecnologia
e *design*
              Coréia/92        Colômbia/92
        China/92  Coréia/89
                              Colômbia/89
Seguidores
                                        Escala do círculo =
                      China/89          US$40 milhões em
                                        exportações ao ano

        Custo baixo            Vantagem        Diferenciação
        (preço a partir        competitiva     (preço a partir
        de US$20)                              de US$80)
```

Fonte: Pesquisa da Monitor, Departamento de Comércio dos Estados Unidos.

segunda objeção ao quadro, só podemos refletir que, na verdade, pode haver clientes desejosos da combinação de preço e qualidade, aos quais os colombianos poderiam atender. O problema é que eles não fizeram qualquer esforço para garantir que essa era a clientela atendida. Não sabiam até mesmo se esse mercado lhes era atraente. Os pressupostos sobre quem é capaz de adquirir um produto podem ser úteis, mas não bastam para identificar o segmento de mercado em que a empresa se deve posicionar com firmeza contra a concorrência. Reiterando, é de suma importância fazer opções explícitas sobre que segmentos atender, e então atendê-los. Do contrário, é inevitável que a empresa fique no meio — o pior local competitivo para estar.

Sem dúvida os colombianos precisavam começar a fazer opções estratégicas explícitas sobre que espécies de vantagens competitivas desejavam desenvolver. Como vimos, as duas escolhas óbvias — a posição de baixo custo e a de produto de primeira, diferenciado — foram tomadas pelos chineses e italianos. Além disso, os colombianos também estavam ficando mais e mais onerados por um ambiente cambial cada vez mais desfavorável, infra-estrutura deficiente e fontes de fornecimento pouco confiáveis, dada a atividade guerrilheira em torno das fazendas de gado do país. Que opções *reais*, então, havia para os colombianos?

Resumo

Há três razões fundamentais para os líderes colombianos da indústria do couro terem se metido em posição tão difícil.

1. Não fizeram *opções explícitas* sobre segmentos da clientela.
2. Não tentaram entender as *diferentes necessidades dos clientes*.
3. Não procuraram a *clientela mais atraente* para atender.

Na época em que os mercados locais eram protegidos e os mercados exportadores mais fáceis de penetrar devido a taxas de câmbio favoráveis e incentivos governamentais, as questões listadas acima não eram tão cruciais. Hoje, são.

As empresas que deixam de escolher segmentos específicos estão, em essência, permitindo que a concorrência faça a escolha por elas. Quer estejamos discutindo a respeito do turismo estatal no vale do Colca, no Peru, ou do setor de couro na Colômbia, é possível identificar padrões muito previsíveis e consistentes. Por deixar de escolher os segmentos mais atraentes para atender, as empresas são forçadas para segmentos onde as margens médias de lucro são mais baixas, onde a concorrência de custo será mais acirrada, e onde a dependência de variáveis exógenas como as taxas de câmbio será alta. Esses são os padrões associados com a competição em indústrias dependentes de fatores básicos, e são inconsistentes com a criação de um padrão de vida alto e crescente para o cidadão médio.

De mais a mais, continuará a haver pouco incentivo para a inovação ou cooperação entre membros do setor, porque eles perceberão que o número de clientes é limitado e que uma empresa só poderá ter êxito em detrimento de outra. A capacidade de gerar riqueza, em outras palavras, tende a ser vista como finita. Além disso, as empresas vão redobrar seus esforços no sentido de garantir que o governo proporcione toda forma de vantagem para que continuem a competir nesses segmentos sem atrativos. O olhar do setor produtivo estará fixado no governo — não no mercado — e isso vai reforçar ainda mais o padrão de não fazer escolhas pró-ativas sobre os melhores segmentos em que competir.

CAPÍTULO TRÊS

Conheça a sua Posição Competitiva Relativa

A competição nunca se dá no vácuo.
— *Gerente de companhia petroquímica colombiana.*

Na Colômbia, realizamos um estudo de três meses de duração sobre a competitividade relativa da indústria petroquímica do país, projeto que havia sido financiado em conjunto pela Associação das Indústrias Petroquímicas e pelo Ministério de Desenvolvimento Econômico. O estudo se realizou quando o ministro colombiano do Comércio Exterior iniciava as negociações para o acordo de comércio do Grupo dos Três entre o seu país, o México e a Venezuela.

Apresentamos os resultados do nosso trabalho, em primeiro lugar, à diretoria da associação das indústrias. Imaginávamos que a apresentação seria difícil; nossa análise mostrava que a posição da Colômbia em termos de custos relativos era muito desfavorável frente à Venezuela e ao México, e que o polipropileno, plástico que havíamos estudado, não constituía uma indústria muito atraente naquela ocasião.[1] De fato, concluímos que os colombianos tinham 18% de desvantagem de custo, com pouca perspectiva de melhorar a sua posição relativa ou a atratividade dos segmentos de clientes a serem atendidos no futuro imediato.

Para nossa surpresa, os membros da diretoria receberam bem a apresentação e concordaram com nossa análise. No entanto, pareciam se concentrar mais em um aspecto específico de nossa mensagem: o governo da Colômbia estava deixando uma de suas indústrias vitais perder competitividade para rivais históricos. É claro que a nossa mensagem não compreendia somente a participação do governo no problema. No ínterim, contudo, havíamos conquistado a confiança dos membros da diretoria; estavam certos de que seríamos capazes de convencer o presidente Gaviria, com quem nos encontraríamos em breve, a fazer sua parte no sentido de assegurar a sobrevivência da indústria.

Chegando ao palácio presidencial, nós nos sentamos à mesa do Conselho de Ministros. A sala ficou repleta, inclusive com nossos clientes — o ministro do Desenvolvimento, e vinte dos membros da diretoria da Associação das Indústrias Petroquímicas. Esperávamos que o presidente Gaviria fosse cético em relação a nós. Já recebera muitos visitantes estrangeiros, em especial do Banco Mundial e do FMI, para aconselhá-lo sobre sua *apertura*. Abertura em espanhol, o termo se referia ao processo de abrir a economia colombiana, iniciado pelo presidente Barco no final da década de 80 e realizado, em sua maior parte, pelo presidente Gaviria e seu ministério jovem e talentoso. Suspeitávamos que ele esperava de nós um misto de *lobby* em nome da indústria petroquímica e ingerência na sua administração das condições macroeconômicas que cercavam o setor. Então, não era de surpreender que o Presidente não se mostrasse muito interessado no que tínhamos a dizer; mesmo assim, ficou claro que ele escutava com atenção.

Enfocamos o que denominamos de análise de custo relativo, abordagem usada para determinar o nível de competitividade de uma empresa em um setor sensível à estrutura de custos. Nossa análise nos permitira esclarecer escolhas que precisavam ser feitas, tanto por parte do governo quanto pelo setor privado, sem as quais a indústria petroquímica não poderia sobreviver, e muito menos prosperar. E as escolhas não eram fáceis.

Voltando a refletir sobre a situação, é notável que o governo e a indústria pudessem empreender um diálogo produtivo. A associação das indústrias queria que o governo soubesse o quanto suas medidas haviam prejudicado a posição relativa da petroquímica colombiana. De sua parte, o governo nutria dúvidas quanto à possibilidade de futuro de determinadas parcelas da indústria petroquímica. Apesar do problema ser visto sob perspectivas diferentes, ambas as partes tinham condições de avaliar a importância do entendimento da posição relativa do país na petroquímica: sua cegueira para a situação competitiva já os havia prejudicado por tempo demais. Se as escolhas a serem feitas eram dolorosas, com o conhecimento da posição relativa elas pelo menos levariam em conta todas as informações relevantes, e o governo e a indústria, em conjunto, poderiam levá-las a cabo mesmo que a cru.

Poderia parecer óbvio que a indústria e o governo, antes de tomar qualquer medida drástica, gostariam de saber onde estavam *vis-à-vis* à concorrência. Mas nossa experiência em países em desenvolvimento demonstra provas contrárias; com freqüência, as decisões vitais são tomadas no vácuo. Esses países nunca tiveram de se empenhar na obtenção e na criação desse tipo de conhecimento, porque nas suas pequenas economias protegidas isso não era importante.

Em cada setor, empresas que não compreendem sua posição relativa diante da concorrência correm o risco de fracassar. Alternativamente, governos capazes de enxergar posições relativas podem ajudar as empresas a fazerem opções melhores sobre onde e como competir. Mas, se nenhum dos responsáveis pelas decisões-chave na economia entende de posições relativas, não há ninguém para estabelecer prioridades precisas no sentido de melhorar o ambiente competitivo e assegurar que as empresas tenham uma plataforma a partir da qual elas possam concorrer em nível global.

Lembremos como esse padrão de incompreensão da posição relativa esteve presente na história da indústria de flores: os colombianos perderam uma parcela do mercado nos Estados Unidos porque não entenderam onde se posicionavam com relação aos outros floricultores, em especial os holandeses. Exemplos similares são abundantes por todo o mundo em desenvolvimento. Em nossa experiência, o conhecimento precário acerca da posição relativa leva a três tipos de problema:

1. um hábito de *comunicação ineficaz* que inibe o diálogo produtivo dentro do setor privado, e entre o setor privado e o governo: as pessoas passam mais tempo fazendo *lobby* e menos tempo aprendendo;
2. uma tendência a fazer *opções desinformadas*, baseadas em entendimento deficiente (ou hipóteses incorretas) sobre a capacidade relativa, que levam a posições insustentáveis em setores pouco atraentes;
3. um alto grau de *vulnerabilidade à concorrência*, que pode corroer com facilidade vantagens freqüentemente consideradas sustentáveis.

COMUNICAÇÃO INEFICAZ

Quando não há entendimento claro da posição relativa de uma indústria, tem início um diálogo improdutivo entre o governo e o setor privado. Os ministros do governo ficam cada vez mais impacientes com o que eles vêem como eternas lamúrias das associações industriais: a necessidade de que o governo lhes ajude a competir. Se quaisquer dados acompanham tais lamúrias, o ministro simplesmente os despreza como informações colhidas apenas para apoiar o ponto de vista do *lobby*. E enquanto o ministro se sente frustrado pela incapacidade do setor privado de apresentar argumentos convincentes sobre por que, como e por quanto tempo o governo deve agir em prol de um setor, o setor privado fica com a impressão de que o governo não dá a menor bola.

Conforme ilustrado pela nossa história sobre o interesse do presidente Gaviria de saber mais a respeito da indústria petroquímica colombiana, descobrimos que uma análise rigorosa da posição relativa proporciona, de fato, a ambos os lados do debate, oportunidade para um diálogo mais construtivo.

OPÇÕES DESINFORMADAS

A ignorância sobre a posição relativa de um concorrente em relação aos demais gera dois tipos de opções desinformadas e, com freqüência, danosas. O primeiro tipo é a opção de *não* agir em determinadas oportunidades que possam surgir para empresas em dado país. O segundo tipo é optar por fazer investimentos em áreas nas quais as variáveis fundamentais são desconhecidas.

Vamos começar com a primeira opção: não entrar no campo da batalha competitiva. Lembramos o que García Márquez dizia sobre conhecer um grande autor pelo que se podia encontrar na sua lixeira. Isso também acontece na competitividade; optar por não competir em determinada arena pode ser uma boa estratégia. Com maior freqüência, no entanto, ao invés de fazerem uma opção racional de não competir, é por medo que as empresas nos países em desenvolvimento optam por não competir. Em geral, esse medo resulta de hipóteses incorretas sobre a capacidade de uma empresa diante de outra. O medo, em si, também não é mau. Mas optar por não competir por medo de um concorrente de cujos pontos fortes e fracos não se tem conhecimento pode ser prejudicial para a empresa.

Observamos essa tendência de evitar concorrer durante nosso trabalho na Bolívia, e decidimos pesquisar um grupo de líderes empresariais bolivianos de prestígio para descobrir que convicções levavam a esse comportamento. Os líderes empresariais avaliaram seu país em relação a outras nações andinas em várias dimensões. Uma das dimensões era o prestígio nacional. O que encontramos na Bolívia foi uma nação cujos líderes possuíam muito pouca auto-estima com relação à competitividade de suas exportações. Os participantes da pesquisa viam a Bolívia como inferior a seis dos sete países considerados, julgando-se iguais apenas ao sétimo.[2]

Examinando os dados, um empresário boliviano proeminente observou: "A Bolívia tem uma atitude defensiva. Aqui, perder é aceitável." Outro líder afirmou: "Temos tão poucos êxitos comerciais fora do nosso próprio país que ganhar parece quase impossível. Às vezes, acho que não tentamos exportar porque não sabemos se temos sequer a chance de nos tornar competitivos. Como os outros conseguem é um mistério para nós, e quase sempre partimos do pressuposto de que ficamos para trás e de que não estamos à altura do desafio."

Na verdade, muitos líderes empresariais no mundo em desenvolvimento pressupõem que suas empresas são incompetentes com relação às de outros países. A atitude é: "Se não estamos ganhando, estamos perdendo; e se estamos perdendo é porque, de certa forma, não estamos à altura." Embora essa hipótese possa parecer razoável, não passa de uma hipótese. Implica a existência de um ponto de referência a que esses empresários estão deixando de corresponder ou suplantar, ponto de referência este que, no entanto, não sabem descrever ou quantificar de maneira explícita. Um líder empresarial com essa ótica não pode dizer: "Somos 20% menos eficientes do que nosso principal concorrente" ou "Precisamos cortar custos nessa área em US$4 por tonelada, para ter uma vantagem de custo nesse negócio". A única coisa que o líder sabe é que a empresa não está à altura de um padrão, definido em grande parte na sua própria cabeça.

Quando os administradores não sabem onde se encontram com relação aos concorrentes, eles não dispõem de informações que os ajudem a investir em novos segmentos industriais ou a buscar formas de concorrer novas e inovadoras, capazes de romper os padrões aqui descritos.

O segundo tipo de opção desinformada que as empresas e indústrias fazem com freqüência é, na realidade, mais fácil de remediar do que o primeiro. As empresas que optam por fazer investimentos costumam estar inseguras a respeito das duas variáveis fundamentais mencionadas na história da indústria do couro colombiana: (1) a atratividade estrutural do setor para o participante médio e (2) a posição competitiva da empresa com relação aos outros participantes do setor. Essas variáveis podem ser representadas em um gráfico, como mostrado na Figura 3-1.

Antes de qualquer empresa, em qualquer país, investir em qualquer oportunidade, ela deveria saber as respostas às perguntas que dizem respeito a essas duas variáveis. A herança do envolvimento brutal do governo nas indústrias em desenvolvimento por todo o Terceiro Mundo, no entanto, tem impedido que tanto os líderes governamentais quanto os empresariais realizem o trabalho necessário para entender os pontos fortes e fracos de determinado setor. Os incentivos dados pelos governos e pelas organizações multilaterais a empresas para desenvolver indústrias em geral fazem muito sentido *macro*econômico, mas muito pouco sentido *micro*econômico. Um bom exemplo é a situação atual na Venezuela, onde os líderes do setor público e do

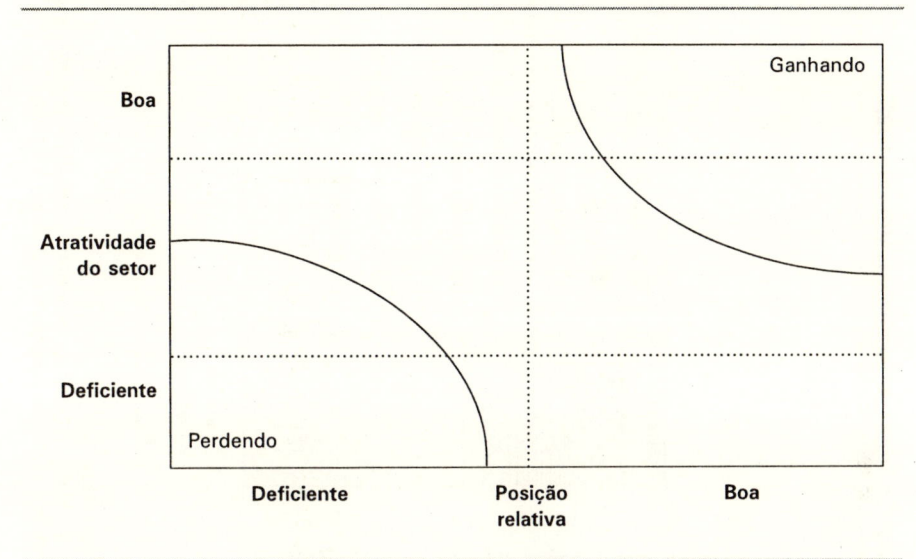

Figura 3-1. Estrutura industrial e posição relativa de custos.

```
                                                    Ganhando
      Boa



Atratividade
  do setor


 Deficiente

           Perdendo
            Deficiente      Posição        Boa
                            relativa
```

privado estão preocupados com as taxas de inflação, os dados da balança comercial e as mais recentes cotações dos *Brady bonds*[3] denominadas em *bolivares* (a moeda local), ao invés de criarem infra-estrutura especializada, desenvolverem estratégias de negócio e se concentrarem no aperfeiçoamento do capital humano.

A petroquímica colombiana é outro exemplo. Uma análise cuidadosa da posição relativa teria sido de extrema utilidade *antes* da indústria investir milhões de dólares. Como já dissemos, nossa análise nos mostrou que a petroquímica colombiana — especificamente a fabricação de polipropileno, produto representativo da indústria em geral — encontrava-se em significativa desvantagem de custo se comparada à de outros países. A Figura 3-2 sintetiza essa posição. Três elementos principais levaram à desvantagem de custo da Colômbia: (1) os preços das matérias-primas, (2) os preços dos serviços públicos e (3) os custos de transporte. Em uma análise setorial, estudamos a estrutura de custos de caixa de uma empresa petroquímica colombiana, com relação a três das suas concorrentes mais importantes em termos regionais — a Propilven, da Venezuela, e a PEMEX e a Indelpro, do México. Descobrimos

Figura 3-2. Estrutura de custos relativos da indústria de polipropileno: Colômbia, Venezuela e México, 1992.

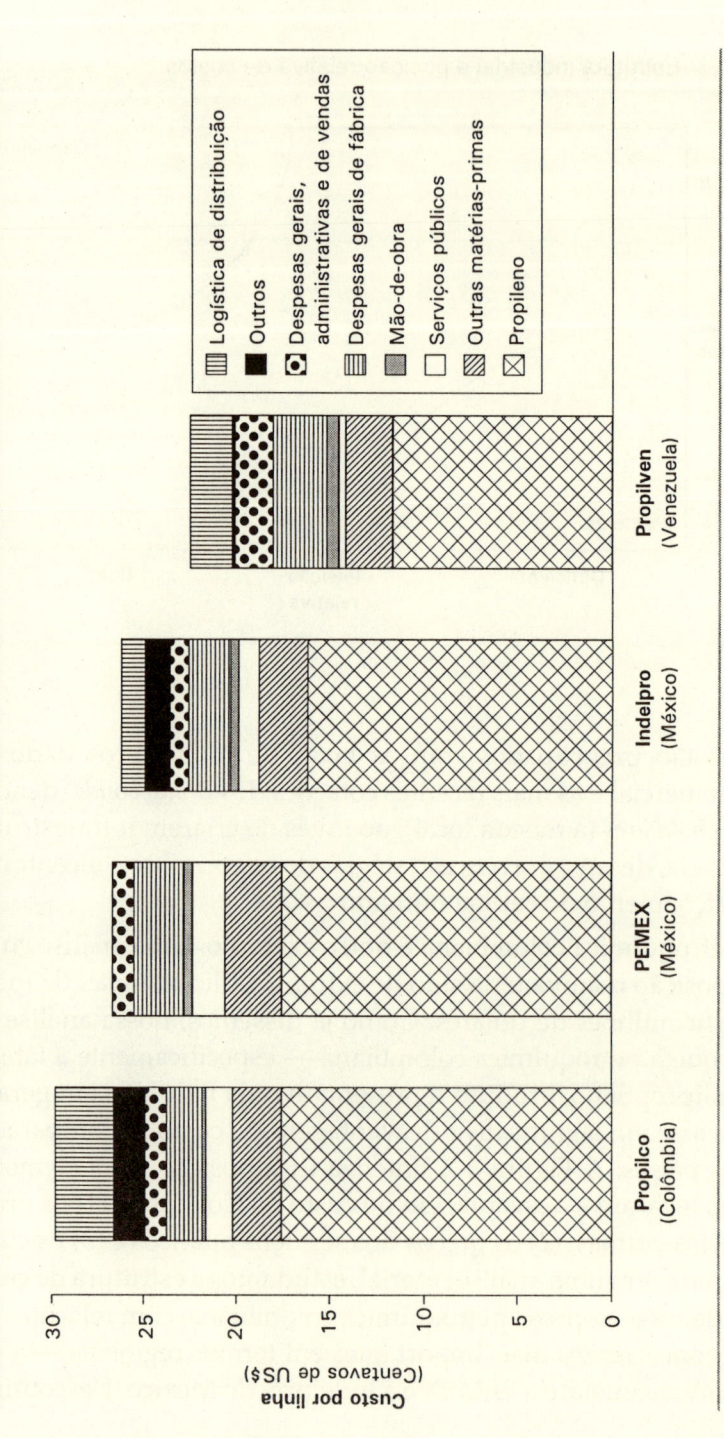

Custo por linha (Centavos de US$)

Legenda:
- Logística de distribuição
- Outros
- Despesas gerais, administrativas e de vendas
- Despesas gerais de fábrica
- Mão-de-obra
- Serviços públicos
- Outras matérias-primas
- Propileno

Empresas:
- Propilco (Colômbia)
- PEMEX (México)
- Indelpro (México)
- Propilven (Venezuela)

Observações:
1. Custo de caixa total para atender à taxa de utilização de 85% do mercado doméstico.
2. As informações relativas à Propilco estão vindo a público com a permissão do cliente, a partir de materiais anteriormente publicados. As informações utilizadas nessa figura datam de cinco anos atrás, não mais refletindo o atual posicionamento da Propilco.

que a empresa colombiana não poderia ser competitiva com nenhuma das outras em seus respectivos mercados domésticos.

Alguns líderes industriais julgavam que os problemas enfrentados pela Propilco no mercado resultavam de restrições impostas à empresa pelas políticas do governo colombiano. Verdade ou não, acreditávamos que, sem o apoio governamental ativo e sua crescente assistência, a Propilco jamais manteria as portas abertas, nem continuaria a competir na indústria de polipropileno na América Latina. Os custos de energia da Propilco eram elevados porque as tarifas nacionais de serviços públicos eram altas. Os custos de logística eram altos porque a infra-estrutura do país era inadequada e tendia a piorar. Os altos custos de seguro eram devidos à sensação de insegurança na Colômbia, país cujas guerrilhas e traficantes de drogas tinham tornado o país explosivo e perpetuamente violento. O propeno é a matéria-prima básica, e seus custos eram altos porque a indústria petroquímica estatal, Ecopetrol, não produzia propeno próprio para transformação em polímeros; em conseqüência, a Propilco tinha que importar sua matéria-prima da costa da Louisiana e do Texas, nos Estados Unidos.

Em contraste, a companhia de petróleo estatal da Venezuela — Pequiven — subsidiava os custos de energia já baixos da Propilven, vendia-lhe seu propeno próprio para polímeros a preços de transferência, com descontos, e não cobrava *royalties*. Como se já não bastasse, a Propilven podia então exportar polipropileno para o mercado colombiano, sem pagar qualquer tarifa de importação compensatória. Não causa espanto que naquela época a Propilven achasse que o polipropileno era um bom negócio e estivesse à procura de sócios estrangeiros para instalar mais 100.000 toneladas métricas de capacidade.

Embora a Propilco detivesse uma posição forte e dinâmica dentro de uma economia protegida, seu sucesso em última análise dependia de variáveis exógenas: decisões governamentais sobre a indústria petrolífera, tarifas dos serviços públicos estabelecidos em nível nacional e constante vulnerabilidade a guerrilhas que, com regularidade, capturavam caminhões-tanque nas estradas. Ao mesmo tempo, a Propilco enfrentava concorrentes no México e na Venezuela, países que haviam investido grandes somas de dinheiro e muito do orgulho nacional na criação de fortes indústrias petroquímicas. Além do mais, esses concorrentes haviam provado que eram capazes fazer o necessário (até mesmo a ponto de reduzir os preços abaixo do custo) para manter altos o nível de emprego e a utilização da capacidade.

É claro que deter uma boa posição relativa é apenas parte do que a empresa precisa para obter êxito, como indicamos nos Capítulos Um e Dois, onde advertimos contra a dependência das vantagens baseadas em fatores e enfatizamos a necessidade da segmentação dos clientes. De fato, pesquisa recente de Michael Porter (inédita, por ocasião deste livro) mostra que, nos Estados Unidos, cerca de 50% do sucesso de uma empresa podem ser atribuídos à sua escolha de segmento em determinado setor, e cerca de 50% à sua posição relativa dentro deste setor. Agora entendemos a razão pela qual os membros da associação de indústrias petroquímicas estavam satisfeitos com nossa reunião com o presidente Gaviria: eles acreditavam que seu sucesso dependia *100%* da melhoria de sua posição relativa. Muito embora o governo fosse, de fato, responsável em grande parte por sua desvantagem relativa, isso era apenas metade da equação. A outra metade dizia respeito à escolha do segmento industrial em que competir.

Como é o caso de muitos dos padrões já discutidos neste livro, é cada vez mais importante ver a competitividade como um sistema em que milhares de pequenas coisas — e não uma ou duas coisas grandes — são feitas direito. Por exemplo, a petroquímica pode não ser uma indústria atraente para a maioria dos participantes, porque há quase três dúzias de concorrentes em polipropileno no hemisfério ocidental, muitos dos quais de propriedade do estado e, portanto, sem a obrigação de tomar decisões estratégicas baseadas em lucros. As barreiras à entrada são baixas, já que apenas 2% do mercado mundial são suficientes para alcançar economias de escala na produção. As barreiras à saída são altas, no entanto, porque as próprias instalações físicas da fábrica precisam ser grandes para dar condições de competir. Além disso, as questões sociais em torno do emprego são duras de roer em muitas das nações produtoras.

Líderes que têm expectativa de no futuro criar uma diferença duradoura em suas economias precisam começar a pensar sobre questões microeconômicas, e sobre estratégias de negócios, em toda a sua complexidade, especialmente no tocante a posicionamento. Precisam começar a basear as decisões políticas em uma compreensão sólida do que é necessário para vencer, e devem desenvolver sua capacidade para criar discussões produtivas e informadas entre o setor público e o privado.

VULNERABILIDADE À COMPETIÇÃO

O último problema que decorre de se desconhecer a própria posição relativa diz respeito ao comportamento do concorrente. Quando as economias deixam de ser protegidas para se tornarem abertas às forças da concorrência global, saber o que a concorrência está fazendo ou planejando é crucial. E saber como se defender dessa competição constitui um componente-chave dessa análise.

O autor Kenichi Ohmae, ex-consultor da McKinsey que chegou a concorrer a eleições no Japão, escreve que as empresas na realidade *não* devem se concentrar na análise da concorrência por si própria; ao invés disso, devem encontrar maneiras de atender à sua clientela para sua completa satisfação em relação à concorrência.[4] A concorrência, diz ele, é a dinâmica fundamental da satisfação do cliente. Concordamos com Ohmae quanto à facilidade que temos de nos distrairmos simplesmente com o que a concorrência está fazendo, ou com as preferências do cliente e, no processo, perdermos de vista a verdadeira dinâmica da satisfação do cliente em relação à concorrência.

O conselho de Ohmae também se aplica aos países em desenvolvimento. Como vimos no Capítulo Dois, a última coisa que a maioria das empresas pensa no mundo em desenvolvimento é como melhor atender à clientela (o caso do hotel de turismo peruano, por exemplo). Para compreender como melhor atender aos seus clientes, as empresas desses países podem começar observando a concorrência. Devem manter em mente o que outras empresas no mundo estão fazendo que possa ameaçar seus planos sobre onde e como competir. Os exemplos a seguir, de duas indústrias mexicanas, e a ameaça que elas representam para as mesmas indústrias na Colômbia, ilustram esse conceito.

A Indústria Mexicana de Flores

Na história sobre a indústria de flores, a Colômbia concorre não só com os holandeses como também com competidores mais próximos de casa, os mexicanos. A Colômbia demonstrou pouca preocupação com a ameaça apresentada pelos floricultores mexicanos, embora nossa estimativa seja de que o México é potencialmente capaz de, em breve, se tornar competitivo em relação a outros floricultores latino-americanos, alavancando de maneira estratégica sua vantagem em transporte para os mercados dos Estados Unidos. O México já embarca por via aérea uma grande parte de suas flores para intermediários baseados no Texas, que se encarregam da distribuição, muito à semelhança do que os intermediários de Miami fazem para a Colômbia. Até mesmo uma pequena quantidade de flores mexicanas é enviada por vôos noturnos da Cidade do México direto para as principais cidades norte-americanas.

Os mexicanos não transportam suas flores por caminhão para a fronteira dos Estados Unidos, porque ainda não têm volume suficiente para fornecer com regularidade cargas completas de caminhão. (No ramo do transporte rodoviário, é necessário cargas completas para justificar, em termos econômicos, o estabelecimento de uma nova rota.) Contudo, estimamos que em três a cinco anos o México alcance o volume necessário para começar a embarcar diretamente por caminhão. Além do mais, com a entrada para o NAFTA, os caminhões mexicanos não vão mais ser obrigados a parar para inspeção na fronteira México-EUA. Isso significa que o México poderia fazer transporte direto de flores, sem escala, para as principais cidades norte-americanas, com as flores chegando de maneira mais rápida e em melhores condições do que se fossem desembaladas para inspeção e de novo embaladas.

Muito embora países como a Colômbia ainda possam ter vantagem nos custos de logística no atendimento aos mercados da Costa Leste, o México terá uma vantagem nesses custos ao atender os mercados do Centro-Oeste e da Costa Oeste. Por exemplo, nossa análise mostra que o México terá uma vantagem de 1,9 centavo por haste no atendimento a Chicago; partindo de Chicago, 21% da demanda norte-americana de flores estão em um raio de cinco horas de estrada. Afora isso, os cultivadores mexicanos estão desenvolvendo relacionamentos diretos com atacadistas e supermercados, permitindo-lhes corte adicional de custos pela eliminação ou substancial redução da função do intermediário. Assim, a vantagem de custo que a Colômbia tem agora sobre o México se tornará menos relevante à medida que os mexicanos alcancem diretamente os mercados norte-americanos mais próximos e continuem a reduzir custos nos processos de produção das flores.

Quando os representantes da indústria colombiana de flores ouviram falar desses desenvolvimentos, eles concordaram que a análise de posições relativas feita por nós era importante. Porém, ao invés de usarem nossos resultados para desenvolver uma estratégia, tentaram usá-los no *lobby* junto ao governo colombiano para obter apoio. Os cultivadores colombianos suspeitavam que o governo mexicano estava concedendo aos seus floricultores determinados benefícios, e desejavam o mesmo. Afora isso, alguns queriam a informação para investirem, eles próprios, na produção de flores no México.

O tempo se encarregará de dizer o que vai acontecer entre as floriculturas mexicana e colombiana. Mas, a não ser que os colombianos adotem uma abordagem pró-ativa para deter a penetração dos mexicanos nos seus mercados tradicionais, eles correm o risco de perder as vantagens que tão arduamente estabeleceram.

A Indústria Gráfica e Editorial no México

Por tradição, a Colômbia se gaba de uma florescente indústria gráfica e editorial, que tem obtido êxito especial na produção de livros infantis ilustrados (aqueles cujas ilustrações se armam em terceira dimensão à medida que se passam as páginas). Em 1992, quando o NAFTA surgia no horizonte, a gráfica norte-americana R.R. Donnelley & Sons, que já possuía *maquiladoras* no México (indústrias leves gozando de subsídios e incentivos para exportar), parecia posicionar-se ainda mais fortemente naquele país. Os líderes da indústria gráfica colombiana, receosos de que as atividades da R.R. Donnelley no México não tardassem a arrebatar grande parte de sua parcela de mercado nos Estados Unidos, pediram que determinássemos o quão séria era a ameaça que eles enfrentavam.

Descobrimos que, embora as gráficas mexicanas tivessem conseguido se recuperar da instabilidade econômica sofrida pelo seu país durante a década de 80, a maioria ainda usava maquinaria quase obsoleta e enfrentava problemas para conseguir a mão-de-obra especializada necessária para operar as impressoras. O México já exportava mais livros para os Estados Unidos do que a Colômbia; contudo, 51% (em 1992) consistiam de livros infantis ilustrados, impressos principalmente pela *maquiladora* da R.R. Donnelley. Ademais, o aumento da exportação havia se concentrado nas mãos de algumas poucas empresas, enquanto as gráficas mexicanas, inclusive a da R.R. Donnelley, concentravam-se no mercado doméstico. A concentração nesse mercado resultava da convicção partilhada por todo o setor de que o crescimento da economia mexicana, sob a influência do NAFTA e de um cenário macroeconômico favorável, impulsionaria o consumo doméstico de impressos, principalmente de revistas e de formulários para empresas.

Algumas gráficas mexicanas estavam, sim, tentando aumentar suas exportações para os Estados Unidos. A maioria dessas empresas já haviam feito, ou estavam buscando com afinco, parcerias com gráficas norte-americanas que pudessem ajudá-las a obter conhecimento de mercado e investimento de capital. Ainda assim, as gráficas mexicanas enfrentavam desvantagens, se comparadas às concorrentes colombianas. Nossa pesquisa indicou que as gráficas colombianas mantinham uma posição de custos em geral mais baixos e gozavam de melhor reputação em termos de qualidade do que as mexicanas.

Porém, no processo de descoberta dessas boas notícias para a Colômbia, ficamos sabendo que a verdadeira ameaça para o parque gráfico do país provinha, de fato, da Ásia. Os colombianos, ao que parece, estavam tão preocupados com o México que haviam ignorado o surgimento gradual, mas persistente, do parque gráfico no Oriente.

RESUMO

É importante para as empresas analisar suas posições em relação aos concorrentes, por três razões principais: (1) pode facilitar o diálogo produtivo entre o setor público e o privado; (2) ajuda os administradores da empresa a fazerem opções mais informadas; e (3) auxilia as empresas a preverem áreas em que possam estar vulneráveis à concorrência.

Capítulo Três: Conheça a sua Posição Competitiva Relativa

Há dois componentes da análise de posições relativas que precisam ficar explícitos. Em primeiro lugar, é importante entender a base da concorrência de determinada empresa — isto é, ela está competindo na base de custos, ou como uma participante diferenciada, capaz de cobrar mais pelo produto por acrescentar algo de mais valioso para o consumidor? Se a base da concorrência for custo, então a *análise de posições relativas de custo* é crucial. Se a base da competição for diferenciação, então a análise da satisfação do cliente com relação à concorrência é vital. De uma maneira ou de outra, o desafio de cada um é saber e entender sua própria posição, de forma a determinar a possibilidade de sucesso na batalha competitiva.

O segundo ponto crítico diz respeito aos concorrentes. "A competição nunca se dá no vácuo." E a falta de conhecimento a respeito das metas e capacidades do concorrente, em termos de atendimento à clientela, pode deixar a empresa muito vulnerável.

No que tange à demanda de mercado, as nações em desenvolvimento têm que deixar de *corresponder* apenas, passar a *procurar* e, por fim, a *criar* demanda. Ao invés de extrair e exportar a riqueza básica de seus países — mais uma vez, a estratégia que deixa os países vulneráveis à imitação, flutuações de preços e administração de taxa de câmbio — as empresas precisam aprender a entender melhor a demanda e a dinâmica da competição, para que possam descobrir segmentos mais atraentes de clientes. É isso que queremos dizer com *procurar*.

De mais a mais, se as empresas nos países em desenvolvimento compreendessem as preferências da clientela de maneira tão íntima que pudessem prevê-las e, talvez, até ajudar a moldá-las, elas estariam no rumo de *criar* demanda. Os desenhistas de moda e fabricantes italianos de produtos de primeira são criadores, no sentido de que aquilo que fazem tende a moldar os gostos e as preferências dos clientes — e a influenciar a concorrência — em uma parcela de seus mercados. Com muita freqüência, é exatamente por isso que conseguem excelentes margens de lucro.

A essência desse processo de aperfeiçoamento implica ter competência para avaliar *posições relativas*. Como já foi dito, a falta desse conhecimento é uma das razões para as empresas nos países em desenvolvimento se depararem competindo em segmentos nada atraentes da indústria. Também inviabiliza o tipo de discussão de alta qualidade que deve ter lugar entre os tomadores de decisão superiores nos setores público e privado, à medida que tomam decisões cada vez mais complexas sobre oportunidades que surgem e passam com rapidez crescente. Com um nítido entendimento de posições relativas, esses tomadores de decisão terão condições de começar a criar suas próprias oportunidades, que prometem recompensas ainda maiores.

CAPÍTULO QUATRO

Saiba Quando se Integrar Verticalmente (ou não) com a Distribuição

Quando vendemos nossos produtos, nunca sabemos o que acontece depois que saem da fazenda. É como se entrassem em uma grande caixa preta.
— *Agricultor peruano.*

Em 1992, os processadores de suco de fruta da Colômbia se viram em apuros. O preço do seu principal produto de exportação — concentrado de maracujá — flutuara sem controle durante os últimos cinco anos. O preço que podiam obter de compradores norte-americanos pela libra de polpa de maracujá, por exemplo, havia despencado de US$2,90 em 1988 para US$0,98 em 1991, e voltado a subir para US$1,55 em 1993.

Essas flutuações resultavam da posição da Colômbia como um fornecedor relativamente pequeno de suco concentrado, um produto homogêneo. O Brasil, por outro lado, líder mundial na produção de suco, podia fazer a demanda internacional subir às alturas só em vender para o seu mercado doméstico ao invés de atender ao mercado mundial. Quando o Brasil vendia para o mercado mundial, no entanto, a demanda e o preço do produto colombiano caíam verticalmente. Além do poder exercido pelo Brasil sobre o mercado do produto primário, participantes mais próximos do consumidor, como os intermediários, engarrafadores e distribuidores de Miami, pareciam estar em melhor posição para obter lucros estáveis, de longo prazo, do que os colombianos. Como um dos intermediários de Miami afirmou: "Podemos obter maracujá de onde quisermos." Os processadores colombianos se sentiram como se estivessem em uma pequenina embarcação, jogada de um lado para outro em um mar turbulento de produtos primários.

Lembremos como a indústria de flores colombiana enfrentou um problema semelhante, com os intermediários, os atacadistas e os varejistas norte-americanos obtendo lucros extraordinários que os cultivadores jamais teriam esperança de ver. Os processadores de suco debateram se deveriam investir em instalações de produção e até mesmo de distribuição nos Estados Unidos, que os ajudasse a ganhar poder na longa cadeia até o consumidor. Se os colombianos pudessem colocar marca no seu próprio produto, engarrafá-lo e distribuí-lo, eles achavam que teriam chance de conquistar os lucros que lhes haviam fugido por tanto tempo.

ONDE COMPETIR? O DESAFIO DO POSICIONAMENTO VERTICAL

No mundo em desenvolvimento, é comum produtores não conseguirem obter alavancagem na distribuição de seus produtos e, com freqüência, serem explorados por grandes companhias multinacionais. Como é possível explicar o domínio da United Fruit Company na história da América Central, ou as gigantescas *trading companies* na África subsaariana? Por que os poderosos sistematicamente exploram os que, pelo menos em termos de vantagem relativa, deveriam ser os ricos da história?

Em parte, a resposta é que os líderes empresariais do mundo em desenvolvimento já lucraram bastante tirando proveito dos recursos privilegiados do seu país, uma situação que cria pouco incentivo para a mudança. Em conseqüência, os capitães de indústria, quase sem exceção, deixam de desenvolver o *posicionamento estratégico* necessário para mudar o balanço de poder. É esse mau posicionamento, em especial com relação ao escopo vertical, que tem tornado o quarto padrão de comportamento empresarial — falta de integração vertical com a distribuição — um dos mais difundidos, injustos e difíceis de mudar.

O escopo vertical, que mais adiante neste livro vamos identificar como uma das oito áreas genéricas em que as empresas devem fazer escolhas explícitas, refere-se à maneira pela qual a empresa opta por se posicionar entre seus fornecedores e compradores. A decisão a ser tomada na maioria dos países em desenvolvimento, embora nem sempre, diz respeito a como se aproximar do usuário final, isto é, como *integrar-se com a distribuição* dos produtos para melhorar a posição competitiva da empresa. Cada vez mais, integração vertical — ou, especificamente, com a distribuição — inclui não só a propriedade como também a parceria, a cooperação, as ligações eletrônicas baseadas em conhecimento e outras formas de "integração virtual". Por exemplo, a Benetton, grupo italiano no ramo do vestuário, sintetizou o conceito de uma maior integração "virtual". Tendo aberto lojas de varejo por todo o mundo, a companhia usa canais de transmissão de informações que instantaneamente fornecem dados sobre o consumidor às fábricas da Benetton; a segmentação do mercado consumidor e o planejamento estratégico operam a um passo mais rápido do que a maioria dos varejistas seria capaz de acompanhar. A Benetton atingiu esse nível de integração vertical sem ter, na realidade, que ser dona da cadeia de produção: a integração é vertical, através da informação, e não da propriedade.

A indústria colombiana de flores é o arquétipo de uma história do Terceiro Mundo, na sua falta de integração vertical com a distribuição. Na sua maioria, o setor de flores está restrito à parte "a montante" do fluxo no sistema de geração de valor, isto é, a parte que diz respeito à conversão dos insumos em produtos. Movendo-se "a jusante", na direção em que corre o fluxo de geração de valor, os cultivadores conquistariam maior controle sobre a venda de seus produtos ao consumidor final e sobre a manipulação de informações de mercado (como os atacadistas e varejistas norte-americanos fazem agora). Não pretendemos discutir aqui as teorias de posicionamento vertical, e sim indagar por que todo o conhecimento existente a respeito do assunto não foi capaz de criar padrões fundamentalmente diferentes de competição no mundo em desenvolvimento. Um dos motivos talvez seja os estrategistas no mundo desenvolvido terem administrado com habilidade seus fornecedores e mantido consigo o controle de seus setores. Isso provocou terríveis conseqüências para as empresas no mundo em desenvolvimento, e é uma situação que deve ser tratada de maneira explícita. Há diversos micropadrões de integração vertical que se revelam com regularidade nos países em desenvolvimento, e que representam desafios críticos para os proprietários e administradores de empresas na América Latina. Os micropadrões são:

- não entender a necessidade de canais de distribuição ou ser incapaz de corresponder a ela;
- não enxergar os canais de distribuição como um instrumento para alavancar fontes únicas de vantagem competitiva;
- não usar os canais de distribuição para obter do mercado *feedback* regular e preciso sobre as tendências e a dinâmica do setor.

Neste capítulo, vamos ilustrar esses micropadrões a partir de estudos de caso na Colômbia e no Peru, e sugerir que há, para os produtores no mundo em desenvolvimento, maneiras melhores de pensar a respeito de alternativas de escopo vertical. Muitos desses produtores não escolheram o melhor sistema de distribuição para seus produtos, como demonstra sua tendência a depender principalmente de intermediários para a venda e a distribuição de mercadorias. No caso da indústria colombiana de flores, isso foi adequado durante as décadas de 70 e 80. Naquela ocasião, os intermediários de Miami adicionaram enorme valor: abriram mercados, proporcionaram abrigos fiscais para os produtores e criaram estratégias de sucesso para lutar contra os produtores dominantes norte-americanos e holandeses. Mas a mesma estratégia mostrou-se notavelmente ineficiente para a indústria colombiana de flores na década de 90. Não se sabe ao certo que valor os intermediários ainda adicionam à indústria colombiana de flores, que os produtores, dados os avanços na tecnologia e nas comunicações, não poderiam adicionar por si mesmos. Pelo contrário, os intermediários de Miami desenvolveram um sistema cada vez mais burocrático e refratário, e freqüentemente hostil, com tremendo incentivo a se autopreservar e muito pouco a ajudar os floricultores colombianos a desenvolverem fontes mais sustentáveis de vantagem.

Os vendedores precisam aprender duas coisas cruciais em relação aos canais de distribuição: o que lhes fornecer e o que obter deles. À proporção que a informática tem proporcionado mais alavancagem aos consumidores e mais informações aos produtores, e à medida que os sistemas de distribuição têm se tornado mais eficientes, a distância entre produtor e consumidor vem encolhendo rápido. Acreditamos que a época do controle da riqueza das exportações nas mãos de intermediários está rapidamente chegando ao fim, e não há melhor momento do que este para as empresas no mundo em desenvolvimento assumirem o controle de seus setores. Isso faz parte do movimento exercido no sentido de deixar de depender de fatores básicos: aprender como competir não somente próximo de onde o valor é gerado, mas também próximo de onde ele é capturado — comumente, mais perto do usuário final.

DAR AOS CANAIS DE DISTRIBUIÇÃO O QUE ELES PRECISAM: LIÇÃO TIRADA DA INDÚSTRIA DE SUCO DE FRUTAS

No início da década de 90, os produtores de suco de frutas na Colômbia, embora em pequeno número, estavam decididos a se transformarem de exportadores ocasionais suprindo empresas globais de suco de frutas, a fornecedores de suco de frutas exóticas e únicas aos consumidores finais. O desejo de deixar para trás os problemas inerentes ao primeiro padrão de comportamento empresarial discutido em capítulos anteriores — competir com base em vantagem relativa em produtos homogêneos, não diferenciados — para concorrer em setores mais complexos é admirável e correto. É também muito difícil de realizar.

Os colombianos têm muitas frutas que nenhum outro país cultiva, e muitas delas são produzidas para o mercado exportador, inclusive *guanabana*, *guayaba*, *lulo*, manga, maracujá, *mora* e *papaya*. Porém o produto processado de fruta com maiores vendas externas é o concentrado de maracujá. O mercado exportador do maracujá colombiano em forma processada é relativamente novo, embora um mercado doméstico de suco exista há centenas de anos. O mercado doméstico, no entanto, não consome muito suco processado ou concentrado, já que a maioria dos colombianos compra a fruta fresca para espremê-la em casa.

Os cultivadores constituem, em geral, pequenas empresas autônomas que fornecem a fruta ao mercado local ou aos processadores de suco de fruta, dependendo dos preços em cada mercado. Portanto, os cultivadores se comportam como especuladores, o que leva a dois resultados prejudiciais aos processadores colombianos. O primeiro é que os cultivadores tendem a plantar muito maracujá quando a demanda nacional e o preço tendem a ser favoráveis e reduzem a safra quando os preços declinam. Como um pé de maracujá leva muito tempo para alcançar a maturidade, é difícil coordenar com precisão a oferta colombiana com a demanda mundial. O segundo é que, se o preço local do maracujá se eleva acima do preço internacional, os cultivadores tendem a vender ao mercado local ao invés de ao mercado exportador. Ambos os comportamentos conduzem a uma oferta colombiana instável, que arranha a imagem dos processadores aos olhos dos compradores externos.

Os produtores estão dispersos em termos geográficos, com sete tipos diferentes de fruta cultivados em dezessete regiões. Com freqüência a mesma fruta é cultivada em três ou mais partes do país. Por exemplo, a produção de maracujá está espalhada entre as regiões de Risaralda (5%), Cauca (5,9%), Valle de Cauca (22,2%), Huila (25,2%) e outras regiões (26,2%). Muitas dessas regiões estão separadas por terrenos montanhosos e acidentados, cujas estradas de ligação em geral são primitivas e sem pavimentação. As entregas, portanto, são dispendiosas e sujeitas a inúmeros atrasos, e o resultado é que as frutas freqüentemente chegam estragadas.

O cenário que acabamos de apresentar pode ser resumido em umas poucas palavras aplicáveis a muitas outras indústrias na região: rudimentar, sem planejamento e sem coordenação. É importante admitir a natureza caótica do ambiente concorrencial na Colômbia. Como veremos depois, isso tanto influencia as opções estratégicas que hoje estão sendo feitas pela indústria, quanto detém a chave para a implementação de uma estratégia capaz de, no futuro, extrair mais valor da cadeia de produção.

Avaliando a Oportunidade de Integrar-se com a Distribuição

Devido a condições precárias de transporte, oferta imprevisível e grande dispersão dos cultivadores por todo o país, os processadores colombianos de suco têm enfrentado dificuldades para garantir o preço, a qualidade e a oferta do seu produto. É por isso que os intermediários em Miami desempenham um papel tão vital para os produtores norte-americanos de suco de frutas: eles podem consolidar a oferta de várias fontes e absorver dos fornecedores todos os riscos de qualidade. Portanto, 90% da oferta de concentrado vão para os intermediários.

Em 1992, a Corporación Colombia Internacional (CCI) foi constituída para promover a exportação dos produtos agrícolas colombianos. A CCI, com vários processadores de suco de frutas em sua diretoria, trabalhou conosco para examinar o problema dos processadores. O desafio era encontrar uma maneira de afastar os processadores da exportação de suco concentrado homogêneo, produto à mercê de toda sorte de variáveis de preço externo, como já descrevemos. Mas estaria a resposta em colocar marca em seus próprios produtos e estabelecer fábricas e redes de distribuição nos Estados Unidos? Ou seria uma aliança com um produtor norte-americano de suco de frutas já estabelecido uma opção mais inteligente? Ambas as alternativas estavam sob a rubrica da viabilidade de integrar-se com a distribuição no mercado norte-americano, e foi isso que partimos para analisar para os produtores colombianos.

Começamos examinando os canais através dos quais os colombianos poderiam vender seu produto, em primeiro lugar os supermercados, que respondiam por 85% das vendas de sucos nos Estados Unidos. Os cinco maiores supermercados detinham um poder de barganha considerável como compradores, cada qual com uma média de 1.000 lojas e US$15,9 bilhões de faturamento anual. Não nos surpreendemos ao verificar que, quando o problema era conquistar espaço de prateleira na maioria dessas cadeias de supermercados, os grandes produtores norte-americanos de sucos dispunham da escala e do poder de barganha para facilmente levar a melhor em relação a concorrentes menores.

Além disso, as grandes marcas de suco de frutas gastavam somas enormes em publicidade. Por exemplo, em 1991, as despesas publicitárias anuais das maiores empresas de suco de frutas variavam entre US$3 milhões e US$21 milhões, cada uma.

Concluindo que o canal dos supermercados não era atraente, nós nos voltamos para canais menores, nichos de distribuição. O mais atraente parecia ser o canal das *bodegas*, que atendia a consumidores de etnias variadas (inclusive muitos hispânicos) em pequenos supermercados de vizinhança nos Estados Unidos. Nossa análise inicial mostrou que as *bodegas* ofereciam um sortimento mais amplo de sabores tropicais e que os hispânicos tendiam a consumir mais suco do que a amostra da população média. Uma análise mais apurada, no entanto, revelou vários elementos negativos latentes naquele canal. Em primeiro lugar, muito embora as *bodegas* fossem um nicho de distribuição, estavam dominadas por um concorrente comparativamente gigantesco: a Goya. Com um faturamento de US$453 milhões em 1992, e um orçamento para publicidade de US$1,2 milhão, ela dispunha ainda de uma extensa rede de vendas e de distribuição.

De mais a mais, nossa pesquisa mostrou que a maioria dos fregueses latino-americanos das *bodegas* era de mexicanos, o que era uma pena, pois os mexicanos não estavam muito familiarizados com o maracujá (menos de 10 hectares da fruta são cultivados no México). De repente, o canal das *bodegas* já não parecia mais tão bom quanto se imaginara. De fato, a idéia dos colombianos engarrafarem seu próprio produto e depois lutarem contra concorrentes norte-americanos já entrincheirados não fazia sentido estratégico absolutamente algum.

Entendendo Como os Canais Adicionam Valor

Começamos a examinar outras opções com os processadores. Será que os cultivadores e processadores conseguiriam estabelecer uma reputação tal por alta qualidade e oferta estável, que os habilitaria a vender diretamente às grandes marcas de suco nos Estados Unidos? Para descobrir, entrevistamos diversos gerentes de compras de suco de frutas dos Estados Unidos.

O representante de compras da Very Fine pretendia continuar adquirindo de seus intermediários e não pareceu interessado em negociar diretamente com os colombianos. A Ocean Spray, que fabrica vários refrescos usando o maracujá, mostrou-se mais receptiva à idéia de criar um relacionamento direto. As exigências da companhia para estabelecer esse relacionamento eram "preço, qualidade e oferta estável", de acordo com um gerente de compras.

Para os colombianos, não era uma boa notícia. Ao pensarem melhor sobre a preocupação de companhias como a Ocean Spray, chegaram à conclusão de que ainda não estavam em condição de corresponder a essas exigências. Em outras palavras, os intermediários nesse sistema realmente adicionavam valor numa situação onde os produtores eram incapazes de fazê-lo. Assim sendo, os canais de distribuição na verdade eram benéficos tanto para os produtores de suco de frutas quanto para os usuários finais. Não fazia sentido estratégico tentar reestruturar esse setor — ainda. Enquanto o sistema de distribuição vigente adicionasse valor a todas as partes envolvidas, concluímos, deveria ser mantido e alavancado.

A experiência identificou algumas lições valiosas. Em primeiro lugar, é crucial *testar o valor que está sendo adicionado* pelo sistema de distribuição vigente. Se os distribuidores/intermediários estiverem adicionando valor que os compradores do produto desejam, eles devem ser considerados aliados a serem alavancados. Em muitos casos, os distribuidores estão extraindo lucros sem adicionar valor. A segunda lição é semelhante àquela ensinada pela análise do segundo padrão de comportamento empresarial que discutimos: a importância de escolher os segmentos em que competir e de atingir uma compreensão das necessidades daquele segmento. Os produtores colombianos eram incapazes de corresponder às necessidades da Ocean Spray, que desejava confiabilidade e baixo risco financeiro. Mas essa compreensão apresenta aos colombianos a oportunidade de configurar a si mesmos de uma maneira capaz de posicioná-los para competir mais adiante na cadeia de distribuição.

A integração vertical com a distribuição exige que as empresas entrem em uma arena competitiva diferente. Não é fácil, e nem sempre é o caminho certo. Mas em geral é verdade que, quanto mais perto do cliente se chega, o entendimento dos seus critérios de compra fica facilitado. Esse conhecimento, então, apresenta a oportunidade de desenvolver produtos e serviços pelos quais os clientes possam estar interessados em pagar mais.

Alavancar os Canais de Distribuição: Mais Reflexões da Indústria de Flores

A estratégia de distribuição da qual a indústria colombiana de flores foi pioneira nos Estados Unidos teve um sucesso notável ao destronar os norte-americanos de sua posição dominante no mercado. Porém, como mostramos, o que começou como uma boa estratégia e tremenda fonte de aprendizado para os grandes cultivadores verticalmente integrados vendendo flores nos Estados Unidos, tornou-se com o passar do tempo um sistema refratário e excessivamente estruturado que destruía valor para os produtores.

Por exemplo, mais de 21% do consumo norte-americano de flores concentravam-se, em 1992, na área de Chicago. Para melhor atender àquela área e ao mercado do Centro-Oeste à sua volta, por que os colombianos não exportavam diretamente para Chicago e, então, remetiam as flores por caminhão para os clientes próximos, ao invés de exportar para Miami e de lá transportar as flores de caminhão, cruzando o país de um lado a outro?

Remessas diretas para Chicago permitiriam que os floricultores respondessem com mais agilidade, fornecessem flores mais frescas e aprendessem melhor os caprichos do mercado do Centro-Oeste. Mas essa mudança só seria possível se a Colômbia estabelecesse vôos diretos para Chicago, e essa decisão passou à alçada do governo, já que envolvia direitos de pouso de companhias aéreas comerciais. Ademais, o imenso investimento exigido do setor privado para fazer de Chicago um eixo viável representava um risco significativo. Infelizmente o setor privado não estava disposto a assumir esse risco, dados tantos anos de operação confortável e bem-sucedida em Miami. Os colombianos haviam montado uma estratégia que funcionava, e não viam motivo para pôr em risco um sistema conhecido em favor de outro que podia ameaçar o êxito já obtido.

Capítulo Quatro: Saiba Quando se Integrar Verticalmente (ou não) com a Distribuição

Contudo, o setor se defrontava com no mínimo dois desafios. O primeiro era a ameaça crescente representada pela entrada de novos concorrentes no mercado. Por exemplo, como mencionado no Capítulo Três, a respeito de posições relativas, a indústria colombiana de flores enfrentou uma possível ameaça da indústria mexicana, sobretudo em virtude da então iminente entrada em vigor do NAFTA. Os mexicanos bem que poderiam ser capazes de remeter flores diretamente para o Oeste dos Estados Unidos, a custos mais baixos e com maior rapidez do que os colombianos.

Uma preocupação mais urgente a curto prazo era o cenário macroeconômico colombiano. Com uma apreciação real efetiva do peso, ficava cada vez mais difícil para os cultivadores ganhar dinheiro exportando flores. Havia um imperativo econômico para descobrir maneiras de capturar uma parcela maior da riqueza gerada na cadeia de distribuição de flores de corte. A Figura 4-1 ilustra como se distribuem as receitas de uma rosa cortada. Muito embora os cultivadores recebessem 15 centavos por haste de rosa, seus custos eram de quase 13 centavos por haste. Nesse setor, quanto mais próximo se estiver do consumidor final, mais riqueza se pode capturar: os atacadistas e os varejistas são os que têm maior lucro.

Alguns pioneiros colombianos no ramo das flores logo chegaram a essa conclusão e investiram em operações de intermediação e, mais tarde, em vendas diretas com várias grandes cadeias de supermercados, obtendo graus variados de sucesso. A maioria dos produtores colombianos, no entanto, pretendia fazer a estratégia baseada nos intermediários de Miami ter êxito, e não estava disposta a investir no aprendizado de como repensar, em termos fundamentais, o seu posicionamento vertical. Enquanto os produtores de suco de frutas concluíram que seu esquema de intermediários de fato adicionava valor, nossa análise do sistema de intermediação de flores mostrou que ele havia deixado de ser uma fonte importante de vantagem para a floricultura colombiana.

Tudo isso indica um desequilíbrio entre o valor gerado ao longo do sistema de canais de distribuição de flores e as recompensas recebidas. Contudo, onde há desequilíbrio, há também oportunidade. O desafio está no exportador compreender que uma parte específica do canal de distribuição não oferece mais vantagens únicas. O uso de um determinado canal só vale a pena se oferecer algum retorno — vanta-

Figura 4-1. Sistema de valor da flor de corte colombiana, 1993.

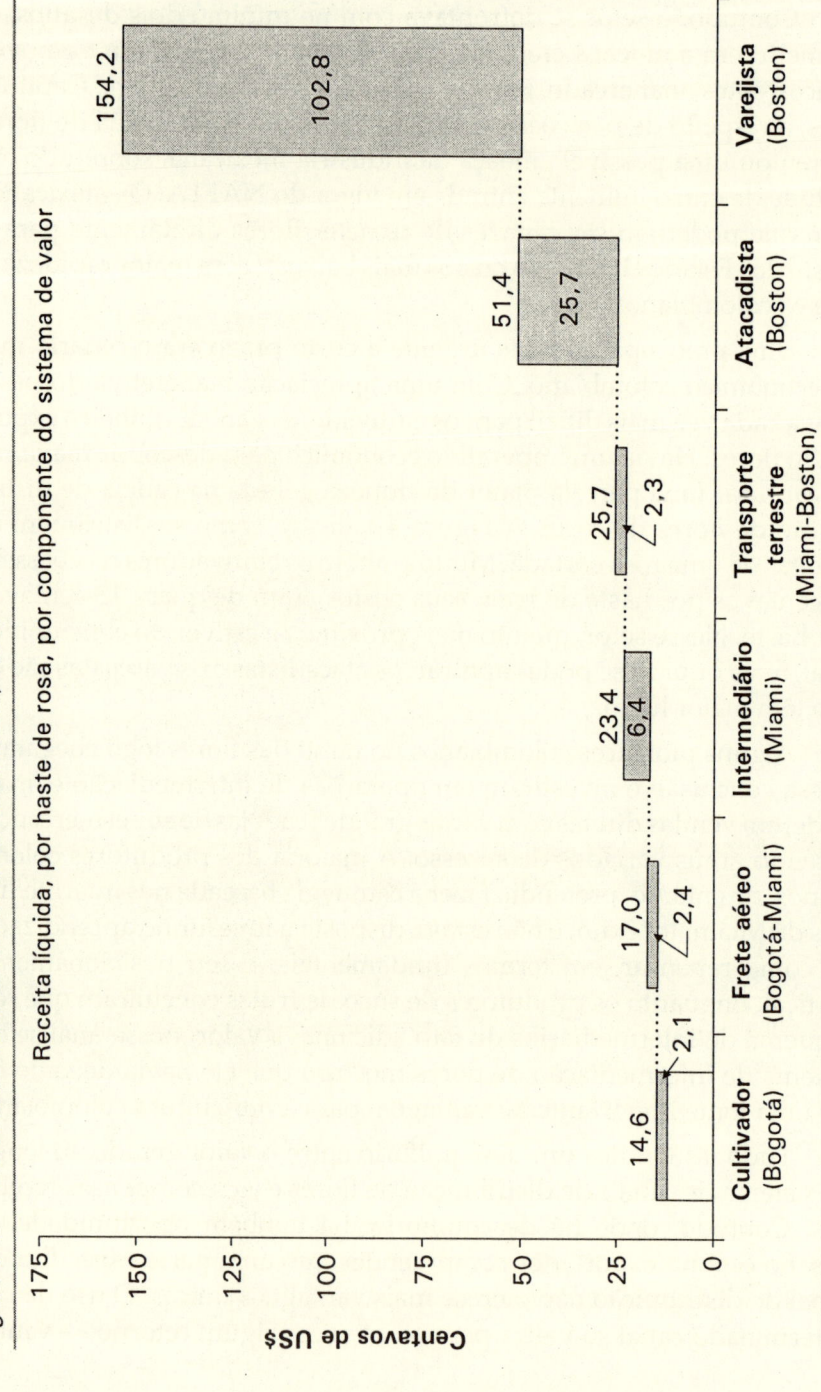

Receita líquida, por haste de rosa, por componente do sistema de valor

Componente	Valor (¢US$)	Margem
Cultivador (Bogotá)	14,6	2,1
Frete aéreo (Bogotá-Miami)	17,0	2,4
Intermediário (Miami)	23,4	6,4
Transporte terrestre (Miami-Boston)	25,7	2,3
Atacadista (Boston)	51,4	25,7
Varejista (Boston)	154,2	102,8

Fontes: Entrevistas no México, na Colômbia, em Miami, em Boston; análise da Monitor.

gens que ajudam a empresa a se posicionar melhor *vis-à-vis* à concorrência, ou se proporcionar informações valiosas sobre os consumidores finais. Esse segundo ponto significa que os canais devem auxiliar as empresas a entenderem as necessidades de seus consumidores finais, oferecendo *feedback* do mercado.

OBTER *FEEDBACK* DO MERCADO: O QUE OS CULTIVADORES PERUANOS DE ASPARGOS NÃO SABIAM

Michael Porter se refere ao *feedback* do mercado como *economias de informação*: um vendedor só pode corresponder às necessidades do cliente se estiver posicionado para saber a natureza constantemente mutável dos consumidores finais. Na verdade, muitos exportadores descrevem o sistema de intermediação como uma "caixa preta" — depois que sai da fábrica, eles não fazem idéia do que acontece com o produto. O intermediário lhes cobra uma taxa e vende o produto, mas eles não sabem se esse trabalho é bem ou mal feito. Uma razão pela qual os exportadores vêem o sistema como uma caixa preta é terem desenvolvido uma estratégia de canal de distribuição que não lhes proporciona qualquer *feedback* do mercado.

A maioria dos exportadores que viemos a conhecer não está competindo próximo o suficiente do consumidor final para ter condições de influenciar a demanda. Eles *correspondem* à demanda. Estão acostumados a esperar que os outros lhes digam como ela vai ser. Conforme já indicamos, ao invés de simplesmente corresponder à demanda, os exportadores deveriam encontrá-la ou, na verdade, criá-la. O posicionamento em relação à distribuição constitui um componente crítico tanto na procura quanto na criação da demanda. A empresa precisa projetar uma estratégia de integração vertical que lhe possibilite obter informações cruciais de mercado, permitindo-lhe melhorar, em última análise, a capacidade de competir de maneira eficaz.

O setor agrícola peruano, por exemplo, experimentou um rápido desenvolvimento nos últimos anos, em especial nas exportações de aspargos. Nossa pesquisa revela, todavia, que 95% das exportações da agroindústria peruana são vendidos através de intermediários. Tradicionalmente, essa abordagem fez todo o sentido. Contudo, o Peru está mudando, e a capacidade dos peruanos também está mudando. Acreditamos que o sistema de intermediários não é mais a melhor via para os peruanos colocarem seus produtos agrícolas no mercado. O diagrama na Figura 4-2 representa outras opções que eles têm para vender seus produtos. São mercados ainda inexplorados, que potencialmente oferecem aos exportadores muito mais benefícios do que o sistema em vigor, tanto em termos de vantagem competitiva, quanto de conhecimento de mercado.

A indústria peruana de aspargos, terceira maior fornecedora do legume para os Estados Unidos, oferece um bom exemplo de como é importante para as empresas reconsiderarem suas idéias a respeito do escopo vertical. O consumo de aspargos nos Estados Unidos é altamente cíclico; ainda assim, descobrimos que os produtores peruanos sabiam muito pouco sobre os padrões subjacentes da demanda norte-americana, para não falar da possibilidade de aumentá-la. A Figura 4-3 indica onde estão as oportunidades para os cultivadores peruanos.

O consumo de aspargos é cíclico pela simples razão de que os produtores norte-americanos só podem cultivar o legume durante determinados meses do ano, e é durante esses meses, portanto, que os aspargos são mais abundantes nos supermercados. Trata-se de uma questão de hábito da parte dos consumidores. Mas eles podem ser educados a comprar aspargos durante o ano todo. Lançando uma estratégia agressiva de comercialização e distribuição, o Peru poderia vender muito mais aspargos durante a época em que o consumo nos Estados Unidos é tradicionalmente baixo.

Por que o padrão peruano é relevante em uma discussão sobre integração vertical com a distribuição? Principalmente porque revela a pouca compreensão que os produtores peruanos tinham da dinâmica e do tamanho absoluto de seu principal mercado exportador. Isso levanta a possibilidade de que o sistema de distribuição em vigor não esteja adicionando valor em uma dimensão crucial — a de levar as empresas peruanas para mais perto de onde a demanda pode ser desenvolvida e moldada. O Chile vivenciou uma dinâmica semelhante com suas exportações de uvas, na década de 80. Através de uma combinação de *marketing* e parcerias com os canais de distribuição, no entanto, o Chile

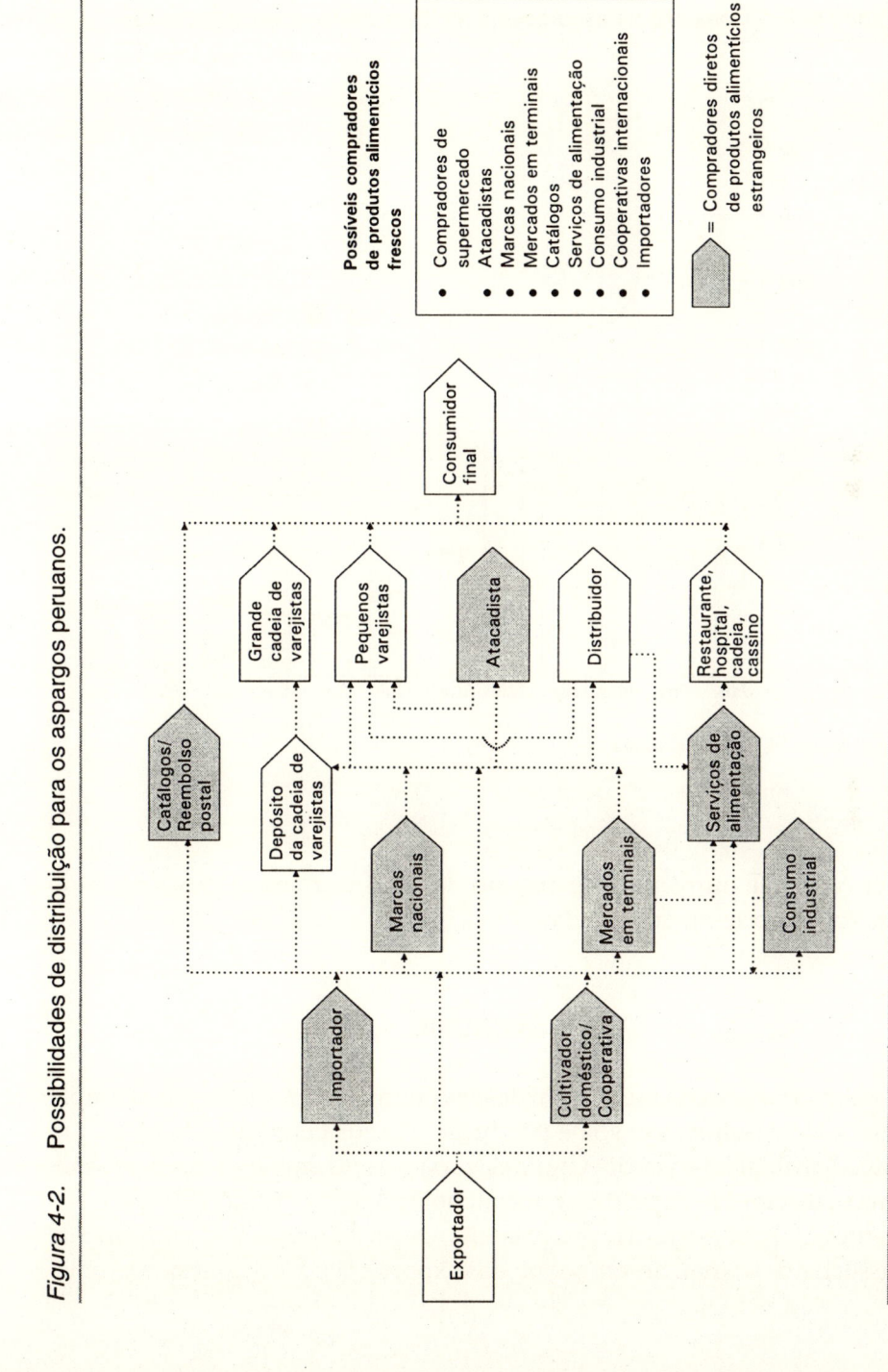

Capítulo Quatro: Saiba Quando se Integrar Verticalmente (ou não) com a Distribuição

Figura 4-2. Possibilidades de distribuição para os aspargos peruanos.

Possíveis compradores de produtos alimentícios frescos
- Compradores de supermercado
- Atacadistas
- Marcas nacionais
- Mercados em terminais
- Catálogos
- Serviços de alimentação
- Consumo industrial
- Cooperativas internacionais
- Importadores

⬆ = Compradores diretos de produtos alimentícios estrangeiros

Figura 4-3. Consumo de aspargos no mercado norte-americano, 1993.

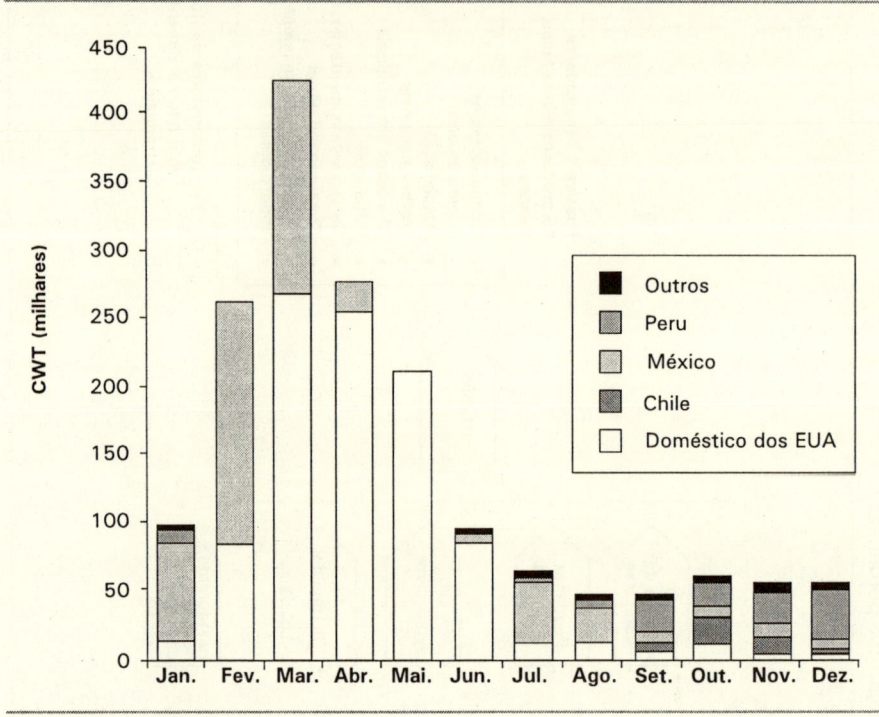

[Gráfico de barras empilhadas mostrando CWT (milhares) de janeiro a dezembro, com legenda: Outros, Peru, México, Chile, Doméstico dos EUA]

Observação: 1 CWT = 100 libras.

foi capaz de aumentar o consumo de uvas durante o ano inteiro no mercado norte-americano.

RESUMO

Os exportadores do mundo em desenvolvimento enfrentam uma ampla gama de desafios, não só na produção de seus bens como também em sua distribuição e venda. Grandes variações no ambiente macroeconômico, instabilidade política e social, políticas governamentais inconsistentes e infra-estrutura precária são os problemas mais comumente associados ao mau desempenho das exportações. Corrigir esses problemas é um pré-requisito para gerar crescimento sustentável e lucrativo em muitas indústrias exportadoras, mas não basta. Os muitos desafios estratégicos enfrentados pelas empresas não podem mais ser postergados; enquanto as companhias esperam para tomar decisões sobre questões estratégicas cruciais, na verdade estão cedendo o controle de seu futuro a compradores e a concorrentes mais ágeis.

Para que as empresas exportadoras no mundo em desenvolvimento tenham alguma esperança de capturar uma parcela maior dos retornos econômicos que agora criam para terceiros, elas precisam cuidar dos três problemas que acabamos de discutir: falta de conhecimento das necessidades de canais de distribuição, falta de alavancagem desses canais e falta de *feedback* do mercado.

Como os exportadores recorrem a intermediários e distribuidores que tipicamente não passam adiante informações valiosas sobre as tendências e a dinâmica do mercado, eles têm capacidade inerentemente menor de compreender as necessidades da clientela do que os intermediários ou a concorrência. Isso reduz tanto sua capacidade de se diferenciarem no mercado, por serviço e por melhor entendimento e satisfação das necessidades dos clientes, quanto a sua capacidade de antecipar tendências de mercado. Frente à dinâmica do mercado, essa falta de informação também constitui um problema, já que tende a faltar às empresas exportadoras consciência do desempenho relativo de seus concorrentes em áreas-chave do mercado, o que pode significar terem de enfrentar mais adiante algumas constatações inesperadas e dolorosas a respeito da evolução de seu setor.

A falta de posicionamento quanto à distribuição contribui ainda para outro problema que temos observado: a incapacidade de empresas do mesmo setor de cooperarem entre si para tornar a oferta mais regular, melhorar a qualidade dos produtos e atingir a escala necessária para exportar com eficiência. Esse fato tem prejudicado o crescimento de grupos dinâmicos de indústrias, que poderiam ajudar a melhorar o ambiente competitivo em geral. Denominamos esses grupos dinâmicos de indústrias de *núcleos* (clusters), e vamos examinar o seu valor com mais detalhe no próximo capítulo, ao discutirmos o problema específico da cooperação entre empresas.

Noções precárias a respeito de integração vertical com a distribuição fazem parte de um sistema engendrado por outros padrões discutidos neste livro. Por exemplo, a tradição de depender de produtos baseados em recursos naturais — que chamamos de vantagens relativas ou de fator — conduz a uma concorrência baseada apenas em preço e escala. Isso, combinado a uma dependência histórica das políticas governamentais para facilitar as exportações, tem inibido a capacidade das empresas de pensarem "fora da caixa" sobre como distribuir seus produtos. Integrar-se com a distribuição ajudaria muito a mitigar alguns dos desafios enfrentados por empresas e indústrias nas nações em desenvolvimento, e por esse motivo nós a consideramos uma estratégia subutilizada, mais uma fonte oculta do crescimento.

CAPÍTULO CINCO

Melhore a Cooperação Entre Empresas

A vantagem competitiva surge das estreitas relações de trabalho entre os fornecedores de nível mundial e a indústria.
— *Michael Porter*

A indústria colombiana do couro, que apresentamos em nossa discussão sobre a segmentação da clientela no Capítulo Dois, ilustra como a coperação deficiente entre empresas do mesmo setor pode contribuir para um desempenho medíocre no mercado. A história a seguir narra os nossos esforços para determinar o motivo das bolsas colombianas não estarem se saindo melhor no mercado norte-americano.

"No Es Nuestra Culpa"

Começamos a pesquisa tentando descobrir a opinião dos gerentes de compras da cidade de Nova York sobre as bolsas colombianas. Eles nos disseram que um dos critérios básicos de compra era a qualidade do couro, no caso das bolsas colombianas em geral insatisfatória. Sugeriram que, se a qualidade melhorasse, a indústria de couro colombiana teria melhor sorte no mercado norte-americano.

Voltamos para a Colômbia para informar aos fabricantes de couro que o principal problema residia na qualidade. Concordaram, embora sugerindo não haver muito o que fazer a respeito. *"No es nuestra culpa"* — a culpa não é nossa, declararam — *"es la culpa de los curtiembres"* — a culpa é dos curtumes. Eles estão sempre fornecendo à indústria couros abaixo do padrão. Além do mais, os fabricantes não podiam importar couros de qualidade de lugares como a Argentina, produtora dos melhores couros da América do Sul, devido a tarifas proibitivamente altas. Os fabricantes colombianos nos encorajaram a levar o problema aos curtumes.

Munidos da pesquisa feita em Nova York e com as informações que havíamos recebido em primeira mão dos fabricantes de couro, marcamos uma série de entrevistas com o pessoal dos curtumes colombianos. Quando nos referimos ao problema da qualidade dos couros que produziam, eles concordaram conosco e acrescentaram: "Mas vocês têm que entender que *no es nuestra culpa.*" E foram mais longe: "Fazemos um excelente trabalho de curtir e tingir os couros — mas vocês precisavam ver em que estado eles chegam aqui. *Es la culpa de los mataderos* — a culpa é dos matadouros. Aquela gente não sabe como matar uma rês preservando o couro; só está interessada na carne."

Assim, ficamos sabendo que o problema se originava mais acima na cadeia de produção do que julgávamos. A questão da qualidade vivenciada em Nova York começava nos matadouros da Colômbia, não nos fabricantes. Com essa descoberta, fomos aos matadouros para ver se poderíamos chegar a uma solução.

Os gerentes dos matadouros nos receberam calorosamente e escutaram com atenção quando descrevemos a complexidade do problema enfrentado pela indústria colombiana de couros. Informamos o papel crucial que lhes cabia para ajudar a mudar tudo. A reação foi: "Entendemos que os curtumeiros pensem que a culpa é nossa. Mas, na verdade, o problema é muito simples: *No es nuestra culpa, es la culpa de los rancheros* — a culpa é dos fazendeiros. Há tantos ladrões no campo que os fazendeiros precisam marcar cada cabeça de gado a ferro milhares de vezes para se sentirem seguros de que não vai ser roubada. Imagine o que toda essa marcação faz com o couro de uma rês!".

Cada vez mais perplexos pela natureza aparentemente insolúvel do problema, fizemos as malas e fomos ao campo para falar com alguns fazendeiros. Depois de um longo percurso e muitas discussões, descobrimos um padrão de resposta que pode ser resumido nas palavras de um dos fazendeiros. Alegou que a culpa do problema não era deles: "*No es nuestra culpa*", afirmou. "*Es la culpa de la vaca* — a culpa é da vaca." O gado vive se roçando nas cercas de arame farpado, estragando o couro e dificultando a fabricação de um produto de qualidade.

Assim, completamos o círculo. O problema das bolsas de couro colombianas resultava da burrice da vaca. O que descobrimos na indústria de couro colombiana foi a dinâmica da *culpa*. Na verdade, pode parecer mais fácil a curto prazo "pôr a culpa na vaca" do que assumir a responsabilidade de melhorar o desempenho de todo o setor. A cultura de responsabilizar o gado é difundida principalmente em pequenos países protegidos, pouco voltados para o exterior, onde as empresas aprenderam a concorrer com base em preços baixos possibilitados por matéria-prima e recursos humanos baratos. O gado às vezes é o fornecedor, às vezes é o governo, às vezes é um governo estrangeiro; mas há sempre algum gado no qual pôr a culpa.

Se as indústrias nos países em desenvolvimento esperam algum dia se tornarem competitivas em termos globais, elas precisam criar um novo tipo de ambiente. Ao invés de atribuir culpas, os participantes de cada setor precisam assumir a responsabilidade de aprender e de cooperar para melhorar seu desempenho coletivo.

"O Cluster"

Michael Porter denomina o conceito de cooperação industrial por "o cluster", e o descreve da seguinte maneira:

> A presença em uma nação de indústrias fornecedoras internacionalmente competitivas cria, de diversas maneiras, vantagens em indústrias localizadas mais abaixo na cadeia de produção. A primeira vantagem é pelo acesso eficiente, adiantado, rápido e às vezes preferencial aos insumos com maior eficiência em termos de custo... O mero acesso a ou disponibilidade de

equipamentos, no entanto, não constitui o benefício mais significativo... Talvez o benefício mais importante dos fornecedores domésticos... seja no processo de inovação e aperfeiçoamento. A vantagem competitiva surge das estreitas relações de trabalho entre os fornecedores de nível internacional e a indústria. As empresas ganham acesso rápido a informações, novas idéias e perspectivas, e inovações introduzidas por fornecedores... o intercâmbio de P&D e a solução conjunta de problemas levam a soluções mais rápidas e eficientes.[1]

Na América Latina, notamos uma profunda ausência de clusters de setores correlatos ou de apoio, e uma correspondente falta de inovação: empresas que não cooperam entre si não são capazes de aprender umas com as outras.

Economias que passaram longo tempo protegidas da concorrência pelo governo tendem a "não confiar em ninguém" e a realizar internamente a maior parte de suas atividades. A falta de confiança e de cooperação limita a capacidade de empresas fornecedoras e compradoras de se especializarem no desenvolvimento de insumos críticos específicos, e, em última análise, isso impede que o setor inove e se aperfeiçoe. Em um ambiente protegido, as empresas não são forçadas a fazer opções — isto é, não precisam se concentrar. Podem tentar serem eficazes em custos ou diferenciadas, e se não der certo transferem o ônus para os consumidores. (O leitor se lembra da discussão, no Capítulo Dois, sobre a freqüente necessidade da empresa de decidir entre oferecer produtos de custo baixo *ou* produtos diferenciados, que adicionam um valor especial pelo qual os clientes pagam mais; as empresas geralmente não oferecem ambos com sucesso.) Em um ambiente onde opções explícitas não tiveram de ser feitas, as empresas não vêem como um trabalho conjunto pode ser fonte de vantagem competitiva. Por isso, não se formam clusters em torno dessas empresas.

Por exemplo, o setor de plásticos na Colômbia poderia se beneficiar muito de oficinas especializadas em moldes, capazes de desenhar, fabricar e consertar moldes de plástico. Os fabricantes de plásticos, no entanto, não confiam a ninguém de fora a responsabilidade de uma atividade tão crucial. Por conta disso, todo fabricante de porte instalou uma oficina própria para fazer e consertar moldes. Isso por si só não é mau, mas representa uma oportunidade perdida de se criar um setor dinâmico, capaz de dar apoio aos fabricantes de plástico, de forma que cada um pudesse se concentrar melhor em sua atividade principal, tal como o *design* do produto ou sua fabricação e distribuição.

Observamos três oportunidades para solucionar os problemas nascidos da falta de um cluster cooperativo de empresas:

1. criar estratégias explícitas de concorrência, isto é, setores correlatos e de apoio deveriam tomar decisões alinhadas e complementares com as de outras empresas no mesmo cluster;
2. encarar os setores correlatos e de apoio tanto como unidade de análise quanto como mecanismo de aperfeiçoamento do setor e de desenvolvimento da nação;
3. tratar a cooperação, a coordenação e/ou a transferência de vantagens entre setores correlatos e de apoio como fonte de vantagem competitiva.

Em todos os três casos, nossa experiência tem mostrado que a cultura da auto-suficiência inibe o desenvolvimento de relacionamentos interdependentes e limita a capacidade da empresa de reagir de forma inovadora a desafios estratégicos e competitivos. A história não é exclusiva da América Latina. Observamos dinâmica similar em setores tão distantes quanto a indústria de flores queniana e a indústria do turismo irlandesa. Além do mais, o desenvolvimento insatisfatório de clusters significa que os empresários da região estão perdendo muitos dos benefícios associados aos clusters, inclusive custo mais baixo de insumos, trabalhadores mais qualificados e instruídos e maior eficiência logística. O Quadro 5-1 relaciona as potenciais fontes de vantagem para empresas que concorrem dentro de clusters robustos. Vamos dedicar o restante deste capítulo ao exame dessas vantagens da formação de clusters, usando como exemplo as indústrias boliviana de soja, colombiana de suco de frutas e peruana de alpaca.

EXPLICITAR A ESTRATÉGIA: O CLUSTER BOLIVIANO DA SOJA

A indústria boliviana de soja, apresentada no Capítulo Um, proporciona a visão de como um cluster saudável é capaz de criar uma estratégia explícita para melhorar a posição competitiva. Como já vimos, a soja é um produto homogêneo, o que significa que a indústria não tem outra escolha senão concorrer em um jogo de custos, ao invés de tentar se diferenciar de alguma maneira. A posição de custo de qualquer produto agrícola depende dos custos de cultivo e de mão-de-obra, além dos custos de transporte. A infra-estrutura de transporte na Bolívia é um desastre, por uma razão muito simples: o governo, o setor privado e as organizações multilaterais, cujas decisões afetam a indústria de soja, não partilham da visão do sistema ferroviário e das fazendas de soja como um cluster. Para manter preços competitivos, só se os produtores de soja trabalhassem dentro de um cluster assim.

Quadro 5-1. Ligações representativas dentro de um cluster e seus potenciais benefícios.

Ligações	Descrição
Design do Produto	Envolve compartilhar idéias — especialmente conhecimento tecnológico no desenvolvimento e na fabricação de produtos.
Reputação	Propicia melhor reputação aos participantes do cluster, através da associação com outros participantes ou por meio de certificação ou credenciamento.
Tecnologia de Processo	Envolve compartilhar idéias — especialmente conhecimento tecnológico no desenvolvimento de tecnologia de processo.
Acesso	Depende da cooperação que resulta na obtenção de acesso a produtos ou serviços ou em sua distribuição, de forma antecipada, segura e/ou preferencial.
Informações de Mercado	Envolve compartilhar informações sobre a demografia e as necessidades da clientela, e sobre as tendências de mercado.
Logística	Envolve cooperação no movimento de bens ou informações entre os participantes do cluster.
Educação e Treinamento	Envolve aperfeiçoamento dos recursos humanos, dotando-os de habilidades e conhecimento para corresponder às necessidades do cluster: por exemplo, conhecimento de mercado, treinamento técnico especializado.

Capítulo Cinco: Melhore a Cooperação Entre Empresas 97

A ENFE, ferrovia boliviana de origem estatal, é ineficiente, corrupta e dispendiosa. Em discussões com os empresários de Santa Cruz que dominam o cluster da soja, ouvimos repetidas vezes as mesmas histórias: "O percurso que deveria levar dois dias, leva duas semanas, se tiverem sorte." "Os vagões em geral são retidos na fronteira para carregar mercadoria contrabandeada para o Brasil." "Precisamos pagar aos funcionários da ENFE entre US$200 e US$400 por vagão só para 'reservá-los' para a soja." A lista de histórias não termina aí, mas talvez a situação possa ser resumida da melhor maneira pelo empresário que afirmou: "Aqui, o que temos não é uma ferrovia, é um trenzinho de brinquedo."

A construção e a manutenção das rodovias não são nada melhores. Ainda não existe estrada pavimentada ligando Santa Cruz a Puerto Suarez, na fronteira leste, e nenhuma ligação pavimentada com o Brasil ou com o Paraguai. Muito embora todos — o governo, o setor privado e as organizações multilaterais — concordem que as estradas constituem uma prioridade vital para a região, nada muda. Assim, a ENFE mantém seu controle implacável sobre a região, e os esforços de *lobby* do setor privado para desmantelar a ENFE continuam.

As condições das estradas locais na região de Santa Cruz também afetam direta e gravemente a posição de custo dos empresários locais. Nem no coração da cidade as vias são sistematicamente pavimentadas; depois de uma tempestade, os cruzamentos em geral ficam debaixo de um metro ou mais de água. Fora da cidade, em especial durante a época das chuvas, as estradas locais não passam de lamaceiros escorregadios; não há uma sequer com pavimento.

A mensagem aqui é simples: o cluster maior nesse caso — o governo, o setor privado e os órgãos multilaterais de financiamento — deve concordar a respeito de três coisas, para que a indústria da soja boliviana possa se tornar realmente competitiva. Em primeiro lugar, qual é a estratégia básica? É começar competindo com base em custos baixos, ou concorrer em alguma dimensão diferenciada das preferências dos clientes? Como já mencionado, no caso da soja, a estratégia só pode ser baseada em uma estrutura de custos baixos. Em segundo lugar, qual é a fonte de vantagem competitiva? Na soja, não é o transporte, mas os custos agrícolas baixos e as vantagens concedidas pelo governo em forma de proteção, que não serão sustentáveis. E, em terceiro lugar, como o cluster maior formado por esses três grupos será capaz de trabalhar em conjunto para melhorar o elo mais fraco, neste caso o transporte? Por exemplo, a ferrovia foi recentemente privatizada, mas a linha férrea de acesso a um novo porto no Pacífico precisa ser construída.

A longo prazo, no entanto, à medida que forças competitivas de outros países cresçam, a concorrência de custos pode não ser uma estratégia viável para os produtores bolivianos de soja, tolhidos por tantos problemas graves de transporte. O cluster vai ter que chegar a um acordo sobre o que é necessário para criar vantagens em segmentos mais produtivos, mais avançados ao longo da cadeia de produção, tais como cosméticos ou maionese à base de soja, por exemplo. Isso significa que o cluster vai ter que saber mais sobre estratégia, envolver-se em diálogos mais produtivos e aprender a fazer opções mais complexas. Porém, em primeiro lugar, o cluster precisará compreender que as vantagens competitivas começam com uma estratégia explícita, compartilhada dentro do próprio cluster.

A "Empresa-Mãe" Como Mecanismo de Aperfeiçoamento

Os produtores colombianos de suco de frutas, como o leitor se recorda, sofriam problemas significativos de qualidade e credibilidade. Antes de voltarmos àquele setor, é bom darmos uma olhada na indústria têxtil italiana para ilustrar como os produtores colombianos de suco de frutas poderiam usar o cluster para aperfeiçoar continuamente o seu produto.

Na década de 70, os italianos enfrentaram forte concorrência da China, que estava alterando os termos da competição nos segmentos de custo baixo de têxteis e vestuário produzidos em massa. Os italianos não anteviam vantagem competitiva sustentável a seu favor. Ao invés de saírem do mercado, no entanto, as principais empresas têxteis redefiniram suas estratégias em torno de três elementos: moda, alta qualidade e flexibilidade. Sua clientela, que incluía as casas de moda de Milão, era constituída de alguns dos mais sofisticados consumidores de têxteis do mundo. Os grandes fabricantes decidiram transformar em prioridade a compreensão das necessidades daquela clientela e o seu atendimento com *designs* inovadores, qualidade, regularidade e entrega rápida. Para tanto, as empresas passaram cada vez mais a terceirizar atividades isoladas a fornecedores menores, enquanto mantinham consigo as funções de coordenação. Assim, as empresas menores lucraram, as empresas maiores resolveram seu problema, e todo esse arranjo proporcionou ao setor a flexibilidade necessária. Além do mais, os fornecedores começaram a aprender com as empresas maiores a respeito de determinadas questões, como qualidade. Logo, as grandes "empresas-mães" passaram a se concentrar apenas na coordenação e terceirização da produção de vestuário, publicidade, monitoração da qualidade e transferência de aprendizado. Por fim, a utilização de clusters pelos fabricantes levou a indústria italiana de moda a reinventar-se, deixando de "buscar" segmentos de demanda para "criar" demanda.

Por tradição, as indústrias no mundo em desenvolvimento só trabalham com fornecedores em última instância; é o receio de que a terceirização exponha a empresa a riscos de qualidade irregular e de falta de confiabilidade. Afastar a incerteza através de uma integração vertical com o fornecimento de insumos tem sido a reação típica a essa ameaça; isto é, tentar controlar, senão simplesmente absorver os fornecedores. Mas esse tipo de integração vertical pesada é o oposto do que fazem as empresas e os clusters mais competitivos, em especial quando a indústria precisa oferecer flexibilidade ao usuário final, e, portanto, aprender com ele continuamente. Na realidade, tamanha integração pode impedir o surgimento ou o crescimento dos clusters de setores, e assim inibir a competitividade ao invés de reforçá-la.

Então, o que uma empresa deve fazer? Administrar a incerteza, melhorando a qualidade e a confiabilidade dos fornecedores independentes. Seguir essa espécie de filosofia de empresa-mãe demanda tempo mas, em geral, é necessário para atingir a qualidade, a confiabilidade e a flexibilidade requeridas para uma competitividade sustentável, em especial em economias instáveis.

O modelo da indústria têxtil italiana de aperfeiçoar os clusters exige que um pequeno grupo de empresas ajude a estruturar e alinhar muitas camadas de fornecedores e outras indústrias correlatas em torno de uma estratégia comum. Embora eficaz, essa não é a única abordagem possível. Uma alternativa, por exemplo, é a união de *concorrentes* relativamente iguais — não para restringir a concorrência, mas para conjuntamente melhorar a qualidade e a competitividade do setor como um todo, mesmo permanecendo concorrentes.

É aí que entram os produtores colombianos de suco de frutas. O leitor se lembra de como as empresas norte-americanas de suco de frutas duvidavam da capacidade dos colombianos de entregar, com regularidade, frutas e suco concentrado de qualidade. A concorrência acirrada de outros países, como o Brasil, enfrentada pelos colombianos, não ajudou a melhorar a qualidade ou a confiabilidade dos fornecedores; ao invés, criou incentivos para empurrar os preços para baixo o máximo possível, visando a compensar a má qualidade em geral.

Nossa análise do sistema de distribuição demonstrou que as empresas norte-americanas de suco de frutas viam os fornecedores colombianos como um grupo; parecia pouco provável que qualquer das empresas colombianas pudesse estabelecer marcas independentes ou posições de mercado significativas com supermercados ou lojas hispânicas da vizinhança (os dois mercados-alvo dos produtores colombianos, conforme discutido no Capítulo Quatro). O desafio enfrentado pelos fornecedores colombianos, portanto, passou a ser o desafio de melhorar, *em conjunto*, sua reputação — como um cluster. Nenhuma empresa podia desempenhar essa tarefa sozinha.

O consórcio de fornecedores formado em 1992, a Corporación Colombia Internacional, foi projetado para corresponder às duas necessidades básicas dos compradores norte-americanos — qualidade e regularidade — sem sacrificar a concorrência entre colombianos ou fazer pressão para reduzir margens de lucro. Consolidando em uma só as ofertas individuais, os produtores esperavam entregar suco com qualidade e regularidade, reabilitando, por fim, a reputação do setor.

O consórcio pode servir aos produtores colombianos de suco de frutas da mesma forma que o conceito de empresa-mãe ajudou os fabricantes têxteis italianos a se aperfeiçoarem e inovarem, passando assim à liderança mundial do segmento de vestuário de primeira. Se os colombianos conseguirem usar o consórcio como mecanismo para melhorar sua qualidade e regularidade, ele poderá ajudar o cluster a começar a criar vantagens ainda mais sofisticadas, tais como qualidade certificada e uma logística aperfeiçoada de transporte, além de suas já consideráveis vantagens naturais.

COOPERAÇÃO E COORDENAÇÃO: O CLUSTER PERUANO DA ALPACA

Clusters robustos também podem ser um meio de compartilhar vantagens desfrutadas por empresas individualmente, o que pode aumentar a vantagem competitiva de um setor ou de uma nação como um todo. A indústria peruana da alpaca, por exemplo, poderia se beneficiar muito dessa cooperação em clusters.

A alpaca, cuja lã está entre as mais macias do mundo, é um primo andino do camelo. Trata-se de um mamífero com cascos parcialmente domesticado da América do Sul, criado pelos grupos étnicos das regiões montanhosas da Bolívia, do Chile e do Peru. Algumas pessoas podem estar familiarizadas com a alpaca, por meio das tapeçarias peruanas de pele muito populares internacionalmente na década de 70. Costurando retalhos pretos e brancos de peles de alpacas novas, os artesãos peruanos criavam cenas rurais com camponeses e alpacas contornadas de formas geométricas abstratas. Esses retalhos, contudo, são de alto valor, pois os peruanos só usam peles de alpacas novas que tenham morrido de causa natural. Como a lã das alpacas novas ainda é mais macia do que a das adultas, elas valem mais vivas, para que possam ser tosquiadas todo ano e a lã vendida.

Depois do cobre, a alpaca tem sido a exportação dominante do sul do Peru desde o século XIX, quando os negociantes ingleses exportavam a lã da região para alimentar as manufaturas têxteis do Reino Unido. A cidade de Arequipa, centro comercial do sul do Peru e norte da Bolívia[2], há muito tempo é o principal mercado da indústria de alpaca, além de ser eixo de transporte e centro de atividades de processamento e de valor adicionado. No entanto, a região de Arequipa, por si só produz poucas das matérias-primas associadas à alpaca ou à mineração. Está localizada no fundo de um vale desértico, enquanto as alpacas vivem na região montanhosa dos Andes, mais para o interior, próxima a Cuzco e ao lago Titicaca, bem como na Bolívia, onde as comunidades de camponeses das montanhas cuidam de seus rebanhos. Ainda assim, Arequipa desempenha esse papel há mais de um século, por ser o elo de ligação, para onde as ferrovias e as rodovias de todos os cantos do sul do Peru convergem; os produtores, por tradição, negociavam suas mercadorias lá, antes de embarcá-las de trem para o porto de Mollendo, nas cercanias.

Nos últimos anos, a alpaca tem proporcionado a Arequipa os melhores resultados de exportação, não apenas em termos de vendas mas também de sofisticação. A indústria é um exemplo da máxima de que "a rivalidade local cria competidores mais fortes". Divergindo das estruturas monopolísticas das indústrias peruanas de cerveja e de laticínios, as empresas locais de alpaca concorrem há mais de um século. As duas firmas dominantes de alpaca, a IncaTops e a Michell & Co., fabricam tecidos de primeira qualidade com fios tingidos e costuram roupas acabadas. Suas listas de clientes incluem os melhores desenhistas de moda da Europa, do Japão e dos Estados Unidos. Suas fábricas usam máquinas computadorizadas de última geração vindas da Itália, e seus representantes de vendas falam excelente japonês, inglês e francês. As suéteres de alpaca nova que produzem para os grandes magazines norte-americanos e para os distribuidores por catálogos costumam ser vendidas ao consumidor final por US$300 cada.

Em termos gerais, a visão dos empresários tem sido relativamente sofisticada. Eles reconheceram que a alpaca podia ser vendida à clientela mais sofisticada do mundo, no mercado de moda de alto nível. Vêem seu produto não só como mercadoria física, mas também como um pacote que inclui serviços de qualidade. "Não vendo apenas *tops* [o estágio anterior à fiação] ou tecidos de alpaca. Vendo entrega na data marcada. Vendo receptividade ao cliente. Vendo controle de qualidade e capacidade de reproduzir até mesmo os mais complexos *designs* de tecidos", afirma Derek Michell, neto do fundador da Michell & Co., que agora dirige o departamento de vendas e, um dia, assumirá o comando da companhia. "Meus clientes me dizem: 'Poderíamos encomendar por menos a uma das empresas menores de alpaca, mas vale a pena pagar um pouco mais pela segurança de estar lidando com uma empresa profissional'."

Apesar desse quadro positivo, as firmas enfrentam mercados difíceis. Com freqüência se sentem espremidas pelas exigências de preço dos clientes — os grandes fabricantes de vestuários e varejistas estrangeiros. Elas podem vir a ter sucesso em reduzir essa pressão, superando o hiato entre o consumidor final e os criadores de alpaca, que dá às casas de moda tanta alavancagem de mercado. Em outras palavras, mais adiante as empresas talvez consigam melhorar suas estratégias de comercialização e distribuição, especialmente pela integração vertical com essas atividades, para começar a capturar margens de varejo e estabelecer suas próprias marcas. Por exemplo, elas provavelmente deveriam considerar uma *joint venture* com uma empresa varejista norte-americana para efetuar vendas por catálogo nos Estados Unidos, usando marca própria.

As estratégias de distribuição e comercialização, contudo, são as menores barreiras ao aumento das exportações de alpaca. O crescimento da alpaca está chegando ao limite, de acordo com todas as empresas, devido a dificuldades com a expansão da produção e com a melhoria da posição de custos. Apesar do seu produto de primeira, as empresas de alpaca enfrentam pressão substancial para aumentar a oferta mantendo preço competitivo, por duas razões:

- *Concorrência com a caxemira da China e de outros países asiáticos.* A caxemira é uma lã mais conhecida e de melhor qualidade, substituta direta da alpaca. A capacidade de oferta da caxemira por ágeis empresas asiáticas se expandiu, forçando o Peru a tentar aumentar a produção, baixar os custos, ganhar ímpeto e criar reconhecimento por parte dos clientes de modo a manter sua fatia do mercado mundial. (A situação é similar àquela da indústria têxtil peruana, na qual as empresas se gabam das virtudes singulares do algodão egípcio-americano — sua espécie nativa — enquanto ignoram o fato de que a espécie egípcia de algodão de fibra extralonga tem características similares a preços competitivos.)

- *A necessidade de enfrentar um câmbio sobrevalorizado.* Uma apreciação substancial da moeda é quase inevitável durante um programa de estabilização bem-sucedido,[3] e diversos economistas estimaram que o *sol* peruano ficou sobrevalorizado em quase 25%,[4] forçando as empresas de alpaca a reajustar preços ou mantê-los espremendo suas margens de lucro.

Por que é tão difícil coordenar a oferta de alpaca para corresponder às pressões do novo mercado? Como já dissemos, a indústria da alpaca não sofreu da falta de rivalidade que acomete tantos outros setores. Pelo contrário, seu problema tem sido rivalidade demais. O resultado é que as empresas não tiveram condições de distinguir entre áreas adequadas à concorrência acirrada e áreas adequadas à cooperação.

Na indústria da alpaca, a cooperação entre os principais envolvidos, incluindo empresas manufatureiras, líderes do setor público e associações de trabalhadores, é absolutamente vital. Contudo, três pontos fracos interligados impedem os peruanos de desenvolver um cluster forte:

- inadequação da infra-estrutura nas áreas rurais;
- disponibilidade limitada de recursos para desenvolver e difundir o uso de novas tecnologias, no sentido de aumentar a eficiência dos produtores das regiões montanhosas;
- cooperação e eficiência insatisfatórias dentro do cluster dos fornecedores de alpaca.

"Você Gostaria de ir lá Para Cima, Viver com os Campesinos?"

O primeiro problema, o da infra-estrutura básica, é que estradas inadequadas dificultam a rapidez de transporte e de comunicação entre os fornecedores rurais e os compradores localizados na área urbana. Leva-se dias para chegar às vilas onde as alpacas são criadas, em torno de Juliaca ou em outras regiões montanhosas próximas ao lago Titicaca, e as estradas de terra estão cobertas de pedras *como cancha* — parecidas com pipoca, como dizem no Peru — fazendo com que o percurso seja difícil tanto para os caminhões quanto para o corpo. É comum lamentar-se da negligência com que as áreas interioranas são tratadas, do sofrimento da pobreza rural no Peru do século XX, e da longa série de promessas não cumpridas de melhorar a situação. Porém, poucos têm consciência do quanto essa negligência tem custado ao país em termos de aumento das exportações e de aperfeiçoamento empresarial. O isolamento dificultou o controle da qualidade nas áreas rurais e a oferta de apoio técnico por parte das universidades urbanas e das sedes das empresas. Contribuiu para a divisão cultural entre os empresários, urbanos, e os fazendeiros, rurais; no caso da alpaca, a inconveniência de viajar até as fazendas desencoraja os empresários do setor de tentarem fazer contato com fornecedores rurais.

As firmas de alpaca, portanto, dependem de intermediários independentes que viajam para adquirir lã dos fazendeiros e entregá-la nas fábricas. Os intermediários falam quechua e aymara, as línguas indígenas predominantes, e conhecem pessoalmente a gente das vilas, mas não agem como fonte de comunicação capaz de ajudar a aperfeiçoar o setor.

Um executivo do setor, com quem conversamos, reclamou da falta de sofisticação dos criadores de alpaca. Não tentam melhorar a raça através de métodos como inseminação artificial. "Ao invés de melhorar a qualidade da lã", acrescentou, "preferem usar truques, tais como enchê-la de terra para fazer com que as sacas fiquem mais pesadas, já que são pagos por quilo".

Perguntamos por que ele não mudava sua abordagem de compra para enfatizar o benefício mútuo e melhores preços para a lã que correspondesse a padrões de qualidade. E por que não mandava seu próprio pessoal, ou contratava especialistas, para ajudar os criadores rurais a aprenderem novos métodos de criação?

"Você gostaria de ir lá para cima, viver com os *campesinos*?", replicou o executivo, incrédulo com a pergunta. "Fica no meio do nada."

A Necessidade de Especialização Técnica

A aparente impossibilidade de acesso aos fazendeiros de alpaca é fonte de um outro fator que impede o desenvolvimento de um cluster: a necessidade de recursos humanos qualificados — técnicos especializados — para ajudar a aperfeiçoar o setor. O executivo não podia acreditar que já existisse o tipo de especialista de que estávamos falando — que há pessoas *querendo* dedicar suas vidas à melhoria da produtividade rural. De fato, estivemos com muitos representantes de organizações não-governamentais, tanto peruanos quanto estrangeiros, que trabalham em áreas rurais exatamente nesse tipo de questão, e sem muitos recursos. Se as empresas de alpaca pudessem oferecer um pagamento compensador, elas teriam ainda mais chance de encontrar e treinar esse tipo de especialista.

Presa num círculo vicioso de idéias limitadas, desconfiança, e numa tradição de jogadas desleais, a indústria encontra-se mal preparada para expandir sua capacidade e reduzir seus custos de matéria-prima. Por exemplo, a oferta de lã de alpaca disponível em qualquer dado momento nunca é suficiente para atender às necessidades das empresas. Os intermediários sabem disso, e sabem também que a Michell e a IncaTops estão sempre ansiosas para comprar mais, no esforço de privar a outra da oferta. Ao invés de as duas empresas se unirem na insistência para os intermediários e fornecedores adotarem determinados padrões ou cooperarem com especialistas técnicos, elas preferiram entrar em uma concorrência acirrada uma contra a outra. Se há um papel saudável da concorrência, há também um limite saudável.

O aparecimento de novos concorrentes de fora está fazendo com que a necessidade de recursos humanos sofisticados, especializados, para trazer inovação e progresso a Arequipa, se torne ainda mais crucial. Há alguns anos, o único país afora o Peru a criar alpacas em quantidade significativa era a Bolívia, e a sua população de alpaca era uma fração da do Peru. Agora, contudo, os australianos estão começando a criar alpaca. Em 1994, um comprador australiano pagou US$100.000 por um alpaca macho da melhor qualidade para reprodução.

O australiano não estava adquirindo um bicho de estimação; tratava-se de um animal destinado à reprodução. E os australianos vão aplicar tecnologia moderna nas suas criações. Em especial, estão investindo em engenharia genética para melhorar a qualidade da lã e para criar uma linhagem de alpaca mais adaptável a baixas altitudes. Mas os arequipanos não enxergam nesse desenvolvimento australiano um desafio. Acreditam que seja um fato positivo, afirmando que será vantajoso ter empresas mais prósperas do Primeiro Mundo promovendo a alpaca e chamando a atenção da clientela para o produto.

Isso será verdade se os peruanos conseguirem competir com a qualidade e os custos australianos, mas não se ficarem para trás. A questão da engenharia genética, por exemplo, está diretamente ligada a custos. A pelagem de uma única alpaca peruana contém áreas diferentes em termos da cor e da espessura dos pêlos. Quanto menor o pêlo medido em mícrons, mais macio o tecido fabricado com ele. O processo de separar a lã por grau e cor é feito por centenas de camponesas sentadas nas fábricas de Arequipa. A engenharia genética poderia reduzir os custos de processamento e aumentar a proporção das fibras mais macias, colocando a indústria em melhor posição para concorrer com a caxemira e expandir as vendas de alpaca.

Só no ano passado as firmas de alpaca começaram a reconhecer a importância dessa engenharia. Uma delas está envolvida em um programa criado pelo governo inglês, que mandou um geneticista a Arequipa para trabalhar em alpacas. Mas não é o bastante. É preciso um empenho substancial para ligar universidades a esse esforço e treinar as equipes de pesquisadores e técnicos locais para uma aprendizagem permanente e para a difusão dessa aprendizagem. A campanha deveria incluir diversos mecanismos:

- bolsas de estudo para mandar agrônomos promissores estudar no exterior em laboratórios, sendo compulsória a sua volta para trabalhar na região;
- "cátedras" em universidades, mantidas por dotações próprias e com cláusulas explícitas pelas quais os alunos de pós-graduação sejam obrigados a trabalhar tanto em empresas quanto no *campus* acadêmico;
- bolsas para especialistas internacionais visitantes, para treinarem estudantes e pesquisadores locais, bem como aprenderem com os camponeses andinos o melhor do seu conhecimento sobre criação, que é extenso;
- esforços para aumentar o prestígio dos diplomas das áreas relacionadas à agricultura nas universidades locais e para ligar a especialização agrícola às indústrias, oferecendo apoio financeiro inicial para pesquisa de campo em cooperação e para o estabelecimento de empresas de consultoria técnica;

- parcerias entre instituições acadêmicas, empresas privadas e o governo, financiadas por um misto de empresas e associações industriais, doações e empréstimos do governo central, e recursos disponíveis de governos locais. Estamos nos referindo ao tipo de parceria privada-pública-acadêmica que transformou o Vale do Silício na Califórnia e o Triângulo da Pesquisa na Carolina do Norte em dínamos industriais de alta tecnologia.

Os recursos humanos especializados são essenciais e seu desenvolvimento adiciona-se à necessidade de se proporcionar educação básica e investimento em capital humano nas áreas rurais. É claro que a educação geral deve ser uma prioridade. O ensino das letras e dos números e as habilidades de comunicação proporcionadas pelas escolas seriam úteis na preparação da mão-de-obra rural para trabalhar com técnicos e aplicar, avaliar e modificar tecnologias no sentido de aumentar a produtividade rural. Mas, para financiar esses programas de bem-estar social, uma nação precisa partir de uma base de receitas adequada. Acreditamos que o dinheiro poderia vir de investimentos em recursos humanos especializados, tais como programas avançados de pesquisa e trabalho em nível universitário, que teriam rápido retorno.

Muitas das sugestões acima se encaixam sob o título de "o cluster" e na necessidade de criar diálogo produtivo em todos os níveis da cadeia de oferta. Tanto os produtores *campesinos* quanto as companhias têxteis devem demonstrar vontade de serem parceiros. Isso significa acabar com noções do tipo "terra nas sacas" nas regiões montanhosas, e, em contrapartida, as empresas de alpaca devem prestar apoio para melhorar a produtividade e a renda. As firmas de alpaca têm o que aprender com o exemplo da meia dúzia de grandes exportadores de produtos agrícolas do Chile, que apóiam seus produtores independentes com empréstimos e ajuda técnica em troca do direito de inspecionar as safras em andamento. Por exemplo, à medida que a produção de alpaca aumentasse, os produtores que não correspondessem aos padrões de qualidade perderiam negócios, enquanto aqueles que os cumprissem receberiam mais. Os técnicos poderiam aperfeiçoar os métodos tradicionais dos camponeses, no melhoramento mais rápido dos rebanhos, com suplementos dietéticos, vacinação, seleção científica, engenharia genética e inseminação artificial.

A Necessidade de Cooperação

Nenhuma das idéias que acabamos de mencionar é possível sem um grau mínimo de cooperação entre as duas firmas de alpaca, o que constitui o terceiro problema enfrentado pela indústria peruana. Se uma das firmas continuar a pressionar os intermediários e os produtores a elevarem os padrões, enquanto a outra se aproveita da oportunidade para "roubar" uma grande parte dos fornecedores, o setor talvez jamais consiga se aperfeiçoar com a rapidez de que é capaz.

Por que a mudança não acontece, ou só ocorre de maneira lenta e sem entusiasmo? Uma das razões é que os executivos do setor vivem tentando fazer com que suas contas fechem, sendo naturalmente levados a concentrar-se nos problemas imediatos do dia-a-dia, como o pedido de compra de hoje ou a remessa de amanhã. Mas a questão também tem muito a ver com perspectivas ou referenciais individuais — os estereótipos fáceis que as pessoas trazem para o trabalho todos os dias: "a empresa rival" como inimiga, determinada a apunhalar pelas costas mesmo quando é do seu interesse cooperar; os *empresários* brancos como exploradores capitalistas; os *campesinos* como preguiçosos, desorganizados e incapazes de aprender. No entanto, ao nosso ver a barreira mais importante é a falta de consciência sobre o valor criado pela cooperação.

Resumo

As três histórias contadas neste capítulo — da soja, do suco de frutas e da alpaca — na verdade são, de certa forma, a mesma história: demonstram que a competitividade empresarial em geral depende muito da competitividade de outras empresas e instituições no mesmo setor. Essa interdependência pode ser fonte de força ou de fraqueza, dependendo da competitividade coletiva do setor. Quando se pensa em implantar uma estratégia sólida, as empresas devem compreender de maneira explícita onde suas estratégias são vulneráveis às atitudes de fornecedores e compradores, e assegurar-se de que as cadeias de empresas por trás de um produto estão todas trabalhando em conjunto. Sem fortes indústrias correlatas e de apoio, será muito mais difícil do que o necessário alcançar vantagem competitiva sustentável no mundo em desenvolvimento. No passado, talvez fizesse sentido não cooperar, mas, na economia global cada vez mais competitiva, as empresas devem aproveitar a oportunidade de criar condições onde compradores e fornecedores não insistam mais que "*Es la culpa de la vaca*".

CAPÍTULO SEIS

Supere a Atitude Defensiva

> Minha única esperança de obter medidas por parte
> do governo é através da crítica e da oposição.
> — *Gerente de exportação boliviano.*

Chris Argyris, professor da Harvard Business School e especialista em aprendizado organizacional, define raciocínio defensivo da seguinte maneira: "[É] quando os indivíduos partem de *premissas* cuja validade é questionável, embora pensem que não; fazem *deduções* que não decorrem necessariamente das premissas, embora pensem que sim; e tiram *conclusões* que acreditam terem testado com cuidado, embora não o tenham, pois o modo como foram formuladas torna essas conclusões impossíveis de serem testadas."[1] Essa definição de raciocínio defensivo funciona como um silogismo, que este capítulo visa a explorar em maiores detalhes, tanto para entender como se dá a atitude defensiva, quanto para apresentar diversos instrumentos que são cruciais no esforço de começar a cultivar as fontes ocultas, intangíveis, do crescimento. Começamos com a frase "premissas, cuja validade é questionável".

A VALIDADE DAS PREMISSAS

Em nossos estudos sobre a Irlanda e sobre as nações latino-americanas, africanas e da Federação Russa, descobrimos que os líderes revelam uma propensão irresistível, quando confrontados por maus resultados, de repetir as mesmas coisas que já vinham fazendo, *só que com mais rigor* — isto é, com esforço redobrado. Por exemplo, os líderes governamentais da Bolívia insistem em querer depender menos de minérios básicos, mão-de-obra barata e produtos agrícolas *(commodities)* — no entanto, estão dependendo mais do que nunca de uma maior concentração desses produtos. Os líderes colombianos do setor petroquímico dizem que querem inovar, mas dedicaram muito tempo tentando influenciar o governo Samper e também os governos anteriores, ao mesmo tempo que diminuíam seus investimentos em pesquisa e desenvolvimento.

Os líderes irlandeses afirmaram por décadas, que para expandir a economia era preciso melhorar o ritmo de inovação dos empresários subdesenvolvidos irlandeses (frente aos muitos empreendedores estrangeiros que parecem terem assumido o controle das exportações irlandesas). Mesmo assim continuaram a depender excessivamente de fundos da União Européia como motor principal de seu desenvolvimento.

Os líderes da Federação Russa afirmam que, se conseguissem elevar a produção aos níveis registrados nas décadas de 50 e 60, poderiam tirar proveito da mão-de-obra barata e da economia de escala da produção para exportar seus produtos manufaturados para os países menos desenvolvidos. Isso não deu certo antes, quando muitos desses países estavam politicamente ligados aos soviéticos; por que daria certo agora? Na África do Sul, os líderes governamentais alegam, desde um ano antes da eleição de Nelson Mandela, que o investimento estrangeiro estava prestes a fluir a qualquer momento. Isso jamais aconteceu.

A verdade é que cada um desses países tem apresentado maus resultados: nenhum deles conseguiu gerar riqueza para seu cidadão médio através da exportação de produtos e serviços sofisticados para países sofisticados. Esses maus resultados, embora reconhecidos, não provocaram as mudanças de comportamento necessárias para melhorar a situação. Os líderes trabalham sob determinadas premissas a respeito de como as coisas vão acontecer, mas estes pontos de partida são discutíveis. Essa dinâmica pode ser denominada *aprendizado de um só ciclo, de uma única vez ou aprendizado único* e é representada na Figura 6-1.

Figura 6-1. Aprendizado de um só ciclo.

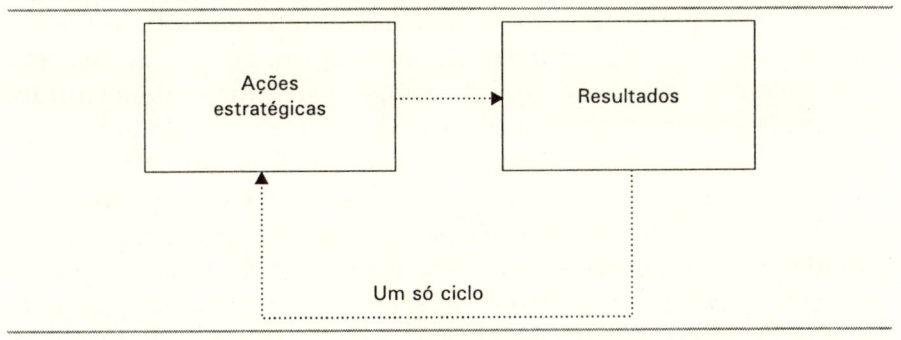

```
┌─────────────┐                    ┌─────────────┐
│   Ações     │ ·················> │  Resultados │
│ estratégicas│                    │             │
└─────────────┘                    └─────────────┘
       ▲                                  :
       :............ Um só ciclo .........:
```

Amostras dessa dinâmica podem ser vistas em muitos dos casos já apresentados. Por exemplo, a reação dos líderes da indústria boliviana da soja às pressões competitivas é de aprendizado único. Embora seja evidente que a proteção tarifária é muito vulnerável, que certos segmentos de mercado não são estruturalmente atraentes, e que os preços de seus produtos têm sofrido constante declínio, eles continuam a acreditar que seriam competitivos se o governo consertasse as estradas. Bastaria o transporte ser mais eficiente e eles teriam indústrias mais bem-sucedidas. Trata-se da estratégia de tentar a mesma coisa, só que com maior empenho. É o aprendizado de um só ciclo; que consiste em não questionar as premissas fundamentais.

No Capítulo Um, dissemos que a participação boliviana no mercado mundial de soja em grãos era de apenas 0,26%. É um participante muito pequeno em um mercado muito grande. Em média, os preços mundiais de soja vêm caindo 5,8% cada ano, desde 1973 — é mesmo uma *commodity*. E a principal fonte de vantagem dos bolivianos se baseia numa barreira tarifária artificial, que impede o produto brasileiro de entrar na Colômbia. Por que os bolivianos, em um país que não tem saída para o mar, haveriam de querer continuar a concorrer em um ambiente tão pouco atrativo? Porque, apesar das restrições externas que enfrentam, eles desenvolveram uma indústria exportadora que vale US$60 milhões por ano. Além disso o governo tem desempenhado um papel vital — encorajando este êxito através das políticas comercial e tributárias. E, já que o setor é lucrativo, o governo não precisou desenvolver uma boa infra-estrutura na região.

Mas os tempos estão mudando, e o governo não é mais capaz de oferecer esse tipo de apoio — mesmo assim, uma boa infra-estrutura ainda não existe. Os produtores de soja alegam, de certa forma com razão, que não terão condições de competir sem uma infra-estrutura decente. O governo alega, por outro lado, que está fazendo tudo o que pode para ajudar. Nota-se uma grande animosidade entre os dois lados. A atitude defensiva é clara de parte a parte, e inibe a capacidade de cooperação produtiva para a solução conjunta dos problemas. O que poderia ser interpretado como uma oportunidade histórica para o governo e o setor privado, juntos, diversificarem a economia — criando núcleos de empresas que trabalhassem juntas, e desenvolvendo melhores bases de conhecimento sobre como competir na indústria da soja — está, pelo contrário, sendo desperdiçado em uma briga mordaz entre empresariado e governo, cada qual tentando responsabilizar o outro lado pelas atuais dificuldades.

Então, que opções têm os líderes governamentais e empresariais? Podem continuar a lutar pelo sucesso com base em premissas que não mais se aplicam, ou podem reformular as premissas, os referenciais, e desenvolver soluções novas e criativas para os seus problemas. Uma abordagem assim poderia ser algo semelhante ao aprendizado de ciclo duplo retratado na Figura 6-2.

Nos termos da Figura 6-2, o aprendizado de ciclo duplo é a capacidade de "avançar mais à esquerda", a fim de examinar os referenciais em que se baseiam as ações e com que se alcançam os resultados. No processo, quanto mais para a esquerda for feita a mudança, mais sustentáveis serão os resultados. Em outras palavras, uma mudança que se obtém, mudando ou incorporando informação nos referenciais, constituem uma forma mais sustentável e conveniente, do que aquela que se efetua alterando as ações, sem contar com a informação. Alterar seus próprios referenciais — testar suas premissas a respeito de como o mundo funciona — é uma atividade que desperta as fontes ocultas do sucesso. A resposta não consiste necessariamente em *fazer* coisas de maneira diferente; consiste em *pensar* de maneira diferente a respeito do que fazer.

Nossa crítica contra a atitude defensiva não é dirigida à indústria da soja, nem a de flores, nem mesmo à tendência natural de qualquer setor que tenta proteger seus interesses. Nosso argumento é: enquanto os líderes não tiverem condições de reformular seus problemas, enca-

Figura 6-2. Ciclo duplo.

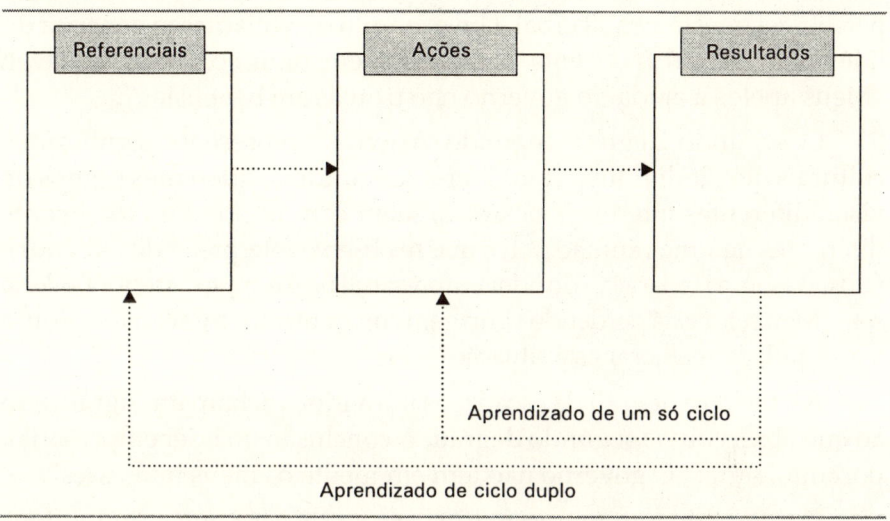

```
[Referenciais] ----> [Ações] ----> [Resultados]
                        ^              |
                        |_____|
                        Aprendizado de um só ciclo
     ^                                 |
     |_____|
              Aprendizado de ciclo duplo
```

rá-los de outra maneira, pensar a seu respeito de forma diferente, eles se limitarão a reagir ante as crises, com maior empenho, e com soluções que não funcionam mais.

A LÓGICA DAS DEDUÇÕES

A segunda parte da definição de raciocínio defensivo dada por Chris Argyris diz respeito à tendência a "fazer deduções que não decorrem necessariamente das premissas". Parte do problema com os referenciais reside na maneira pela qual a mente humana funciona: com base em informações parciais, as pessoas fazem deduções para enfrentar o dia-a-dia. Com freqüência as deduções feitas são corretas o suficiente para nos manter no rumo certo. No entanto, se pararmos para pensar sobre as avaliações e os julgamentos feitos de forma tão automática, vamos perceber que estamos nos comportando como se os julgamentos fossem sólidos, com boa base de informação e mais específicos do que na verdade são.

Argyris sugere a existência de uma "escada de deduções", na qual há quatro degraus para chegar a qualquer crença ou suposição. No primeiro degrau estão os dados diretamente observáveis de uma determinada situação, tais como conversações ou em outra comunicação percebível, mesmo ano verbal. Um exemplo é a reclamação genérica do líder empresarial que tenta obter êxito em uma economia instável: "Meus apelos à ajuda do governo não trouxeram benefícios".

O segundo degrau, segundo Argyris, "representa significados culturais que, indivíduos com diferentes culturas, diferentes pontos de vista, diferentes interesses pessoais, saem com impressões totalmente diferentes de uma reunião".[2] É o que se observa interpretando os dados e fatos. Assim, a declaração do líder empresarial no exemplo anterior poderia ser: "Meu setor está perdendo vantagem competitiva, e o governo se recusa a nos ajudar a melhorar esta situação".

No terceiro degrau da escada, os indivíduos acham um significado ao que observou no segundo degrau. A conclusão do líder empresarial, portanto, seria: "O governo não tem em mente os meus interesses".

O quarto degrau representa "as teorias da ação que os indivíduos usam para articular suas conversações e entender o comportamento de outras pessoas".[3] Daí a citação do início deste capítulo: "Minha única esperança de obter medidas por parte do governo é através da crítica e da oposição". O comportamento dessa pessoa certamente reflete uma conclusão ou crença completamente equivocada.

Como mostra o exemplo acima, as deduções, avaliações e julgamentos que movem o comportamento, são automáticos e altamente abstratos. O que assusta é como os indivíduos se precipitam nesses julgamentos, como se fossem conclusões concretas e óbvias, e como seus comportamentos são guiados inteiramente por tais conclusões.

O ponto importante é que *fazer deduções* é "da natureza humana", como afirma Argyris; que nós — líderes governamentais, líderes empresariais, maridos, mulheres, crianças — somos máquinas de fazer deduções. A implicação dessa descoberta para a economia instável é que, se o mundo é mais complexo e as decisões a serem tomadas mais cruciais, então será que os líderes não deveriam ter maior consciência das altas deduções que fazem com tanta freqüência — especialmente a respeito uns dos outros?

O leitor se lembra, no capítulo introdutório sobre a indústria colombiana de flores, da falta de comunicação entre o ministro do Comércio Exterior e o presidente da associação nacional de floricultores, a Asocolflores. A correspondência trocada entre eles estava cheia de agressões e acusações mútuas que eliminava qualquer esperança possível de aprendizado para ambas as partes.

O que não explicamos naquele capítulo foi a maneira como contribuímos para esse mal-entendido, uma história que, na nossa opinião, ilustra bem o conceito dos ciclos de dedução. Certa vez, tarde da noite, no aeroporto de Caracas, na Venezuela, encontramos o ministro do Comércio da Colômbia, que preparava seu discurso para uma conferência na noite seguinte em Bogotá. O ministro nos perguntou sobre o andamento do nosso estudo e nós, contentíssimos de poder discutir os resultados, aproveitamos a oportunidade para tentar moldar o seu pensamento sobre a competitividade do setor de flores. Passamos as três horas seguintes, na sala VIP do aeroporto e no avião, elaborando um plano de como o governo e o setor privado poderiam trabalhar em conjunto para melhorar a competitividade do setor, que até então havia se baseado apenas em vantagens básicas.

Quando o avião aterrissou, achamos que havíamos conseguido criar para o governo, no futuro do setor, um novo papel, diferente e mais produtivo. Nosso efêmero senso de realização se despedaçou na noite seguinte quando, pela televisão, em cadeia nacional, o ministro atacou o setor de flores como preguiçoso, e fez citações tiradas do trabalho realizado por nossa equipe. Logo depois do discurso do ministro, a associação de flores revidou pela imprensa, ironicamente também citando nosso trabalho — mas só as partes que fundamentavam o ataque contra o governo.

Tentamos ligar para o ministro para impedir a divulgação diária pela imprensa de cartas de ambos os lados, mas ele parou de atender às nossas ligações e, ao invés, nos mandava mensagens evasivas, tais como: "Não se preocupem, está tudo bem" e "O plano está funcionando com perfeição; criamos um debate". Duas coisas nos deixaram muito perturbados: Como uma luta-livre em público podia ser "concebida" como um debate produtivo? E por que o seu "plano" requeria uma atitude mais defensiva ao invés de procurar criar um ambiente propício a um maior aprendizado?

A Figura 6-3 traz citações diretas do debate público, reconstruindo-as como degraus na escada de deduções. Existe entretanto uma

Figura 6-3. As raízes do raciocínio defensivo: ciclo de deduções na indústria colombiana de flores.

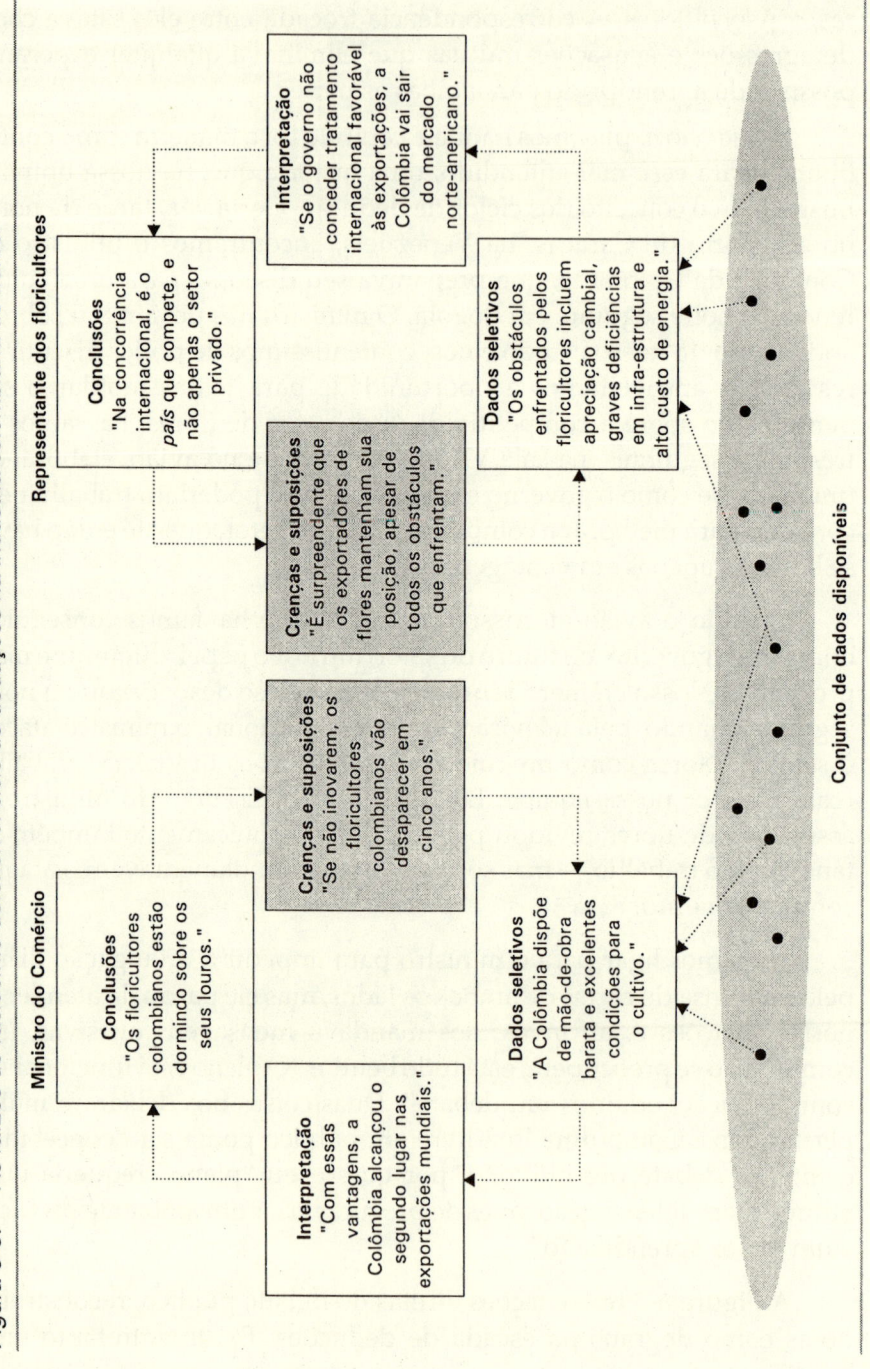

Representante dos floricultores

Interpretação
"Se o governo não conceder tratamento internacional favorável às exportações, a Colômbia vai sair do mercado norte-americano."

Conclusões
"Na concorrência internacional, é o *país* que compete, e não apenas o setor privado."

Crenças e suposições
"É surpreendente que os exportadores de flores mantenham sua posição, apesar de todos os obstáculos que enfrentam."

Dados seletivos
"Os obstáculos enfrentados pelos floricultores incluem apreciação cambial, graves deficiências em infra-estrutura e alto custo de energia."

Ministro do Comércio

Conclusões
"Os floricultores colombianos estão dormindo sobre os seus louros."

Crenças e suposições
"Se não inovarem, os floricultores colombianos vão desaparecer em cinco anos."

Dados seletivos
"A Colômbia dispõe de mão-de-obra barata e excelentes condições para o cultivo."

Interpretação
"Com essas vantagens, a Colômbia alcançou o segundo lugar nas exportações mundiais."

Conjunto de dados disponíveis

complexidade adicional. Nesse caso, há duas escalas separadas de deduções, que se transformam em ciclos de deduções que acabam alimentando a si mesmas. Portanto, a figura demonstra como duas pessoas altamente competentes, comprometidas e respeitadas fazem deduções uma a respeito da outra que, embora baseadas de certa forma em fatos, foram formuladas de maneira a serem improdutivas — eliminando a aprendizagem e o diálogo.

Achamos que os papéis culturais designados às partes quando a Colômbia era uma economia fechada — o líder governamental responsável pela distribuição de benefícios, o lobista dinâmico por fazer valer sua influência — criaram um filtro, ou um conjunto de referenciais, e por seu intermédio cada qual selecionava e interpretava os dados, tirava conclusões e criava crenças que inspiravam seus procedimentos de uma maneira que hoje pode ser considerada falaciosa, ou até mesmo inválida. Como mudou o mundo e mudaram as bases da competitividade, os papéis de cada um desses líderes, e suas interações, também precisam mudar.

Tanto o ministro do Comércio quanto o presidente da Asocolflores partiram do que chamamos de "dados seletivos". Neste caso, os dados seletivos saíram diretamente do nosso relatório. Ambos, então, seguem a escala de deduções — ou se adiantaram no ciclo — para interpretar os dados: o ministro elogiando o setor por explorar suas vantagens naturais para alcançar o segundo lugar no mundo; o representante do setor se mostrando surpreso de ter obtido êxito apesar dos obstáculos presentes. A partir dessa interpretação, ambos chegaram as suas conclusões. O ministro concluiu que os floricultores eram preguiçosos — que estavam dormindo sobre os seus louros. O líder empresarial conclui, por outro lado, que o país não estava oferecendo uma plataforma adequada para o sucesso em seu setor. O último degrau da escada — ou adiante no ciclo — é o terreno das crenças. O ministro acreditava agora que, se os floricultores não inovassem, iriam desaparecer em cinco anos. Os líderes do setor criam que, se o governo não ajudasse, eles perderiam o mercado norte-americano. Por ironia, os dois lados concordaram em um ponto: que o setor estava em perigo. Contudo, não havia acordo sobre o que precisava ser feito.

Isso é lamentável — e desnecessário. Enquanto dois indivíduos continuarem discutindo com base em crenças e suposições, não há esperança de reconciliação, muito menos de cooperação. Para desenvolver interações produtivas, é vital para os indivíduos descerem a escada das deduções e olharem outra vez para os dados disponíveis. Ou seja, reformular o problema e estar aberto a novos dados e a novas interpretações dos dados preexistentes. Enquanto o debate se der no topo da escada de deduções, a única certeza é de que as pessoas ficarão na defensiva. Interrompe-se a aprendizagem. Os problemas não se resolvem. As pessoas ficam frustradas. A situação permanece na mesma. As pressões competitivas não vão arrefecer; ao invés, continuarão aumentando enquanto não forem tomadas providências decisivas.

A Qualidade das Conclusões

Argyris termina sua definição de raciocínio defensivo com a afirmação de que as partes envolvidas "tiram *conclusões* que acreditam terem testado com cuidado, embora não o tenham, pois o modo como foram formuladas torna essas conclusões impossíveis de testar". A qualidade das conclusões tiradas por um indivíduo em dada interação é, em grande parte, limitada pela qualidade dos referenciais aplicados àquela interação. Esses referenciais vão filtrar os dados de forma específica e dará oportunidade de extrair conclusões falsas. A qualidade das conclusões que cada lado tira é limitada pela qualidade do método de inferência que leva às conclusões, e também pelo quão abertas estão as pessoas a repensar ou reformular suas premissas originais. Ou, para usar a nomenclatura de Argyris, a se envolverem em um "aprendizado de duas voltas". Quando tanto os referenciais quanto o método de inferência estão distorcidos, não há esperança de se chegar a conclusões válidas e relevantes, nem de se chegar a escolhas bem fundamentadas, ou uma atuação oportuna, resultando decisões complexas.

As histórias dos países em desenvolvimento estão repletas de guinadas caóticas na conduta governamental: entre um enfoque no crescimento econômico e um enfoque na igualdade social, entre a liderança do setor privado e um modelo de capitalismo de estado, entre uma inserção na economia mundial e um isolamento quase total. Múltiplas guinadas chegaram a ocorrer durante um mesmo governo; por exemplo, o de Alan García, no Peru, no final da década de 80.

Uma forma de explicar um comportamento tão caótico consiste em examinar os marcos de referência do país na ocasião, e sua capacidade de aprender e tomar decisões complexas. A época de Alan García pode ser vista como uma obra-prima de aprendizado de um só ciclo com reações intensas, culminando em políticas que, na sua essência, fecharam as portas do Peru para o restante do mundo: proibição de depósitos em moeda estrangeira, nacionalização de muitas instituições, imposição de restrições à importação de 539 itens, criação de 56 alíquotas de tarifas aduaneiras e 14 taxas de câmbio diferenciadas, restrição a repatriação de capital, limitação do serviço da dívida, e permitir que 226 empresas estatais dominassem a economia. Só nos resta imaginar as respostas às seguintes perguntas:

- Que tipo de inferência a administração fazia para chegar à crença de que essas políticas e suas freqüentes guinadas estivessem corretas?
- Como García poderia ter evitado as atitudes defensivas surgidas entre o Peru e a comunidade financeira internacional, e entre o seu governo e o setor privado?
- E, por fim, será que esses resultados poderiam ter sido previstos por alguém que dispusesse dos instrumentos para examinar os referenciais, para julgar a qualidade da inferência em curso, e para entender o quão defensivas as atitudes estavam prestes a se tornar?

Resumo

Superar o comportamento defensivo é crucial para o sucesso de todas as empresas, não apenas no mundo em desenvolvimento. Para aproveitar as oportunidades identificadas nos capítulos anteriores, os líderes governamentais e empresariais terão que desenvolver fontes de vantagem mais sofisticadas. Já passou o tempo em que a mão-de-obra barata e o acesso a matérias-primas — vantagens óbvias e acessíveis — proporcionavam sucesso sustentável. Já passou o tempo em que valia a pena debater publicamente a respeito de como distribuir recursos limitados. O desafio do século XXI será trabalhar em conjunto para criar fontes sustentáveis de crescimento, de forma a não degradar o meio ambiente nem explorar seres humanos. Isso não pode ser feito em ambientes nos quais reina a atitude defensiva. As atuais fontes de vantagem competitiva são mais sutis do que as de outrora. Baseiam-se em relações humanas, em raciocínio produtivo, em conhecimento e criação, em confiança, em cooperação. Essas são algumas das fontes ocultas de vantagem que as nações precisam aprender a desenvolver.

CAPÍTULO SETE

Evite o Paternalismo

No passado, o governo estava presente para nos proteger do resto do mundo. Proporcionava emprego; preocupava-se conosco. Hoje, a pergunta que nos cabe é: Por que isso tem que mudar?
— *Produtor boliviano de soja em grãos.*

Como não somos psicólogos nem antropólogos, para nós é um desafio escrever sobre o paternalismo, com todas as suas nuanças, suas interconexões com outros temas explorados neste livro, sem mencionar suas raízes historicamente profundas na cultura de muitas das nações em desenvolvimento. Ainda assim, o paternalismo constitui um padrão fundamental que precisa ser examinado; é o elefante de 5 toneladas, plantado no meio da sala, que ninguém quer mencionar. Nossa experiência nos levou a definir paternalismo *como o sistema que resulta quando um grupo passa para outro a responsabilidade pelo seu próprio bem-estar, pelo seu futuro, transferindo de fato àquele outro grupo o poder de tomar decisões complexas que ele mesmo deveria tomar.*[1]

Poderíamos examinar diversos tipos de paternalismo. O paternalismo entre governos começaria pela observação do colonialismo e de seu análogo comunista, o recém-extinto grupo de comércio entre as nações do Leste Europeu — o Comecon. O paternalismo entre empresas trataria do caso das relações societárias com as subsidiárias, principalmente as localizadas no exterior, e, em especial, nos países em desenvolvimento. Optamos por enfocar o paternalismo entre o governo e o setor privado, por ter sido o que mais observamos e vivenciamos, e por ser a área em que se faz sentir a maior tensão à medida que os líderes começam a abraçar a economia aberta e a concorrência ao invés de proteger suas indústrias.

O Governo e o Setor Privado

Nos países em desenvolvimento, encontramos três micropadrões de comportamento paternalista:

1. desvalorização da moeda vista como fonte de vantagem competitiva;
2. o governo como "estrategista-mor da economia";
3. protecionismo.

Esses micropadrões de comportamento resultaram em um falso senso de competitividade através da política de câmbio; a expulsão do setor privado de áreas-chave da economia, tanto em termos financeiros quanto intelectuais, pela intervenção do estado em empresas e indústrias; e, por fim, pouca inovação por parte do setor privado por conta da falta de pressão competitiva. O setor privado tem grandes chances de romper com esses padrões, e desenvolver as habilidades necessárias para concorrer sem a mão pesada do estado, mas como primeiro passo é preciso entender os efeitos do paternalismo.

Desvalorização no Setor Colombiano de Flores
Desvalorizar a moeda é como fumar maconha.

Por todo este livro, o setor colombiano de flores foi exibido como uma história cuja moral é a da competitividade. No setor, vê-se de tudo o que pode haver de certo e de errado. Seu maior risco em competitividade é clássico: ele não está necessariamente correndo o risco de fazer o que é errado; o perigo é demorar demais fazendo o que é certo. O motivo exato é o setor ter obtido tanto sucesso: penetração das exportações, parcela de mercado, aumento no emprego, para não falar das margens de 40% obtidas pelos grandes exportadores de rosas em meados da década de 80.

Desde o início, as fontes básicas de vantagem dos floricultores eram os recursos naturais: sol, mão-de-obra barata e proximidade do maior mercado de flores do mundo, os Estados Unidos. Gozavam de outras vantagens além dessas, entre as quais terem sido os pioneiros, no mundo em desenvolvimento, na competição pelo lucrativo mercado norte-americano.

Outra "vantagem" dos floricultores era a moeda extremamente desvalorizada. Qualquer governo pode proporcionar moeda barata a seus exportadores, mas há duas coisas erradas com essa medida. Em primeiro lugar, como qualquer governo é capaz de tomá-la, constitui uma vantagem fácil de imitar, não sendo na verdade nem estratégica nem sustentável. Por exemplo, a Figura 7-1 mostra que a apreciação do florim destruiu a vantagem dos holandeses no mercado norte-americano de crisântemos, abrindo caminho para os colombianos assumirem o controle. Mas em que medida aquele segmento de mercado era realmente atraente e sustentável, se quem ganhava e quem perdia podia ser decidido de maneira tão brusca pela taxa de câmbio?

Se os equatorianos, abençoados com as mesmas vantagens naturais e mão-de-obra ainda mais barata, decidissem desvalorizar sua moeda para competir com os colombianos, eles poderiam fazê-lo por decreto governamental, da noite para o dia. Isso, então, iniciaria um círculo vicioso de concorrência de preços, com conseqüências terríveis: tanto o Equador quanto a Colômbia estariam exportando suas riquezas para países ainda mais ricos. Quer dizer, os compradores nos Estados Unidos, por exemplo, poderiam comprar flores andinas a preços baixíssimos, capturando a riqueza desses países em troca de pouco ou nada. O círculo vicioso continuaria porque o cacife para entrar naquele jogo é muito baixo: um terceiro governo de um país em desenvolvimento, desejoso de promover sua indústria, também pode desvalorizar sua moeda. O resultado? O novo participante do mercado acrescentaria ainda mais pressão sobre os preços — a longo prazo, uma idéia fadada ao fracasso.

Figura 7-1. As taxas de câmbio do florim holandês (em relação ao dólar norte-americano) e as exportações holandesas de crisântemos para os Estados Unidos, 1980-1992.

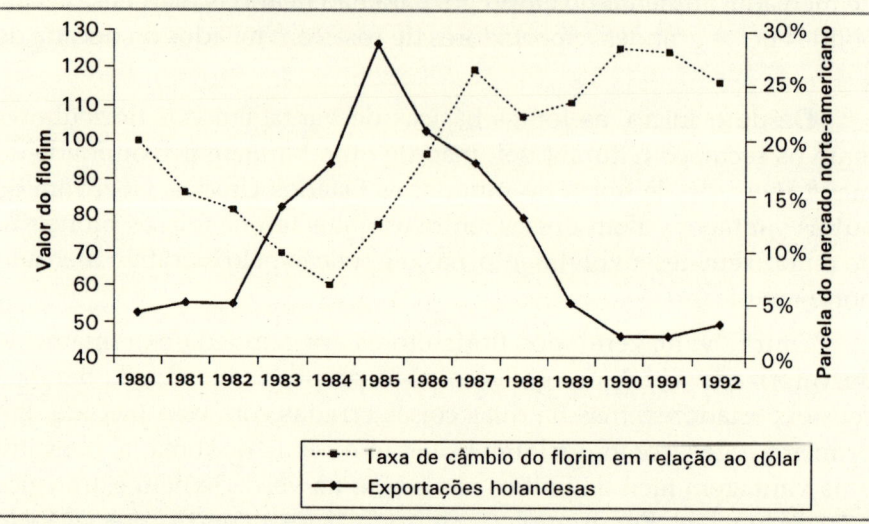

Fontes: Departamento do Comércio dos EUA e Departamento da Agricultura dos EUA.

O segundo erro da concorrência baseada em moeda desvalorizada é que ela reduz a iniciativa de inovar — tanto o incentivo, quanto, na realidade, os recursos a serem investidos na inovação. Para deixar esse ponto o mais claro possível, apresentamos o silogismo a seguir.[2]

1. A concorrência estimula a inovação.

2. Moeda desvalorizada reduz a pressão da competição sobre os setores exportadores.

3. Logo, moeda desvalorizada reduz a inovação.

Observamos que as empresas, os setores e as nações que competem com base em moeda desvalorizada têm uma tendência a investir pouco no desenvolvimento dos seus recursos humanos. Infelizmente, o investimento em recursos humanos é o único com o potencial de oferecer retornos infinitos, através do aumento da produtividade. Deixar de investir nos recursos humanos de uma nação faz parte do primeiro padrão de inibidores da competitividade discutido no Capítulo Um — excesso de dependência dos fatores básicos de vantagem.

Talvez o problema tenha sido colocado da melhor maneira possível por um funcionário de alto escalão do governo colombiano, proprietário de um conglomerado de sucesso, um homem encarquilhado por tantas lutas políticas. "Desvalorizar a moeda é como fumar maconha", disse. "Não se faz nada e fica-se feliz."

Uma História de Estatismo no Peru
O governo como "estrategista-mor da economia".

Entre 1968 e 1990, três temas comuns definiram os objetivos nacionais do Peru, todos eles destrutivos para a economia. O primeiro foi o *estímulo à produção doméstica* para promover o crescimento econômico, tanto através da substituição das importações quanto da escolha arbitrária de ganhadores e perdedores, isto é, cabendo ao governo escolher que setores apoiar por meio de subsídios.

O segundo tema foi o *isolamento da economia doméstica*, tanto quanto possível, das pressões externas, o que incluía proteger o Peru da pressão das importações, do investimento e controle estrangeiros, e da flutuação mundial de preços dos produtos primários produzidos pelo país.

O terceiro tema foi a *gestão da atividade econômica* no sentido de alcançar resultados específicos no mercado. Em termos menos palatáveis: o governo agiu como "estrategista-mor da economia". Isso quer dizer que o governo aumentou a regulação, tornou-se o principal alocador dos recursos econômicos e um proprietário dos meios de produção.

Vamos nos concentrar, aqui, nesse terceiro tema, o da substituição da dinâmica do mercado pela gestão econômica governamental, um tipo de paternalismo cuja história recente é dramática.

Em 1968, o presidente Velasco observou a predominância de empresas não peruanas na economia do país: mais de 300 empresas pertenciam a acionistas norte-americanos, o investimento direto estrangeiro passava de US$1,2 bilhão, e muito da mais moderna infra-estrutura, tais como estradas e pontes, havia sido criado e controlado por investidores norte-americanos ou pela elite peruana. Como o governo militar de

Velasco tinha em mira a redistribuição da riqueza do país, ele pôs fim ao histórico controle estrangeiro da economia e deu início ao que seria uma longa trajetória de proteção da economia doméstica contra os interesses estrangeiros. O objetivo articulado na ocasião era substituir o sistema econômico por uma "nova combinação" de setor privado com responsabilidade social e de setor público "expandido".

Entre 1975 e 1983, houve um período de vacilação em que a liderança levou o país de volta a uma estratégia mais dirigida para o crescimento. Em 1985, contudo, o presidente Alan García notou que o cidadão médio havia sofrido uma perda de riqueza de 13% nos dois anos anteriores, que a utilização da capacidade industrial estava em meros 55%, que a inflação havia acelerado para 200% ao ano (no início de 1985), que o desemprego aumentara para mais de 50%, e que a pressão do serviço da dívida pública era enorme, exigindo mais de US$2 bilhões. García tentou reativar a economia promovendo a produção doméstica e políticas de substituição das importações, obtendo concessões de pagamento por parte dos credores internacionais, e posicionando o estado como proprietário dos meios de produção. Basicamente, García havia passado a declarar de maneira categórica o controle do governo como estrategista-mor da economia.

Como pode ser visto no Quadro 7-1, todo o portfólio de instrumentos empregado pelo governo visava a desvincular o país do resto do mundo, de três maneiras básicas: (1) discriminando o investimento estrangeiro; (2) onerando o comércio através de restrições às importações, taxas de câmbio múltiplas e subsídios; e (3) promulgando legislação para estabelecer monopólios e para criar mais de 200 empresas estatais que geravam um quinto da riqueza do país.

Em 1990, o presidente Fujimori subiu ao poder em uma virada eleitoral no Peru: não sendo político profissional e sim um acadêmico, e de etnia japonesa, tinha a força moral do sangue novo na política. Assumiu a liderança de um país que estivera economicamente desligado do mundo por algum tempo e sofria as investidas internas do movimento guerrilheiro *Sendero Luminoso*. Pelos padrões internacionais, a nação parecia um caso perdido em termos políticos. O presidente Fujimori tomou medidas decisivas, muitas vezes controversas, para restaurar a ordem política e social, sistematicamente capturando a liderança e partidários do *Sendero Luminoso* e suspendendo o Legislativo

Quadro 7-1. Herança competitiva da política governamental peruana (governo García), 1985-1990.

Instrumentos de política	Áreas de política					
	Monetária	Fiscal	Comercial	De investimento direto estrangeiro	De renda	Setorial
Legais	• Proibição de depósitos de poupança em moeda estrangeira • Alocação de capital através de rede de bancos de desenvolvimento	• 170 diferentes tributos federais e locais	• 539 itens sujeitos a restrições à importação • Inúmeras exigências de certificados, autorizações e outros controles do comércio	• Nacionalização de ativos pertencentes a estrangeiros • Discriminação contra investimentos estrangeiros estabelecida em lei	• Garantia do emprego com políticas de contratação restritivas • Regulamentação da participação dos empregados nos lucros das empresas	• Estruturas industriais concentradas sob as bênçãos da lei. • Legislação sobre monopólios estatais
Administrativos	• Baixas taxas de juros para estimular os investimentos • Emissão de moeda para financiar o déficit, não para gerir o crescimento	• Estrutura tributária complexa e fiscalização fraca geram receitas de 4,5% do PIB em 1990	• 14 taxas de câmbio gerais, centenas de específicas • 56 alíquotas de tarifas aduaneiras, de 15% a 108%	• Restrição à repatriação de lucros	• Controles diretos sobre os preços • Subsídios ao consumo de produtos básicos • Restrições à demissão de empregados	• Regulamentações comerciais para gerir nos mínimos detalhes a competição e a evolução dos setores
Diretos de mercado	• Tentativa de nacionalização do sistema bancário • Uso do Banco Central como fonte de empréstimos industriais	• Escassez de recursos para saúde, educação e infra-estrutura	• Subsídios diretos da CERTEX para exportações selecionadas • Exigência de reserva de frete	• Desencorajamento de parcerias com empresas estrangeiras • Limitação formal do pagamento da dívida externa a 10% das exportações	• Papel de empregador de última instância assumido pelo governo	• 226 empresas estatais gerando 20% do PIB em 1990, em setores como petróleo, transportes, minerais, telecomunicações e outros

Fontes: Padrão de James Austin, *Managing in Developing Countries* (New York: Free Press, 1990); Banco Mundial, *Peru at the Crossroads* (Relatório nº 11943-PE, 1994); Banco Mundial, *Peru Establishing a Competitive Market Environment* (Relatório nº 11446-PE, 1993); análise da Monitor.

e o Judiciário para livrá-los do que ele chamava de líderes "corruptos e incompetentes". Em termos econômicos, o presidente Fujimori abriu a economia e começou a desmontar um estado grande e ineficiente, acostumado à corrupção e ao paternalismo, para criar um governo mais transparente e eficiente, e para remover o que considerava um dos maiores obstáculos do crescimento econômico — a longa história de paternalismo do Peru.³

Protecionismo no Setor Boliviano da Soja
Este país é governado por apenas 100 filhos-da-puta.
Eu que o diga — são todos grandes amigos meus.

Voltemos agora à história da indústria boliviana da soja, contada nos capítulos anteriores. Recapitulando: a produção boliviana de soja decolou durante as duas últimas décadas; com uma taxa anual composta de crescimento de 27% desde 1973, ela deveria ser, por direito, uma das histórias de maior sucesso do país. Na década de 70, as políticas estatizantes do presidente Banzer deram início à produção da soja, e em 1986 ela recebeu do Banco Mundial apoio financeiro para o desenvolvimento agrícola. A soja goza de elevada proteção no âmbito do Pacto Andino, que por si só proporciona à Bolívia, em relação ao Brasil, uma vantagem de US$37 por tonelada métrica no lucrativo mercado colombiano, e lhe permite terminar com uma vantagem de custos de US$6 em relação aos brasileiros.

A história aqui é simples: o ambiente competitivo para a produção de soja em grãos na Bolívia nunca progrediu, especificamente por causa da proteção comercial proporcionada pela Bolívia e pelos demais governos andinos. Além do mais, as políticas das instituições multilaterais permitiram a estagnação por apoiarem o enfoque na soja como substituto a longo prazo para a produção de estanho, cujas exportações vinham declinando.⁴

Em 1974, o ambiente da soja boliviana caracterizava-se pelo apoio irrestrito de Banzer, excelentes condições de cultura, baixos salários, uma oferta adequada de mão-de-obra barata, e altos custos de transporte resultantes da falta de estradas, inexistência de infra-estrutura portuária e deficiência da malha ferroviária (inclusive pelo fato de que todos os vagões eram apropriados para o transporte de minérios apenas). Não havia praticamente investimento algum na pesquisa agrícola, o capital para os pequenos agricultores era limitado, os insumos agroquímicos, escassos e proibitivamente dispendiosos, e a demanda interna de soja, zero.

Em 1995, nada havia mudado. Um investidor brasileiro comentou que o motivo número um para se investir em soja na Bolívia ainda era a "terra tão barata", ao invés de outras vantagens mais sustentáveis. Os pequenos agricultores ainda não podiam dar a terra em garantia de empréstimos; todos os demais países da região despendiam de dois a oito vezes mais, como percentagem do PIB, que a Bolívia em pesquisa e desenvolvimento. A demanda local jamais aumentou, e a estratégia do setor da soja era simplesmente permanecer como produtor de baixo custo e com apenas quatro dentre centenas de produtos de soja que eles podiam potencialmente produzir.

De mais a mais, os bolivianos contavam com uma proteção de preços artificial, que lhes possibilitava vender no mercado andino qualquer quantidade de soja que produzissem. Assim, a *quantidade* se tornou a medida do sucesso dos produtores de soja. Juntos, os produtores e o governo criaram um sistema implícito de pensar, organizar e fazer opções que atingia com perfeição o que eles desejavam que o sistema atingisse. O falso senso de segurança resultante, contudo, impediu que o setor investisse nas melhorias contínuas necessárias para a sua sobrevivência em um ambiente competitivo.

A indústria boliviana de soja ilustra fatos importantes sobre o paternalismo. Em primeiro lugar, a proteção governamental não constitui uma vantagem sustentável porque pode ser ameaçada por novas administrações com idéias diferentes, pode tornar-se obsoleta por acordos bilaterais ou, no caso da soja, pode ficar à mercê de acordos multilaterais como o Mercosul (o Mercosul se sobreporia aos benefícios agora recebidos pela Bolívia como membro do Pacto Andino). Em segundo lugar, o enfoque em estratégias que vivam em função da proteção desvia a atenção dos administradores de empresas da tarefa sutil de criar e acumular vantagens verdadeiramente sustentáveis.

PATERNALISMO: DOIS NÍVEIS DE IMPACTO

Em todos os três países que acabamos de examinar — Colômbia, Peru e Bolívia — os ambientes paternalistas apresentavam dois níveis distintos de impacto. O primeiro correspondia à maneira pela qual as empresas optavam por concorrer; o paternalismo de fato inibia as empresas de tirar proveito das oportunidades descritas nos capítulos anteriores. O segundo nível de impacto dizia respeito à estrutura geral das economias; as políticas do governo inadvertidamente provocaram vários efeitos colaterais indesejáveis, inclusive a desaceleração do crescimento econômico e o aumento da concentração de riqueza nas mãos de indivíduos com acesso a autoridades governamentais.

Impacto na Competitividade e na Estratégia

Como o paternalismo limita as pressões competitivas, nem o governo nem as empresas têm muito incentivo para fazer investimentos de peso na melhoria do seu ambiente competitivo (infra-estrutura, recursos humanos, cooperação entre empresas, etc.). Esse ambiente também restringe as opções estratégicas à disposição das empresas. Nesse tipo de ambiente as companhias quase não têm chance de crescimento sustentável. O paternalismo, praticado através de distorções de mercado impostas pelo governo, é capaz de limitar a capacidade das empresas de tirar proveito de oportunidades, tais como ultrapassar a dependência excessiva de vantagens ligadas a fatores de produção, escolher melhores segmentos de mercado onde competir, alcançar um novo entendimento a respeito do posicionamento relativo, criar maior cooperação entre empresas e superar a atitude defensiva.

Ultrapassando a Dependência das Vantagens de Fator

Nos países em desenvolvimento, em geral resguardados das pressões competitivas por moedas desvalorizadas ou proteção tarifária, o quadro de fatores de produção não exibe uma tendência à especialização e ao aperfeiçoamento. Por exemplo, na década de 80 os salários no Peru caíram 65% em termos reais. Isso fez da mão-de-obra um substituto muito atraente para os investimentos em maquinaria, já que não se premiava a produtividade. Daí resultou uma queda de 43% nos investimentos em maquinaria durante o mesmo período. E, como já mostrado no caso da soja boliviana, as vantagens básicas de solo fértil e mão-de-obra barata nunca evoluíram, enquanto vantagens avançadas ou específicas em transporte ou treinamento de pessoal jamais se tornaram um objetivo.

Retirar as restrições do paternalismo não significa remover a influência do governo no domínio econômico — o governo terá um papel crucial a desempenhar, ajudando a criar um ambiente onde seja mais fácil competir em setores mais complexos. Isso vai exigir investimentos em infra-estrutura básica, educação e treinamento, e estreita colaboração com a indústria, permitindo que as empresas somem vantagens competitivas únicas e sustentáveis além das vantagens comparativas que já possuem em abundância.

Escolhendo Melhores Segmentos Onde Competir

Em ambientes onde o governo toma a maioria das decisões econômicas, praticamente não há aprendizado de mercado. Quando a base da competitividade consiste nas condições de fatores e na administração do câmbio, por que perder tempo tentando entender os segmentos de mercado? Como disse um exportador de flores na Colômbia: "Atendemos a um segmento, que é o sensível a preços." E, mais uma vez, na soja boliviana, o aprendizado de mercado poderia ajudar os produtores a concorrer em dezenas de segmentos mais atraentes do que os quatro básicos nos quais hoje se concentram.

À medida que o paternalismo recua, as empresas precisam investir pesadamente na determinação de onde têm condições de competir sem a ajuda governamental — e a velocidade das mudanças em muitos países exige que já o tenham feito. Trata-se de uma oportunidade fantástica para as empresas reinventarem a maneira de fazer negócios em seus países, e para reformularem suas estratégias à luz das rápidas mudanças que estão ocorrendo na estrutura da economia global.

Obtendo uma Nova Compreensão do Posicionamento Relativo

Os líderes da indústria boliviana da soja enfrentam uma questão clássica de posição relativa: a fonte da sua vantagem competitiva é a proteção proporcionada pelo Pacto Andino, que lhes permite competir contra os brasileiros no amplo mercado colombiano. Quando essa proteção terminar, a posição relativa da Bolívia vai declinar dentro de uma estrutura industrial em deterioração. Em outras palavras, o pacto comercial entre os cinco governos andinos está modelando e protegendo de maneira artificial a estrutura industrial na qual os bolivianos exportam; ele suprime a rivalidade, afastando a ameaça de novos participantes e, em menor medida, a ameaça de substitutos.

Na indústria colombiana de flores, o faturamento continuou a crescer mesmo quando as margens de lucro encolheram em virtude da desvalorização da moeda, praticamente da noite para o dia, pelo governo do presidente Gaviria. Outros motivos para as margens de lucros colombianas continuarem a encolher, como já vimos, foram a omissão em realizar o necessário aperfeiçoamento logístico para competir com os holandeses, e as pressões de preço oriundas das vantagens de outros países no que se refere a baixo custo de transporte (como no México) e de mão-de-obra (como no Equador).

Alcançando uma melhor compreensão a respeito da posição relativa, as empresas terão duas oportunidades distintas: dados mais precisos e confiáveis para melhor fundamentar o debate entre governo e setor privado sobre importantes decisões de política na agenda da indústria, e uma melhor compreensão sobre onde faz sentido investir ou aonde expandir seus negócios.

Gerando Cooperação Entre Empresas

Segue um exemplo comum de como o paternalismo sufoca a espécie de cooperação entre empresas que é necessária para criar exportações competitivas. Tanto na Bolívia quanto no Peru, os exportadores estatais de matérias-primas e de metais absorveram fornecedores vitais para mitigar as interrupções da oferta. Esse tipo de estratégia em geral desvia a atenção dos administradores de empresas de um pensamento estratégico de ordem superior. Além disso, esse tipo de concentração de riqueza dirigida pelo governo em alguns segmentos exportadores limita a difusão de riqueza necessária ao desenvolvimento de setores correlatos e de apoio. Por exemplo, no caso da soja boliviana, os produtores não dispunham de capital extra para investir no aprendizado sobre embalagem e comercialização — ou para investir em fornecedores que aprendessem por eles. Talvez isso tenha impedido a Bolívia de migrar para segmentos mais atraentes da produção de soja. Descobrimos no mínimo 110 produtos derivados da soja; dando maior atenção ao desenvolvimento de indústrias correlatas, a Bolívia poderia se reposicionar mais adiante ao longo da cadeia de produção, onde estão setores com maior diversificação e estruturas mais atraentes.

Superando a Atitude Defensiva

Na história da indústria boliviana da soja, é irônico que os produtores sejam tão antagônicos em relação ao governo, responsável pela proteção tarifária que os sustenta. Como ilustrado na Figura 7-2, tanto a indústria de soja quanto o governo se enredam em ciclos conflitantes de inferência — cada um interpretando de maneira seletiva os dados disponíveis para fundamentar seus pontos de vista. Disso resulta tensão crescente e possibilidade decrescente de se chegar a uma solução mutuamente benéfica para os desafios estratégicos do setor.

A figura sugere que o paternalismo e a atitude defensiva podem ser vistos como duas faces de uma mesma moeda; onde existe uma, a outra está presente. Para progredir, os líderes governamentais e empresariais devem contar uns com os outros para estabelecer discussões mais produtivas sobre questões estratégicas cruciais. Isso será particularmente importante para que os padrões históricos de paternalismo sejam deixados para trás.

Impacto na Geração de Riqueza e na Competitividade

O paternalismo, acaba com a competição, em especial nas formas discutidas neste capítulo — desvalorização da moeda, governo que se

Figura 7-2. As raízes do raciocínio defensivo: o ciclo de inferência da indústria boliviana da soja.

Setor público

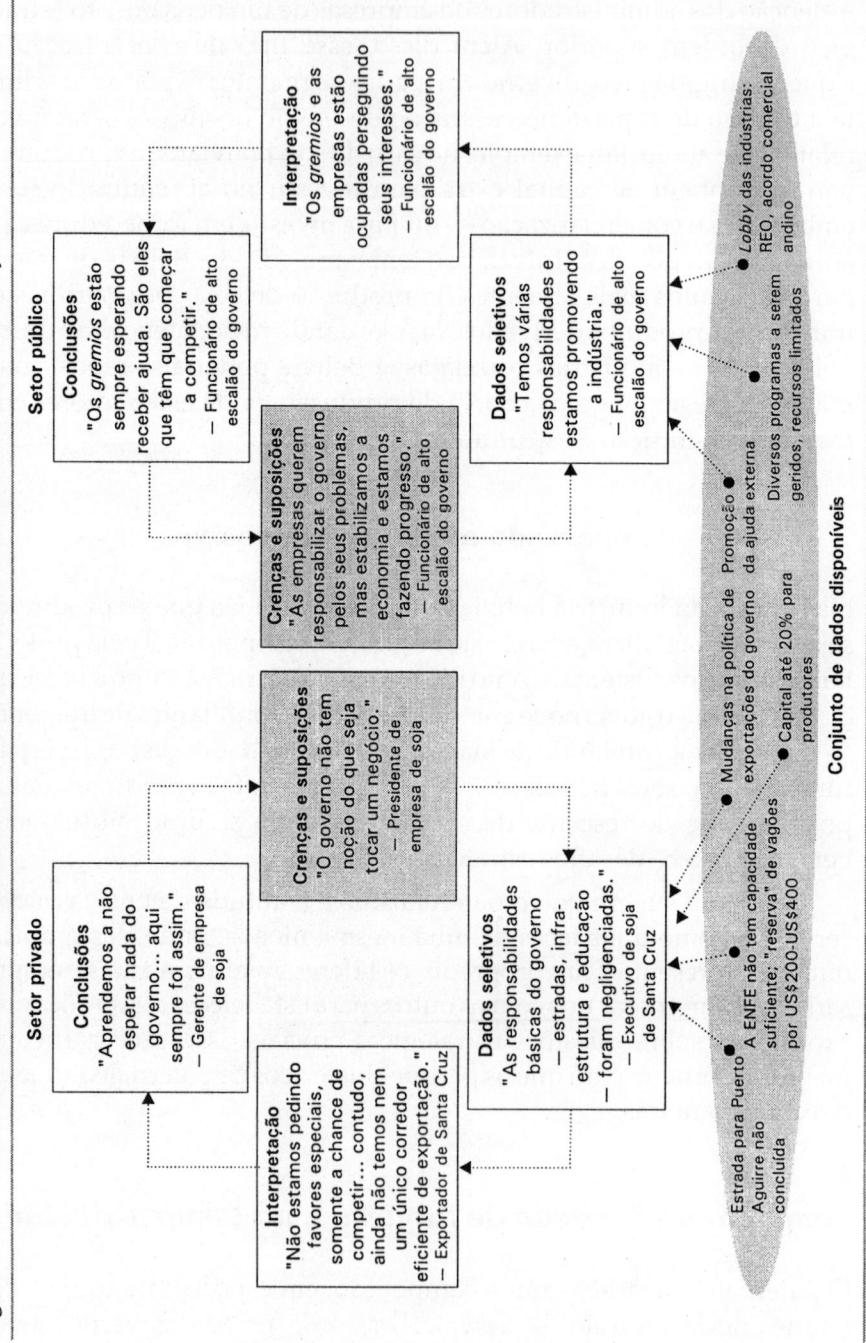

Conclusões
"Os *gremios* estão sempre esperando receber ajuda. São eles que têm que começar a competir."
— Funcionário de alto escalão do governo

Interpretação
"Os *gremios* e as empresas estão ocupadas perseguindo seus interesses."
— Funcionário de alto escalão do governo

Crenças e suposições
"As empresas querem responsabilizar o governo pelos seus problemas, mas estabilizamos a economia e estamos fazendo progresso."
— Funcionário de alto escalão do governo

Dados seletivos
"Temos várias responsabilidades e estamos promovendo a indústria."
— Funcionário de alto escalão do governo

Setor privado

Conclusões
"Aprendemos a não esperar nada do governo... aqui sempre foi assim."
— Gerente de empresa de soja

Interpretação
"Não estamos pedindo favores especiais, somente a chance de competir... contudo, ainda não temos nem um único corredor eficiente de exportação."
— Exportador de Santa Cruz

Crenças e suposições
"O governo não tem noção do que seja tocar um negócio."
— Presidente de empresa de soja

Dados seletivos
"As responsabilidades básicas do governo — estradas, infra-estrutura e educação — foram negligenciadas."
— Executivo de soja de Santa Cruz

Conjunto de dados disponíveis

- *Lobby* das indústrias: REO, acordo comercial andino
- Diversos programas a serem geridos, recursos limitados
- Promoção da ajuda externa
- Mudanças na política de exportações do governo
- Capital até 20% para produtores
- A ENFE não tem capacidade suficiente: "reserva" de vagões por US$200-US$400
- Estrada para Puerto Aguirre não concluída

Capítulo Sete: Evite o Paternalismo

Figura 7-3. Mantendo o *status quo* e a perda de competitividade.

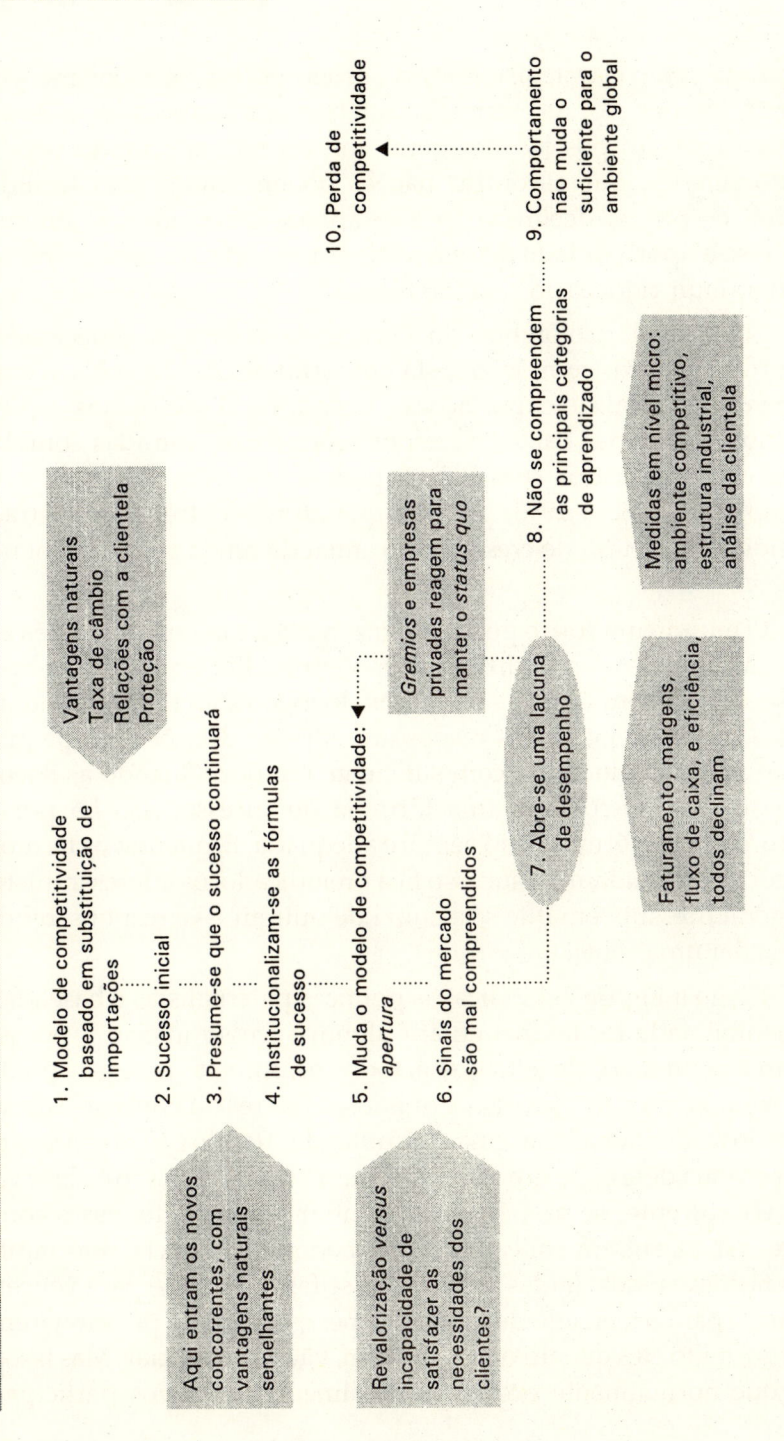

1. Modelo de competitividade baseado em substituição de importações
2. Sucesso inicial
3. Presume-se que o sucesso continuará
4. Institucionalizam-se as fórmulas de sucesso
5. Muda o modelo de competitividade: *apertura*
6. Sinais do mercado são mal compreendidos
7. Abre-se uma lacuna de desempenho
8. Não se compreendem as principais categorias de aprendizado
9. Comportamento não muda o suficiente para o ambiente global
10. Perda de competitividade

Vantagens naturais
Taxa de câmbio
Relações com a clientela
Proteção

Aqui entram os novos concorrentes, com vantagens naturais semelhantes

Revalorização *versus* incapacidade de satisfazer as necessidades dos clientes?

Gremios e empresas privadas reagem para manter o *status quo*

Faturamento, margens, fluxo de caixa, e eficiência, todos declinam

Medidas em nível micro: ambiente competitivo, estrutura industrial, análise da clientela

As opções são investir em inovação ou tentar voltar ao *status quo*.

comporta como estrategista-mor da economia e protecionismo —, esmaga a competição. As empresas com menor número de opções estratégicas à sua disposição em geral concorrem exportando produtos muito simples, que as outras nações podem imitar com facilidade. Assim, os preços declinam, cria-se apenas uma riqueza limitada e perde-se a oportunidade de reinvestir em exportações mais complexas e redistribuir riqueza ao cidadão médio.

No caso da Colômbia, do Peru e da Bolívia, a capacidade de exportar produtos complexos está em torno de 5%, 2% e 2%, respectivamente, do total de exportações.[5] Conforme já vimos nos capítulos anteriores, volumes baixos de exportações manufaturadas complexas estão correlacionados com baixos padrões de vida. Na Bolívia, por exemplo, de 1982 a 1993, período que atravessa três administrações presidenciais, a taxa de crescimento anual da renda *per capita* foi negativa.

O mundo mudou: o poder da informática e as comunicações estão se barateando, e o aprendizado, como afirma Bill Gates, da Microsoft, passou a ser "sem atrito"[6]. As regras do jogo estão mesmo mudando. Mas o modo de jogar dos responsáveis pelas decisões em pequenos países não está mudando com suficiente rapidez. Quando as nações e as indústrias descobrem uma fórmula de sucesso, não há por que presumir que a fórmula será sempre adequada. E, quando os termos da concorrência mudam e o sucesso fica prejudicado, os líderes industriais em geral pressupõem que seja culpa de outrem — é responsabilidade alheia dar uma solução.

Como a Figura 7-3 indica, as políticas paternalistas e baseadas na disponibilidade de fatores geram algum sucesso inicial, e porque a natureza humana é do jeito que é, todos presumem que essas políticas vão continuar a gerar sucesso. Por isso, os líderes do governo e do setor privado institucionalizam essas fórmulas de sucesso e se preparam para lutar em sua defesa. Se um setor dá algum lucro, esse lucro é observado, e os concorrentes se preparam para entrar no mercado. Esses concorrentes talvez entrem em campo com menos experiência, mas também com noções menos rígidas sobre o que se faz necessário para vencer. Se olharem para o mercado de uma nova perspectiva e se posicionarem de acordo, tanto eles quanto o setor, no fim, vão se beneficiar. Mas isso não é o que normalmente ocorre. Normalmente, os novos participantes fazem sua escolha de dados da mesma maneira que os predecessores, e vão culpar o governo, o Banco Mundial ou a ordem econômica internacional pelos efeitos não triviais que o paternalismo tem sobre as suas empresas. Vão terminar fazendo *lobby* para o governo tomar as medidas que sempre tem tomado ou ajudá-los a "nivelar o campo" da competição.

E assim o círculo vicioso continua. O governo resiste e luta porque sofre pressão considerável por parte dos órgãos internacionais multilaterais de financiamento. Ou luta porque o sopro do pensamento neoliberal que varreu as instituições multilaterais, privilegiando a idéia de governos limitados e setores empresariais livres de restrições, realmente o convenceu de que as regras do jogo mudaram.

Resumo

Duas opções: leve o ministro para almoçar ou reformule o setor.

No Peru, fizemos certa vez uma apresentação a várias centenas de líderes empresariais e governamentais, em um grande salão todo às escuras, exceto pela iluminação do palco elevado de onde falávamos. Depois de relacionar algumas análises preliminares sobre o desempenho das exportações do país, alguns resultados de pesquisas sobre os padrões de tomada de decisão, e algumas hipóteses relativas ao futuro do país, afirmamos que o empresariado na platéia tinha duas opções diante de si. A primeira era simplesmente levar para almoçar amanhã qualquer ministro do governo que mostrasse interesse no seu setor.

"Vocês conhecem o ministro", dissemos. "Nos fins de semana podem cumprimentá-lo no clube, do outro lado da quadra de tênis ou no campo de golfe. Podem levar o ministro para almoçar e pedir-lhe um favor. *Essa é uma opção.*"

"Mas há outra", continuamos. E perguntamos se alguém na platéia poderia nos dizer qual era. No fundo da sala, um homem levantou a mão com timidez e nos dirigiu a palavra de trás do anonimato do salão às escuras.

"Podemos levar o ministro para jantar." E a audiência riu, em um momento sublime de auto-reconhecimento.

A segunda escolha aberta ao empresariado, por certo, é poder reformular sua perspectiva para não interpretar os acontecimentos de maneira paternalista. Em termos específicos, podem aprender a julgar a atratividade de estruturas setoriais, a trabalhar no desenvolvimento do seu ambiente competitivo para melhorar sua posição relativa dentro dessas estruturas, e a concentrar-se em saber a respeito do comportamento dos concorrentes e das preferências da clientela. Em poucas palavras, podem aprender a reformular a estrutura do setor em que concorrem.

PARTE DOIS

Entendendo as Origens dos Sete Padrões

Os sete padrões letais discutidos na Parte Um decorrem da interação de milhares de variáveis que compõem a vida empresarial nas nações em desenvolvimento — econômicas, políticas, culturais, demográficas.[1] Muito tempo e energia foram gastos e milhares de abordagens tentadas, no empenho de melhorar as condições do mundo em desenvolvimento. As diversas abordagens — das estratégias de mão-de-ferro que condicionam ajuda humanitária a considerações políticas, passando pelas iniciativas comunitárias do início da década de 90, à idéia de "auxílio não, comércio" — tem cada qual o seu próprio mérito e lógica subjacente. De fato, formularam-se centenas de modelos econômicos no decorrer dos anos tentando explicar os desafios do desenvolvimento. Nosso aprendizado nos convenceu de que, entre tantos esforços para alterar as estruturas econômicas nos países do mundo em desenvolvimento, a mensagem microeconômica ainda não foi transmitida com sucesso. A dinâmica fundamental do que é necessário para gerar e sustentar riqueza — a mensagem da economia ao nível da empresa —

não parece ter penetrado na mente dos líderes do mundo em desenvolvimento.

Essa observação dá margem a algumas perguntas: Que lições em nível da empresa deveriam ser primordiais na cabeça daqueles líderes? Por que a mensagem, se e quando transmitida, parece desaparecer tão depressa da imaginação coletiva dessas lideranças? Nós temos várias hipóteses. Em primeiro lugar, talvez a própria mensagem não tenha sido bem transmitida, nem bem entendida. Em segundo, a própria natureza do processo político é capaz de criar um grau de instabilidade institucional e estrutural que torna difícil para as pessoas, independentemente do como pensem que *devem* se comportar, optar por qualquer coisa que não seja a perspectiva a curto prazo e a maximização dos lucros. Finalmente, talvez a mensagem microeconômica tenha sido transmitida mas não internalizada, porque os líderes têm modelos mentais profundamente entranhados a respeito de como se gera e se distribui riqueza.

A segunda parte do livro trata dessas hipóteses em detalhe. O Capítulo Oito focaliza um dos componentes da mensagem microeconômica: estratégia empresarial. Isso é um ponto de partida fundamental: para serem bem-sucedidas em uma era de concorrência total, as empresas precisam ter boas estratégias. Segue-se um capítulo sobre aprendizado em nível da empresa. Além da escolha da estratégia, as empresas precisam melhorar seu investimento na aprendizagem de diversas áreas vitais: clientes, custos e concorrentes. Esta constitui a essência da concorrência em nível da empresa: que opções estratégicas são feitas e o quão bem a empresa é capaz de atuar segundo essas opções, tanto à luz das necessidades da clientela quanto do comportamento dos concorrentes.

O Capítulo Dez retrocede para examinar o contexto dentro do qual as empresas estão aplicando suas estratégias. Enquanto procurávamos entender por que as empresas não tiravam proveito das oportunidades descritas na Parte Um deste livro, percebemos que a herança institucional em muitos países em desenvolvimento inibe o pensamento a longo prazo. As políticas governamentais e os mecanismos institucionais prejudicaram a capacidade das empresas de desenvolver estratégias mais sofisticadas e sustentáveis. Examinamos esses temas através de um estudo detalhado do caso da Bolívia, de 1952 até o presente momento.

O Capítulo Onze dá um passo adiante para examinar que implicações as estratégias e estruturas vigentes têm sobre o modo de pensar dos líderes empresariais, governamentais, acadêmicos e sindicais a respeito de inovação, produtividade, geração e distribuição de riqueza. Argumentamos, no Capítulo Seis, que a atitude defensiva limita a capacidade de uma nação de melhorar suas fontes de vantagem. O Capítulo Onze analisa o tema da atitude defensiva e a tendência a divisão, muito mais detalhadamente, com base em extensa pesquisa realizada com quase 500 líderes governamentais, empresariais, acadêmicos e sindicais na Venezuela.

O Capítulo Doze examina o que denominamos "a velha maneira de pensar", e tece recomendações sobre as mudanças necessárias no sentido de melhorar as fontes ocultas do crescimento, tão abundantes no mundo em desenvolvimento.

CAPÍTULO OITO

Ações Estratégicas —
Não Optar é uma Opção

Estratégia é opção bem informada e ação oportuna.
— Mark Fuller, *presidente do conselho e presidente executivo da Monitor Company.*

Por onde se começa a tarefa de transformar os sete padrões de inibidores da competitividade em oportunidades de crescimento sustentado? Esperando o contexto melhorar para que se possa fazer melhores opções? Ou fazendo melhores opções que ajudarão a melhorar o contexto? É o tipo do dilema clássico do ovo e da galinha, que tem deixado tantos líderes paralisados. O que é preciso, acreditamos, é que as lideranças tanto do governo quanto do setor privado assumam a responsabilidade de implementar mudanças para melhorar os resultados econômicos e sociais alcançados pela nação como um todo. A parceria deve se basear em opções explícitas, ou seja em estratégia.

DEFINIÇÃO DE AÇÃO ESTRATÉGICA

Toda organização faz opções e age. O tipo de ação a ser realizada é em geral uma resposta a pressões criadas a partir dos resultados das ações anteriores. Ações eficazes resultam de boas opções: boa estratégia. *Boa estratégia é converter opções bem informadas em ações oportunas.* Dadas as restrições muito concretas que os responsáveis pelas decisões enfrentam no governo e na empresa, não é fácil fazer boas opções estratégicas.

Deixar de tirar proveito das sete oportunidades de mudança econômica positiva não resulta apenas de um problema de produtividade; as empresas que se enquadraram nos padrões de inibidores da competitividade descritos na Parte Um deste livro precisam mais do que simplesmente fazer de maneira mais eficiente o que já estão fazendo. É preciso fazer negócios por uma abordagem fundamentalmente nova, que não esteja condicionada demais por estratégias que tiveram êxito no passado. Parte dessa nova abordagem deve envolver uma avaliação fundamental do posicionamento estratégico da empresa em três grandes dimensões:

1. opção de vantagem ou decisão de vantagem;
2. opção de escopo ou decisão de escopo;
3. opção de tecnologia ou decisão de tecnologia.

A administração de recursos humanos, operações, finanças e fornecimentos pode ser vital para melhorar a produtividade operacional. Mas só será eficaz se estiver alinhada com as opções de vantagem, escopo e tecnologia.

Tanto para o setor privado quanto para o público, é importante entender que *não* optar *é* fazer uma opção. Não fazendo opções claras, explícitas, os líderes se arriscam a deixar a concorrência decidir por eles.

As opções feitas por líderes empresariais e industriais nas décadas passadas faziam todo sentido para o antigo contexto, a velha maneira de fazer negócios. Porém, em geral, fazem muito pouco sentido hoje, e precisam ser revistas. O que queremos dizer com "opções"? Escolhas amplas, estratégicas, como por exemplo em que indústrias competir, que produtos fabricar, como distribuí-los, que estratégias de recursos humanos adotar. As opções feitas nessas áreas são fundamentais para o sucesso de qualquer empreendimento, e devem ser entendidas como as peças que compõem o mecanismo de gerar e sustentar riqueza. Agora, vamos revisitar algumas dessas escolhas à luz dos padrões já descritos na Parte Um, e sugerir que existem soluções viáveis para os problemas estratégicos que apresentamos. Há uma solução que se encaixa em algum ponto entre o paternalismo do governo e a falência.

Ação estratégica é a combinação das opções de estratégia feitas pelas organizações quanto ao seu posicionamento com as medidas que tomarão para converter tais opções em resultados. Por que a distinção entre opções e ações estratégicas? Idealmente, estratégia e ação seriam a mesma coisa. Contudo, é fácil confundir progresso com movimento e, no mundo da competição global, é fácil confundir boa estratégia com eficiência operacional. Quando as pressões competitivas aumentam, é muito mais fácil para qualquer um manter-se ocupado, dando duro no trabalho ou tentando se tornar mais eficiente, do que parar para pensar nas decisões que estão sendo tomadas. Por isso, é importante falar tanto sobre opção quanto sobre ação.

Os termos *estratégia*, *produtividade operacional* e *competitividade* são três conceitos usados com freqüência de maneira imprecisa, criando mais confusão do que esclarecimento. *Estratégia* diz respeito à transformação de opções bem informadas em ações realizadas no tempo certo. *Produtividade operacional* se refere à utilização de todos os insumos de uma atividade — mão-de-obra, capital, matérias-primas, energia e conhecimento — para gerar produto de maneira mais eficiente.[1] Como ilustrado na Figura 8-1, a *competitividade* resulta da interseção de boa estratégia e alta produtividade operacional.

A sustentabilidade também é importante. Uma empresa pode ser altamente produtiva exaurindo os recursos naturais e degradando os recursos humanos, e pode ganhar milhões de dólares dessa forma. Porém essas estratégias não são sustentáveis, nem — em nossa opinião — desejáveis. Explorar as fontes visíveis do crescimento no mundo em desenvolvimento é fácil e tem sido feito com grande eficácia, mas tem como resultado líquido que os países da África e da maior parte da América Latina estão mais pobres hoje do que há vinte anos. Em meio a essa pobreza, há bolsões de enorme riqueza.

A degradação do meio ambiente e a tensão social oriundas dessas estratégias exploradoras criaram dois resultados bastante previsíveis nos Andes: caos social (das greves ao terrorismo de guerrilha) e caos político (conseqüência das tentativas governamentais de corrigir a vasta

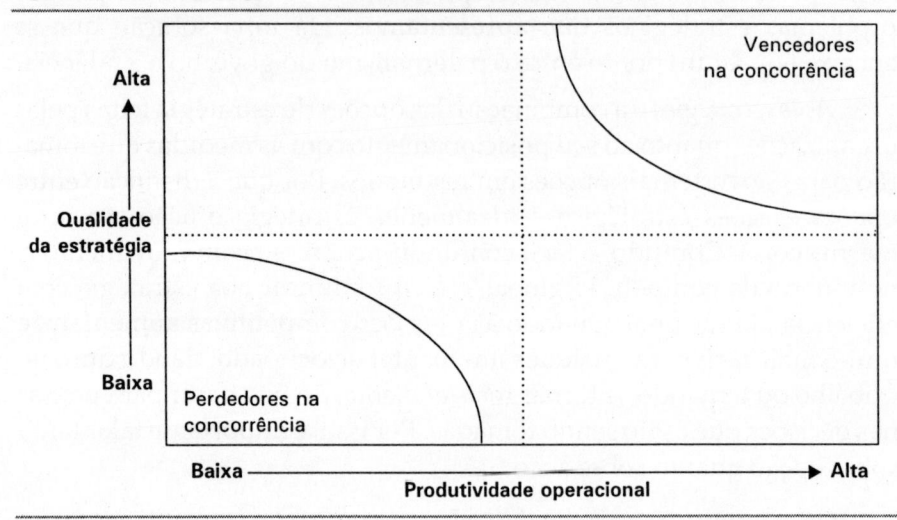

Figura 8-1. Estratégia, produtividade operacional e competitividade.

[Gráfico: eixo vertical "Qualidade da estratégia" (Baixa a Alta), eixo horizontal "Produtividade operacional" (Baixa a Alta). Canto superior direito: "Vencedores na concorrência". Canto inferior esquerdo: "Perdedores na concorrência".]

iniqüidade na distribuição de riqueza). O Peru vivenciou ambos durante a presidência de Alan García, e suas reações detonaram a crise bancária da década de 80.

A boa estratégia é sustentável e muito difícil de imitar. E o desafio de ser competitivo não é simplesmente o de explorar os trabalhadores ou o meio ambiente. O desafio é tomar decisões melhores sobre como alterar a combinação de insumos a fim de alcançar melhores resultados estratégicos.

Como vai ficar cada vez mais claro, à medida que avançamos, acreditamos que a boa estratégia força empresas e nações a aperfeiçoarem o seu quadro de recursos disponíveis, em especial os recursos de conhecimento, que desencadearão efeitos tremendos sobre como se alocam os demais recursos na atividade econômica. Dadas as restrições do sistema capitalista, a tendência à abertura das economias, e a falta de alternativa viável, aconselhamos quem se interesse pelo desenvolvimento econômico a pensar sobre o seguinte silogismo:

1. Boa estratégia é vital para empresas de sucesso.
2. Empresas de sucesso geram riqueza e emprego.
3. Logo, boa estratégia é vital para a riqueza e o emprego.

Tipos de Opções Estratégicas

Segue-se uma revisão dos fundamentos básicos da estratégia. Embora tenhamos esses fundamentos na Parte Um, precisamos explicitá-los. Como já dissemos, as empresas precisam fazer opções em três áreas primárias para desenvolver estratégias claras. Essas áreas são vantagem, escopo e tecnologia.

Opção de Vantagem: Curso de Estratégia para Principiantes

A teoria convencional sobre estratégia, afirma que se dispõe de duas opções, claramente delimitadas, de como estabelecer vantagem: baixo custo ou diferenciação. A estratégia de *baixo custo* pode ser definida como a que minimiza os custos para oferecer preços reduzidos, enquanto tenta corresponder o mais possível às demais necessidades do comprador. A de *diferenciação*, por outro lado, consiste em adicionar um valor especial, único, pelo qual o cliente está disposto a pagar.[2]

Nenhuma dessas opções de vantagem competitiva será sempre a certa. Cada companhia, em cada setor, deve fazer uma avaliação cuidadosa de seu ambiente competitivo e da estrutura do setor para determinar que abordagem estratégica é mais viável e sustentável. Nesse sentido, é possível falar de opções estratégicas mais bem alinhadas do que outras, ou mais apropriadas às circunstâncias singulares enfrentadas por um determinado setor.

Baixo Custo

As estratégias de baixo custo, por exemplo, só são sustentáveis se baseadas em inovação. As estratégias de baixo custo baseadas em fatores de produção herdados passivamente, tais como salários ou acesso a matérias-primas baratas, são eficazes a curto prazo mas não são sustentáveis. E uma estratégia de baixo custo baseada em uma taxa de câmbio favorável é um desastre em potencial, porque, como já argumentamos antes, trata-se da vantagem mais facilmente imitável que as empresas podem obter de uma plataforma nacional e, portanto, é a mais vulnerável.

Entre os exportadores, uma reclamação comum é a de que o governo os prejudicou pela apreciação da moeda. Mas, por que cargas d'água alguém haveria de querer competir com base em vantagens que o governo, pode remover a qualquer momento, promovendo uma apreciação, ou outro governo, com uma desvalorização, pode remover a qualquer momento, de uma só penada? Em qualquer plataforma nacional, as empresas precisam escolher melhor seus segmentos e bases de competitividade. Essa é a lição tirada do primeiro e do segundo capítulos deste livro, que discutiram os problemas inerentes à concorrência com base apenas em vantagens oriundas de fatores básicos, e o correspondente fracasso em focalizar segmentos específicos de clientes dentro dos setores escolhidos.

Os ambientes competitivos vão mudar, os salários vão subir, as fontes de matérias-primas vão se esgotar. As empresas poderão criar fontes duradouras de competitividade, se criarem estratégias de baixo custo, que se baseiem em vantagens de ordem superior, como eficiência na distribuição, estratégia com fornecedores, processos produtivos ou com foco no cliente. Por exemplo, na Colômbia, os floricultores foram os exportadores mais inovadores e de maior sucesso na Colômbia nas últimas duas décadas. Como já dissemos, eles basearam suas vantagens em sol, mão-de-obra barata, localização e solo fértil. Também criaram um sistema de distribuição que concorreu com êxito contra os holandeses na costa leste dos Estados Unidos. Talvez essa inovação tenha resultado, em parte, de um esquema de preços de transferência para evitar a tributação colombiana, mas também serviu para levar os colombianos para mais perto dos clientes norte-americanos, e isso proporcionou vantagens estratégicas voltadas ao mercado. Atualmente o sistema logístico de distribuição esta sendo pressionado para melhorar e os cultivadores equatorianos e mexicanos, estão também ganhando força e introduzindo inovações. A indústria colombiana de flores fica em uma encruzilhada; tem a oportunidade de aperfeiçoar sua distribuição e aprender a respeito das necessidades de uma clientela sofisticada, mas também pode gastar suas energias reclamando do governo sobre o contexto colombiano — sobre taxas de câmbio ou legislação trabalhista, por exemplo.

Os países em desenvolvimento têm uma tendência a se valer de estratégias competitivas baseadas em condições herdadas de fatores de produção. Em outras palavras, grande parte das estratégias do "Terceiro Mundo" são de baixo custo, porque é nisso que residem as suas vantagens *comparativas*. A indústria peruana da farinha de peixe, discutida no Capítulo Um, continua a dominar seu segmento, contudo somos da opinião de que ela está ganhando a batalha mas perdendo a guerra. O potencial de geração de riqueza a longo prazo não está na indústria de farinha de peixe; está em adquirir a capacidade de concorrer em mercados cada vez mais sofisticados.

À medida que pensam sobre o desenvolvimento de fontes mais sustentáveis de vantagem, os líderes terão de pensar sobre o desenvolvimento de ativos mais sofisticados de conhecimento; vão precisar nutrir o desenvolvimento de vantagens competitivas baseadas no capital humano e na inovação, capazes de tirar pleno proveito das tremendas vantagens comparativas que já possuem. A combinação de insumos usados por toda a economia — matérias-primas, capital, recursos humanos, apoio institucional, até mesmo a cultura — vai ter que refletir um entendimento mais profundo de como a riqueza é gerada e *sustentada*.

Diferenciação

"Uma empresa se diferencia dos seus concorrentes", escreve Michael Porter em seu *Vantagem Competitiva*, "quando oferece algo único que seja valioso para os compradores, o que vai além de simplesmente oferecer preços baixos. A diferenciação permite que a empresa cobre preços mais altos, venda mais do seu produto a um dado preço, ou obtenha benefícios equivalentes, tais como lealdade de grandes compradores durante períodos cíclicos ou sazonais de baixa demanda.[3] Talvez o refrão mais repetido pelos líderes no mundo em desenvolvimento seja o de que as empresas não podem competir em qualquer outra base senão a de baixo custo. Não há dúvida quanto à dificuldade de se alcançar diferenciação, mas é precisamente por isso que as estratégias de diferenciação tendem a ser mais sustentáveis.

As estratégias de diferenciação podem se basear em marca, *design*, tecnologia, serviços, características do produto ou outros aspectos exigidos pelos clientes. A chave para formular uma estratégia de diferenciação é investir pesadamente na compreensão de que atributos do produto são valorizados pelo cliente. A diferenciação está no olhar do comprador, não no do fabricante. Ao ouvir isso, os líderes da indústria colombiana de flores responderam que suas flores, na verdade, eram de baixo custo e diferenciadas. A crença dos cultivadores de que seu produto era diferenciado, no entanto, advinha de seus próprios pressupostos sobre os desejos da clientela, e não de resultados de pesquisa. Por exemplo, no Dia dos Namorados, em Boston, uma dúzia de rosas procedentes da Holanda era vendida por US$60, enquanto uma dúzia de rosas da Colômbia, por apenas US$24. Por certo, no olhar do cliente, havia uma diferença entre a rosa holandesa e a colombiana — um tom mais vivo, um melhor aroma, um talo mais forte — e essa era a diferença pela qual os clientes estavam dispostos a pagar mais. Esse é o teste da diferenciação: *quando o cliente está disposto a pagar mais por um valor que ele percebe.* Um produto não é diferenciado simplesmente porque o produtor acha que ele seja.

Opção de Escopo

De maneira geral, as questões de escopo estratégico pertencem a uma das quatro grandes categorias de opções: escopo vertical, escopo de segmento ou produto, escopo geográfico, ou escopo de negócios. Mais uma vez, é fundamental para o sucesso de uma empresa a sua capacidade de fazer opções nessas quatro dimensões básicas.

Como já deve ter ficado claro, economias voltadas para fatores, e que estiveram protegidas por um longo período, revelam determinados padrões familiares. Em geral, as decisões tomadas em ambientes voltados para fatores privilegiam um escopo de produto amplo, um escopo geográfico restrito, um escopo vertical também amplo, e segmentos não sofisticados do mercado. Por que isso?

Essas decisões são explicadas, em parte, pelo legado de um enfoque do desenvolvimento econômico baseado na substituição de importações, comum em países em desenvolvimento. Em um ambiente em que não estão sujeitos às restrições da concorrência, os produtores têm liberdade de fabricar seus artigos e só então pensar no quanto cobrar e a quem vender. Em um ambiente protegido, não surgem dilemas entre alternativas de escolha.

Escopo Vertical

A escolha de escopo vertical é de importância tão fundamental para os dirigentes no mundo em desenvolvimento que dedicamos um capítulo inteiro ao tema na Parte Um. Em nossa discussão sobre integração vertical com a distribuição, discutimos o escopo vertical no que tange aos sistemas de distribuição e à determinação do verdadeiro valor criado por esses sistemas para o produtor, tanto em termos de conhecimento de mercado, quanto de fontes reais de vantagem. Também argumentamos que muitas empresas sofrem por desconhecerem as necessidades dos canais de distribuição a que atendem.

Há outra dimensão do escopo vertical que merece ser discutida a esta altura. O escopo vertical em geral focaliza o ponto na cadeia de geração de valor no qual a companhia deseja competir. Isso inclui não apenas as opções a respeito de como distribuir um produto, como a intensidade de integração que a companhia deseja ter com a fabricação de mercadorias mais para o final da cadeia de produção. Há pelo menos 110 diferentes produtos mais beneficiados em que a indústria boliviana de soja poderia estar competindo (ver a Figura 8-2), contudo ela produz agora apenas quatro categorias de produtos: derivados de óleo de soja, óleo de soja refinado, soja em grãos e farelo de soja. Dado o seu solo rico e fértil, os produtores bolivianos têm uma oportunidade única de desenvolver produtos processados de soja, tais como óleos, tintas, produtos farmacêuticos ou alimentícios, que podem constituir setores mais atraentes para eles — e setores cujas fontes de vantagem não seriam as políticas governamentais mas suas próprias taxas de inovação.

Dedicar energia a determinar que opções estratégicas fazer quanto ao posicionamento na cadeia de geração de valor pode trazer retornos muito maiores do que gastar tempo, energia e dinheiro fazendo *lobby* junto ao governo para tentar manter uma posição que, a longo prazo, não é desejável nem competitiva.

Figura 8-2. Possíveis opções de produtos para a indústria da soja.

Produtos de óleo de soja		Soja em grãos			
Óleo de soja refinado	Lecetina de soja	Produtos de soja em grãos	Concentrados e isolados de farelo de soja	Produtos de proteína de soja	Farelo de soja

Óleo de soja refinado

Glicerol
Ácidos graxos
Esteróides

USOS COMESTÍVEIS
Cremes para café
Óleos de cozinha
Leites com suplemento de gordura vegetal
Margarina
Maionese
Produtos medicinais
Produtos farmacêuticos
Molhos para salada
Óleos para salada
Pastas para sanduíches
Gordura vegetal de cozinha

USOS TÉCNICOS
Óleo para machos de fundição
Combustível de motores a diesel
Desinfetantes
Epóxis
Fungicidas
Tintas para impressão
Tecidos oleados
Tintas para pintura
Pesticidas
Plastificantes
Sabão

Lecetina de soja

USOS COMESTÍVEIS
Emulsionantes
Produtos de panificação
Produtos de confeitaria
Produtos farmacêuticos
Usos nutricionais
Dietéticos
Medicinais

USOS TÉCNICOS
Agentes anti-espuma
Álcool
Leveduras
Dispersantes
Tintas para pintura
Tintas para impressão
Inseticidas
Borrachas
Estabilizantes
Gordura vegetal de cozinha
Umectantes
Substitutos de leite para bezerros
Cosméticos
Pigmentos de tinta

Produtos de soja em grãos

USOS COMESTÍVEIS
Semente
Ração animal
Brotos de soja
Grãos de soja cozidos
Farinha de soja com gordura integral
Pão
Doces
Mistura para roscas
Sobremesas geladas
Bebidas de leite instantâneas
Papas de baixo custo
Farinha de panqueca
Massa pronta de torta
Produtos de confeitaria
Grãos de soja assados
Ingredientes de biscoitos
Bolachas
Itens dietéticos
Manteiga de soja
Café de soja
Alimentos tradicionais
Miso (alimento japonês)
Leite de soja
Molho de soja
Tofu

Concentrados e isolados de farelo de soja

USOS TÉCNICOS
Adesivos
Reagentes analíticos
Antibióticos
Emulsões de asfalto
Materiais de limpeza
Cosméticos
Tintas para impressão
Substitutos de couro
Tintas para pintura
Plásticos
Poliésteres
Produtos farmacêuticos
Têxteis

Produtos de proteína de soja

USOS COMESTÍVEIS
Pastas alimentícias
Alimento para bebês
Ingredientes de panificação
Cervejas
Produtos de confeitaria
Cereais
Produtos dietéticos
Bebidas alimentícias
Farelo comestível
Produtos de carne
Massas
Misturas preparadas
Tripas artificiais para embutidos
Levedura

Farelo de soja

USOS PARA RAÇÃO
Aquacultura
Ração para abelhas
Ração para gado
Ração para gado leiteiro
Ração para peixes
Ração para animais de estimação
Ração para aves
Concentrado de proteína
Ração para suínos

CASCA DE SOJA
Ração para gado leiteiro
Material de filtro
Pães ricos em fibras

Fonte: Pesquisa da Monitor, Departamento do Comércio dos EUA, *1996 Soya Blue Book* (Michigan: Associação Americana de Soja, 1996).

Escopo de Segmento

Para escolher um dentre os 110 produtos em que competir, um produtor de soja precisaria avaliar a atratividade de cada grupo de produtos e determinar que segmento de cada grupo é mais atraente. Por exemplo, pode haver uma maneira de desenvolver uma maionese com uma combinação única de condimentos, altamente valorizada pelos consumidores de toda uma dada região. Ou talvez seja recomendável pensar em um esquema de fabricação em *joint venture* com uma companhia como a CPC International (fabricante da maionese Hellmann's), capaz de oferecer penetração em mercados vizinhos. Há milhares de formas de competir mas, para cada possibilidade, é vital que os produtores investiguem a atratividade estrutural do segmento em questão e a maneira de melhor atendê-lo. No Capítulo Dois, que enfatiza as oportunidades à disposição das empresas que investem em saber mais sobre o cliente, argumentamos que os dirigentes devem optar de maneira ativa por competir pelas partes do mercado mais atraentes para a empresa.

Outra dimensão do escopo de segmento inclui decidir sobre produtos específicos. É uma outra opção dificultada pelas antigas políticas governamentais; em um ambiente protegido, não era incomum uma empresa rapidamente ampliar seu escopo com uma proliferação de produtos, à medida que procurava alavancar sua tecnologia de produção ou alcançar um leque cada vez mais amplo de clientes. Numa época em que os produtores podiam vender suas mercadorias pelo custo acrescido de alguma margem predeterminada, essa não era uma estratégia desarrazoada. Hoje, entretanto, não é possível atender a todos os clientes, todo o tempo, com todos os produtos. Mais uma vez, a disciplina da concentração é crucial. Uma empresa têxtil que conhecemos em Medellín fabricava 2.000 produtos e conseguia ter lucro. Provavelmente estava tendo lucro em cerca de 10% da sua linha de produtos, mas não sabia ao certo quais eram esses 10%. No futuro, será muito mais difícil, senão impossível, competir eficazmente em uma variedade tão ampla de produtos.

Diversos problemas nascem da proliferação das linhas de produtos. Há um aumento evidente da complexidade da fábrica, que reduz a eficiência e o volume processado. Também em virtude da proliferação de produtos e de sistemas contábeis inadequados, as empresas não conseguem mais distinguir tão bem os lucros gerados em cada uma de suas linhas de produtos. De fato, em grandes manufaturas nos Estados Unidos, onde a proliferação aconteceu, as empresas acabaram criando incentivos para vender os produtos mais caros — produtos nos quais, na verdade, tinham prejuízo.[4]

No futuro, as empresas no mundo em desenvolvimento vão precisar escolher com cuidado a clientela que desejam atender e os produtos que irão vender. Quando se entende o que os clientes realmente valorizam, fica mais fácil decidir sobre o escopo de produto.

Escopo Geográfico

Onde, em termos geográficos, a empresa deve competir? Muito embora se trate de uma pergunta cuja resposta seja vital para a vida de uma empresa, a questão da cobertura geográfica não esteve entre os principais desafios enfrentados pelas companhias na região andina. Enquanto gozavam do benefício de ambientes protegidos, elas não precisavam pensar muito sobre o escopo geográfico; sua capacidade de competir em casa estava efetivamente assegurada, e costumavam receber tamanhos incentivos à exportação que também não importava muito onde competir no exterior. À proporção que suas vantagens desapareceram, no entanto, elas estão tendo que considerar onde buscar oportunidades de crescimento — e isso significa pensar sobre expandir-se para novos mercados.

Vale mencionar uma característica dos países conhecidos como os tigres asiáticos — Hong Kong, Coréia, Singapura e Taiwan: porque suas estratégias nacionais estavam concentradas no crescimento econômico através da exportação de bens manufaturados, suas empresas tiveram de desenvolver um escopo geográfico amplo, para competir com rivais muito maiores em diversos países ao mesmo tempo.[5] Desenvolver, produzir e comercializar eficazmente um produto em termos globais requer uma tremenda destreza e comprometimento gerencial. São habilidades que podem demorar a chegar para as empresas da América Latina, cujo êxito em geral está antes de mais nada na exportação de produtos baseados em recursos naturais, algo que exige poucas das habilidades dos recursos humanos necessárias para competir em vários locais ao redor do mundo.

Escopo de Negócios

A última opção de escopo a ser feita pelas empresas diz respeito ao tipo de negócio em que competir. Mais uma vez, a história teve o seu papel em moldar essa opção. Os ambientes protegidos onde as empresas da América Latina têm operado permitiu-lhes partir para segmentos não correlatos, e neles competir eficazmente. Muitas empresas, em grande parte pertencentes a grupos familiares ou sociedades entre amigos, encontram-se agora impossibilitadas de dar lucro em todos os seus negócios, e precisam fazer opções fundamentais a respeito das áreas em que desejam competir, e de que modo.

Opção de Tecnologia

A tecnologia constitui a principal mola propulsora para a mudança. Assim sendo, os líderes empresariais precisam pensar com cuidado a seu respeito e administrá-la corretamente. Muitas companhias no mundo em desenvolvimento parecem aflitas por adquirir tecnologia, a fim de se tornarem mais competitivas. Embora possa ser um grande nivelador, a tecnologia pode também exercer uma tremenda pressão sobre recursos escassos. É comum que os líderes confundam a relação entre tecnologia e competitividade.[6] A tecnologia tende a ser vista como valiosa por si só, quando de fato só é valiosa se permitir à empresa perseguir sua estratégia mais eficazmente.

Há duas amplas categorias de estratégia que uma empresa pode adotar em termos de tecnologia: ser líder ou ser seguidor. Nenhuma das duas opções é melhor do que a outra. Como veremos, o importante é que a empresa seja explícita ao fazer a sua opção e que a mantenha com toda determinação.

A tecnologia é desejável para uma empresa, desde que:

1. crie vantagem competitiva sustentável;
2. mude os determinantes de custos ou de diferenciação em favor da empresa;
3. proporcione vantagens de pioneirismo para a empresa;
4. melhore a estrutura da indústria como um todo.[7]

A história dos líderes colombianos do setor têxtil, que gastaram milhões de dólares em equipamento na década de 80 para aperfeiçoar suas fábricas, é um exemplo interessante de estratégia tecnológica. Eles tinham em mente uma estratégia nítida: adquirir o melhor equipamento de segunda mão disponível no mercado e usá-lo para aumentar a produtividade operacional e melhorar a qualidade da linha de produtos. Por coincidência, as empresas colombianas entraram nesse surto de aquisição ao mesmo tempo em que as empresas norte-americanas estavam no meio de um grande esforço de redimensionamento de atividades. As empresas norte-americanas ficaram satisfeitas de encontrar na Colômbia compradores ansiosos para o seu equipamento. O problema é que as empresas norte-americanas estavam se desfazendo do equipamento por um bom motivo: já não servia para competir em termos globais. Servia para concorrer em segmentos do mercado que exigissem produção contínua de um só produto, tipicamente de algodão; era perfeito para segmentos tais como o de camisetas, roupa de baixo e outros produtos simples, não diferenciados. As empresas norte-americanas haviam compreendido a duras penas, no entanto, que as estratégias baseadas em produtos simples e de produção contínua não eram sustentáveis; os concorrentes asiáticos ganhavam no preço todas as vezes — apesar da distância que o seu produto tinha que percorrer e do complexo sistema internacional de acordos e quotas comerciais. O preço era o único critério de concorrência naqueles segmentos.

Assim, as empresas norte-americanas venderam seu equipamento e investiram em máquinas altamente flexíveis, que podiam rodar tanto com algodão quanto com fios sintéticos, máquinas boas para fabricar artigos como roupa de cama. Como os consumidores valorizavam a moda e o *design* nesses segmentos específicos (uma vantagem que as empresas norte-americanas tinham em relação às asiáticas), e como o produto final era fisicamente muito pesado, os asiáticos não podiam transportar seu produto para os Estados Unidos e manter o preço competitivo. Mudando de segmento, as empresas norte-americanas conseguiram melhorar a atratividade estrutural das indústrias a que atendiam. Nesse ínterim, tendo adquirido a maquinaria dos Estados Unidos, as empresas sul-americanas se colocaram na mesma posição em que as norte-americanas haviam estado, ressalvado o fato de que, na época, os mercados locais na América do Sul eram protegidos dos concorrentes asiáticos. Só depois da abertura da economia, na década de 90, os colombianos compreenderam o grave erro que haviam cometido; não haviam entendido que critérios estabelecer para avaliar seus enormes investimentos em tecnologia.

Resumo

Estratégia consiste em tomar decisões individualmente distintas ao longo de dimensões bem definidas, o qual constitui um primeiro passo crucial no sentido de nutrir as fontes ocultas do crescimento. Na verdade, não fazer opções é deixar que os outros façam opções por você. Mais de uma vez mostramos a clientes um diagrama com a posição competitiva de sua empresa em relação a todos os seus concorrentes, somente para ouvir: "Mas nós não decidimos ficar lá". Nossa resposta é sempre a mesma: "Não, não decidiram mesmo, foi o concorrente que decidiu por vocês".

Competir fazendo melhores escolhas sobre *onde* competir, sobre *como* fazê-lo e *que* produtos fabricar — é assim que se criam fontes de vantagem sustentáveis. O próximo capítulo trata, com maior profundidade, do tipo de aprendizado pelo qual as empresas devem passar se quiserem tomar decisões bem informadas e agir no tempo certo.

CAPÍTULO NOVE

Aprendizado ao Nível da Empresa

> Se um homem quer alcançar um grau eminente de conhecimento, lhe custará, tempo, vigília, fome, nudez, tonturas, indigestão e outras inconveniências.
> — *Miguel de Cervantes (1547-1616)*

A incapacidade dos líderes no mundo em desenvolvimento de tirar proveito das oportunidades salientadas neste livro é compreensível mas lamentável. É compreensível, dadas as tensões políticas e sociais, que criaram ambientes instáveis, incapazes de comportar investimentos em conhecimento. É lamentável, porque a omissão de investir em formas mais sofisticadas de competir contribuiu para o declínio dos padrões de vida nos países em desenvolvimento. Desenvolver essas oportunidades exige uma combinação de melhor posicionamento estratégico, aprendizado ao nível da empresa, e melhorias fundamentais na qualidade do diálogo dentro dos círculos de liderança. Discutimos o posicionamento estratégico, e gostaríamos de passar agora ao aprendizado ao nível da empresa; a tarefa de melhorar a qualidade do diálogo será tratada mais adiante. Segue-se o exame do que poderia ser chamado de os três Cs do aprendizado ao nível da empresa, vital para o crescimento sustentado: clientes, custos e concorrentes. É difícil saber onde se posicionar no campo de batalha estratégico sem informações de alta qualidade a respeito das necessidades dos clientes, da estrutura de custos relativos e do posicionamento dos concorrentes. Empresas que dominem o conhecimento nessas áreas provavelmente tomarão decisões mais acertadas.

CLIENTES

Conforme argumentado no Capítulo Dois, a escolha de um segmento a enfocar constitui um ponto de partida crucial para a criação de vantagem competitiva para a empresa, sendo, contudo, freqüentemente mal compreendida e raramente executada. Esta parte do capítulo vai mostrar os princípios subjacentes à segmentação da clientela. Vamos defender — o que talvez seja ainda mais importante — que só pela identificação e pelo atendimento a clientes mais sofisticados, nos mais sofisticados mercados, é que os países em desenvolvimento terão condições de criar uma base crescente de exportações que seja menos suscetível a tendências políticas e macroeconômicas e que seja capaz de gerar uma renda *per capita* mais elevada.

No atendimento a qualquer segmento de mercado, a empresa precisa identificar as exigências da respectiva clientela e desenvolver um plano para corresponder a essas exigências. Independentemente da geografia, da demografia ou dos produtos, o sucesso final da empresa só poderá ser, na melhor das hipóteses, tão intenso quanto for a sua compreensão do que está por trás do comportamento e da economia dos segmentos do mercado em que ela concorre, e quanto for a sua capacidade de responder a essas exigências. Isso significa entender as necessidades dos clientes que fazem parte do segmento de mercado. Desenvolver estratégias a partir dessa perspectiva permite que as empresas obtenham vantagens competitivas por concorrerem nos segmentos em que são capazes, como mais ninguém, de corresponder às necessidades da clientela.

Como se define um segmento de clientela? Há muitas variáveis segundo as quais o mercado pode ser segmentado: localização geográfica, critério demográfico, produto ou necessidades do consumidor. A nossa discussão vai focalizar a "segmentação baseada em necessidades", já que as maiores chances de sucesso estão com empresas que não só identifiquem quem são os seus clientes, onde moram, e quanto ganham, como também descubram *por que* compram determinado produto.

Um segmento é um grupo identificável de clientes com necessidades comuns que sejam significativas para se alcançar vantagem competitiva. A segmentação com base em necessidades segue três princípios básicos:

1. é nas necessidades dos clientes e nos critérios de compra que se baseia a identificação de segmentos;
2. cada segmento tem um conjunto diferente de exigências de compra;
3. dentro de cada um dos diferentes segmentos, os clientes têm exigências de compra semelhantes.

Por que a segmentação com base em necessidades é tão importante? Porque compreender as necessidades de grupos específicos de clientes constitui o primeiro passo para a criação de vantagens competitivas. Há diversas maneiras de encarar uma indústria qualquer. Por certa ótica, um setor industrial consiste de milhares de clientes individuais, com diferentes conjuntos de necessidades. Por outra, o setor é tido como homogêneo e facilmente classificável. Por uma terceira ótica — que consideramos a mais correta e útil — vê-se o setor como formado por inúmeros segmentos de indivíduos que partilham características ou necessidades comuns. Cada grupo de clientes com critérios similares forma um segmento distinto. Determinando o que esses grupos de indivíduos valorizam em termos de produto, preço e serviço, a empresa se capacita a direcionar seus recursos eficazmente para concorrer onde ela sabe que pode vencer.

Fugindo do Meio de Campo

Vamos retornar ao exemplo da indústria colombiana do couro para ilustrar como tipos diferentes de segmentação podem funcionar para aumentar a competitividade. Conforme discutido no Capítulo Dois, os fabricantes colombianos de couro acreditavam ser competitivos no mercado norte-americano, como produtores de baixo custo. Porém, pela predominância das importações asiáticas no mercado norte-americano, os asiáticos produzem bolsas de couro a custos muito mais baixos do que os colombianos. Enquanto a mão-de-obra permanecer um componente significativo nos custos totais de produção, essa tendência vai continuar. O que é vital para os fabricantes colombianos de couro, no entanto, é identificar *por que* os compradores norte-americanos estão adquirindo 46% de seus produtos da Ásia e somente 17% da América do Sul. A resposta tem pouco ou nada a ver com geografia, e sim com a maneira como determinados produtores, de determinadas áreas, se saem em relação a elementos-chave do sucesso.

No capítulo sobre a cooperação entre empresas, mostramos que os fabricantes colombianos de produtos de couro estão restritos por vários fatores fora do seu controle, e a maioria se vê como concorrente no mercado de baixo custo, com alguma penetração periférica em segmentos mais diferenciados de mercado. Vamos revisitar o diagrama apresentado no Capítulo Dois (que reaparece aqui como a Figura 9-1) que compara as indústrias do couro da Colômbia, Itália, China e Coréia. Em termos de custos, as bolsas de couro da Colômbia claramente não são

Figura 9-1. Opções estratégicas na indústria de produtos de couro: exportações de bolsas para os Estados Unidos.

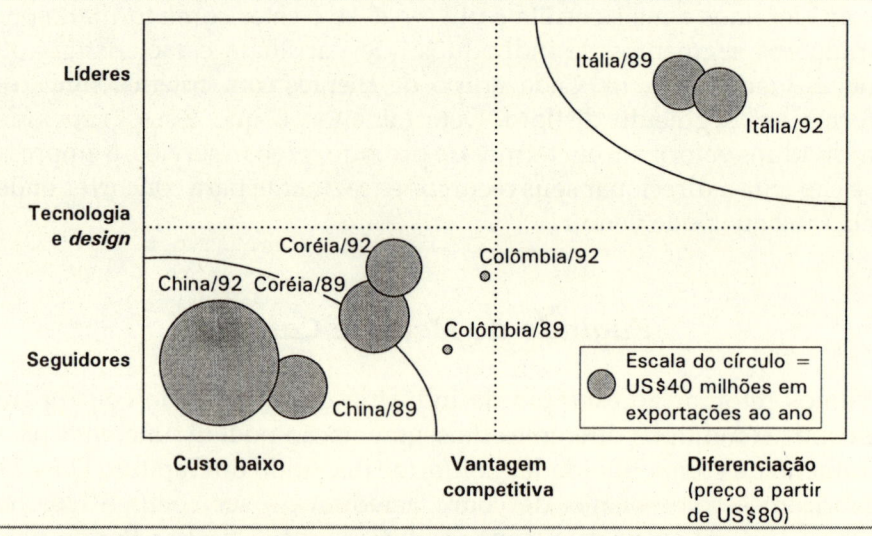

Fonte: Pesquisa da Monitor, Departamento do Comércio dos Estados Unidos.

competitivas como as da China ou da Coréia, e como os salários têm muito peso na estrutura de custos dos produtos de couro, é provável que a Colômbia jamais consiga concorrer com a China em termos de custo. A Coréia, nesse ínterim, está perdendo participação no mercado para a China, à medida que os seus salários se tornam menos competitivos.

A Coréia está posicionada próximo ao centro desse diagrama — o pior lugar para estar. Uma empresa cuja estratégia de *design* ou tecnologia não seja nem de líder nem de seguidor está arriscada a ocupar uma posição privilegiada para atender as necessidades de absolutamente ninguém.

A Itália, caso o leitor se lembre, mantém sua fatia de mercado porque produz com consistência artigos sofisticados que agradam a clientes dispostos a pagar preços mais altos para estar na vanguarda da moda e do *design*. Isso é o que faz com que os produtores italianos de couro sejam um tanto "imunes à macroeconomia". As taxas de câmbio, a inflação e os salários afetam a estrutura de custos dos produtores italianos menos do que em outros países, porque os italianos podem preservar suas margens cobrando preços mais altos.

A Colômbia está parada bem no meio do diagrama. É o exemplo perfeito de estratégia ao nível da empresa que não condiz com um ambiente competitivo. Há restrições naturais à capacidade da Colômbia de produzir artigos de couro de primeira; especificamente, falta-lhe não só uma cultura de moda e *design* como também couros nacionais de alta qualidade. Dadas essas dificuldades, os produtores colombianos tendem a fabricar o que podem e só depois procurar mercados para seus artigos. O que deveriam fazer é considerar, em primeiro lugar, o que o mercado está buscando — suas necessidades — e então configurar suas estratégias para corresponder às necessidades existentes. Na indústria do couro, fica difícil ganhar quando não se tem baixo custo nem diferenciado.

O desafio da Colômbia é fugir desse meio de campo, através de posicionamento estratégico e escolha de segmento. No Capítulo Cinco, sobre a cooperação entre empresas, afirmamos que a indústria colombiana do couro parecia estar paralisada no meio de campo porque os clientes não estavam satisfeitos com a qualidade de seu produto. Embora isso seja verdade, essa não é por si só uma resposta útil, que contribua para resolver o problema. Qualidade é algo subjetivo e difícil de avaliar. Para sermos mais úteis aos fabricantes colombianos de couro, precisamos ajudá-los a identificar os motivos pelos quais os clientes estão insatisfeitos com o produto que eles estão tentando vender.

Para melhor colocar o dilema do setor dentro do contexto, o leitor deve manter em mente a existência, naquele momento, de uma tarifa aduaneira de 15% sobre couros; muitos fabricantes de produtos de couro, portanto, estavam presos aos fornecedores domésticos, que ao seu ver não forneciam couros de alta qualidade a preços competitivos. A indústria reagira à desvantagem da matéria-prima pagando imposto (que elevava os preços) sobre couros importados da Argentina e de outros lugares, ou desenvolvendo linhas de produtos com o couro colombiano de baixa qualidade, e tendo que abandonar determinados mercados por causa de preços. E assim os colombianos literalmente permitiram que forças externas lhes ditassem estratégias competitivas sob as quais, como dissemos, as empresas correm o risco de terminarem paralisadas no meio de campo.

Tratando-se de uma questão de escolha de estratégia, as empresas devem identificar aquela que lhes permitirá melhor atender os segmentos desejados. Se variáveis externas (tarifas aduaneiras sobre matérias-primas, custos proibitivos de transporte) dificultam o atendimento a determinado segmento, a empresa deve escolher uma das seguintes alternativas: (1) inovar para compensar as desvantagens, ou (2) abandonar o segmento em sua atual definição. Para melhorar seu desempenho, os fabricantes colombianos de couro precisavam identificar a que segmentos do mercado norte-americano teriam melhores condições de atender. No entanto, ao invés de enfrentar o desafio de saber mais sobre a clientela, batiam-se em uma luta inglória para que o governo aumentasse sua competitividade através de uma mudança no câmbio ou da redução das tarifas aduaneiras sobre matérias-primas.

No sentido de ajudar os líderes colombianos da indústria do couro, preparamos um instrumento de pesquisa para testar nossas várias hipóteses sobre aquele mercado e para captar o ponto de vista de compradores que representavam 2.000 pontos de venda a varejo dos Estados Unidos. Com essa pesquisa, esperávamos ajudar a indústria a descobrir seus segmentos mais atraentes; mais importante, contudo, desejávamos demonstrar à industria do couro a importância de realizar uma análise de segmentação para identificar as oportunidades de mercado.

Que cara tem o resultado de uma análise de segmentação de clientela? Antes de examinar o diagrama que resume nossos resultados sobre bolsas de couro, vamos rever duas perguntas colocadas em capítulos anteriores, que também fizemos aos produtores que entrevistamos:

- Em que medida um segmento específico é estruturalmente atraente?
- Qual é a minha capacidade relativa de atender a esse segmento?

Essas duas perguntas devem servir de base para tomar decisões sobre produto, *design*, distribuição e níveis de serviço.

Identificando Segmentos Atraentes

O modelo das "cinco forças" é extremamente útil quando se está pensando a respeito da atratividade de segmentos e setores. O modelo sugere que, a qualquer dado momento, são cinco grupos que determinam a atratividade de um setor:

1. poder de barganha dos compradores;
2. rivalidade entre concorrentes;
3. ameaça de entrada de novos concorrentes;
4. ameaça de substituição do produto ou do serviço;
5. poder de barganha dos fornecedores.[1]

A Figura 9-2 sintetiza os fatores que determinam o poder de cada força.

Concebido em 1980, ao longo dos anos esse modelo foi criticado por ser básico ou simples demais, ou por já ter superado sua vida útil. Mesmo assim ele permanece como um dos instrumentos conceituais de maior utilidade na caixa de ferramentas do estrategista, e motivo constante de comentários. Surpreendentemente, também permanece como um dos instrumentos menos usados por funcionários do governo e de

Figura 9-2. Estrutura industrial: síntese das principais forças propulsoras.

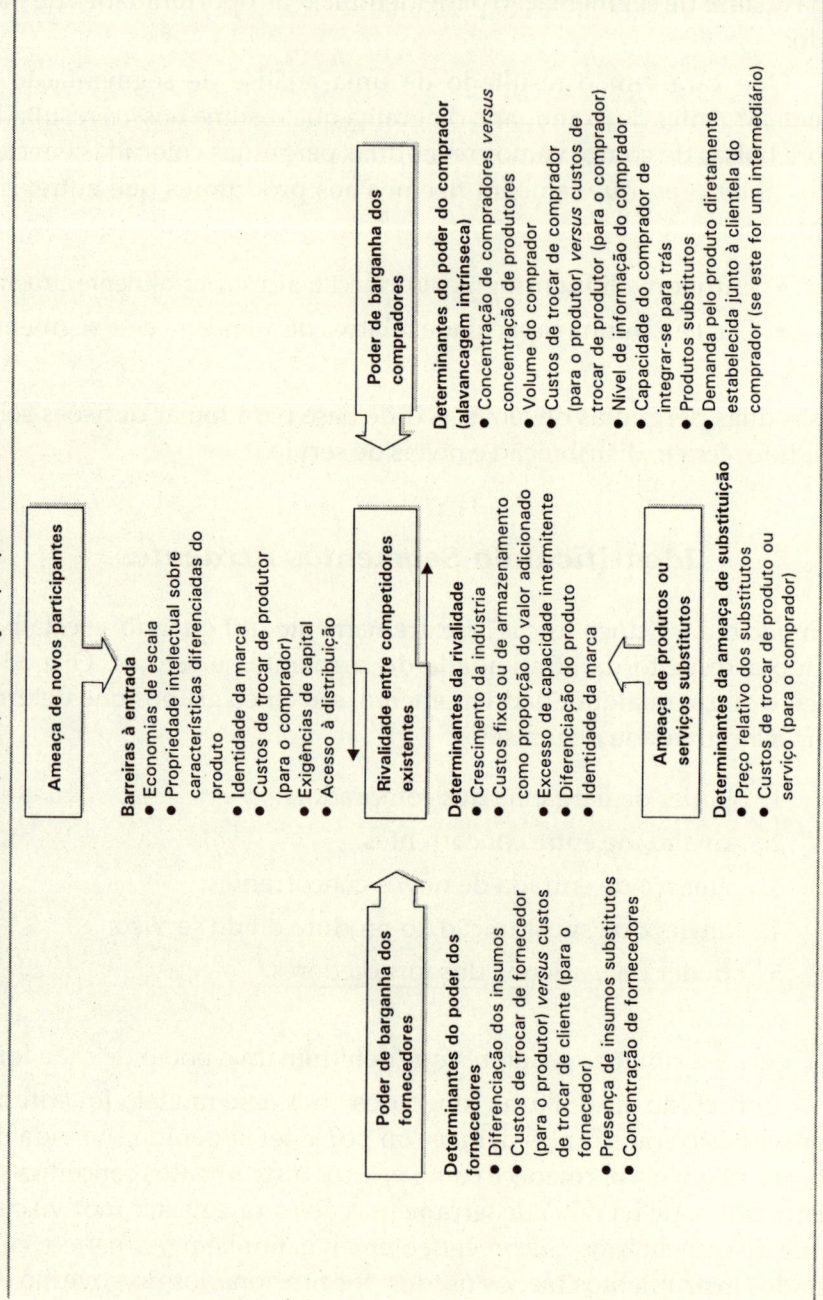

Ameaça de novos participantes

Barreiras à entrada
- Economias de escala
- Propriedade intelectual sobre características diferenciadas do produto
- Identidade da marca
- Custos de trocar de produtor (para o comprador)
- Exigências de capital
- Acesso à distribuição

Rivalidade entre competidores existentes

Determinantes da rivalidade
- Crescimento da indústria
- Custos fixos ou de armazenamento como proporção do valor adicionado
- Excesso de capacidade intermitente
- Diferenciação do produto
- Identidade da marca

Poder de barganha do comprador

Determinantes do poder do comprador (alavancagem intrínseca)
- Concentração de compradores *versus* concentração de produtores
- Volume do comprador
- Custos de trocar de comprador (para o produtor) *versus* custos de trocar de produtor (para o comprador)
- Nível de informação do comprador
- Capacidade do comprador de integrar-se para trás
- Produtos substitutos
- Demanda pelo produto diretamente estabelecida junto à clientela do comprador (se este for um intermediário)

Ameaça de produtos ou serviços substitutos

Determinantes da ameaça de substituição
- Preço relativo dos substitutos
- Custos de trocar de produto ou serviço (para o comprador)

Poder de barganha dos fornecedores

Determinantes do poder dos fornecedores
- Diferenciação dos insumos
- Custos de trocar de fornecedor (para o produtor) *versus* custos de trocar de cliente (para o fornecedor)
- Presença de insumos substitutos
- Concentração de fornecedores

Fonte: Michael E. Porter, *Competitive Strategy* (New York: Free Press, 1980).

organizações multilaterais, encarregados de supervisionar o investimento de bilhões de dólares em indústrias ao redor do mundo em desenvolvimento.

As cinco forças podem ser usadas em um exercício de diagnóstico simples, de dez minutos, ou em um estudo quantitativamente intenso de seis a nove meses de duração. Em essência, proporciona uma boa visão da dinâmica de competitividade de um setor e, em última análise, o seu potencial de geração de riqueza. Não estamos sugerindo que os governos devam usá-lo para determinar os ganhadores e perdedores dos dólares de investimento governamental ou para fornecer créditos específicos para exportação. Mas seria útil para proporcionar aos governos e ao setor privado uma visão compartilhada do que é competitivo ou não; assim, eles estariam pelo menos falando a mesma língua, o que já melhoraria a aprendizagem e inibiria a atitude defensiva que atrapalha a tomada de decisões complexas.

Para explicar como as cinco forças funcionam, vamos ilustrar cada uma repassando brevemente exemplos pertinentes que já vimos em capítulos anteriores. Quando o *poder de barganha dos compradores* é pequeno ou fragmentado, o setor é mais atraente para os produtores. Na época da substituição de importações, os compradores detinham muito pouco poder, pois dispunham de poucas opções em seus mercados protegidos. A abertura da economia permite que os consumidores exerçam suas opções e exijam mais dos produtores. No caso do couro, as pessoas que compravam bolsas italianas tendiam a ser muito exigentes no tocante a qualidade, marca e serviço. São compradores exigentes que, pela sua insensibilidade a comparações de preços, tendem a definir o segmento em que se encontram. Tornam-se assim uma das forças dominantes na determinação da atratividade do setor (no caso, de um segmento específico desse setor).

Se o setor apresenta intensa *rivalidade*, é um setor onde é difícil competir. Mais uma vez, na época das economias protegidas, a concorrência era limitada e cortês. Nos dias de hoje, de concorrência global, isso mudou. Por exemplo, em setores intensivos em escala e em capital, tais como o petroquímico, os produtores se dispõem a vender sua mercadoria a custo marginal apenas para manter o equipamento funcionando ou, às vezes, vender com prejuízo para ampliar sua fatia de mercado. Tamanha rivalidade em geral indica um setor que não é atrativo.

A *ameaça de novos participantes* é muito real em setores tais como o de turismo ou o de flores, onde os mercados são grandes e os consumidores demonstram pouca lealdade para com a origem da produção. Por mais que Machu Picchu possa estar entre os destinos turísticos mais movimentados este ano, nada impede que outros destinos passem a lhe fazer concorrência — as ruínas Maias ou as pirâmides do Egito, por exemplo. Muito próxima à ameaça de novos participantes é a *ameaça de produtos substitutos*. Esta é a ameaça enfrentada pela indústria peruana do algodão, que tem em seu algodão egípcio-americano um produto único. Muito embora o algodão egípcio-americano seja de alta qualidade, outros produtores de algodão de fibra extralonga, como o egípcio, podem facilmente substituí-lo. Quando os compradores podem substituir com facilidade um produto por outro, a atratividade estrutural do setor fica reduzida.

É interessante não haver na região andina muitos exemplos de setores sujeitos a *fornecedores* com forte poder de barganha. Talvez os curtumes colombianos, que já mencionamos, estivessem nessa categoria, pois os fabricantes de produtos de couro não têm de fato alternativa para o produto colombiano a menos que estejam dispostos a pagar as altas tarifas incidentes sobre os couros argentinos. Contudo, trata-se ali de uma vantagem artificial concedida aos fornecedores.

Um problema estratégico característico da concorrência nos setores baseados em recursos naturais é o fato de se estar em geral vendendo produtos homogêneos, posição que raramente oferece vantagens estratégicas. Também já falamos das oportunidades que esses produtores têm de integrar-se com a distribuição; sua lógica estratégica é passar a competir em segmentos onde terão maior poder de barganha, livrando-se dos grilhões da subserviência diante do poder irresistível que os compradores detêm quando se trata de produtos homogêneos.

Em geral, então, os produtores nos países em desenvolvimento se encontram em segmentos pouco atrativos, que apresentam alto nível de rivalidade, grande ameaça de novos participantes e substitutos, e enorme poder dos compradores — as "cinco forças" pouco atrativas. Um sociólogo ou teórico da "dependência" poderia enxergar essa dinâmica como um exemplo de países ricos com poder sobre países pobres. Um estrategista empresarial, no entanto, vê uma má opção de segmento — ou cinco forças — e a incapacidade das empresas de acharem uma saída aprendendo a entender as preferências da clientela.

Escolhendo Onde Competir

Voltando ao exemplo do couro colombiano, o Quadro 9-1 é um resumo dos segmentos de clientes que identificamos no mercado norte-americano, classificados em cinco grandes grupos, com base em características similares e traços identificáveis. Os cinco segmentos serão discutidos a seguir, um a um:

Segmento 1: Preço

Como os produtores colombianos de couro não tinham base realmente sustentável para competir em preço, era evidente a sua dificuldade no atendimento ao segmento 1. Seu custo de mão-de-obra era alto em relação ao dos produtores asiáticos mais baratos, e os colombianos não dispunham de vantagens de custo em qualquer outra parte do seu sistema de produção e distribuição capazes de compensar a desvantagem na mão-de-obra.

Segmento 2: *Design* e Qualidade

Os clientes do segmento 2, por outro lado, estavam preocupados, em primeiro lugar, com o *design* do produto e, em segundo, com a qualidade do couro, e não mostravam qualquer preocupação com o preço. O ambiente competitivo para o couro colombiano não era propício à produção de artigos voltados para *design*, em grande parte por faltarem à Colômbia elementos-chave, tais como recursos humanos especializados em *design*, mecanismos institucionais como universidades ou institutos que dessem o empurrão inicial em um núcleo de formação de *designers*, e uma "cultura" mais geral de liderança nessa área. Como o segmento 2 era de todos o menos sensível a preço, parecia ser atraente

Quadro 9-1. Resumo de uma segmentação do mercado norte-americano de bolsas de couro, com base nas necessidades da clientela.

	Segmento 1	Segmento 2	Segmento 3	Segmento 4	Segmento 5
Critério dominante	**Preço**	***Design* e qualidade**	***Design*, marca e serviço**	**Preço e marca**	**Qualidade**
Descrição	Segmento de baixo custo, visando produto com preço unitário baixo e descontos por volume.	Segmento com enfoque primordial em moda, visando uma boa modelagem do produto, com funcionalidade e couro de alta qualidade.	Segmento do "eu quero tudo", visando marca conhecida, prazos de entrega confiáveis, regularidade na qualidade nos lotes e boa vontade para ajustar o *design*.	Segmento visando preços unitários baixos e marcas conhecidas.	Segmento prático, funcional, visando primordialmente acabamento artesanal de alta qualidade.

para competir; no entanto, a concorrência nessa extremidade sofisticada do mercado era acirrada, e a Colômbia não vinha a campo particularmente capacitada. Além do mais, esse segmento também valorizava a qualidade do couro, algo que os produtores colombianos tinham dificuldades em oferecer.

Segmento 3: Serviço, Marca e *Design* ("Quero Tudo")

O segmento 3 valorizava serviço, marca e *design*, e não era sensível a preço. Para atender a esse segmento de clientes é preciso garantir entregas no prazo, manter a regularidade na qualidade dos lotes, ter boa vontade para fazer ajustes no *design* e adotar uma política de devolução fácil. Na maioria dessas áreas, as empresas colombianas estavam em desvantagem competitiva. Cumprir prazos de entrega rigorosos era difícil para os colombianos, em virtude de problemas portuários e de segurança. Assegurar regularidade na qualidade dos couros também era difícil, porque os numerosos curtumes de pequeno porte na Colômbia eram relativamente pouco sofisticados. Os produtores colombianos nos disseram que adotavam uma política de devolução fácil, mas os consumidores nos Estados Unidos não pareciam saber disso. Em geral, então, teria sido muito difícil para a indústria do couro colombiana efetivamente atender a esse segmento.

Segmento 4: Preço e Marca

O segmento 4 mostrava-se sensível a preço, buscava produtos de marca e serviço de alto nível. Mais uma vez, conforme o setor estava configurado, com base em preço as companhias colombianas não estavam em condições de competir contra as asiáticas no mercado norte-americano, e desenvolver marcas bem conhecidas havia se mostrado difícil para os produtores de couro.

Segmento 5: Qualidade

Por fim, esse segmento valorizava a qualidade acima de tudo e era moderadamente sensível a preço. Mais do que a própria qualidade do couro, no entanto, o segmento valorizava a qualidade do acabamento. Essa era uma boa notícia para os produtores colombianos de bolsas, porque na Colômbia havia abundância de artesãos, e o país gozava de boa fama pela execução primorosa de trabalhos em muitos setores (por exemplo, construção). De mais a mais, esse segmento não estava assim tão preocupado com preço, de modo que as desvantagens de preço dos produtores colombianos tornavam-se menos relevantes. O segmento 5 seria um local excelente para os produtores começarem a investir seus lucros no desenvolvimento de sua capacidade de atender a consumidores mais sofisticados, dispostos a pagar um sobrepreço ainda maior pelo valor que os colombianos pudessem vir a adicionar às suas bolsas de couro (os clientes pertencentes aos segmentos 2 ou 3, por exemplo).

Quando conversamos com os fabricantes colombianos de couro sobre o processo de segmentação do mercado com base nas necessidades dos clientes, a maioria se declarou dotada de um sentimento intuitivo sobre como fracionar o mercado. Assim sendo, faziam pressupostos implícitos sobre que segmentos iriam atender, e sobre quais seriam as molas propulsoras do sucesso em cada segmento.

Opções explícitas e bem articuladas podem de fato ajudar a moldar a natureza das decisões de políticas públicas que os líderes governamentais estão pensando em implementar para melhorar a infra-estrutura do país. É possível então fazer investimentos estratégicos e bem informados, e estes proporcionarão o tipo de assistência que a indústria precisa para concorrer com eficácia em mercados sofisticados. No setor colombiano do couro, muitas decisões de política poderiam ser tomadas para dar incentivos, por exemplo, a *designers* italianos que ajudassem a estabelecer um instituto de *design* na Colômbia, ou no sentido de oferecer a aspirantes à profissão bolsas de estudo no exterior.

Esses exercícios para tentar conhecer melhor o cliente, então, são úteis não só para as empresas mas também para as regiões, as nações e as organizações multilaterais. O conhecimento sobre a clientela é uma ferramenta poderosa, que pode ser usada para assegurar uma utilização de recursos eficiente e eficaz.

Na era dos mercados protegidos, a maioria das empresas não atribuía alta prioridade às necessidades dos clientes. À proporção que as barreiras caem e a concorrência entra, os consumidores têm uma variedade cada vez maior de escolhas do que comprar. É crucial para as empresas de hoje compreenderem a impossibilidade de atender a todos. Precisam escolher o segmento de clientela a ser atendido, e entender que não fazer essas opções é deixar a concorrência fazê-las em seu nome.

Isso significa que se deve considerar o aprendizado a respeito do cliente uma das disciplinas vitais na organização. Quando a maior parte da atividade econômica se baseia em produtos homogêneos (*commodities*), fica fácil satisfazer as necessidades do cliente; na competição em ambientes protegidos é desnecessário satisfazê-las; porém, ao competir em uma era de concorrência total, só sobreviverá quem realmente conhecer e atender os seus clientes. Se as empresas não começarem a aprender direito essa lição, restará pouca esperança de que sejam capazes de deixar para trás sua dependência dos recursos naturais.

A *solução* para a indústria colombiana de artigos de couro, como um todo, é muito complexa. O trabalho que realizamos só focalizou uma parcela do mercado e foi de natureza limitada. É de vital importância compreender que, por mais simples que seja, essa análise raramente é feita. Através da identificação clara dos segmentos de mercado a serem atendidos, as empresas são forçadas a fazer opções explícitas sobre o uso de seus recursos e o rumo a tomar para o futuro. Deixar de fazer esse tipo de trabalho resulta em algo parecido com jogar dardos de olhos vendados. Quando não se faz uma análise detalhada dos clientes, não há ganhadores: nem o cliente, cujas necessidades continuam desatendidas; nem a empresa, cujos retornos não são otimizados; nem os credores, cujo dinheiro financia as empresas; e nem o governo, que gostaria de ver benefícios comensuráveis de emprego, treinamento e renda para o povo em geral. A segmentação da clientela, então, é um passo vital em direção ao pleno desenvolvimento das forças competitivas da indústria e do comércio de uma nação.

Síntese: Pontos a Aprender Sobre o Cliente

A lista a seguir sintetiza os principais pontos que os leitores devem guardar sobre o conhecimento e a segmentação da clientela.

1. Como indicado na discussão sobre a clientela na Parte Um deste livro, o verdadeiro caminho para o desenvolvimento pode não ser mesmo ensinar os outros a pescar, e sim ensiná-los a fabricar varas de pescar de alta qualidade, a fim de que possam exportá-las para os pescadores mais sofisticados do mundo.
2. Os esforços de desenvolvimento devem focalizar a compreensão do que o país necessita para competir em termos globais — como os ambientes competitivos devem ser aperfeiçoados para ajudar as empresas a atenderem a segmentos atraentes da clientela.
3. Pode-se definir valor como uma estratégia de baixo custo, uma estratégia diferenciada, uma estratégia orientada para serviços ou alguma combinação das três. Mas, para ser sustentável, sua definição deve adaptar-se constantemente às necessidades dos clientes, que estão em permanente evolução.
4. Há muitas maneiras de segmentar o mercado comprador. A segmentação pode, por exemplo, ser baseada em localização geográfica, tendências demográficas, características tecnológicas ou do produto, ou comportamento do cliente. A segmentação mais significativa é a que cria um entendimento claro de quem são os clientes e dos motivos por trás de seu comportamento.
5. Independentemente de geografia, demografia ou produto, o sucesso da empresa em determinado setor depende em última instância de sua compreensão sobre o que impulsiona os segmentos do mercado nos quais ela compete e sobre como satisfazer essas exigências.
6. Os exercícios de conhecimento do cliente são úteis não só para as empresas mas também para as regiões, nações e organizações multilaterais. Trata-se de uma ferramenta poderosa para ajudar a assegurar o uso eficiente e eficaz dos recursos das empresas.

Custos

A administração de custos é de importância estratégica para empresas privadas e entidades governamentais interessadas. O interesse das empresas privadas deveria ser óbvio. Se uma empresa escolheu uma estratégia de baixo custo, entregar os produtos a custo baixo é vital para o sucesso. Da mesma maneira, se a empresa optou por fabricar produtos diferenciados, uma boa administração de custos vai aumentar suas margens de lucro.

O governo também tem motivos para estar interessado em compreender como os custos se encaixam na estratégia geral de uma empresa. Os governos desempenham papéis indiretos na determinação da capacidade de cada região de dar apoio a empresas que concorrem com base em preços. Embora não precisem ter total intimidade com as metodologias de análise de custos, os responsáveis por políticas públicas deveriam estar familiarizados com o produto final dessas análises e preparados para obrigar os representantes do setor a fornecerem informações adequadas acerca da constante evolução de suas estruturas de custo.

Seguem-se alguns princípios de aprendizado de custos e uma discussão de como o desenvolvimento dessas capacidades ajudará as empresas.

A Administração de Custos Deve ser Estratégica

A entrada da concorrência estrangeira nas economias em desenvolvimento em geral desperta duas reações previsíveis por parte das empresas domésticas que já estejam no mercado. A primeira é pedir ajuda ao governo para lidar com a natureza inconstante da competição; por exemplo, quotas, pisos de preço ou outras políticas protecionistas. Além dos esforços políticos, a maioria das empresas admite a necessidade de simultaneamente envidar substanciais esforços próprios de redução de custos. Infelizmente, as primeiras tentativas de redução de custo costumam ser equivocadas. Envolvem cortes lineares, eliminam as pessoas erradas, ou deixam de reestruturar a abordagem fundamental de fazer negócios. A administração de custos deve ser de natureza estratégica. Há um ditado que diz que "o que não se pode medir, provavelmente não se está administrando". E que "quando administra sem medição, o administrador pode até ter sorte, mas o provável é que esteja equivocado".

O Bom e o Mau Uso dos Dados de Custos

Conforme discutido no capítulo sobre posições relativas, as associações setoriais muitas vezes procuram oferecer a seu governo dados sobre como o setor se posiciona em relação a países concorrentes e/ou outros setores. Mesmo assim, os governos encaram esses dados com ceticismo, como peças de propaganda a favor de determinados argumentos. E, com freqüência, o governo não está errado em se mostrar céptico; é fácil manipular dados, e as associações setoriais são particularmente habilidosas em fazer com que os dados pareçam fundamentar suas posições. O que é preciso é um consenso sobre por que informações de custos são importantes, sobre que tipos de informações de custo são úteis para os responsáveis pelas decisões públicas, e sobre como fazer a análise e apresentar os resultados de forma a angariar credibilidade junto a todas as partes interessadas.

Custo em um Sentido mais Amplo

Os administradores reconhecem a importância dos custos e muitos planos estratégicos estabelecem liderança de custo ou redução de custos como metas. O comportamento dos custos, contudo, raramente é compreendido. A tendência é haver intensa discordância entre os administradores sobre qual é a posição da empresa relativamente à concorrência e sobre quais são os fatores que explicam essa posição. A razão da discordância é, em parte, que os estudos de custos tendem a considerar os custos de fabricação e negligenciar o impacto de outros fatores, tais como *marketing*, serviços e infra-estrutura, na posição relativa de custos. De mais a mais, os custos de cada atividade são em geral analisados em seqüência, sem admitir as ligações entre atividades capazes de afetar os custos.

Na maioria das empresas, a ausência de uma estrutura sistemática de análise de custos está subjacente a esses problemas. Há muitas estruturas analíticas para examinar custos, e não é nosso intento aqui estabelecer uma abordagem específica para resolver a questão. Compreender e administrar custos, no entanto, é uma disciplina central que vai se tornar cada vez mais crucial no mundo em desenvolvimento, numa era de competição total. Em particular, a análise da posição relativa de custos vai ajudar os líderes governamentais e empresariais a entender como tomar decisões mais bem informadas sobre a maneira de concorrer no futuro.

Os Benefícios da Análise da Posição Relativa de Custos

Compreender os custos ao nível da empresa é vital pelos motivos já explicados. A análise de custos fica interessante em nível setorial/regional/nacional quando colocada em perspectiva relativa. A posição relativa de custos de uma empresa revela a quantidade de erosão ocorrida na *vantagem comparativa* do setor ou da empresa. Dessa forma, a análise da posição relativa de custos pode oferecer perspectivas valiosas para os setores público e privado nas dimensões a seguir:

Ao nível da empresa:

- os pontos fortes e fracos de uma empresa *versus* suas concorrentes (em todas as áreas funcionais);
- áreas em potencial para redução de custos;
- oportunidades estratégicas para explorar novos segmentos ou defender áreas mais vulneráveis ao ataque da concorrência;
- custos e benefícios de opções estratégicas.

Ao nível do setor:

- conhecimento dos padrões de competitividade em mutação;
- informações sobre a concorrência para se manter a par da evolução do setor;
- um nítido senso de direção para programas de competitividade no âmbito do setor;
- oportunidades para formar alianças com empresas estrangeiras;
- estar ciente de oportunidades para promover exportações competitivas.

Ao nível do governo:

- prioridades de políticas públicas, tais como infra-estrutura e educação (uma função dos custos de transporte e de recursos humanos);
- oportunidades e ciladas em negociações comerciais *vis-à-vis* a países concorrentes;
- campanhas por investimento direto estrangeiro, direcionadas a setores que se beneficiariam de uma plataforma doméstica competitiva;
- políticas industriais visando a oferta de incentivos para trazer paridade de custos à dinâmica setorial.

Nos pontos ilustrados acima, a análise de custos relativos é vital para a formulação de estratégias pelas empresas, associações setoriais e nações. Se bem que isso não seja surpreendente, o trabalho nessa área, mesmo assim, em geral é inadequado, impreciso, ou ambos. A análise de custos relativos, além de difícil de fazer, é significativa somente se identificar as molas propulsoras do sucesso de um setor e se os dados estiverem fundamentados em pesquisa rigorosa. Finalmente, um dos maiores serviços que as associações setoriais prestarão a seus membros é uma análise de alta qualidade sobre a sua posição relativa, a ser utilizada para que se preparem melhor para esforços mais específicos no sentido de aperfeiçoar suas estruturas de custos.

O Exemplo do Núcleo Colombiano da Petroquímica

Na história da indústria petroquímica colombiana iniciada no Capítulo Três, escolhemos o México e a Venezuela como concorrentes da Colômbia tendo em vista sua forte base de hidrocarbonos, seu importante potencial petroquímico e seu grau de integração vertical. Na ocasião, o ministro colombiano do Comércio Exterior também participava do processo de negociação dos acordos do Grupo dos Três (G3) entre os governos da Colômbia, da Venezuela e do México, e a petroquímica era um dos itens da agenda. Enfocamos o polipropileno porque as fábricas em todos os três países eram relativamente novas, o potencial de expor-

Capítulo Nove: Aprendizado ao Nível da Empresa

tação de cada um dos países era alto, cada um usava uma tecnologia diferente, e todos utilizavam matérias-primas similares. As lições tiradas do estudo do polipropileno, portanto, podiam ser aplicadas a outras linhas de produto no setor, tais como o cloreto de polivinilo (PVC).

A realização de uma análise de posição relativa de custos exige conhecimento do ambiente competitivo completo (inclusive dados como política governamental, planos de investimentos e qualidade das condições de fatores). Passamos bastante tempo na Venezuela e no México visitando empresas petroquímicas, conversando com executivos do setor e coletando dados de associações setoriais, empresas petroquímicas, especialistas no setor, jornais, bibliotecas, etc. A pesquisa nos ajudou a identificar e avaliar o então estado de competitividade da Colômbia *vis-à-vis* aos seus principais concorrentes naquele campo de negócios. No processo, também obtivemos informações que ajudariam as empresas colombianas a concentrar seus esforços em áreas-chave de melhoria interna.

O Quadro 9-2 resume os determinantes de custos na petroquímica, identificados *antes* da realização de nossa pesquisa de campo sobre competidores. Se bem que a contabilidade de custos tradicional possa com freqüência levar em conta as categorias de custo certas, ela não oferece o nível de detalhe observado através desses determinantes de custos. Os determinantes de custos listados no quadro ajudam a empresa a identificar as implicações de suas decisões gerenciais. Por exemplo, os custos de eletricidade são, em grande parte, uma função do preço unitário da energia elétrica em uma dada área. O consumo de energia elétrica de cada empresa, no entanto, também é uma função de sua eficiência em converter matérias-primas, que por sua vez depende principalmente do tipo de tecnologia utilizado.

O gráfico na Figura 9-3 foi mostrado pela primeira vez no Capítulo Três, numa discussão sobre a importância da posição relativa. As colunas mostram três principais determinantes de custos: matérias-primas, transporte e serviços de utilidade pública. Em cada um dos três casos, a empresa colombiana está restrita pelo ambiente competitivo em que opera. Por exemplo, as tarifas de eletricidade na Colômbia eram de 7 a 9 centavos por quilowatt hora, comparados com 4,5 no México e de 1,5 a 2 na Venezuela. Embora a Venezuela se beneficie de sua abundância

Quadro 9-2. Determinantes de custos representativos para o polipropileno.

Categorias de custo	Determinantes
Propeno	• Custo de compra por unidade
	• Logística de suprimento de matéria-prima
	• Rendimento do propeno
Outras matérias-primas	• Custo de compra por unidade
	• Tecnologia de fabricação do polipropileno
Energia elétrica	• Preço por quilowatt/hora
	• Tecnologia de fabricação do polipropileno
Logística e frete de distribuição do produto	• Custo por caminhão-tanque por milha
	• Utilização de caminhões-tanque
Manutenção	• Tecnologia de fabricação do polipropileno
	• Escala da fábrica
Mão-de-obra da fábrica	• Número de empregados
	• Custo por empregado
Royalties	• Tecnologia de fabricação de polipropileno
	• Volume de produção
Seguro	• Risco país
Despesas gerais, administrativas e de vendas	• Número de empregados
	• Custo por empregado
Custos de estoque	• Valor médio do estoque
	• Custo de capital
Depreciação	• Investimento fixo
	• Volume de produção

de gás natural, há evidência de que o governo venezuelano subsidia o custo da energia elétrica.

Conforme ilustrado na Figura 9-4, as tarifas de energia elétrica da produtora colombiana Propilco são superiores às de todas as suas concorrentes no México (PEMEX e Indelpro) e na Venezuela (Propilven). Apesar de que a empresa emprega tecnologia competitiva para administrar sua taxa de consumo, a plataforma nacional não oferecia tarifas competitivas na época em que essa análise foi feita, em 1992.

Capítulo Nove: Aprendizado ao Nível da Empresa

Figura 9-3. Custo de caixa total para atender ao mercado doméstico (taxa de utilização de 85%).

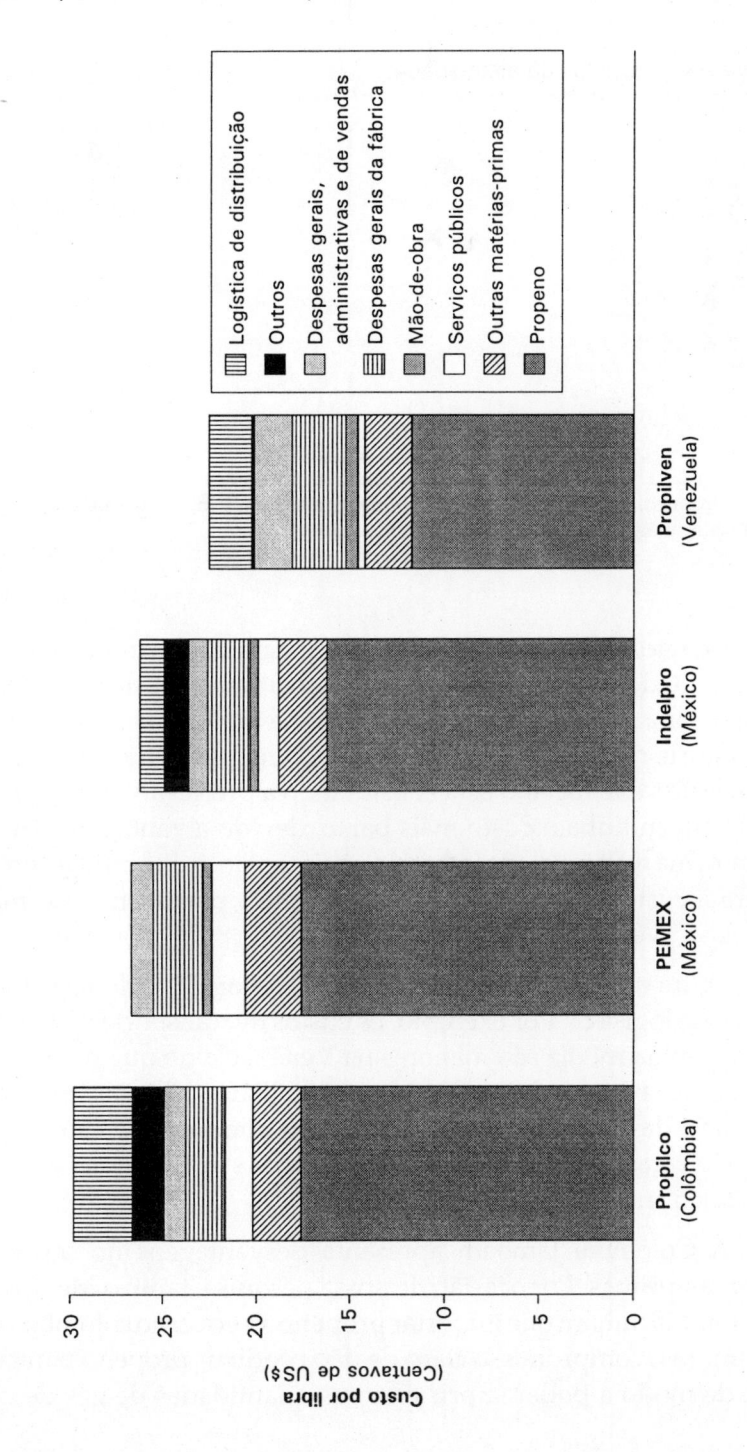

Figura 9-4. Custos de eletricidade.

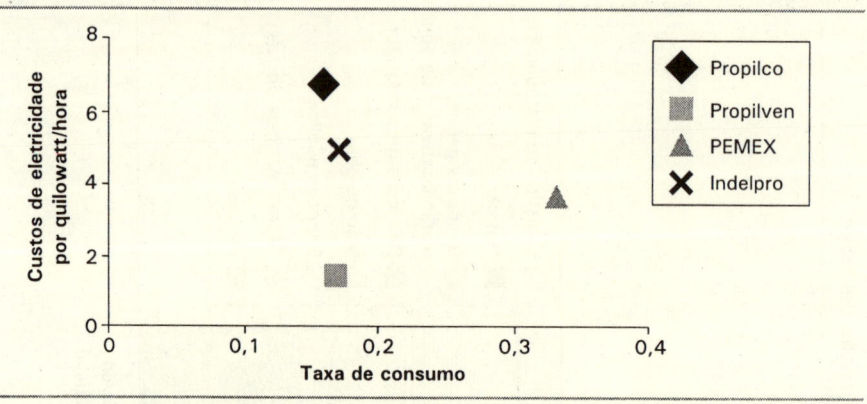

[Gráfico de dispersão: eixo Y "Custos de eletricidade por quilowatt/hora" de 0 a 8; eixo X "Taxa de consumo" de 0 a 0,4. Legenda: ◆ Propilco, ■ Propilven, ▲ PEMEX, ✕ Indelpro.]

Fontes: Propilco, Chemical Systems, Dow Chemicals, Pequiven, Comissão Federal de Energia do México, análise da Monitor.

De fato, quando observamos o impacto das tarifas de eletricidade nos resultados de cada companhia, a estrutura de custos da PEMEX era prejudicada sobretudo por sua tecnologia mais velha, enquanto a Propilco sofria mais com o custo da própria energia elétrica. Já se disse que o governo venezuelano está subsidiando a produção de polipropileno. A Propilven tinha o custo mais baixo, devido a vantagens naturais. A plataforma venezuelana oferecia mais apoio à Propilven, no que se refere a custos de energia elétrica, do que a plataforma colombiana à Propilco. (Ver a Figura 9-5.)

Outra maneira de examinar uma plataforma nacional é enfocar os custos de logística. Por exemplo, os custos de transporte por milha para a companhia média são menores na Venezuela do que na Colômbia, o que se deve às péssimas estradas colombianas. E mais, por causa da violência das guerrilhas na Colômbia, as empresas de caminhões-tanque são raras, e se viu prêmios de seguros subirem mais de 200% em um único ano. (Ver a Figura 9-6.)

A Colômbia também apresenta desvantagens no seu custo de matérias-primas. Por ocasião de nossa pesquisa, tanto o México quanto a Colômbia tinham que importar propeno. O governo colombiano havia assumido o compromisso claro de não produzir propeno para a indústria, de modo a poder suprir maiores quantidades de gás de cozinha.

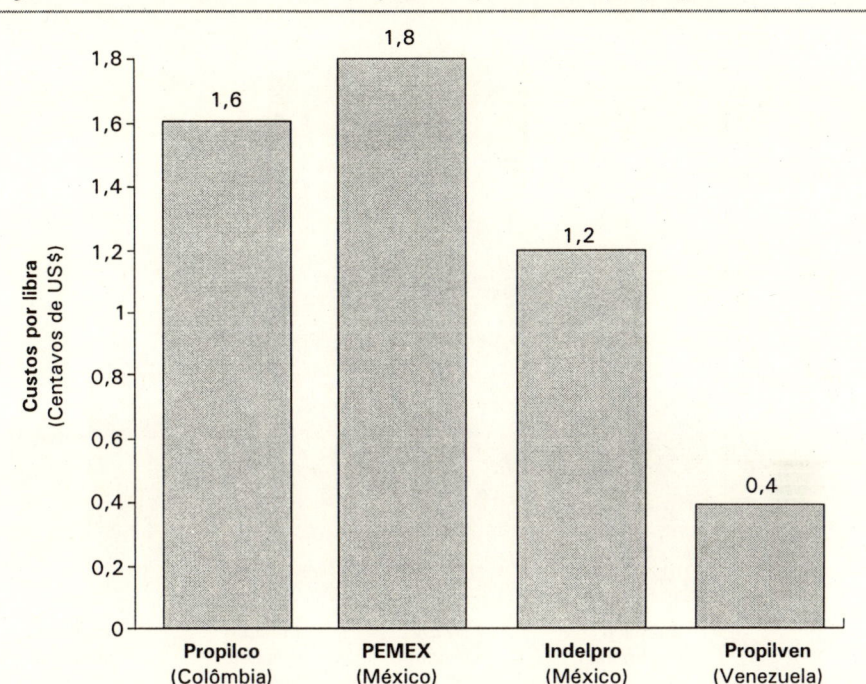

Figura 9-5. Custo total de tarifas públicas por libra de polipropileno.

	Propilco (Colômbia)	PEMEX (México)	Indelpro (México)	Propilven (Venezuela)
Custos por libra (Centavos de US$)	1,6	1,8	1,2	0,4

Fontes: Propilco, Chemical Systems, Dow Chemicals, Pequiven, Comissão Federal de Energia do México, análise da Monitor.

Enquanto isso, o México estava ativamente em busca da capacidade de vender propeno às suas duas produtoras de polipropileno. Nesse caso, o objetivo nacional prioritário da Colômbia de levar gás às áreas residenciais passou à frente do objetivo de trazer matérias-primas para a indústria petroquímica.

Deve-se observar que em duas outras áreas, a de despesas gerais, administrativas e de vendas, e a de despesas gerais da fábrica, a empresa colombiana saiu-se melhor do que as demais. Isso nos revela que a empresa colombiana pode ser, de todas, a mais bem administrada em termos operacionais, muito embora seja a menos competitiva em termos de custos.

A análise de custos, então, possibilita avaliar as posições competitivas relativas ao longo do tempo, o que torna bastante evidente quando

Figura 9-6. Logística de distribuição do produto (transporte doméstico).

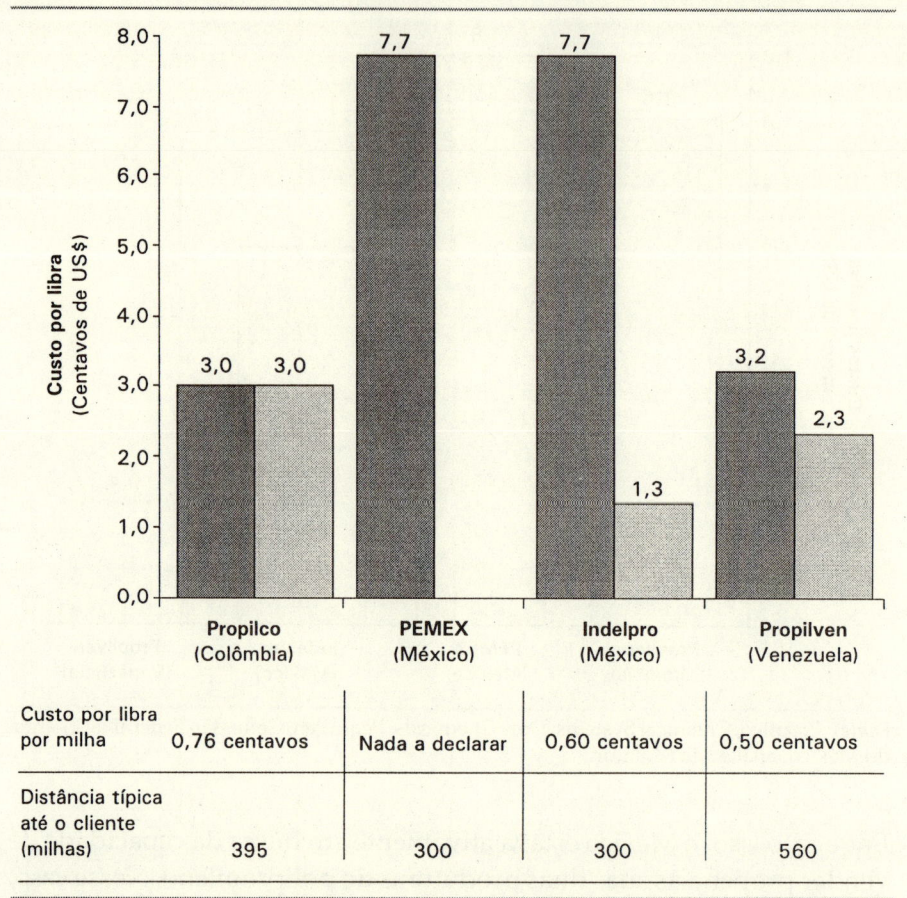

	Propilco (Colômbia)	PEMEX (México)	Indelpro (México)	Propilven (Venezuela)
Custo por libra (Centavos de US$)	3,0 / 3,0	7,7	7,7 / 1,3	3,2 / 2,3
Custo por libra por milha	0,76 centavos	Nada a declarar	0,60 centavos	0,50 centavos
Distância típica até o cliente (milhas)	395	300	300	560

Fontes: Propilco, PEMEX, Indelpro, Propilven, várias empresas de caminhões-tanque, análise da Monitor.

Observação: A coluna à esquerda é o custo integral de entrega no país de origem; a coluna à direita é o custo de entrega na Colômbia.

é que as fontes de vantagens comparativas estão sofrendo erosão. A importância desse ponto deve estar clara: se as vantagens comparativas vêm sendo erodidas, então a empresa precisa desenvolver uma fonte de vantagem competitiva mais sustentável. Há muitas etapas envolvidas nessa medida, mas um ponto de partida claro é ter um entendimento completo das posições de custo. A empresa colombiana encontra-se em desvantagem comparativa porque a plataforma nacional (eletricidade, matérias-primas e transporte) não oferece à empresa, que é razoavelmente bem gerida, as vantagens que ela precisa para concorrer em um segmento competitivo da indústria. Uma análise desse tipo tanto abaixa a guarda das atitudes defensivas entre governo e indústria, quanto permite que esta pense mais claro sobre que tipos de investimento deve fazer para concorrer mais eficazmente.

Síntese: Pontos a Aprender Sobre o Custo

A lista a seguir resume os pontos-chave indicados nesta seção sobre custos.

1. A administração de custos deve ser de natureza estratégica. Em outras palavras, "o que não se pode medir, provavelmente não se está administrando". E "quando administra sem medição, o administrador pode até ter sorte, mas o provável é que esteja equivocado".

2. Os dados de custo são freqüentemente incorretos ou mal utilizados. É preciso haver consenso sobre por que informações de custos são importantes, sobre que tipos de informações de custo são úteis para os responsáveis pelas decisões públicas, e sobre como fazer a análise e apresentar os resultados de forma a angariar credibilidade junto a todas as partes interessadas.

3. O comportamento dos custos, contudo, raramente é compreendido. Costuma haver intenso desacordo entre os administradores a respeito da posição relativa de custos de uma empresa e dos motivos subjacentes. Um dos motivos é que os estudos de custos tendem a considerar os custos de fabricação e negligenciar o impacto de outros fatores na posição relativa de custos.

4. A análise de custos relativos é vital para a formulação de estratégias pelas empresas, pelas associações setoriais e pelas nações. Nessa área, o trabalho que temos visto em geral é inadequado, impreciso ou ambos. A análise de custos relativos

é difícil de fazer, e só é significativa se identificar as molas propulsoras fundamentais do sucesso de um setor.

Concorrentes

A análise da concorrência completa os três Cs vitais para que a empresa aprenda a obter crescimento sustentado. É útil tanto para melhorar as práticas atuais das empresas no mundo em desenvolvimento, quanto para defender posições de mercado. Também desempenha um papel crucial informando os dirigentes do setor privado sobre ameaças iminentes da parte da concorrência, e ajudando os tomadores de decisão do setor público a entenderem com mais clareza as potenciais implicações de suas decisões de política (por exemplo, em negociações comerciais).

A análise da concorrência consiste em coleta sistemática e análise de dados sobre os concorrentes de uma empresa. Para qualquer empresa, a qualquer dado momento, colocam-se diferentes opções com relação aos competidores: tomar a *ofensiva* contra eles, *deter* o seu ataque, *defender-se* caso já atacada, ou *aliar-se* com um competidor contra outro. Conforme Sun Tzu escreveu, por volta de 550 a.C., em *A Arte da Guerra*:

> Vencer cada batalha pela luta não é o resultado mais desejável... conquistar o inimigo sem recorrer à guerra é o mais desejável.
>
> A mais alta forma de habilidade militar é conquistar o inimigo pela estratégia... depois, é conquistar o inimigo pela aliança... a seguinte... conquistar o inimigo através de batalha... a pior... conquistar o inimigo sitiando cidades fortificadas.

Muito embora não sejamos tão belicosos quanto Sun Tzu, a citação ilustra bem o leque de opções à disposição do estrategista.

Como já discutimos nos capítulos anteriores, o mundo em desenvolvimento costuma subestimar sua capacidade de competir em determinados segmentos de mercado. Há uma mentalidade sobre competição que é de natureza fundamentalmente *limitativa*. Para desenvolver uma mentalidade que rompa essas limitações, é essencial dominar os fundamentos da concorrência: "pense em termos micro". Parte da missão de "pensar micro" é desenvolver uma compreensão do que a empresa precisa para vencer na concorrência. Como as empresas estão competindo pela clientela, fizemos uma análise demorada sobre a maneira de identificar e atender as necessidades dos clientes. Mas concorrência também é *contra* outras empresas, por isso é importante desenvolver a disciplina de constantemente analisar e reagir aos movimentos dos concorrentes.

Indústrias concorrentes de diferentes países têm, em linhas gerais, fontes de vantagem diversas — umas herdadas passivamente, outras criadas pelos líderes empresariais, mais outras criadas pelos responsáveis pelas políticas públicas. Compreender como essas fontes de vantagem afetam a concorrência no dia de hoje é fundamental; vai ajudar os líderes a entender com mais clareza em que termos estão competindo. É mais importante ainda, compreender como essas fontes de vantagem podem evoluir no médio a longo prazo, no entanto, é ainda mais importante. Qualquer cenário estático do ambiente competitivo estará obsoleto assim que for desenvolvido. Para pensar sobre a concorrência, é preciso pensar de maneira sistemática e dinâmica. Iniciativas governamentais que outros países estejam tomando neste momento podem produzir ambientes competitivos ricos em cinco ou dez anos. É melhor identificar essas condições agora, a medida em que elas vão se dando, para que não haja surpresas desagradáveis no futuro. Estabelecer "referenciais" (*benchmarking*) de indústrias concorrentes permite que as empresas e as indústrias permaneçam em dia com a dinâmica competitiva em mutação, e oferece uma boa visão dos motivos do sucesso ou do fracasso de iniciativas de políticas ou estratégias.

A Indústria Colombiana de Flores Revisitada

Nossa análise de custos desta indústria revelou que a Colômbia é na atualidade mais competitiva do que o México: pode produzir determinadas flores a um custo significativamente menor do que este país. E, no tocante a custos de transporte, a Colômbia ainda leva uma pequena vantagem sobre o México para entregar a mercadoria no seu destino final, pelo menos na Costa Leste dos Estados Unidos. Se bem que isso seja uma boa notícia para os floricultores colombianos, a situação está em franca mudança.

O ponto principal do nosso trabalho junto ao setor, portanto, foi ajudá-lo a identificar desafios futuros e a preparar novas estratégias. O setor precisava entender melhor a natureza evolutiva dos canais de distribuição e das preferências da clientela. Nossa hipótese era de que à proporção que aumentassem as pressões macroeconômicas, tais como a apreciação cambial, os colombianos precisariam desenvolver uma estratégia migratória para mudar a base de sua concorrência, passando da mão-de-obra barata em mercados de flores de tipo *commodity* para mercados de flores mais especializadas, menos suscetíveis às flutuações macroeconômicas.

Para tratar desses desafios, fizemos várias análises, inclusive uma análise de custos para as rosas vermelhas (a flor escolhida como amostra para estimar a posição de custos do setor como um todo) e um perfil dos floricultores mexicanos concorrentes. A Figura 9-7 mostra que os colombianos mantinham uma forte vantagem de custos na produção de

Figura 9-7. Posição relativa de custos da produção de rosas: México *versus* Colômbia, 1993.

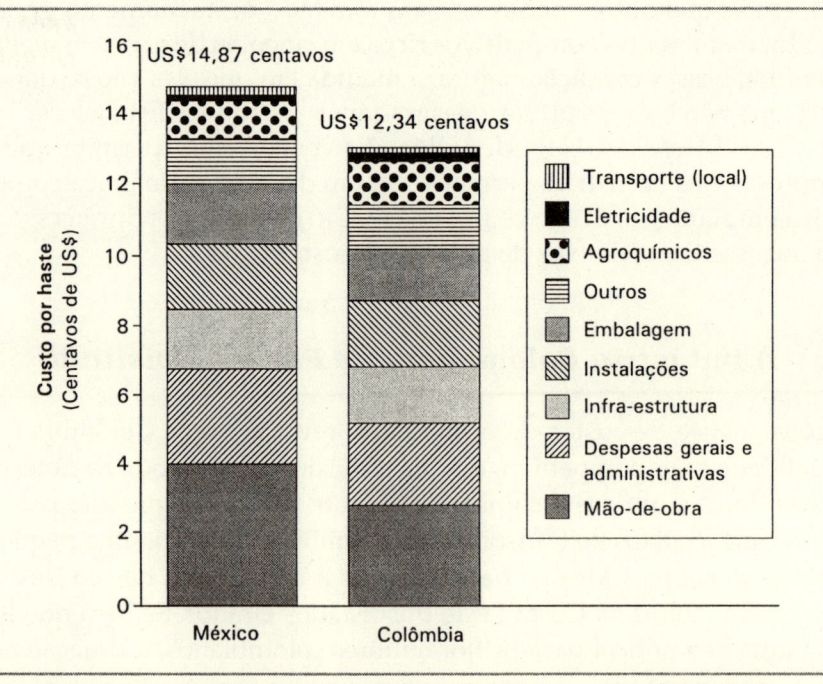

Fontes: Entrevistas com cultivadores mexicanos e colombianos, análise da Monitor.

rosas vermelhas. Os mexicanos, no entanto, estão acumulando vantagens em seu ambiente competitivo capazes de vir a transformá-los em concorrentes formidáveis. O desafio dos produtores colombianos é identificar onde estarão as futuras fontes de vantagem do México e começar a se configurar de modo a mitigar os riscos ao seu próprio sucesso.

O primeiro passo numa análise da concorrência é realizar uma *auditoria estratégica* na sua própria empresa, para tornar explícitas as suas próprias estratégias e pressupostos a respeito do mercado. Na indústria colombiana de flores, há muitas empresas diferentes e também muitas estratégias diferentes, mas o setor como um todo partilha traços comuns na sua abordagem estratégica.

Para as flores colombianas, o principal mercado exportador são os Estados Unidos (90% das exportações). As principais flores exportadas são rosas, crisântemos, pompons e cravos. Quase todas as flores são remetidas via aérea de Bogotá para Miami, onde são adquiridas em consignação pelos intermediários. A costa leste é responsável por cerca de 40% de todo o consumo de flores dos Estados Unidos, e a área da Flórida, por 10%. A atual estratégia de distribuição da Colômbia é enviar todas as flores diretamente para Miami, onde os intermediários fazem as vendas aos atacadistas e cobram aos colombianos uma taxa-padrão de US$12 por caixa, independentemente do preço de venda. De Miami, as flores são enviadas de caminhão para os atacadistas em seus respectivos destinos. Essa estratégia, desenvolvida na década de 60, proporcionou à Colômbia uma posição de mercado muito forte nas áreas em que ela concorre nos Estados Unidos.

Os colombianos não seguiram o modelo holandês de criar um sistema de leilão; ao invés disso, muitos dos grandes produtores colombianos abriram empresas de intermediação em Miami. A questão enfrentada pelos produtores colombianos de flores (e pelo governo, que se beneficia muito da receita cambial e do emprego gerado pelo setor) é: será que a atual estratégia de distribuição vai continuar a obter êxito?

Tendo explicitado qual é a estratégia colombiana, podemos compará-la à estratégia mexicana, a fim de determinar a natureza da ameaça apresentada pelo México. A análise de custos já demonstrou que a Colômbia é mais competitiva do que o México. O verdadeiro desafio é determinar a duração dessa vantagem e como os custos de transporte até o consumidor final vão mudar essa posição. Nossa pesquisa mostra que a verdadeira vantagem que o México parece ter é sua localização geográfica e um clima de cultivo variado. Embora no momento não seja competitivo em termos de custo, caso consiga levar seus planos a cabo, o México poderá enviar flores para muitos locais nos Estados Unidos, por terra, de maneira menos dispendiosa do que a rota usada pelos colombianos, por via aérea até Miami e depois por terra.

Como discutimos no Capítulo Três, talvez o mais importante na estratégia mexicana de distribuição seja eliminar o papel do intermediário, e concentrar-se nos segmentos geográficos que constituem ponto positivo para o México. Em outras palavras, o México não parece estar se posicionando para disputar com os colombianos uma fatia do mercado da costa leste, mas sim para competir nas áreas do centro-oeste e do oeste dos Estados Unidos. Chicago, por exemplo, consome 21% das flores nos Estados Unidos, e no momento não é diretamente atendida pela Colômbia; as flores colombianas precisam passar pela alfândega em Miami para depois serem transportadas para Chicago.

É preciso observar que o México jamais constituiu ameaça para a Colômbia, de tão pequeno que era o volume de suas exportações de flores. Em 1992, o México exportou apenas US$30 milhões para os Estados Unidos, um valor irrisório comparado aos US$350 milhões da Colômbia. O México, entretanto, conseguiu criar (ou reagir a) uma demanda doméstica de flores que o posicionou muito bem. Agora, vende 90% das flores para o mercado interno, a preços às vezes mais altos do que obteria na exportação. A Colômbia, ao contrário, está vendendo menos de 1% de sua produção no mercado interno. É do conhecimento geral, no entanto, que os produtores mexicanos produzem uma flor de qualidade inferior em razão de má tecnologia na floricultura. Além disso, os consumidores mexicanos, embora dispostos a pagar preços competitivos pelas flores, não exigem um produto de tanta qualidade quanto os consumidores norte-americanos. Assim sendo, apesar de alta, a demanda doméstica não é do tipo que antecipa demanda internacional e, portanto, não está provocando o aperfeiçoamento do setor mexicano de flores.

Com a entrada em vigor do NAFTA, contudo, muitos observadores do setor acreditam que os cultivadores mexicanos vão visar cada vez mais o mercado norte-americano. Também se acredita que muitos cultivadores norte-americanos poderão se mudar para o México a fim de tirar proveito dos salários mais baixos. Se for verdade, flores produzidas no México vão fazer incursões substanciais na posição tradicionalmente dominante da Colômbia.

Esse breve esboço da análise da concorrência na indústria de flores esclarece diversos pontos. A regra mais fundamental na análise da concorrência é começar com uma auditoria estratégica de sua própria empresa e setor; para entender as informações sobre os concorrentes, é necessário ter um referencial de comparação. Além disso, é vital identificar quais são os concorrentes a analisar, e entender por que estão sendo analisados e que informações é possível obter deles. O objetivo de se fazer uma análise da concorrência é criar um "perfil da ação da concorrência" que ajudará a planejar e implementar estratégias distintas.

Um perfil da concorrência deve tratar de quatro questões fundamentais:

1. O concorrente está satisfeito com sua atual posição?
2. Quais os prováveis movimentos futuros ou mudanças estratégicas que o concorrente fará, e que perigo oferecem?
3. Qual é o ponto mais vulnerável do concorrente?
4. O que será capaz de provocar a maior e mais danosa retaliação por parte do concorrente?

Perfil da Ação da Concorrência: Integrando os Três Cs

O perfil da ação da concorrência deve constituir o instrumento de integração dos três Cs: análise da concorrência, análise de custos e análise da clientela. Em outras palavras, oferecendo um instantâneo dos principais competidores em segmentos cruciais, o perfil da ação da concorrência permite à empresa ver como opções estratégicas fundamentais afetam o ambiente competitivo.

Estratégia

As opções dos concorrentes se manifestam pelo seu comportamento. Estratégia é o que as empresas *fazem*, não o que elas dizem que fazem. O Quadro 9-3 é um exemplo de perfil da concorrência, com a parte estratégica do perfil em destaque. Trata-se de um perfil da Goya Foods, empresa descrita no Capítulo Quatro como decidida a se concentrar no atendimento ao mercado hispânico de alimentos e bebidas nos Estados Unidos. Para as empresas colombianas de suco de frutas desejosas de entrar no mercado norte-americano, é essencial compreender quem são os participantes atuais e que estratégias estão adotando.

A estratégia da Goya está definida de maneira clara e bastante eficaz. Seu sucesso histórico limita as opções disponíveis para as empresas colombianas que pretendam entrar no mercado de suco de frutas dos Estados Unidos. A estratégia da Goya de desenvolver uma ampla linha de produtos, controlar os canais de distribuição para os mercados hispânicos, e manter um foco geográfico forte tem colocado barreiras significativas à entrada das novas empresas colombianas. Muito embora não impeça as empresas colombianas de tentar entrar no mercado norte-americano, essa estratégia reduz as opções que lhes são viáveis. A estratégia consistente e centralizada da Goya deve permanecer assim; não há previsão de mudanças na tendência do mercado capazes de alterar em termos radicais o horizonte competitivo.

Isso contrasta, digamos, com a indústria gráfica ou de flores, onde a entrada em vigor do NAFTA criou ambientes muito mais imprevisíveis para as empresas colombianas *vis-à-vis* ao México. Os benefícios em potencial do acordo são difíceis de mensurar; as estratégias alternativas que podem resultar dele são de igualmente difícil previsão. Um ambiente dinâmico e mutável resulta em estratégias mutáveis. Em conseqüência, as estratégias do passado talvez sejam menos capazes de revelar estratégias para o futuro do que se poderia esperar. Nesse caso, ter uma compreensão nítida dos pontos fortes e fracos do ambiente competitivo doméstico de uma empresa rival vai ajudar a prever estratégias futuras.

Ao estudar os concorrentes, é bom ter sempre em mente que as fontes de vantagem competitiva costumam se encaixar em uma das categorias básicas retratadas na matriz da Figura 9-8. Na indústria de flores, por exemplo, as empresas colombianas tendem a se considerar

Capítulo Nove: Aprendizado ao Nível da Empresa

Quadro 9-3. Perfil da concorrência: Goya Foods, 1993.

Estratégia	Capacidades
• Empresa de produtos alimentícios diferenciados visando consumidores hispânicos nos Estados Unidos e em Porto Rico. • Ampliar a linha de produtos (840 produtos) para alavancar o valor da marca junto ao mercado-alvo. • Explorar infra-estrutura de distribuição disseminada através de entrega direta nas lojas. • Fabricar a maior parte dos produtos em Porto Rico. • Focalizar as áreas metropolitanas com significativa população hispânica. • Novo foco nos supermercados convencionais e em mexicanos, centro-americanos e sul-americanos.	**Pontos fortes** • Excelente capacidade de vendas e de distribuição: — a maior equipe de vendas entre todas as empresas hispânicas nos Estados Unidos; — centros de distribuição em sete cidades norte-americanas. • Empresa bem calçada financeiramente: — a maior empresa detida por hispânicos nos Estados Unidos; — US$453 milhões em vendas (1992). • Excelente reconhecimento da marca. • Forte no nordeste dos Estados Unidos (com 80% de participação em alimentos hispânicos) e junto a hispânicos de origem caribenha. **Pontos fracos** • Presença mínima na região oeste dos Estados Unidos e junto a mexicanos, centro-americanos e sul-americanos.
Metas	**Pressupostos**
• Penetrar nos supermercados convencionais e migrar para a região oeste dos Estados Unidos. • Alterar a composição da linha de produtos de 5% de comida mexicana para 20% nos próximos cinco anos. • Contratar mais distribuidores que atendam ao mercado mexicano. • Começar a penetrar nos mercados da América Latina através de *joint ventures*. • No momento, visar o México e a Venezuela.	• "Não existe *um* mercado hispânico; há, isto sim, muitos mercados." — Frank Unanue, Presidente da Goya Foods. • Os principais concorrentes são empresas com base nos Estados Unidos e forte enfoque latino: — Libby's, Hunt's, Sopas Campbell.

Figura 9-8. Escopo competitivo.

	Baixo custo	Diferenciação
Amplo	Estratégia geral de custos	Diferenciação
Estreito	Enfoque baseado em custos	Enfoque baseado em diferenciação

(Escopo competitivo)

Fonte: Michael E. Porter, *Competitive Strategy* (New York: Free Press, 1980).

produtores diferenciados com um escopo de produto estreito, enquanto os holandeses teriam um escopo muito amplo com produtos claramente diferenciados. Como já mencionamos, embora os produtores colombianos considerem o seu produto diferenciado, a impossibilidade de cobrar uma margem mais alta nas suas flores na verdade significa que estão competindo mais em termos de custos do que de diferenciação. Porém, o objetivo da matriz não é indicar o mérito relativo de cada canto, mas forçar as empresas a fazerem uma opção explícita sobre em que canto desejam competir.

Compreender o conceito de opção estratégica básica é vital para entender os concorrentes. Mais uma vez, o que mais importa a respeito da opção estratégica é que seja explícita. Cada opção estratégica tem seu mérito relativo, passível de discussão; contudo, quando se escolhe uma estratégia, ela deve ser explícita. Como as empresas freqüentemente escolhem estratégias conflitantes ou deixam de adotar as estratégias escolhidas com fiel determinação, elas se tornam vulneráveis à concorrência. Em termos gerais, não há uma opção estratégica *certa*; há, no entanto, características de uma opção correta. Quando um competidor

Capítulo Nove: Aprendizado ao Nível da Empresa

faz determinadas opções estratégicas, portanto, a empresa rival pode testá-las respondendo às seguintes indagações:

1. As decisões do concorrente são claras?
2. Suas decisões são consistentes entre si e com a estratégia divulgada pela empresa?
3. As decisões são consistentes com o ambiente competitivo em que o concorrente se encontra?
4. As decisões são claramente priorizadas?
5. As decisões são apoiadas por políticas e ações concretas?

Acompanhar as decisões dos concorrentes ao longo do tempo pode revelar tendências e padrões de comportamento persistentes. Além disso, identificar as implicações *funcionais* chave das decisões estratégicas dos concorrentes pode ajudar a empresa ou o setor a focalizar áreas em que pode melhorar. Desenvolver uma compreensão integrada das decisões dos concorrentes e testar sua consistência pode levar à descoberta de outros padrões de competição. Por fim, testando a estratégia de um concorrente contra a sua própria, a empresa é capaz de desenvolver uma agenda estratégica para melhorar sua própria posição competitiva.

Um interessante estudo de caso em análise da concorrência é a evolução da indústria automobilística japonesa. No início da década de 70, as empresas japonesas fizeram opções claras no sentido de atender um nicho específico da indústria automobilística: consumidores que valorizavam carros confiáveis e baratos. Em conseqüência, os japoneses adotaram uma estratégia de produzir linhas limitadas de automóveis baratos. Sua opção estratégica também lhes permitiu inovar no processo de fabricação, por não estarem, ao contrário dos seus concorrentes nos Estados Unidos, adotando estratégias de integração vertical, mas sim desenvolvendo um complexo sistema de fornecedores para o seu processo de produção. Tendo alcançado êxito com esse escopo estreito de produtos, na década de 80 as empresas japonesas começaram a ampliá-lo. Procuraram maneiras de alavancar sua capacidade tecnológica e de fabricação com a entrada em outros segmentos do mercado, através da adoção de um escopo geográfico mais amplo e do desenvolvimento de uma abordagem de competição mais voltada para a clientela, enquanto mantinham seu foco na produção de carros baratos. Na década de 90, empresas como a Toyota e a Nissan já haviam abarcado parte do mercado de carros de luxo com as marcas Lexus e Infinity. Estavam em condições de desenvolver um produto realmente diferenciado, mas fizeram isso baseando-se no sucesso que haviam experimentado em cada uma das décadas anteriores.

Capacidades

As capacidades incluem os recursos — físicos, financeiros, humanos, e de informação — que uma empresa rival converteu em vantagem competitiva. A maior parte de uma análise tradicional da concorrência enfoca as capacidades; especificamente, os pontos fortes e fracos em termos funcionais. A maioria das análises de capacidades são muito pouco úteis, porque focalizam em excesso algumas poucas funções, tais como dados financeiros ou sobre produtos. Costuma também haver pouca disponibilidade de dados, o que causa uma supervalorização do saber convencional ao interpretá-los.

É importante *estabelecer referenciais (benchmark)* para todas as principais funções de um concorrente, para basear a análise desse concorrente em desempenho e não em declarações, e para monitorar seu desempenho ao longo do tempo. Exemplos de tipos de dados úteis incluem faturamento, fatia de mercado, lucro líquido, retorno sobre ativos, retorno sobre o capital, índices de alavancagem, despesas de capital e fluxo de caixa. Se o concorrente está adotando uma estratégia de diferenciação, também pode ser útil entrar em contato com os clientes e tentar medir seu grau de satisfação de acordo com critérios específicos.

Na análise de capacidades, desenvolver um *perfil de operações* do competidor é uma boa idéia. Isso tipicamente inclui fábricas, equipamento, configuração da matriz e configuração da equipe de vendas. A capacidade organizacional da empresa também deve ser considerada.

A análise da capacidade da concorrência também deve incluir uma *pesquisa de produtos*, o que significa que é essencial desenvolver uma base de comparação. Mais uma vez, a empresa deve conhecer, em primeiro lugar, suas próprias capacidades. O ideal é que isso inclua um "perfil de produtos", composto dos seguintes tipos de informações ao longo do tempo: características de desempenho, pontos de preço e preço de venda médio líquido, volume vendido, canais de distribuição, segmentos de uso final e análises internas de lucros e perdas. Também seria ideal que essas mesmas informações pudessem ser coletadas de concorrentes relevantes e que se fizesse uma análise comparativa. É difícil extrair essas informações dos competidores, mas há maneiras de obtê-las: examinando listas de preços, conversando com vendedores, visitando lojas de concorrentes, falando com representantes das empresas e coletando a maior quantidade possível de informações publicamente disponíveis.

A análise da capacidade da concorrência que fizemos em cima da R.R. Donnelley, forte concorrente do setor gráfico e editorial da Colômbia, foi valiosa para os líderes industriais colombianos porque revelou informações cruciais sobre um novo competidor. (Ver Quadro 9-4.)

Para entender as capacidades dos seus concorrentes, uma empresa precisa desenvolver um senso nítido da posição de custos do concorrente em relação à sua própria. E, se for possível, é útil saber até que ponto os concorrentes estão atendendo bem às necessidades da clientela.

Metas e Pressupostos

Muitos dirigentes empresariais relutam em analisar questões "qualitativas", tais como metas e pressupostos, que muitas vezes determinam a opção estratégica e ajudam a revelar que definição de vitória o concorrente tem em mente. Nesse sentido, é importante determinar todas as metas relevantes: financeiras, não-financeiras, societárias, da unidade de negócios e pessoais.

As metas da empresa costumam ser dirigidas por uma combinação de expectativas de integrantes-chave, história estratégica e arquitetura estratégica. Em outras palavras, as metas de um concorrente podem ser moldadas em grande parte por coisas tais como pressão dos acionistas, intervenção governamental, influência de empregados ou sindicatos, dirigentes ou clientes. Ao mesmo tempo, as metas serão formuladas em parte pela experiência passada do competidor em tomar decisões estratégicas; o horizonte de opções dependerá dos fracassos e êxitos do passado. A arquitetura estratégica de uma empresa também pode desempenhar papel importante na modelagem e no desenvolvimento de suas metas. Dadas determinadas restrições (recursos humanos, liderança, estrutura, sistemas), as metas talvez estejam necessariamente limitadas.

Os pressupostos são as regras de bolso — individuais e coletivas — que guiam a tomada de decisão. Brotam das mesmas fontes que as metas do concorrente e, em certos casos, encontram-se estruturalmente arraigadas na empresa. Embora seja às vezes difícil de articular, o conhecimento dos pressupostos é essencial para compreender como pensa o concorrente; certos ou errados, eles influenciam decisões e ações. De fato, pressupostos obsoletos ou enganosos são particularmente significativos pelo que são capazes de nos transmitir.

O conhecimento das metas e dos pressupostos da concorrência permite que a empresa evite lutas desnecessárias e possa explorar os pontos fracos do competidor.

Algumas metas são explícitas e podem ser encontradas em declarações públicas, relatórios anuais ou entrevistas. Outras podem ser deduzidas através de uma investigação mais criativa (do desempenho financeiro, da estrutura organizacional e da experiência anterior dos executivos).

Síntese: Pontos a Aprender Sobre a Concorrência

A análise da concorrência é um aspecto dos *três Cs* de ações de aprendizado vitais para criar estratégias sustentáveis, e é uma parte importante da missão das empresas de "pensar micro".

1. A análise da concorrência consiste em uma coleta sistemática de dados e uma análise das diferentes *opções* existentes com relação aos competidores: tomar a ofensiva, deter o concorrente ou defender-se dele, ou aliar-se com um competidor contra outro.

2. A análise da concorrência deve ajudar no *planejamento e na implementação* de estratégias distintas, que capacitem as empresas a competir de maneira mais eficaz no mercado global.

Capítulo Nove: Aprendizado ao Nível da Empresa

Quadro 9-4. Perfil da concorrência: R.R. Donnelley.

Estratégia	Capacidades
• Usar a *maquiladora* de Reynosa para imprimir livros profissionais e juvenis, especialmente para o mercado norte-americano; — no entanto, tentar vender também para o mercado doméstico. • Tornar-se um participante de peso no mercado mexicano, com as instalações de San Juan del Rio, Querataro e Cidade do México: — em março de 1992 adquiriu as operações do Laboratório LitoColor naquelas duas cidades; — planos para expandir as instalações de San Juan del Rio de 9.000 metros quadrados para 14.000 metros quadrados até o final de 1993; — nova impressora alimentada pela *web* e perfeita linha de encadernação.	**Pontos fortes** • Base financeira ampla oferece financiamento barato e economias de escala na aquisição de maquinaria e materiais primários. • O recém-indicado presidente das operações mexicanas, Jesus Ramos, tem experiência e é altamente respeitado dentro do mercado mexicano; — proporciona o necessário *know-how* de mercado. **Pontos fracos** • Os preços dos livros para crianças de Reynosa são superiores aos da maioria dos concorrentes no México. — A produtividade da gráfica do México não corresponde à das localizadas nos Estados Unidos. — Ativos subutilizados (50% de utilização da capacidade).
Metas	**Pressupostos**
• Atingir US$4MM em vendas domésticas até 1994, US$50MM em 1995, e US$100MM em 1998. • Instalar gráfica de Reynosa como *maquiladora*. • Começar a produção de catálogos de telefone no futuro próximo.	• O mercado interno mexicano vai crescer, particularmente se o NAFTA for ratificado; — vê grande oportunidade nos catálogos de telefone. • Maquinaria nova e tecnologicamente avançada vai oferecer vantagem competitiva em relação às demais empresas locais.

Fontes: Entrevistas da Infotec, entrevistas da Monitor, *Graphic Arts Monthly.*

3. Acompanhar as decisões da concorrência ao longo do tempo pode revelar tendências persistentes e *padrões de comportamento*, permitindo que as empresas antecipem ações, ao invés de simplesmente reagirem às medidas tomadas pelos competidores.

Resumo

Como Cervantes bem sabia, o aprendizado não deixa de ter suas "inconveniências". Ele menciona "tonturas" e "indigestão", entre outras. Na nossa maneira de ver, o mais custoso é *não* aprender.

Os tipos de aprendizado discutidos neste capítulo — os três Cs — proporcionam a informação relevante para as decisões estratégicas que as empresas têm que tomar. Esse aprendizado pode ser um grande ponto de alavancagem para atenuar os problemas inerentes aos sete padrões e transformá-los em oportunidades de crescimento.

Saber mais sobre o cliente, por exemplo, vai ajudar as empresas a contar menos com as *condições de fatores*, uma vez percebido que estão freqüentemente competindo em meio a uma má combinação das "cinco forças", com muita rivalidade e pouca capacidade de influenciar o comportamento da clientela. Entender os custos e os concorrentes influi na melhoria da *posição relativa*, por esclarecer quais as vantagens competitivas sustentáveis e dos pontos fracos fundamentais a superar. A combinação de todos os três Cs permite que as empresas tomem decisões sobre sua capacidade e sobre a conveniência de se *integrar verticalmente com a distribuição* e oferece uma base para a *cooperação entre empresas*.

Talvez o uso mais inovador desse tipo de aprendizado ao nível da empresa é dar nova forma ao diálogo entre o setor público e privado sobre as realidades do ambiente competitivo internacional, o que proporciona uma oportunidade para superar o comportamento *paternalista*. Isso não significa que o governo deva usar essas informações para assumir abertamente um papel intervencionista; contudo, hoje em dia, como muito do diálogo entre o governo e o setor privado é marcado por deficiência de informações, os resultados costumam ser imputações negativas e *atitude defensiva*.

Um aprendizado aperfeiçoado, do tipo estratégico, vai ajudar os líderes do país a se concentrarem na criação de vantagens sustentáveis, difíceis de imitar, que posicionem as empresas locais mais perto dos usuários finais. Os benefícios incluem a formação de alianças internacionais e a criação de valor alto e crescente para clientes cada vez mais sofisticados, dispostos a pagar mais pelo valor único que por acaso percebam. Aprendizado desse tipo dá margem a opções bem informadas, que melhoram o posicionamento competitivo e ajudam a transformar os sete padrões em fontes de vantagem.

CAPÍTULO DEZ

Mecanismos de Direção

> Cheguei à conclusão de que é melhor o governo ser consistente,
> *mesmo* que consistentemente burro.
> — *Gerente de indústria têxtil peruana*

Nos capítulos anteriores, sugerimos que diversos fatores impediram as empresas andinas de criar as sete oportunidades de crescimento sustentado e, no último capítulo, discutimos em detalhe um desses fatores, a falta de enfoque estratégico. Outro fator que contribui e merece exame atento é o limitado pensamento e investimento de longo prazo, que pode ser conseqüência involuntária das estruturas institucionais e organizacionais.

Por que o estilo de pensamento e aprendizado estratégico apresentado nos Capítulos Oito e Nove não foram adotados por mais empresas nos Andes ou na América Latina como um todo? Em parte porque o governo e as instituições setoriais deixaram de proporcionar um ambiente em que o pensamento de longo prazo pudesse florescer. A falta de clareza governamental sobre políticas e instituições gera incerteza e pensamento de curto prazo no setor privado. Ao mesmo tempo, as associações setoriais chegaram à conclusão de que, para serem eficazes, seus esforços são mais bem despendidos tentando influenciar as políticas governamentais do que instruindo os líderes empresariais sobre estratégia e gestão. Mudar o enfoque das realidades do mercado para as políticas governamentais contribui de maneira significativa para os padrões de inibidores da competitividade discutidos na Parte Um.

Denominamos as estruturas e as políticas organizacionais de *mecanismos de direção*, e acreditamos que eles muitas vezes desempenham um papel importante na limitação da qualidade do aprendizado que se pode realizar em organizações complexas — empresas, associações setoriais ou governos. Há três tipos de mecanismos de direção: (1) organizacionais, (2) legais e administrativos e (3) informais. Os mecanismos organizacionais envolvem o planejamento e o fluxo formal de poder, autoridade e comunicação por toda uma organização. Os mecanismos informais envolvem a cultura de uma organização em particular — formas de conduta que não estão escritas, mas exercem clara influência na maneira de fazer as coisas: o que pode ser dito, como as pessoas devem se comportar, como aprendem ou trabalham em conjunto. Em uma empresa, os mecanismos legais e administrativos envolvem o estabelecimento de diretrizes para questões tais como férias ou licença médica, uso do computador ou da xerox, ou reembolso de despesas. No governo, esses mecanismos compreendem uma ampla variedade de leis, regulamentos, decretos e políticas, que têm um impacto dramático sobre a economia nacional.

Este capítulo vai enfocar as implicações dos mecanismos legais e administrativos a partir da perspectiva do governo, através do exame detalhado do caso do governo boliviano. A análise demonstra como os mecanismos de direção desenvolvidos em uma organização, durante um período de tempo, podem restringir as opções estratégicas à disposição dos que trabalham na organização, ou trabalham com ela. Examinamos esse processo no governo boliviano em um espaço de quarenta anos. Não tencionamos mergulhar fundo na história boliviana, mas desenvolver uma noção de como as medidas de política, ao longo do tempo, criam mecanismos de direção capazes de limitar a capacidade da organização de tirar proveito das sete oportunidades de crescimento sustentado discutidas na primeira parte deste livro.

ESTUDO DE CASO DO GOVERNO BOLIVIANO

A carteira de instrumentos de política de uma nação, ou seja, seus mecanismos de direção afetam as estratégias adotadas pelas suas empresas. Isso acontece da seguinte forma:

- influenciando o equilíbrio entre a concorrência de mercado e a regulação do mercado;
- criando dilemas entre o crescimento econômico e a redistribuição da riqueza.

Dependendo das áreas enfatizadas por determinada administração, as empresas vão alterar o seu comportamento a fim de maximizar seus próprios ganhos dentro daqueles sistemas. A grande ironia no mundo em desenvolvimento é que, apesar de muitos dirigentes empresariais costumarem ser pessoas racionais e previsíveis, eles desenvolveram estratégias que, com freqüência, parecem bastante irracionais. A ironia reside na eficácia com que esses dirigentes criaram empresas de sucesso em ambientes muito difíceis, ao mesmo tempo que encontram tanta dificuldade em se adaptar às realidades da concorrência global. Quando um governo cria um conjunto complexo de mecanismos para gerir a economia, tais como tarifas aduaneiras, isenções tributárias e taxas de juros preferenciais, as pessoas de negócios desenvolvem estratégias empresariais que alavancam essas vantagens artificiais. Compreender como as medidas governamentais criam mecanismos organizacionais e administrativos que alteram, em termos fundamentais, o comportamento dos líderes empresariais é um passo vital para a criação de um processo que permitirá a esses líderes uma mudança de comportamento.

Ao longo deste capítulo, o leitor deve manter em mente duas questões:

- Como as políticas governamentais afetam as condições do ambiente competitivo de uma nação?
- Como as políticas governamentais influenciam as opções estratégicas à disposição de uma empresa?

Capitalismo de Estado: 1952-1972

Quando o presidente Paz Estenssoro assumiu o poder em 1952, a Bolívia era predominantemente rural e subdesenvolvida, com a agricultura e setores correlatos empregando 72% da população, mas contribuindo com apenas 33% do PIB. O sistema de latifúndios havia criado uma estrutura onde 6% dos proprietários controlavam 92% da terra cultivada, e o desequilíbrio de poder e de riqueza entre alguns poucos privilegiados e a maioria da população era amplamente reconhecido.

Embora a agricultura fosse então responsável pela maior parte do emprego, era o setor de mineração que gerava a maioria da renda e das receitas cambiais. Na década de 30, as minas bolivianas eram muito produtivas e mundialmente competitivas; no entanto, ao se aproximarem da década de 50, com o esgotamento dos veios principais e a insuficiência de investimentos de capital, já não eram mais competitivas em termos globais.

À luz desse cenário, o presidente Paz Estenssoro criou uma agenda estratégica pela qual o estado se tornaria o "estrategista-mor" da economia e interviria para corrigir as aberrações do mercado que haviam levado a tal concentração de riqueza e injustiça social. Ele projetou mecanismos de redistribuição de riqueza a grupos de camponeses, através de uma extensa reforma agrária e aumentando os investimentos em educação e serviços na zona rural. Também nacionalizou as três maiores empresas de mineração e estendeu a esfera de influência do governo na gestão de outras empresas estatais. O modelo de "capitalismo de estado" por ele empregado tinha as seguintes características:

- o setor público assumiu a responsabilidade pela maior parte dos investimentos de capital;
- o governo desempenhava um papel ativo na gestão da microeconomia;
- desenvolveram-se relações especiais entre o governo e segmentos favorecidos, para promover a atividade econômica e o emprego.

Parte da estratégia econômica de Paz Estenssoro era aplicar um modelo de desenvolvimento baseado na substituição de importações, através da imposição de tarifas aduaneiras e subsídios para encorajar a industrialização da Bolívia. Sua esperança era que o aumento do investimento estatal, a estreita cooperação com o empresariado e o ambiente protegido dessem impulso à industrialização. Para financiar esses esforços, ele também precisou recorrer a uma ajuda substancial dos Estados Unidos e criar regras para o investimento estrangeiro que favorecessem as empresas norte-americanas.

Que espécies de mecanismos institucionais foram criados em conseqüência desse tipo de opção estratégica e das medidas tomadas pelo governo? Além da necessidade de uma estrutura organizacional cada vez mais complexa para desempenhar as atividades expandidas do estado, havia um conjunto intrincado de medidas de política que exerciam profundo impacto sobre como os negócios eram conduzidos na Bolívia. Uma amostra pode ser vista no Quadro 10-1.

Paz Estenssoro acreditava que o estado tinha um papel importante a desempenhar, tanto impulsionando o processo de industrialização, quanto oferecendo uma rede de segurança social. Essa convicção levou-o a ampliar o papel do estado, esperando poder criar com isso um ambiente favorável à inovação. Pelo contrário, seu complexo conjunto de políticas produziu um ambiente legal e regulatório tal que, na verdade, inibiu a inovação e o aperfeiçoamento nacional — exatamente as metas que ele tentava alcançar. Criando taxas de câmbio múltiplas, elevando tarifas aduaneiras, desvalorizando a moeda e aumentando a participação do estado na extração de recursos naturais, o governo incentivou os líderes empresariais a se tornarem menos competitivos.

Havia pouca competição para encorajar a inovação, e as políticas de preferência permitiam que os empresários obtivessem lucros relativamente fáceis. De mais a mais, as ações que o governo empreendeu causaram um aumento no custo de vida de vinte vezes, entre 1952 e 1956, uma queda real no PIB de 13% e aumento nos déficits orçamentários.

Os anos de 1956 a 1972 contam uma história semelhante: muitas gestões presidenciais tentando desenvolver um papel para o estado que melhorasse a produtividade da economia e protegesse seus cidadãos das dificuldades econômicas. Ao invés, as políticas governamentais criaram um ambiente cada vez mais complexo para as empresas competirem; as mudanças de abordagem governamental criaram incerteza,

Quadro 10-1. Políticas econômicas bolivianas, 1952-1956.

Instrumentos de política	Áreas de política					
	Monetária	Fiscal	Comercial	Investimento direto estrangeiro	De rendas	Setorial
Legais	• Regime de taxas de câmbio múltiplas	• Transferência de recursos da área militar para saúde e educação	• Restrições seletivas à importação	• Regras para investimentos em petróleo reformuladas em favor dos interesses dos EUA	• Decreto da Reforma Agrária • Eliminação do serviço de *pongo* e da *pongueaje* para camponeses	• Monopólio estatal sobre exportações e vendas de todos os minerais
Administrativos	• Crédito subsidiado concedido a empresas estatais	• Permitiu-se que os déficits orçamentários aumentassem	• Elevação de tarifas para aumentar a receita do governo	• Alianças com investidores privados estrangeiros na área de petróleo	• Lançamento da COB[1] • Concessão de alimentos e outros subsídios aos mineiros	• Concessão pela CBF[2] de grandes subsídios ao setor privado
Diretos de mercado	• Impressão de moeda para financiar os déficits orçamentários	• 33% do orçamento de 1958 cobertos por fundos dos Estados Unidos	• Desvalorização da taxa de câmbio com o aumento da inflação	• Ajuda externa aplicada em moderno sistema rodoviário	• Importação de alimentos dos Estados Unidos conforme Lei Federal 480	• Nacionalização de 67% das minas, absorvidas pela COMIBOL[3]
Resultados econômicos	• Aceleração da inflação entre 1952 e 1956	• Aumento dos déficits orçamentários	• Controles sobre o comércio exterior não impedem aumento dos déficits comerciais	• Aumento da ajuda externa • Investimento privado externo é mínimo	• Aumento dos salários prejudicado pelo aumento da inflação	• Importância crescente das exportações de recursos naturais na economia

Fontes: Padrão de James Austin, *Managing in Developing Countries* (New York: Free Press, 1990), 89; Herbert S. Klein, *Bolivia: The Evolution of a Multi-Ethnic Society* (New York: Oxford University Press, 1992); Jeffrey Sachs e Juan Antonio Morales, *Bolivia 1952-1986* (Califórnia: Centro Internacional de Desenvolvimento Econômico, 1988); e entrevistas da Monitor.

Observações: 1. COB = Central Obrero Boliviana

2. CBF = Corporación Boliviana de Fomento

3. COMIBOL = Corporación Minera de Bolivia

que limitou o investimento do setor privado, e o governo continuou a aumentar o seu envolvimento na indústria. Além do mais, houve um ressurgimento do nacionalismo econômico no início da década de 70, inclusive com a nacionalização da Gulf Oil Company, a anulação dos contratos com a US Steel e a expulsão do Corpo da Paz dos Estados Unidos.

Os Anos de Banzer: 1972-1976

Em 1972, o coronel Banzer assumiu o poder comprometendo-se a desenvolver vantagens mais sofisticadas para as empresas bolivianas, embora mantivesse o mesmo foco que Paz Estenssoro nas políticas de redistribuição. Banzer teve a sorte de estar no leme quando as exportações bolivianas estavam gerando receitas recorde para o país, criando um ambiente positivo para a realização de investimentos significativos na economia nacional. A receita das exportações elevou-se dos US$226 milhões de 1970 para US$650 milhões em 1974, dando à Bolívia o seu maior superávit comercial até então. O principal motor do sucesso foi a duplicação dos preços do estanho entre 1973 e 1974.

O coronel Banzer usou a riqueza obtida com a elevação dos preços dos minérios e com a facilidade de crédito estrangeiro para fazer investimentos ambiciosos em infra-estrutura, mineração e subsídios ao desenvolvimento industrial. Foi um caso clássico do governo que tenta com afinco acertar, e criar tipos de vantagens necessárias para as empresas concorrerem com sucesso. Mas, com o excesso de fundos, houve aumento da corrupção, e a administração inchada mostrava-se tremendamente ineficiente em concluir os projetos. De fato, um exemplo foi a construção de um edifício de vinte andares onde o atual Ministério do Desenvolvimento Econômico está instalado. Começou em 1972 e não foi concluído senão no início de 1990, por causa da politicagem e das ineficiências em torno de esforços de desenvolvimento geridos pelo estado.

A carteira de medidas de política de Banzer, cujos principais destaques constam do Quadro 10-2, deu forte incentivo para que o setor privado se posicionasse não em relação aos mercados externos, mas para se beneficiar das compras e dos programas do governo local. Os

Quadro 10-2. Políticas econômicas bolivianas, 1972-1978.

Instrumentos de política	Áreas de política				
	Monetária	Fiscal	Comercial	Investimento direto estrangeiro	De rendas	Setorial
Legais	• Fixação da taxa de câmbio após desvalorização de 40% em 1972	• Aumento dos gastos na área militar	• Aumento das tarifas sobre produtos manufaturados	• Liberalização das regras para investimento estrangeiro	• Congelamento dos salários nos setores público e privado	• Legislação de incentivos industriais para promover exportações não tradicionais
Administrativos	• Políticas monetárias frouxas para acomodar o fluxo de entrada de recursos estrangeiros	• Aumento de impostos sobre o estanho • Isenções tributárias para exportações não tradicionais	• Exigência de depósito prévio nas importações	• Concessão de garantias nos empréstimos estrangeiros ao setor privado	• Subsídios aos preços de alimentos • Distribuição substancial de terras através de reforma agrária	• Gastos da UPFB, COMIBOL e ENAF focalizados em aumentos de capacidade, exploração limitada
Diretos de mercado	• Concessão de crédito industrial pelo Banco Central	• Projetos de infra-estrutura e de desenvolvimento tomam 48% do orçamento	• Tratado de gás natural com a Argentina	• Aumento nos empréstimos de fontes externas, públicas e comerciais	• Incentivos fiscais e outros incentivos para empresas se localizarem em regiões afastadas	• Subsídios a exportações não tradicionais
Resultados econômicos	• Inflação de dois dígitos	• Financiamento da dívida pública absorvendo 30% das exportações • Desperdício do dinheiro de investimentos	• Crescimento das exportações de US$200MM para US$700MM	• Aumento da dívida externa em 200%	• Aumento lento e estável no PIB per capita	• No final da década de 70, excesso de capacidade de fundição e de refino, queda da extração de matéria-prima

Fontes: Padrão de James Austin, *Managing in Developing Countries* (New York: Free Press, 1990), 89; Herbert S. Klein, *Bolivia: The Evolution of a Multi-Ethnic Society* (New York: Oxford University Press, 1992); Jeffrey Sachs e Juan Antonio Morales, *Bolivia 1952-1986* (Califórnia: Centro Internacional de Desenvolvimento Econômico, 1988); e entrevistas da Monitor.

Observações:
1. YPFB = Yacimientos Petrolíferos Fiscales de Bolivia
2. COMIBOL = Corporación Minera de Bolivia
3. ENAF = Empresa de fundição de estanho

mecanismos governamentais de direção tendem a distorcer os sinais do mercado e limitar a capacidade das empresas de se posicionarem de maneira estratégica.

 Nesse ambiente de receitas de exportação crescentes, crédito fácil, pesados investimentos e corrupção cada vez maior, o governo bem que tentou diversificar a economia de sua dependência do estanho, voltando-se para outros minérios e para o petróleo. Chegou até a obter êxito modesto nessas exportações alternativas, mas esses outros produtos não eram estruturalmente muito mais atraentes do que o estanho. Esse é um dos motivos pelos quais a tendência a fiar-se nas vantagens de fator básico e o parco conhecimento das necessidades da clientela têm sido temas recorrentes na América Latina: há abundância de recursos naturais e os governos tendem a julgar mal a atratividade do setor.

 O período que se seguiu ao regime de Banzer assistiu a um colapso do consenso nacional e a um dramático enfraquecimento da economia. Tanto os líderes governamentais como o setor privado começaram a se concentrar de novo nas fontes básicas de vantagem, e os líderes empresariais passaram a tirar proveito pessoal do acesso aos líderes políticos. Quando assumiu o poder em 1982, Siles Zuazo enfrentou exigências, por parte da população, de salários e níveis de emprego mais elevados, que o levaram a aumentar o gasto social, proteger a indústria da concorrência internacional e engordar as folhas de pagamento das empresas estatais. Ele também experimentou programas heterodoxos de estabilização, que tentaram limitar os custos sociais envolvidos em consertar uma economia enfraquecida. Como um líder empresarial boliviano afirmou: "Os negócios não tinham mais nada a ver com investimento ou estratégia; não passavam de especulação e autoproteção".

Os Anos da Crise e os Seguintes

Em 1985, a economia boliviana estava em frangalhos. A inflação alcançara um pico de mais de 24.000% ao ano (em agosto de 1985), o extenso sistema estatal de mineração fora devastado pelo colapso dos preços do estanho, e as pressões sociais eram intensas. O presidente Paz Estenssoro havia retornado ao poder e enfrentava a realidade de que nem o Fundo Monetário Internacional (FMI) nem o Banco Mundial se mostravam dispostos a apoiar esforços adicionais servindo de esteio a programas heterodoxos de estabilização. A estrutura econômica bizantina erigida nas décadas anteriores foi então alterada de modo fundamental. Estabilizou-se a taxa de câmbio, as contas corrente e de capital foram liberadas, os déficits governamentais e a impressão de moeda foram cortados, e todo o regime tributário foi reestruturado. Essa carteira de políticas é descrita no Quadro 10-3.

Depois da luta eficaz de Paz Estenssoro contra a hiperinflação, seus sucessores tiveram que lidar com o duplo desafio de manter a estabilidade macroeconômica e tentar encontrar uma maneira de reduzir a cada vez maior disparidade de renda. O presidente Paz Zamora (1989-1993) começou a desmontar a dominação estatal em setores-chave da economia, e instituiu políticas para encorajar maior participação do setor privado nas exportações, introduzindo novas regras de investimento e novas políticas comerciais, mas insistiu em manter um rígido controle sobre o cenário fiscal.

O presidente Sánchez de Lozada, a partir de sua eleição em 1992, tentou eliminar o descompasso entre crescimento econômico e justiça social através de um programa inovador de capitalização, pelo qual ativos estatais seriam vendidos, mas as receitas da venda iriam diretamente para o povo, sob a forma de um plano de pensão. Suas políticas macroeconômicas indicavam a convicção de que o estado não pode ser um estrategista competente nos negócios de uma nação, traço que claramente o distingue dos seus antecessores dos últimos quarenta anos. No entanto, ainda partilhava com eles do desejo de redistribuir a riqueza do país. E, tendo assistido em primeira mão a muitas greves, protestos estudantis e marchas de professores, podemos entender por que a liderança política acharia difícil não desenvolver medidas para tratar das preocupações daqueles que protestam com relação às necessidades sociais do país.

O Impacto dos Mecanismos de Direção ao Longo do Tempo

As políticas governamentais e os mecanismos de direção podem ser representados graficamente em uma matriz; não é uma abordagem

Quadro 10-3. Políticas econômicas bolivianas, 1985-1989.

Instrumentos de política	Áreas de política					
	Monetária	Fiscal	Comercial	Investimento direto estrangeiro	De rendas	Setorial
Legais	• Unificação da taxa de câmbio • Retirada dos tetos de taxas de juros • Legalização dos depósitos bancários em moeda estrangeira • Autorização de contratos em moeda estrangeira	• Reformulação completa do regime tributário, introdução de 3,5% sobre ativos, imposto sobre valor agregado regressivo, imposto sobre riqueza • Queda acentuada nos gastos fiscais	• Substituição das tarifas múltiplas por tarifa uniforme de 20%	• Levantadas as restrições à entrada e à saída de capitais	• Eliminada a indexação dos salários • Simplificação das demissões de empregados	• Eliminação do controle de preços na maioria dos mercados • Ativos da Companhia Nacional de Transportes transferidos para os municípios
Administrativos	• Bancos estatais eliminação de créditos subsidiados • Empréstimos de desenvolvimento canalizados através de bancos privados	• Aperfeiçoamento do sistema de coleta de impostos • Redução da burocracia estatal	• Eliminação das quotas de importação • Privatização da valoração aduaneira	• Anistia fiscal para fugas de capital • Permissão de depósitos em dólar sem comprovação de origem	• Preço da gasolina aumentado e indexado à taxa de câmbio • Subsídios a serviços sociais	• 23.000 cortes no quadro de funcionários da COMIBOL[1], reduzindo-o para 7.000 • 6.000 cortes no quadro de funcionários da YPFB[2], reduzindo-o para 4.000

(Continua)

Quadro 10-3 (Continuação).

Instrumentos de política	Áreas de política				
	Monetária	Fiscal	Comercial	Investimento direto estrangeiro	De rendas	Setorial
Diretos de mercado	• Redução da impressão de moeda • Decisão de remonetizar lentamente • Elevação dos índices de capital/passivo para bancos privados • Aumento da supervisão governamental das carteiras dos bancos	• Congelamento dos investimentos e salários do setor público	• Em 1985, pesada desvalorização da moeda, que então passou a flutuar com intervenções gradativamente menos freqüentes	• Reaproximação com o FMI, Banco Mundial e Clube de Paris • Suspensão temporária dos pagamentos da dívida externa • Recompra de empréstimos no mercado secundário a 11¢ por dólar	• Elevação dos preços do setor público • Estabelecimento do Fundo Social de Emergência para trabalho de curto prazo em projetos de infra-estrutura	• Serviços de utilidade pública e tarifas de transporte urbano descentralizados para os governos locais • Participações na CBF[3] cedidas a companhias de desenvolvimento regional
Resultados econômicos	• Inflação debelada em semanas • Problema de liquidez para os bancos • Altas taxas de juros reais; grande diferença entre as taxas de empréstimo e de poupança	• Déficits orçamentários são reduzidos mas não eliminados	• Surto de importações	• Retomada de financiamentos externos à Bolívia • Repatriação de capitais	• Desemprego elevado com a depressão e colapso da mineração	• Sindicatos esmagados pelas reformas da COMIBOL[1]

Fontes: Padrão de James Austin, *Managing in Developing Countries* (New York: Free Press, 1990), 89; Herbert S. Klein, *Bolivia: The Evolution of a Multi-Ethnic Society* (New York: Oxford University Press, 1992); Jeffrey Sachs e Juan Antonio Morales, *Bolivia 1952-1986* (Califórnia: Centro Internacional de Desenvolvimento Econômico, 1988); e entrevistas da Monitor.

Observações: 1. COMIBOL = Corporación Minera de Bolivia
2. YPFB = Yacimientos Petrolíferos Fiscales de Bolivia
3. CBF = Corporación Boliviana de Fomento

Capítulo Dez: Mecanismos de Direção

científica, mesmo assim é informativa. Na Figura 10-1, o mapeamento da Bolívia é muito simples — classifica as administrações presidenciais nos últimos 40 anos em duas dimensões: identificando o foco dos objetivos e das políticas econômicas nacionais, e identificando o principal estrategista econômico. As descobertas são consistentes com o que já afirmamos: ao longo do tempo, políticas e mecanismos de direção inconstantes criam um ambiente imprevisível e difícil de administrar, onde o setor privado adquire competência em fazer *lobby* e não em aprender. Décadas de dominação estatal na economia criaram uma cultura de expectativas no que tange ao papel do estado. O estado expulsou não apenas o dinheiro, mas também a imaginação do setor privado, que poderia ter ajudado a solucionar os problemas coletivos do país. Num ambiente como esse, os líderes de negócios, se desejam ter êxito, precisam ter competência para observar o governo e administrar estruturas, leis, políticas e organizações governamentais em constante mutação. Os líderes empresariais bolivianos não tiveram que se

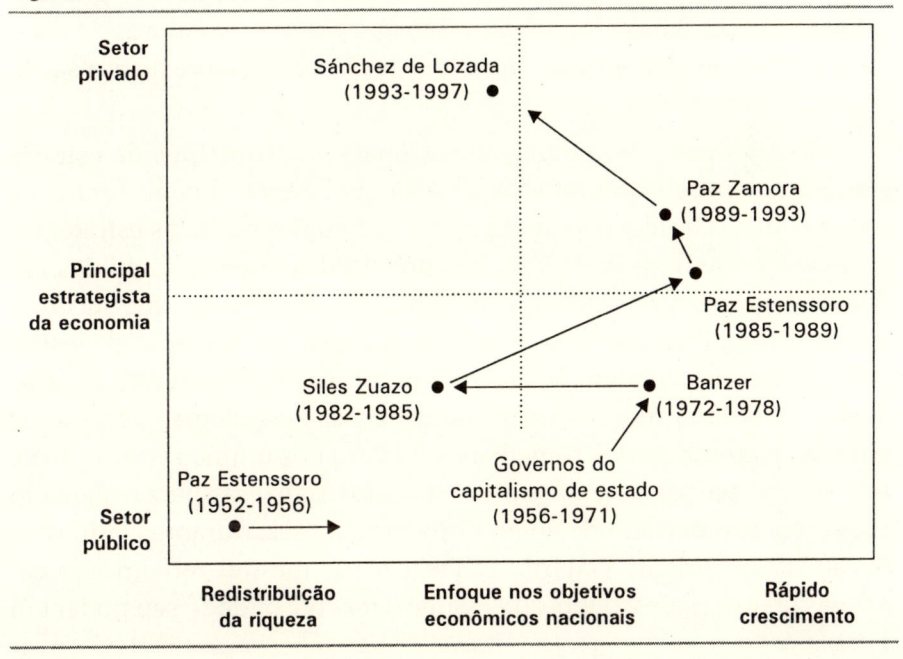

Figura 10-1. Políticas econômicas bolivianas ao longo do tempo.

tornar competentes em qualquer das disciplinas fundamentais de estratégia empresarial. O setor privado boliviano desenvolveu, em uma palavra, uma atitude paternalista no que se refere a desenvolvimento e concorrência. As medidas estratégicas e os mecanismos de direção delineados pelo líderes bolivianos isolaram o setor privado da necessidade de mudar. Agora, com a estabilidade à mão, o maior desafio enfrentado pela Bolívia é como crescer e como conseguir que o governo e o setor privado trabalhem juntos de forma a não limitar a inovação e o aperfeiçoamento.

ESTRATÉGIAS DO DESENVOLVIMENTO NACIONAL

Que alternativas tem o governo para tratar de conciliar o crescimento econômico e a justiça social? Como já deveria estar claro pelo que discutimos até agora, muitas decisões específicas precisam ser tomadas, e cada uma traz conseqüências concretas — não só para a economia, mas também para o que é sinalizado ao setor privado. Gostaríamos de encerrar esta discussão com uma visão breve e geral de que grandes estratégias econômicas nacionais estão abertas aos tomadores de decisões, e de como elas se relacionam com a discussão sobre justiça social *versus* crescimento.

Observamos seis estratégias nacionais ou arquétipos de estratégias. Raramente encontramos uma nação que se encaixe como uma luva em uma das estratégias-arquétipo. Em sua maior parte, as estratégias nacionais podem ser mais bem compreendidas quando divididas em duas categorias tradicionais: estratégias de *crescimento*, que incluem monetarismo, livre comércio e industrialização; e estratégias de *justiça social*, que compreendem ênfase na agricultura, redistribuição e socialismo.[1] A Bolívia migrou entre muitas dessas estratégias durante os últimos quarenta anos, à semelhança do Peru nos últimos vinte e cinco. A Colômbia passou agressivamente da industrialização para o mercado aberto em um período de apenas quatorze meses, durante a administração do presidente Gaviria. O Peru fez o mesmo movimento em apenas quatro meses, depois de Fujimori ter consolidado seu poder em 1991.[2]

Estratégias Tradicionais de Crescimento

A estratégia do *monetarismo* enfatiza a estabilização dos mercados, a liberação de preços e o desenvolvimento de mercados para direcionar a alocação dos recursos da economia. O setor privado assume a responsabilidade de gerar riqueza com base no espírito empresarial emergente, na abundância de liberdade e na reduzida intervenção governamental. O papel do estado é mínimo. As hipóteses subjacentes são de que os recursos se alocam de acordo com os mercados livres e que o governo deve se concentrar apenas em proporcionar um ambiente consistente e estável; se o governo fizer bem o seu trabalho, a nação só precisa aguardar para a classe empresarial emergir como mola propulsora do crescimento econômico. O Chile constitui um exemplo desse modelo entre 1973 e 1983, à semelhança do Peru na primeira parte dos anos 90. Também foi o modelo de pensamento dominante durante a década de 80 na administração de Ronald Reagan, nos Estados Unidos, e de Margaret Thatcher, na Grã-Bretanha.

A estratégia de *livre comércio* difere do monetarismo pela ênfase dada ao desenvolvimento do comércio exterior e do investimento estrangeiro. Partilha com o monetarismo sua confiança nas forças do mercado para alocar recursos e preços, e encara a concorrência internacional por comércio e por investimento como a mola propulsora do crescimento. As companhias ficam responsáveis por estabelecer ligações de comércio e investimento com a economia internacional, e o governo desempenha um papel ativo de apoio a essas atividades. Em teoria, o setor privado concorda em ficar responsável pelo crescimento das exportações, mas vive acusando o governo de indiferente ou incompetente no que diz respeito a fornecer o apoio necessário. Por seu turno, o governo costuma ver o setor privado como ganancioso, ineficiente e ávido por subsídios.

Esse é o modelo vigente no Peru e na Colômbia, tendo vigorado no Japão da década de 60 à de 80 e, na Alemanha, da década de 70 à de 90. Nos casos em que observamos esse modelo, o governo assume responsabilidade significativa pela reforma administrativa e jurídica e praticamente nenhuma pela criação de condições propícias à reforma microeconômica ou assistência ao nível da empresa.

A *industrialização* é a estratégia de substituição de importações, que busca o crescimento através da rápida expansão do setor manufatureiro. Há uma ênfase nos bens de consumo para o mercado doméstico, em geral por trás de barreiras de tarifas aduaneiras elevadas. Dá-se pesada intervenção governamental para aumentar a produção e administrar as ligações econômicas internacionais, isto é, na direção do capital de investimento, subsídios e fundos de investimento que promovam a expansão da capacidade.

As empresas tendem a depender do apoio monetário e orientação estratégica do governo, que pode assumir a forma de subsídios à produção para exportação e depreciação da taxa de câmbio, temas discutidos no capítulo dedicado ao paternalismo. O governo é visto como fonte de vantagem, e há uma mentalidade de produção ou movida pela oferta, bem como uma forte atitude defensiva por parte do setor privado contra mudanças. Essas abordagens de industrialização são menos aceitas hoje do que o foram em décadas recentes. A Coréia utilizou-se do modelo na década de 50, o Brasil na de 60, e a Colômbia até o final da década de 80.

Estratégias Tradicionais de Justiça Social

Preferimos incluir a estratégia genérica de *ênfase na agricultura* nesta parte que trata de justiça social dada a sua orientação autárquica ou doméstica, seu destaque no aumento da renda da população rural empobrecida e seu objetivo (para o governo) de auto-suficiência. Essa estratégia procura alcançar o crescimento econômico através da rápida expansão do setor agrícola, que liberaria recursos de modo que pudessem ser usados para o desenvolvimento de outros setores. Por exemplo, o setor manufatureiro seria ajudado de três maneiras: os preços baixos dos produtos agrícolas limitariam a inflação, criando um ambiente mais estável para os fabricantes; o aumento da eficiência agrícola liberaria mão-de-obra para utilização em outros setores; e, por fim, o setor agrícola expandido por si só criaria novas oportunidades manufatureiras.

O governo é o responsável primordial pelo apoio a uma estratégia com ênfase na agricultura, oferecendo proteção comercial e servindo como principal comprador de produtos agrícolas e de equipamento.

Capítulo Dez: Mecanismos de Direção

Nessa estratégia, a concentração da propriedade da terra determina a distribuição da renda. Tanto o setor público como o privado têm um enfoque autárquico, e o governo assume a responsabilidade pelos efeitos do crescimento e da distribuição.

Esse modelo vigorou durante o surto de crescimento do pós-guerra nos Estados Unidos e no Canadá, e vigorou também nas Filipinas e na Índia. Defensores desse modelo nutriam muita esperança de melhorar o padrão de vida do cidadão médio na África, a partir do início do processo de independência, no final de década de 50.

A estratégia da *redistribuição* procura criar uma distribuição mais eqüitativa da riqueza e maximizar o emprego. Esse sistema pressupõe que não há qualquer incompatibilidade entre redistribuir renda e gerar crescimento, e costuma ser usado como complemento de uma das quatro estratégias já discutidas. Nessa estratégia, o governo desempenha um papel central, mas sua administração é descentralizada, de forma a melhorar sua capacidade de responder a grupos de baixa renda. A estratégia em geral envolve quatro elementos: uma redistribuição inicial de ativos, inclusive terra, ativos financeiros e produtivos; a criação de instituições locais para dar apoio a iniciativas locais de emprego; investimentos pesados em capital humano; e apoio do governo aos trabalhadores e a estratégias intensivas em emprego nas empresas. A moral da história é que governo assume a responsabilidade paternalista de garantir um padrão de vida mínimo para a população em geral. Embora o modelo de redistribuição esteja pelo menos parcialmente incorporado ao atual modo de pensar de muitas nações, tem-se um forte exemplo dele na Bolívia.

O *socialismo*, na sua forma clássica, remove a ênfase no setor privado e põe o governo no controle de todos os ativos econômicos. A propriedade é do estado, através de organizações coletivistas e em geral acompanhada por planejamento centralizado. A alocação de recursos é tipicamente dirigida por metas quantitativas e preços administrados. A distribuição de renda tende a ser eqüitativa, e o mercado formalmente planejado costuma vir acompanhado de um forte mercado informal para compensar a escassez e a distribuição marginal de bens. A idéia-chave é de que o trabalhador assumirá suas responsabilidades no emprego e o governo tomará conta de tudo o mais. Das vinte e seis nações que vivenciaram o socialismo clássico, só restam dois exemplos: a Coréia do Norte e Cuba.

Os países também dispõem de estratégias de geração e de distribuição de riqueza. Com freqüência essas estratégias de desenvolvimento nacional estão implícitas e resultam do somatório de muitas políticas e instrumentos que nenhum grupo ou organização compreende ou controla muito bem. Como no que se refere à estratégia de uma empresa ou mesmo de um indivíduo, as boas estratégias de desenvolvimento nacional são as explícitas, bem informadas, que equilibram o passado com o futuro, constituem um exercício de integração, criam um *menu* de opções, e permitem opções específicas. Quando uma nação, da mesma forma que uma empresa, falha nesses testes de uma boa estratégia, ela gera confusão e resultados imprevistos.

Resumo

O caso da Bolívia é representativo do que observamos por toda a região andina e em outras nações em desenvolvimento — a mudança constante de estratégias de desenvolvimento e a inconsistência das políticas públicas geraram, ao longo do tempo, mecanismos de direção de ordem organizacional e administrativa que reforçam — de fato, ajudam a criar — os sete padrões de inibidores da competitividade. A concorrência baseada em fatores básicos é reforçada quando não existe confiança a respeito do futuro comportamento do governo, nem disponibilidade de um quadro qualificado de recursos humanos. Enfrentando esse duplo problema, as empresas tendem a minimizar seus riscos escolhendo segmentos com menores barreiras à entrada e à saída. Tendem a maximizar os lucros de curto prazo, pois não têm confiança de que qualquer investimento a longo prazo venha a ser lucrativo. Isso cria um padrão de reiteração: as empresas encorajam ativamente o governo a assegurar que possam pelo menos obter os lucros de curto prazo, o que se traduz em intensos esforços de *lobby* e, muitas vezes, antagonismo em relação ao governo quando ele não corresponde às necessidades das empresas. Isso fomenta o paternalismo e a atitude defensiva. As políticas de substituição de importações, limitativas da concorrência, tornam menos necessário para as empresas entender sua clientela e sua concorrência. Isso, por seu turno, dificulta a escolha de bons segmentos onde competir e limita a necessidade de conhecimento acerca da posição competitiva relativa. Por fim, os mecanismos de direção voltados para a substituição de importações inibem o desenvolvimento de núcleos fortes ("clusters") porque as empresas não precisam cooperar para ter êxito nesses ambientes altamente regulados.

Como sugerimos anteriormente, há diversos fatores que contribuem para a incapacidade, até agora, das empresas da região andina — e dos países em desenvolvimento, em geral — de transformarem os sete padrões de inibidores da competitividade em oportunidades de crescimento econômico sustentável e justiça social. Tentamos demonstrar que um dos principais motivos tem sido estratégias de desenvolvimento nacional que mudam velozmente e mecanismos de direção imprevisíveis, que limitam o pensamento estratégico de longo prazo e o investimento em inovação.

Se os líderes dos países em desenvolvimento puderem começar a formular estratégias de desenvolvimento nacional explícitas e bem informadas, e a fazer com que os mecanismos de direção sejam consistentes e previsíveis, eles ajudarão a criar ambientes mais propícios ao pensamento estratégico e ao investimento de longo prazo. Isso, por sua vez, encorajará melhores opções e um grau mais elevado de aprendizado ao nível da empresa, que levarão, em última análise, ao desenvolvimento de empresas mais produtivas.

CAPÍTULO ONZE

Modelos Mentais

Tudo se resume a relações humanas.
— *Edward Gannon, S.J., professor de filosofia.*

Descobrimos que existem pelo menos duas maneiras de interpretar resultados. Primeiro, podemos observar as ações estratégicas e os mecanismos de direção — *a parte visível da mudança* — que causaram os resultados. Segundo, podemos tentar compreender os aspectos ocultos dos resultados — *a parte invisível da mudança* —, isto é, os "modelos mentais". Os modelos mentais se compõem dos *paradigmas do conhecimento*, formando uma espécie de biblioteca que informa a perspectiva do indivíduo, e dos *referenciais*. Os referenciais incluem crenças, deduções e metas que informam a perspectiva do indivíduo. Há uma relação dinâmica entre os paradigmas e os referenciais, que podemos demonstrar em um modelo simples mas útil, constante da Figura 11-1.

Neste capítulo, planejamos percorrer quatro questões com o leitor:

1. Quais são as crenças básicas que influenciam os referenciais?
2. Que grupos podem ser descritos segundo os seus referenciais — quem está lá?

Figura 11-1. Modelos mentais.

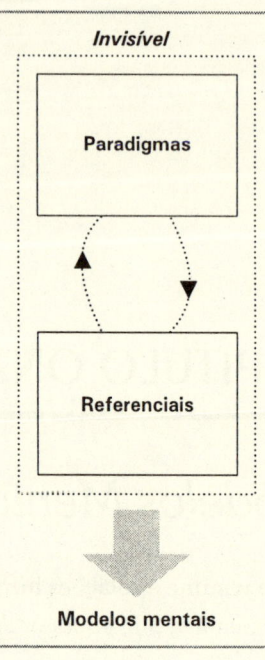

```
                    Invisível
              ┌─────────────────┐
              │   Paradigmas    │
              │                 │
              └─────────────────┘
                   ↑     ↓
              ┌─────────────────┐
              │   Referenciais  │
              │                 │
              └─────────────────┘
                      ⬇
                Modelos mentais
```

3. Quando podemos começar a tentar trazer esses grupos para uma visão compartilhada?
4. Qual é a relação entre os referenciais e os "sete padrões de inibidores da competitividade"?

Nossa meta final na exploração dos referenciais é identificar os líderes por sistemas de crenças a respeito da geração e da distribuição de riqueza, agrupá-los por características semelhantes, e discutir maneiras pelas quais os grupos poderiam pensar em mudar para uma visão partilhada de como competir no futuro. Começamos com uma visão muito ampla, baseada nos dados, a respeito de como os líderes venezuelanos pensam sobre competitividade. Esse exemplo deveria ser do interesse dos cientistas sociais, economistas e venezuelanos, mas pode não atrair aqueles com pouco apetite por números.

Depois, passamos para uma visão mais integrada de como a nossa pesquisa nos ajudou a identificar cinco arquétipos de referenciais. O entendimento desses arquétipos deve ajudar a oferecer informações para o debate sobre a competitividade e a geração de riqueza. Temos prova de que os cinco arquétipos de referenciais estão presentes em muitas nações, e nossa hipótese é de que cada país tem líderes que se encaixam nos cinco grupos, embora com distribuições que variam de país para país.

QUE CRENÇAS INFLUENCIAM OS REFERENCIAIS?

Há muitos anos estamos pesquisando os líderes e os formadores de opinião,[1] e em nosso trabalho na Venezuela[2] usamos uma pesquisa contendo mais de 200 perguntas e cobrindo uma ampla variedade de tópicos, inclusive:

- a natureza da geração de riqueza;
- a capacidade competitiva do país;
- o contexto social;
- a confiança no governo;
- a abertura ao livre comércio;
- a abertura ao aprendizado internacional;
- a eficácia organizacional;
- a estratégia ao nível da empresa;
- a relação entre trabalho e realização.

Nossa primeira análise dos resultados da pesquisa baseou-se na maneira como os entrevistados, classificados em grupos tradicionais, demográficos, tais como setor público, setor privado, imprensa, classe trabalhadora, meio acadêmico, responderam às perguntas. Vamos discutir esses resultados mais adiante. Em seguida, aplicamos as técnicas mais sofisticadas de análise de segmentação (descritas no capítulo dedicado ao aprendizado a respeito da clientela) ao campo dos modelos mentais. Essa segunda técnica nos permite agrupar os entrevistados de acordo com os seus modelos mentais sobre a maneira de competir no futuro, como uma primeira etapa para criar uma visão partilhada entre os grupos.

A Natureza da Geração de Riqueza

O que é impressionante na nossa análise é o alto grau de concordância, ao invés de dissidência, entre as visões dos setores público e privado da Venezuela. Em geral, os líderes de ambos os setores estão bem informados e têm uma perspectiva positiva quanto a questões relacionadas à geração de riqueza. Nove em dez acreditam que um ambiente empresarial em constante mutação é algo bem-vindo, algo que se deve acolher. Um número menor de entrevistados (59%), embora ainda em maioria, concorda que as companhias de sucesso *criam* mercados para produtos e serviços, ao invés de esperarem que os mercados venham até elas. Da mesma maneira, 57% concordam que a riqueza é produto da iniciativa e do empenho humanos e, portanto, pode ser infinita, e 56% concordam que a concorrência irrestrita é uma força que promove a excelência e enriquece a sociedade. Apesar de um pequeno grupo (16%) afirmar que a concorrência livre nutre a inveja e ameaça a estabilidade e a solidariedade de uma sociedade, em geral, os entrevistados na Venezuela — e na maioria dos países em que fizemos pesquisas — têm uma postura otimista em relação à concorrência, à inovação e à geração de riqueza.

A Capacidade Competitiva da Venezuela

Embora sejam otimistas no tocante à concorrência, à inovação e à geração de riqueza em termos abstratos, os entrevistados se mostram menos animados quanto à capacidade da Venezuela de competir. Metade dos líderes acredita que as empresas nacionais não são capazes de concorrer sem a assistência do governo, e a grande maioria (73% do setor público e 82% do privado) acredita que o governo deve oferecer às empresas nacionais créditos para a exportação. Da mesma maneira, metade de todos os líderes entrevistados acha que a prosperidade do país, que hoje é movida principalmente pelo petróleo, vai permanecer assim durante os próximos trinta anos. Em uma observação mais animadora, uma pequena maioria de líderes (62% do setor público e 57% do privado) concorda que a Venezuela tem potencial para alcançar nível internacional em setores afora o petróleo.

O Contexto Social

Há quase consenso absoluto na Venezuela de que a situação social é calamitosa e de que o governo deveria desempenhar um papel firme no tratamento das questões sociais. Sete de cada dez líderes, tanto no setor público quanto no privado, acreditam que há gente demais sofrendo com a reforma econômica. Aproximadamente nove em cada dez líderes concordam que o governo deveria fazer mais para ajudar os pobres e que as políticas governamentais deveriam ser concebidas para garantir um padrão de vida mínimo.

Embora exista concordância no tocante ao problema, há menos acordo no que se refere às causas do sofrimento social e às providências a serem tomadas a respeito. Mais da metade dos líderes venezuelanos entrevistados não parece ligar o sofrimento social à longa dependência do país em relação ao petróleo, afirmando, pelo contrário, que há petróleo suficiente no país para que ninguém precise sofrer. Cerca de metade dos líderes, tanto no setor público quanto no privado, concorda que o governo deve regular os preços de alguns setores, enquanto a outra metade discorda enfaticamente. Do mesmo modo, pouco menos da metade (38% do setor privado e 45% do público) acredita que o controle de preços seja necessário para proteger os pobres.

Entretanto, há um alto nível de consenso sobre algumas coisas que o governo *não* deve fazer. Menos de 20%, tanto no setor público quanto no privado, concordam que as empresas públicas deficitárias — se empregam muita gente pobre — devem continuar a operar. Da mesma maneira, menos de 20% dos líderes, tanto no setor público quanto no privado, concordam que as políticas governamentais deveriam pura e simplesmente conceder subsídios para melhorar a lucratividade das empresas.

A Confiança no Governo

Em um país como a Venezuela, onde o governo tem historicamente desempenhado um papel forte e intervencionista, e que está lutando para competir numa economia mundial cada vez mais aberta, não é surpreendente descobrir avaliações muito negativas da competência e na confiabilidade do governo. Não só a vasta maioria (86%) do setor privado discorda de que os dirigentes governamentais na Venezuela saibam o que é melhor para o país, como a vasta maioria do próprio setor público (74%) não crê que saiba o que é melhor. Da mesma maneira, 84% do setor público e 93% do privado acreditam que o setor privado pode gerir os negócios com maior eficiência do que o governo. Além do mais, 76% dos entrevistados do setor privado afirmaram, sem meias palavras, que os dirigentes eleitos não são dignos de confiança.

Além da fé e da confiança no governo, a pesquisa também tratou da visão geral sobre a corrupção. Aí descobrimos uma das poucas amplas divergências entre o setor público e o privado. Enquanto 84% do setor privado acreditavam que a corrupção era a principal causa da pobreza no país, apenas 56% do setor público comungam dessa opinião. Entretanto, uma grande percentagem de ambos os grupos (60% do setor privado e 45% do público) admite que a propina é, muitas vezes, a única maneira de conseguir as coisas na Venezuela. Com os setores público e privado envolvidos ou pelo menos assistindo a práticas de corrupção, fica difícil classificar a corrupção como uma questão apenas de confiabilidade do governo. Conforme um ministro venezuelano declarou, ao ser indagado sobre como planejava reduzir a corrupção: "A corrupção não é um problema restrito apenas ao governo; ela permeia toda a sociedade venezuelana".

Abertura ao Comércio Exterior

Embora endossassem em tese muitas políticas de "livre comércio", os líderes venezuelanos entrevistados eram reticentes em abrir mão do apoio governamental com o qual se acostumaram ao longo do tempo. Quase todos os entrevistados, 88% do setor privado e 86% do público, aprovavam um regime de taxas de câmbio flutuantes, e quase as mesmas percentagens, 84% e 75%, concordaram que o governo deveria fazer mais para promover o investimento estrangeiro. No entanto, mais da metade (62% do setor público e 58% do privado) concordava que a indústria precisa da proteção de barreiras ao comércio e tarifas aduaneiras para ser competitiva. Do mesmo modo, 64% dos líderes do setor privado e 58% do público continuam a achar que o governo deve impor tarifas substanciais sobre as importações.

Abertura ao Aprendizado Internacional

Em geral, os líderes venezuelanos entrevistados estão abertos ao aprendizado e às influências internacionais. Acreditam que os imigrantes merecem as mesmas oportunidades que os venezuelanos, que as empresas estrangeiras devem receber o mesmo tratamento que as nacionais, e que a Venezuela deve manter o seu acesso a programas internacionais de televisão. Além disso, parece haver amplo reconhecimento, 77% do setor público e 79% do privado, de que as empresas venezuelanas terão maior chance de sucesso se fizerem alianças internacionais.

Eficácia Organizacional

Com a notável exceção da PDVSA, produtora estatal de petróleo, as organizações do setor público na Venezuela são vistas como ineficazes, e receberam índices de aprovação muito baixos tanto dos líderes do setor privado quanto do público (ver Figura 11-2).

É interessante notar que as maiores discrepâncias entre os setores privado e público se deram nas suas avaliações do chefe de estado, dos investidores estrangeiros e das associações setoriais (*gremios*). O setor público parece menos crítico do que o privado na avaliação da influência desses grupos na melhoria de competitividade das empresas. No que se refere à avaliação do desempenho do sistema judiciário, da legislatura nacional, do sistema educacional e dos sindicatos trabalhistas, há praticamente unanimidade quanto à sua precariedade.

Estratégia ao Nível da Empresa

Embora quase todos os entrevistados pareçam acolher o conceito de inovação, suas respostas a perguntas específicas sugerem que esse conceito não foi internalizado nem aplicado ao nível da empresa. Por

Figura 11-2. Avaliação da eficácia organizacional venezuelana.

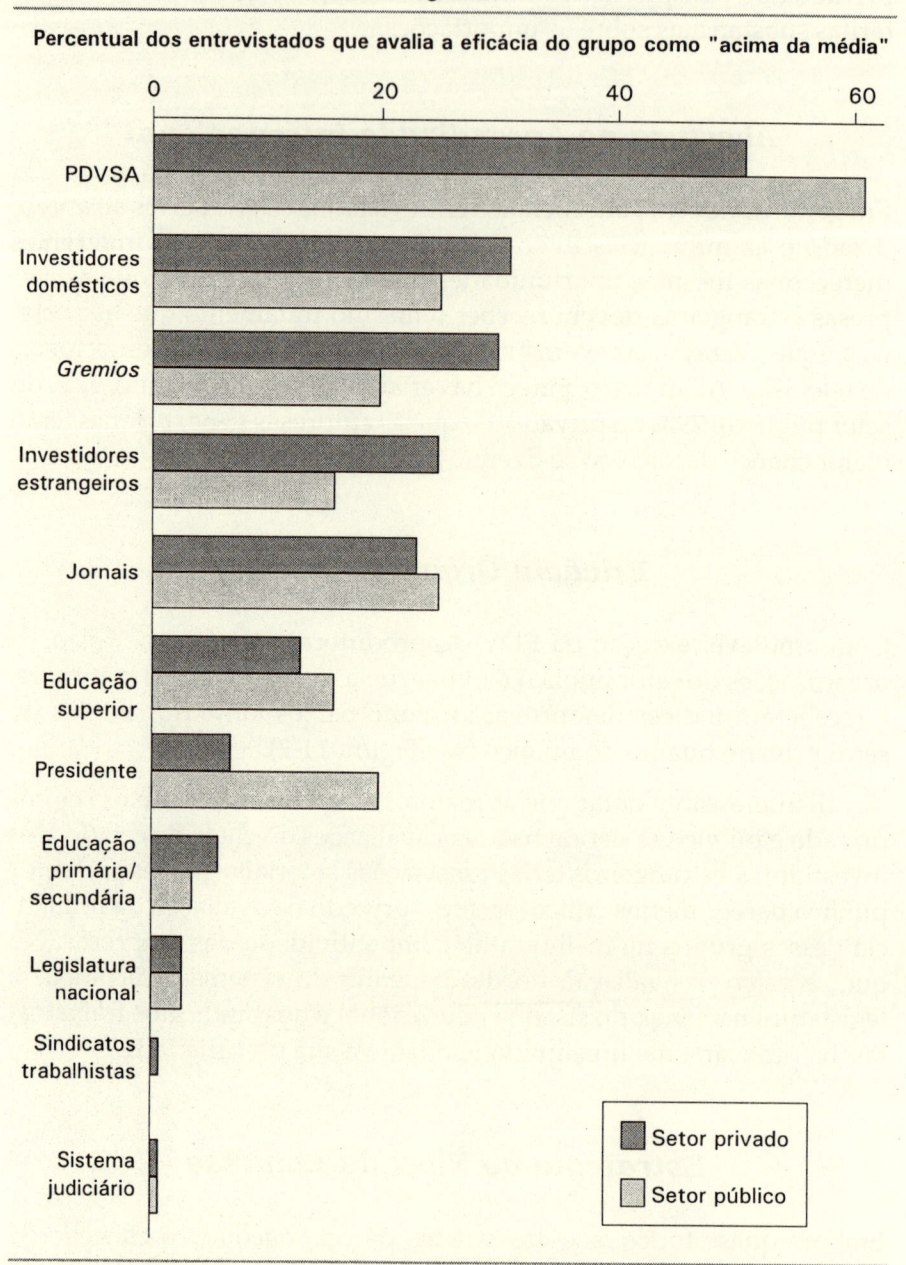

Percentual dos entrevistados que avalia a eficácia do grupo como "acima da média"

[Gráfico de barras horizontais comparando Setor privado e Setor público para as seguintes categorias, de cima para baixo:]

- PDVSA
- Investidores domésticos
- *Gremios*
- Investidores estrangeiros
- Jornais
- Educação superior
- Presidente
- Educação primária/ secundária
- Legislatura nacional
- Sindicatos trabalhistas
- Sistema judiciário

Legenda:
■ Setor privado
□ Setor público

Fonte: Monitor, Pesquisa sobre a competitividade nacional venezuelana, 1996.

exemplo, há completo consenso de que trabalhadores bem treinados tornam a empresa mais competitiva, de que assumir riscos de maneira racional é um bom hábito, e de que a má situação da economia nacional não é desculpa para o mau desempenho empresarial (78% tanto do setor público quanto do privado). Entretanto, uma minoria significativa, 42% do setor privado e 30% do público, acredita que muitas companhias tiveram êxito ao simplesmente imitar a concorrência. Da mesma forma, 44% dos líderes do setor privado e 32% do público acreditam que a recompensa para quem assume riscos nos negócios é muito pequena. É interessante observar que os padrões das respostas e as nossas discussões de acompanhamento sugerem que os líderes acreditam serem as companhias as responsáveis pelo próprio sucesso, embora, a nosso ver, adotem estratégias passivas e sem originalidade para alcançar esse sucesso.

Relação Entre Trabalho e Realização

Embora não pareçam esposar, de maneira aberta e entusiástica, estratégias inovadoras ao nível da empresa, os líderes venezuelanos bem que reconhecem a importância dos recursos humanos — a fonte da inovação. Os entrevistados, tanto do setor público quanto do privado, acham que a empresa tem uma obrigação perante os trabalhadores que vai além do pagamento. A maioria dos líderes (87% do setor público e 82% do privado) concorda que, quando uma companhia for lucrativa, os proprietários devem partilhar os lucros com os empregados, proporcionando-lhes salários mais altos. Além disso, eles acreditam que a companhia tenha obrigação especial de ajudar aqueles que estejam na empresa há muito tempo. São da opinião geral de que a idade não importa na contratação de dirigentes e que o êxito de um trabalhador não diminui o sucesso dos demais.

No entanto, parece haver uma forte minoria pessimista a respeito da qualificação dos trabalhadores venezuelanos. Seis de dez líderes do setor público e quatro de dez do privado não acreditam que a maior parte dos empregados seja capaz de tomar decisões independentes. Do mesmo modo, seis de dez líderes do setor público e quatro de dez do privado acreditam que as pessoas que trabalham com afinco acabam ganhando o mesmo que as menos esforçadas. Em geral, embora os entrevistados não vejam o sucesso como um jogo de soma zero, muitos crêem que quem não trabalha é freqüentemente recompensado mesmo assim, o que pode ser um forte desestímulo para os outros inovarem e darem duro no trabalho.

Se bem que o exame da visão dos setores público e privado sobre trabalho e realização, estratégia ao nível da empresa e geração de riqueza, além das várias outras questões incluídas na pesquisa, tenha produzido resultados interessantes e ocasionalmente surpreendentes, o mais notável de todos foi a semelhança, e não as diferenças, entre esses dois grupos demográficos chave. Ficamos com vontade de saber mais. Será que havia mesmo esse forte consenso entre os líderes dos setores público e privado em torno de todas essas questões? Para responder a essa pergunta e melhor compreender os sistemas de crença subjacentes atuando na Venezuela, tivemos que ir além de nossa simples classificação demográfica das visões dos setores público e privado sobre aquelas questões. Precisávamos de uma abordagem mais sofisticada, abordagem que nos ajudaria a entender "Quem é mesmo que está lá?".

Quem Está Lá?

Para descobrir "quem é mesmo que está lá?", aplicamos técnicas de análise de segmentação aos resultados de nossa pesquisa, e agrupamos os entrevistados de acordo com uma análise computacional dos padrões de suas respostas, ao invés de sua demografia. Esperávamos que isso nos ajudasse a entender não somente *o que* as pessoas pensam sobre as questões, mas *como* pensam e *por que* mantêm determinados pontos de vista.[3]

Planejamos nossa pesquisa para testar sessenta "atributos" ou características em torno das questões delineadas no início deste capítulo, incluindo a natureza da "geração de riqueza", "abertura ao aprendizado" e "atitudes em relação a trabalho e realização". Utilizando análise fatorial, as sessenta questões foram agrupadas em quatorze "fatores" baseados nos padrões de respostas dos entrevistados em relação aos sessenta atributos. Em outras palavras, quando as respostas a determinadas questões tendem a exibir um padrão de movimento conjunto, esses atributos são agrupados sob uma "rubrica fatorial" ampla. Por exemplo, os entrevistados tenderam a mostrar padrões similares de resposta diante das afirmações: "As empresas na Venezuela deveriam gastar mais em P&D" e "Empregados instruídos tornam a empresa mais competitiva". A análise fatorial identificou a correlação entre esses dois atributos e agrupou-os sob uma mesma rubrica, que denominamos "Acolhe a inovação". O Quadro 11-1 relaciona todos os quatorze fatores em torno dos quais os sessenta atributos foram por fim organizados, bem como alguns dos atributos mais descritivos associados a cada fator.

Uma vez reduzidas as respostas a quatorze conceitos, ou fatores, pudemos agrupar os entrevistados com base em suas respostas a tais conceitos. Essa "segmentação" é semelhante à segmentação da clientela discutida no Capítulo Nove, que tratou de ações estratégicas. Os resultados foram notáveis. Nosso cliente, neste caso a liderança venezuelana, *não* é a entidade monolítica que se possa imaginar a partir apenas de uma análise demográfica. Cinco segmentos distintos emergiram, cada um incluindo representantes do setor público, do setor privado e de outros grupos, tais como a imprensa, a classe trabalhadora e o meio acadêmico. Assim sendo, a principal divisão social na Venezuela pode não ocorrer *entre* os grupos demográficos tradicionais, tais como setor público e privado, mas *dentro* de cada um desses grupos tradicionais.

As Figuras 11-3 e 11-4 ilustram as diferenças que surgem como resultado da análise de segmentação. Através do agrupamento das questões em conjuntos, criamos dois índices que captam algumas das questões-chave estudadas, e medimos onde os vários grupos se encaixavam nesses índices. O primeiro índice, ao longo do eixo vertical, é o grau em que cada segmento vê os recursos naturais ou a inovação como "fonte de vantagem". O segundo índice, ao longo do eixo horizontal, é o grau em que cada segmento vê o setor público ou o privado como "líder na indústria". As Figuras 11-3 e 11-4 permitem que se enxerguem imediatamente as visões dos diferentes grupos que resultam da segmentação; visões que passariam despercebidas se os resultados tivessem sido analisados apenas em termos dos grupos demográficos tradicionais. Na Figura 11-3, os grupos demográficos estão literalmente "uns sobre os outros", enquanto na Figura 11-4 há pontos de vista bem diferentes sobre inovação e competitividade setorial entre os cinco segmentos.

Quadro 11-1. Referenciais e paradigmas: quatorze questões que separam os líderes venezuelanos.

Fator	Conceitos individuais	Fator	Conceitos individuais
Intervenção econômica do governo	• O governo deve regular preços • O governo deve subsidiar a lucratividade das empresas • O governo deve proteger setores através de tarifas aduaneiras e barreiras ao comércio • O governo não deve permitir flutuação da taxa de câmbio	Inteligente significa "estável"	• O cidadão médio sabe o que é melhor para a Venezuela e tem influência nas decisões • As empresas podem obter êxito a convite ou se mantendo fiéis a um produto de sucesso • Assumir riscos é um mau hábito • Trabalhando em Caracas, o governo é capaz de satisfazer as necessidades da Venezuela
O governo como provedor social	• O governo deve garantir um padrão de vida mínimo e melhorar a distribuição de riqueza • Há gente demais sofrendo com a reforma econômica • O governo deve possuir/controlar empresas diretamente • Minha expectativa é de que o governo me ajude a prosperar • Há petróleo suficiente na Venezuela para que ninguém passe fome	Enxerga burocracia	• Os trabalhadores são recompensados, quer trabalhem com afinco, quer não • O povo não tem o que merece • Os empregados não merecem confiança no que se refere à tomada de boas decisões • A má situação da economia nacional é uma boa desculpa para o mau desempenho de uma empresa
O governo como catalisador do setor privado	• O governo deve proporcionar ao setor privado informações, assistência técnica e financiamento para exportações	"Não intervenção"	• Os pobres são responsáveis por sua própria situação • Os imigrantes legais fazem jus aos mesmos direitos que os cidadãos • O governo deve tratar as empresas nacionais e as estrangeiras da mesma maneira • As empresas se beneficiam com alianças internacionais

(Continua)

Capítulo Onze: Modelos Mentais

Quadro 11-1. (Continuação).

Fator	Conceitos individuais	Fator	Conceitos individuais
O governo como protetor do setor privado	• O governo deve impor barreiras ao comércio • As empresas venezuelanas precisam da ajuda governamental para competir no mercado mundial • Na Venezuela, a recompensa por assumir riscos é muito pequena	Cidadania significa participação	• As regras da sociedade devem ser cumpridas • É meu dever votar e pagar impostos • Faço sacrifícios para o futuro
Confiança no governo	• Os representantes eleitos são dignos de confiança • O governo se sai melhor na gestão dos negócios do que o setor privado • A corrupção não é a principal causa da pobreza na Venezuela	Cooperação suficiente	• Existe bastante cooperação entre as empresas, e entre empresas e universidades
Acolhe a interação externa	• Apesar das flutuações dos preços internacionais, a Venezuela tem poder para controlar sua economia • O governo deve atrair o investimento estrangeiro • A Venezuela não deve reduzir o percentual de programas de televisão produzidos internacionalmente	Abertura à mudança	• A Venezuela pode diversificar a sua economia • Os venezuelanos podem mudar sua maneira de pensar • Os dirigentes não precisam ser mais velhos do que seus subordinados • Muitas coisas não dependem do destino • Não é suficiente que apenas alguns tenham instrução
Acolhe a inovação	• As empresas na Venezuela devem gastar mais em P&D • Empregados instruídos tornam a empresa mais competitiva	Ótica do relacionamento	• As companhias são obrigadas a partilhar os lucros com os trabalhadores e cuidar dos empregados antigos • Muitas vezes, a propina é a única maneira de conseguir as coisas • A vida diária em família é mais importante do que o trabalho • Os impostos deveriam ser mais elevados para os ricos

Fonte: Monitor, Pesquisa sobre a competitividade nacional venezuelana, 1996.

Figura 11-3. Visões sobre inovação e liderança baseadas na segmentação demográfica tradicional dos líderes.

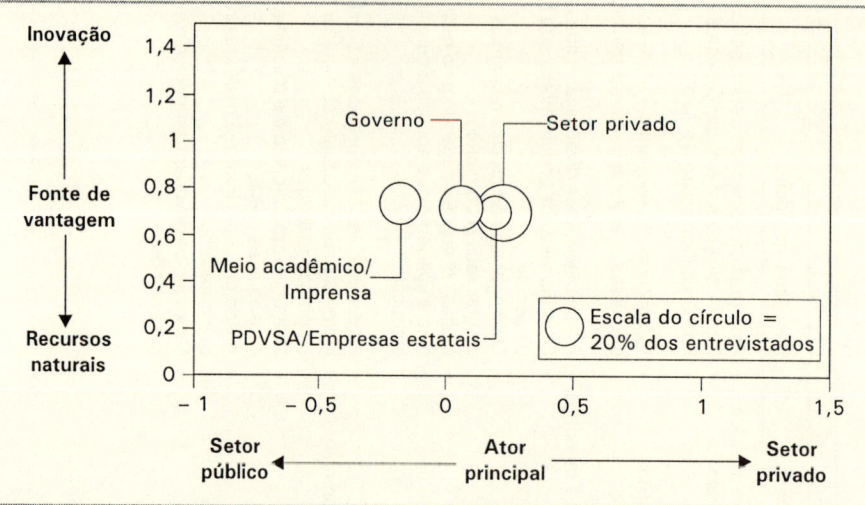

[Gráfico: eixo vertical "Inovação ↑ / Fonte de vantagem / Recursos naturais ↓" com valores 0 a 1,4; eixo horizontal "Setor público ← Ator principal → Setor privado" de -1 a 1,5. Círculos: Meio acadêmico/Imprensa, Governo, Setor privado, PDVSA/Empresas estatais. Escala do círculo = 20% dos entrevistados]

Fonte: Monitor, Pesquisa sobre a competitividade nacional venezuelana, 1996.

Observação: Os resultados representam índices de duas a cinco questões relacionadas à fonte de vantagem nacional e ao ator principal na economia.

Figura 11-4. Visões sobre inovação e liderança com base na segmentação dos líderes por modelo mental.

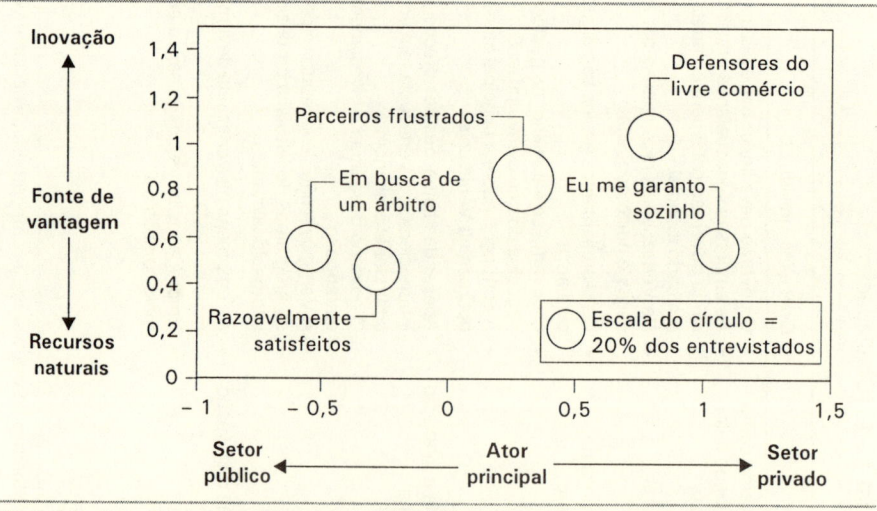

[Gráfico: mesmos eixos. Círculos: Em busca de um árbitro, Razoavelmente satisfeitos, Parceiros frustrados, Defensores do livre comércio, Eu me garanto sozinho. Escala do círculo = 20% dos entrevistados]

Fonte: Monitor, Pesquisa sobre a competitividade nacional venezuelana, 1996.

Observação: Os resultados representam índices de duas a cinco questões relacionadas à fonte de vantagem nacional e ao ator principal na economia.

Agora, temos que pensar na Venezuela não como um único país, mas como cinco. Denominamos esses cinco "países", ou segmentos, com base nos perfis de cada grupo sugerido pelos quatorze fatores. Nas denominações, tentamos captar a essência das crenças subjacentes de cada grupo: os *parceiros frustrados*, os *razoavelmente satisfeitos*, os que estão *em busca de um árbitro*, os do *eu me garanto sozinho* e os *defensores do livre comércio*. No Quadro 11-2, fizemos uma síntese de seus perfis, baseada nos fatores descritivos chave que "definem" seus segmentos; nas seções a seguir, elaboramos mais detalhadamente sobre cada segmento.

Parceiros Frustrados

Os *parceiros frustrados* receberam essa denominação pois, ao mesmo tempo em que crêem em uma forte parceria entre o governo e o setor privado, sofrem de uma extrema falta de confiança e fé na capacidade do governo de fazer a parte que lhe cabe. Os entrevistados nesse grupo reconhecem o potencial da Venezuela, mas estão frustrados porque acham que o governo não está cumprindo a sua parte de ajudar o setor privado a realizar esse potencial.

Os *parceiros frustrados* exibem uma mentalidade relativamente progressista no que se refere a competitividade e inovação. Tendem a ver a riqueza como infinita e como produto da iniciativa humana, e a acreditar que a concorrência promove a excelência. Além disso, não esperam que o governo proteja as indústrias ou intervenha diretamente na economia. Ao invés disso, vêem o governo como um catalisador, cujo papel é estabelecer uma plataforma estável em que a indústria possa competir. Encaram como crucial a diversificação da base de exportações venezuelana.

Em termos da competitividade das empresas, os *parceiros frustrados* acreditam que empresas de sucesso tentam *criar* mercados para seus produtos, ao invés de *responder* a eles. Segundo esse grupo, as companhias devem investir em seus empregados, partilhar lucros com eles e gastar mais dinheiro em P&D. Revelam-se não hierárquicos por considerarem que os dirigentes jovens podem ser eficazes. No entanto, demonstram-se mais insatisfeitos com o atual nível de competitividade das organizações.

Quadro 11-2. Descrição dos segmentos: as "cinco venezuelas".

Segmento	Tamanho (%)	Fatores descritivos chave
Parceiros frustrados	29	• É quem mais atribui ao governo o papel de catalisador • Não acha que o governo deva intervir na economia • É quem menos confia no governo • Não considera que haja bastante cooperação entre as empresas • Valoriza muito os relacionamentos (aberto à propina) • Está aberto à mudança
Razoavelmente satisfeitos	20	• É o menos propenso a acolher a inovação • É o menos aberto à mudança • Vê o governo enfaticamente como protetor do setor privado • Está contente com o *status quo* • Dá forte apoio à intervenção econômica do governo • Está satisfeito com o nível de cooperação
Em busca de um árbitro	20	• É quem mais vê o governo como provedor social • É o menos propenso a aceitar a interação externa • É quem mais enfaticamente vê o governo como protetor do setor privado • É quem endossa com maior firmeza a intervenção econômica do governo
Eu me garanto sozinho	13	• Não vê o governo como catalisador • É altamente propenso a não ver o governo como protetor do setor privado
Defensores do livre comércio	18	• Acolhe com firmeza a inovação • É o menos propenso a ver o governo como provedor social • É o mais aberto à mudança • É o mais propenso a acolher a interação externa • É altamente propenso a não ver o governo como protetor do setor privado • Não endossa a intervenção econômica do governo • É o mais propenso a confiar no governo

Os *parceiros frustrados* acreditam piamente que a reforma política da Venezuela não foi suficiente e mostram-se pessimistas no que se refere à competitividade da indústria venezuelana e ao desempenho da economia nacional nos próximos cinco anos. Além disso, estão altamente propensos a afirmar que a propina é, muitas vezes, a única maneira de conseguir as coisas na Venezuela, sugerindo um certo fatalismo quanto à capacidade de mudança do país. Esses líderes desejam uma parceria forte entre o governo e o setor privado em termos de fornecimento de informações, assistência técnica e financiamento para as exportações. Estariam até desejosos de oferecer mais apoio a universidades, institutos técnicos e outras companhias, se recebessem também algum apoio do governo. Os *parceiros frustrados* parecem enredados numa armadilha entre sua crença no papel do governo como catalisador e sua completa falta de confiança na capacidade governamental de desempenhar esse papel.

Os membros desse grupo estavam fortemente representados pelo setor privado. O segmento compreende 29% do total dos entrevistados, 33% do setor privado e 17% do público. Também representa 26% dos dirigentes de empresas estatais, da imprensa e do meio acadêmico. A atitude dos *parceiros frustrados* pode ser resumida na expressão *"No hay salida"* — não há saída.

Razoavelmente Satisfeitos

Denominamos de *razoavelmente satisfeitos* o segundo segmento que surgiu da análise, porque eles pareciam *razoavelmente* contentes com o *status quo* na Venezuela. Esses líderes não estão vibrando com a situação, mas externam poucas opiniões firmes sobre o que é necessário mudar. Quaisquer visões que tenham tendem a ser mais tradicionais do que inovadoras.

Levando a posição dos *parceiros frustrados* um passo adiante, os *razoavelmente satisfeitos* acham que o governo deve ser o ator principal, e não apenas um parceiro, tanto na esfera econômica quanto na social. Por exemplo, acreditam que o governo deve intervir na economia com preços regulados e subsídios, como meio de tratar das questões sociais.

Já que o governo venezuelano tem uma longa história de intervenção ativa na economia nacional, não é surpresa descobrir que os *razoavelmente satisfeitos* se mostram relativamente contentes com a combinação convencional de políticas governamentais, e que não estejam em busca de nada diferente ou inovador.

O grupo está contente com o atual nível de cooperação existente entre as empresas e outras instituições. Revela-se hierárquico por tradição, no sentido de achar que os dirigentes precisam ser mais velhos do que os subordinados. Além disso, acredita que os empregados são dignos de confiança na tomada de boas decisões e que o trabalho árduo é recompensado nas grandes instituições. Ironicamente, apesar das visões negativas sobre o modo pelo qual as empresas estão operando na Venezuela, os *razoavelmente satisfeitos* não concordam que as empresas sejam responsáveis pela melhora da situação, concordando, ao invés, que o mau ambiente econômico nacional é uma boa desculpa para o mau desempenho da empresa. De fato, entre todos os cinco segmentos, os *razoavelmente satisfeitos* eram os que mostravam maior satisfação quanto aos esforços das empresas para melhorar seus atuais níveis de competitividade.

Os *razoavelmente satisfeitos* estão, entretanto, apenas *razoavelmente* satisfeitos com a atual situação da Venezuela. Duvidam que o país seja capaz de diversificar sua economia com o passar do tempo, e acreditam que seja difícil mudar a maneira de pensar das pessoas. Apresentam-se também um pouco pessimistas quanto às perspectivas para a competitividade do país e para a melhora da situação econômica doméstica nos próximos cinco anos. Muito embora acreditem que a reforma econômica venezuelana não foi extensa o bastante, mostram-se menos críticos em relação ao governo do que os demais segmentos. Os líderes desse segmento não acham que a atual situação da Venezuela seja ideal, mas não têm pontos de vista fortes sobre como efetuar mudanças.

Os *razoavelmente satisfeitos* correspondem a 20% do total de entrevistados, 20% do setor privado, 17% do setor público, 19% dos dirigentes de empresas estatais e 16% do meio acadêmico e da imprensa. Os membros desse grupo são menos fatalistas do que passivos.

Em Busca de um Árbitro

Os entrevistados que se encaixaram no segmento *em busca de um árbitro* são os mais parecidos com "protecionistas" tradicionais. A denominação do grupo reflete o fato de estarem em busca de alguém — isto é, do governo — para estabelecer e monitorar as "regras do jogo" na economia nacional. Esses líderes querem um "campo nivelado" para os cidadãos e as empresas. Apóiam com firmeza a proteção governamental através de tarifas aduaneiras e barreiras ao comércio e não acreditam que a taxa de câmbio deva flutuar livremente. São os mais propensos a acreditar que o governo deve garantir um padrão de vida mínimo ao cidadão médio, e que é certo o governo controlar negócios e ajudar os industriais a prosperar. Estão entre os que crêem que, se o governo fizer sua parte, haverá petróleo suficiente no país para garantir que ninguém passe fome.

Os líderes no segmento *em busca de um árbitro* são um tanto isolacionistas. Concordam que o governo deva dar tratamento preferencial às empresas nacionais e que pouco ou nenhum benefício será alcançado com alianças internacionais. Além disso, crêem que as organizações estrangeiras, tais como as instituições multilaterais de financiamento, detêm demasiado poder na Venezuela.

Nesse segmento, uma percentagem maior do que nos outros quatro acredita que a riqueza é finita e que as nações, ao invés das empresas, devem lutar para criá-la e redistribuí-la. Seus membros se revelam muito pouco propensos a acreditar que a concorrência seja a força que promove a excelência e enriquece a sociedade, ou que as empresas de sucesso tentem *criar* novos mercados para seus produtos e serviços.

Os que estão *em busca de um árbitro* não se mostram otimistas no que se refere à economia ou à competitividade das empresas venezuelanas nos mercados internacionais. Mais do que outros segmentos, esse grupo vê o mundo através de lentes burocráticas e atribui a falta de competitividade das empresas venezuelanas ao mau desempenho do país. Ele concorda que há gente demais sofrendo com a reforma econômica, mas que a reforma política e econômica não foi suficiente, embora demonstre menos esperança nela do que a maioria dos outros quatro grupos. É o menos satisfeito com os esforços para se tornar mais competitivo e com o atual nível de competitividade.

Esse grupo de líderes compreende 20% do total de entrevistados, 16% do setor privado, 37% do público, 11% das empresas estatais e 29% da imprensa e do meio acadêmico. Se tivéssemos que resumi-los em uma única frase, diríamos que eles acreditam que cabe ao governo o papel principal no tocante ao desempenho da indústria e que esperam tratamento diferenciado para as empresas venezuelanas.

Eu me Garanto Sozinho

Extremo oposto àqueles *em busca de um árbitro*, o quarto segmento, denominado *eu me garanto sozinho*, rejeita a intervenção governamental de quase todo tipo. Esses líderes se opõem com firmeza a um governo que apóie o setor privado com preços regulados, subsídios, financiamento à exportação e proteção contra a concorrência das importações. Rejeitam até a assistência técnica do governo. Não querem tratamento governamental diferenciado, acreditando com muita firmeza que as empresas estrangeiras devam ser tratadas da mesma maneira que as nacionais. É interessante observar que, mesmo esse grupo relativamente antigovernista, crê em um papel forte do governo nas questões sociais, sugerindo não haver "monetarismo puro" nem "garotos de Chicago" na Venezuela.

Os do *eu me garanto sozinho* formam um grupo pessimista. Setenta e oito por cento deles acreditam que o governo detém demasiado poder, e 92% crêem que a reforma econômica e política não foi suficiente. Metade do grupo considera que em cinco anos as empresas nacionais serão menos competitivas e que a economia doméstica não vai melhorar.

Apesar de sua dramática rejeição ao *status quo*, os do *eu me garanto sozinho* não parecem ter uma ótica progressista quanto à concorrência e à geração de riqueza. Apenas metade acredita que a riqueza é infinita e produto da iniciativa humana, enquanto 42% crêem que é finita e que a nação precisa lutar para redistribuí-la pela população. Sessenta e seis por cento consideram a concorrência a força que promove excelência e enriquece a sociedade, e somente 56% acham que as empresas de sucesso tentam criar mercados para seus produtos e serviços. Mais do que qualquer outro grupo (79%), os do *eu me garanto sozinho* se sentem satisfeitos tanto com seus esforços para aumentar a competitividade, quanto com o seu atual nível de competitividade organizacional.

O menor dos cinco segmentos, com apenas 13%, os do *eu me garanto sozinho* compreendem 15% do setor privado, 10% do público, 15% dos dirigentes de empresas estatais e 6% da imprensa e do meio acadêmico. Em suma, esse segmento está basicamente dizendo ao governo: "Reduza os impostos e deixe-me em paz".

Defensores do Livre Comércio

Os *defensores do livre comércio*, nosso quinto e último segmento, constituem o grupo mais aberto e mais propenso a acolher a inovação. No nome, o *livre* caracteriza sua oposição a regulação de preços, subsídios, proteção tarifária e manipulação das taxas de câmbio. São firmemente favoráveis a assumir riscos e a estratégias empresariais inovadoras. E dão ênfase ao intercâmbio com o exterior, apoiando a interação com estrangeiros na forma de alianças internacionais, programas educativos e meios de comunicação, e atribuindo importância à diversificação das exportações.

Os *defensores do livre comércio* compõem o mais otimista dos cinco segmentos no que diz respeito ao governo, à competitividade da indústria, e à melhora da economia doméstica. Não é que realmente confie no governo, mas confia mais do que três dos outros grupos. Se bem que acredite, à semelhança dos outros segmentos, que a reforma econômica não foi suficiente, esse grupo de líderes é o mais otimista quanto à capacidade da Venezuela de diversificar sua economia e mudar a maneira de pensar do país. Mostra-se menos fatalista do que qualquer outro segmento. Esses líderes defendem o aumento de gastos em P&D e o investimento nos empregados. É o único dos cinco grupos a apoiar a diversificação da base de exportações como um objetivo nacional.

Dos cinco segmentos, este é o que têm a perspectiva mais progressista sobre geração de riqueza e concorrência. Mais do que qualquer outro grupo (69%), eles acham que a riqueza é infinita e resulta da iniciativa e do esforço humanos. Mais do que qualquer outro grupo (77%), acreditam também que a competição é uma força em prol de mudanças positivas na sociedade. Gostariam de assistir a mais envolvimento de empresas e organizações estrangeiras na Venezuela. Sessenta por cento crêem que as empresas privadas não têm influência suficiente nos assuntos nacionais. Quarenta e quatro por cento consideram que mesmo as organizações estrangeiras deveriam exercer mais influência nos assuntos nacionais.

É interessante observar que os *defensores do livre comércio* incluem um número desproporcionalmente alto de dirigentes de empresas estatais. Compreendem 18% do total da liderança pesquisada, 16% do setor privado, 20% do público, 30% dos dirigentes de empresas estatais e 23% da imprensa e do meio acadêmico.

Em síntese, os *defensores do livre comércio* acreditam em competir através do investimento em pessoas.

Resumos Demográficos dos Cinco Referenciais Dominantes

Se bem que os cinco segmentos sejam distintos entre si pelas suas perspectivas e crenças e não pela demografia, há algumas tendências demográficas notáveis, como já sugerimos antes. Os *parceiros frustrados* estão representados de maneira dominante no setor privado, concentram-se na exploração de recursos naturais, e procedem do centro-oeste do país. Os *razoavelmente satisfeitos* estão espalhados igualmente por todas as organizações, estão sub-representados nas empresas de recursos naturais e encontram-se, na sua maioria, na região leste do país. Os que estão *em busca de um árbitro* tendem a fazer parte do governo e estão localizados na região oeste do país. Os do *eu me garanto sozinho* tendem a ser dirigentes de empresas, tanto estatais quanto do setor privado, especificamente na manufatura, e encontram-se nas regiões interioranas da Venezuela. Os *defensores do livre comércio* também tendem a ser dirigentes, sediados em Caracas, principalmente nas empresas estatais que operam com recursos naturais e nas indústrias manufatureiras.

Considerando todos os dados relativos às perspectivas e às crenças dos cinco segmentos, bem como as dicas demográficas sobre quem são e onde estão os segmentos, como será possível começar a juntar esses grupos?

COMO PODEMOS JUNTAR ESSES GRUPOS?

Muito embora haja diferenças extremas dentro desse "país de países", há também importantes pontos de vista comuns que poderiam servir de base para juntar esses grupos. Ficamos surpresos ao descobrir que todos os cinco segmentos, apesar de suas grandes diferenças em muitas questões vitais, na realidade partilham visões muito próximas a respeito das prioridades governamentais. Todos os cinco segmentos vêem como altas prioridades para o governo: aperfeiçoar a educação primária e secundária, reduzir a corrupção, atrair o investimento estrangeiro, melhorar a saúde, diminuir os gastos do governo e criar um ambiente estável para os negócios.

Além disso, há pontos de vista compartilhados em muitas questões específicas. Por exemplo, todos os entrevistados concordam que não é positivo para a Venezuela o seu enfoque persistente em petróleo bruto, e que se diversificar na direção de setores como turismo, produtos manufaturados e agricultura é vital para o futuro do país. Todos os segmentos acreditam que o governo detém demasiado poder, acham que a reforma política e econômica não foi longe o suficiente, e apóiam algum nível de inovação tanto nas práticas empresariais quanto nas melhorias regulatórias do governo. Nenhum dos segmentos confia no governo, e ainda assim todos acreditam que ele tenha um importante papel social a desempenhar. Mesmo assim, como sugerem as diferenças significativas entre os segmentos, há mais variância nas respostas do que seria saudável para um país que tenta tomar algumas decisões complexas ao longo dos próximos cinco anos.

Quando pensamos em juntar os grupos, desejávamos compreender não só o que já é partilhado entre eles como também aquilo que os dividia. Para melhor entender essas diferenças, ordenamos nossos quatorze fatores originais de acordo com o "tamanho das diferenças", ou seja, com a variância dentro de cada fator, conforme mostrado na Figura 11-5. O comprimento de cada barra equivale ao "tamanho das diferenças" entre as respostas dos cinco segmentos sobre aquele fator.

De todos os quatorze fatores, descobrimos que aquele que mais dividia era o que vê o governo como catalisador do setor privado. Ele não só produz o maior leque de respostas, como é um dos poucos fatores que alcança o "marco zero" na Figura 11-5. O "marco zero" representa a linha entre a concordância e a discordância sobre aquele fator. Isso significa que alguns segmentos concordam e outros discordam que o governo deva ser o catalisador do setor privado. Como se pode ver na figura, na maioria dos demais fatores, embora haja considerável variância nas respostas dos cinco segmentos, todos eles tendem a se alinhar do mesmo lado da questão. Quer dizer, poucas barras chegam ao "marco zero".

O fator que mais divide — o governo como catalisador do setor privado — é definido como a necessidade do governo de oferecer ao setor privado informações, assistência técnica e financiamento à exportação. Acreditamos que, se pudéssemos obter maior concordância nesse fator, poderíamos conseguir mais alavancagem do que de qualquer outro. Se o país pudesse resolver suas diferenças nesse fator, estaria dando um passo extraordinário na direção de uma visão compartilhada sobre competitividade e sobre geração e distribuição de riqueza.

Estudamos os grupos segmentados nesse fator e descobrimos que a resposta média, em uma escala de –3 a +3, era de 1,47 na direção da concordância, e que a maior diferença se encontrava entre os *parceiros frustrados*, com 2,18 (indicando forte concordância de que o governo deve atuar como catalisador), e o segmento do *eu me garanto sozinho*, com –0,76 na direção da discordância (o governo não deve desempenhar o papel de catalisador). Portanto, o hiato entre os dois nessa questão — o "tamanho da diferença" — é um pulo de 2,94 pontos em uma escala cujo comprimento totaliza seis unidades (2,94 é o comprimento da barra superior na Figura 11-5). Com relação aos "hiatos" nas outras questões (os comprimentos das barras), esses 2,94 referentes ao governo como catalisador são um hiato particularmente grande a atravessar.

A partir do que sabemos a respeito dos *parceiros frustrados*, podemos fazer algumas deduções sobre a lógica por trás de sua maneira de encarar a questão do governo como catalisador. Com 29% do total, os *parceiros frustrados* formam o maior dos cinco segmentos. Tendem a ser excessivamente representados pelo setor privado, ligados a indústrias que exploram recursos naturais, e os mais insatisfeitos com a atual

Capítulo Onze: Modelos Mentais

Figura 11-5. Intervalos de pontuação por escores fatoriais em ordem decrescente de impacto.

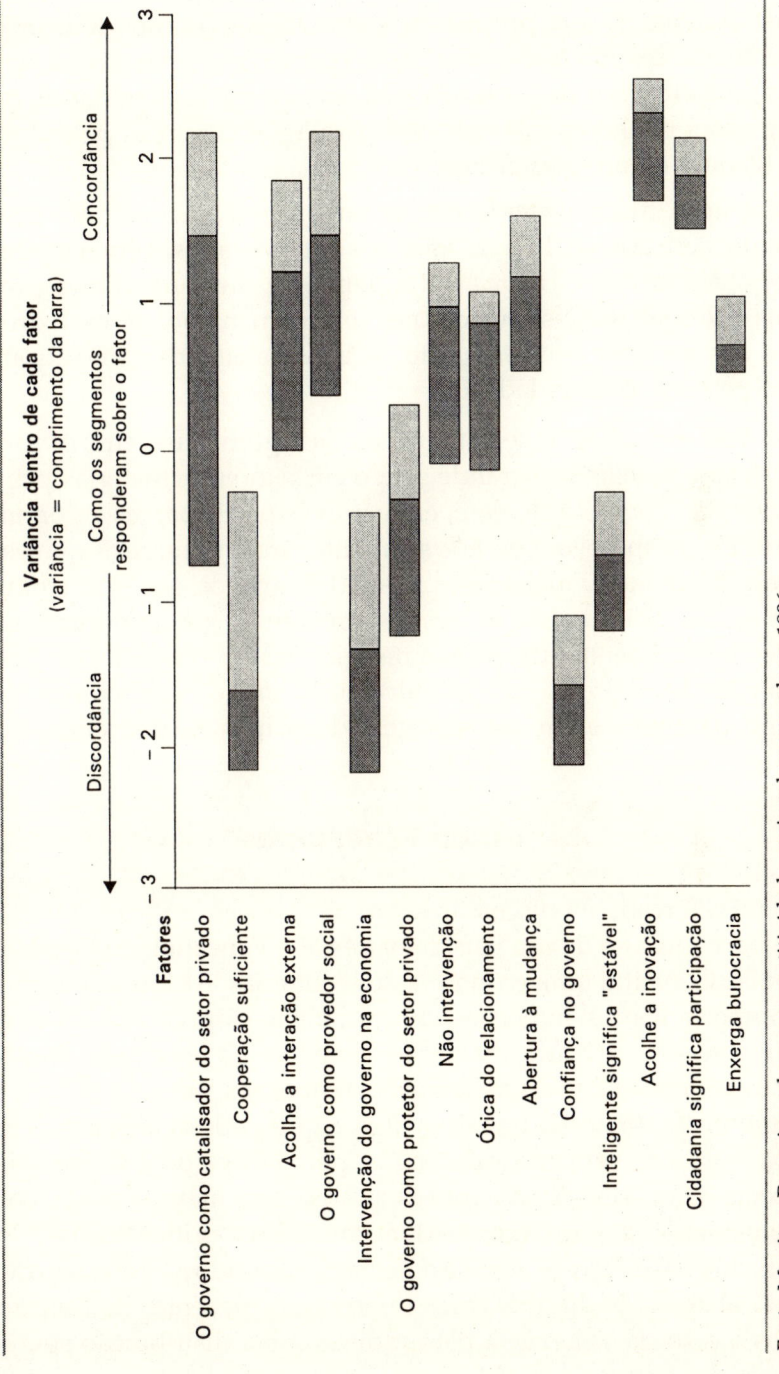

Fatores
- O governo como catalisador do setor privado
- Cooperação suficiente
- Acolhe a interação externa
- O governo como provedor social
- Intervenção do governo na economia
- O governo como protetor do setor privado
- Não intervenção
- Ótica do relacionamento
- Abertura à mudança
- Confiança no governo
- Inteligente significa "estável"
- Acolhe a inovação
- Cidadania significa participação
- Enxerga burocracia

Variância dentro de cada fator (variância = comprimento da barra)

Discordância ← Como os segmentos responderam sobre o fator → Concordância

Fonte: Monitor, Pesquisa sobre a competitividade nacional venezuelana, 1996.
Observação: As médias, que são representadas pela linha entre as partes sombreadas, são calculadas entre os cinco segmentos venezuelanos. O limite à esquerda representa a média do segmento que mais discorda do fator. O limite à direita representa a média do segmento que mais concorda.

competitividade de seus próprios setores. Daí poderíamos deduzir que eles sentem necessidade de ajuda para exportar, na forma de assistência técnica, informações de mercado e financiamento à exportação, para conseguirem melhores mercados ou para agüentarem os períodos de dificuldades em um setor cíclico.

O grupo do *eu me garanto sozinho*, por outro lado, constitui o menor segmento, com apenas 13% do total dos entrevistados. Têm metade do tamanho dos *parceiros frustrados*. Tendem a ser dirigentes de empresas estatais e de companhias privadas nos setores manufatureiros. Extremo oposto aos *parceiros frustrados*, são os mais satisfeitos com seu atual esforço pela competitividade.

A diferença poderia ser sintetizada da seguinte maneira: os *parceiros frustrados* formam um grande grupo em setores de matérias-primas que não estão competindo bem, enquanto os participantes autônomos formam um grupo pequeno nos segmentos manufatureiros que estão competindo de modo mais eficaz. Esses dois grupos, que se encontram em situações radicalmente diferentes, enviam ao governo mensagens também radicalmente diferentes a respeito das necessidades econômicas do país. Seria preciso um ouvido muito afiado, no alto escalão do governo, para segmentar as mensagens de grupos tão diferentes.

As "Cinco Venezuelas"

Como foi reforçado na discussão sobre os "hiatos", a Venezuela não é um só país. Trata-se de um país de países. E a Venezuela não é uma só economia. Constitui uma economia de economias. Atribuir determinados comportamentos, intenções, crenças, metas e aprendizados ao que se chama de setor privado, ou ao que se denomina setor público, não é uma tarefa fácil. O fato é que jamais descobrimos, em país algum, em qualquer parte do nosso trabalho, algo a que pudéssemos nos referir como a "visão do setor privado" ou a "perspectiva do governo". Isso não existe. O que existe são apenas referenciais; mesmo assim, como freqüentemente se julga que existam tais óticas atribuídas, isso leva diretamente ao padrão de atitude defensiva discutido na Parte Um deste livro. Acabamos de discutir cinco referenciais presentes no mundo, e usamos o caso da Venezuela para indicar que a distribuição singular desses referenciais em cada nação é o que oferece ou impede a oportunidade de gerar decisões complexas, necessárias a uma economia baseada em inovação.

A seguir, vamos discutir a relação entre referenciais e os sete padrões originais de inibidores da competitividade. Nossa tese é de que agora se pode entender melhor a lógica por trás desses padrões, graças à maior consciência a respeito de "quem é mesmo que está lá".

QUAL A CONEXÃO ENTRE REFERENCIAIS E OS "SETE PADRÕES"?

Crescem a todo momento as evidências de que são as atitudes dos líderes de cada país — ou, mais especificamente, os seus referenciais — que informam a criação das estruturas organizacionais e ações estratégicas que ditam os padrões de geração e distribuição de riqueza encontrados em ambientes instáveis.

Contando histórias e formulando hipóteses, esta seção se dedica a identificar as ligações entre a maneira de pensar dos tomadores de decisão — isto é, seus "modelos mentais" — e as ações e os resultados que observamos.

Dependência dos Fatores Básicos

Trinta e oito por cento de todos os entrevistados e 52% dos que estão *em busca de um árbitro* acreditam que a riqueza é finita e que as nações devem lutar para redistribuí-la. O segmento *em busca de um árbitro* parece ter menos confiança no futuro da economia do que os outros grupos, e receia que o país esteja propenso a enfraquecer nos próximos cinco anos em termos de competitividade. Talvez por causa dessa atitude, o grupo mostra maior tendência a achar que o governo deveria ser o ator principal da economia e que a proteção governamental, na forma de tarifas e subsídios, é necessária.

Embora tecnicamente não pertença ao segmento *em busca de um árbitro*, um homem de negócios colombiano que conhecemos — cuja identidade ocultamos — tipifica o grupo. Esse homem teve muito êxito na era da substituição de importações e construiu enormes fábricas, com imensa capacidade, que dominaram os mercados locais por muito tempo. Ganhou uma fortuna e chegou a ser considerado "dez anos adiante do seu tempo" por pelo menos um líder do governo.

Nossa opinião é menos caridosa. Esse foi um homem que soube como influenciar o governo e garantir contratos inacessíveis a todos os demais. Um homem encantador, ele argumenta persuasivamente que "não desejava subsídios ou proteção"; tudo o que queria era "um campo nivelado".

Afinal de contas, protesta, se o fornecimento de energia elétrica e o sistema de transportes do país eram ineficientes, nenhum produtor local podia competir com base em preços. Além do mais, prossegue no seu argumento, se o governo tinha receio de desemprego em massa, a última medida a tomar seria permitir importações capazes de destruir os produtores locais. Esse industrial nos disse certa vez que sua alegria era "construir fábricas". E logo depois que ele construiu a última, o governo da Colômbia, sob a liderança do presidente Gaviria, abriu a economia à concorrência das importações, e seus negócios começaram a perder mais de um milhão de dólares por mês, segundo sua própria estimativa.

Durante todas as décadas em que competiu, esse homem jamais construiu uma fábrica que fosse muito além do processamento leve. Fez parte do segmento *em busca de um árbitro* que, com o passar do tempo, foi desapontado pelo governo e nunca viu as possibilidades na fabricação de produtos mais complexos. Com toda a sua crença nas vantagens comparativas e com seu referencial de que influenciar o governo era a sua verdadeira vantagem, ele decidiu deixar a Colômbia e investir dinheiro no mercado de ações norte-americano, onde alega obter mais retorno do que jamais obteve "construindo fábricas".

A imaginação voltada para fatores ainda pode estar viva no segmento *em busca de um árbitro* e em outros remanescentes no mundo em desenvolvimento. Esse é o grupo que corre maior perigo, não por ter adotado a estratégia errada, mas por ter adotado a estratégia certa por tempo demais.

Compreensão da Clientela

Cerca de dois terços dos entrevistados acham que uma boa estratégia empresarial é descobrir um produto de sucesso e "permanecer fiel a ele". Quase um terço acredita que as empresas de sucesso oferecem produtos que elas já sabem que os clientes vão comprar. Essa visão é aparente, em especial, no segmento *em busca de um árbitro*, com a concordância de quase metade dos entrevistados.

Infelizmente, quando se acredita em vantagens comparativas e se tem a produção orientada para "construir fábricas" em um ambiente pequeno e protegido, não se valoriza o aprendizado sobre a clientela. E foi isso o que encontramos nos Andes e na maioria das nações em desenvolvimento. De fato, 45% de nossos entrevistados na Venezuela acreditam que muitas companhias obtêm êxito simplesmente imitando a concorrência.

Como já discutido em outra parte deste livro, quando as companhias imitam os seus concorrentes, adotando as mesmas estratégias, fabricando os mesmos produtos, etc., desenvolve-se uma espécie de "convergência estratégica" que leva à rivalidade doentia, transfere a alavancagem dos produtores para os consumidores e reduz os lucros.

Em muitos de nossos estudos, descobrimos que os produtores vendem seus artigos sem levar em conta os interesses dos clientes. Um exemplo é a indústria peruana de aspargos, que a cada ano pára de vender ao consumidor norte-americano durante a estação em que todos os concorrentes suspendem as vendas, apesar do fato de que os consumidores continuariam a comer aspargos durante o ano inteiro. Outro exemplo é o produtor colombiano de couro que tenta vender ao consumidor norte-americano por meio de anúncios de revista, sem, no entanto, manter *showroom* nos Estados Unidos, apesar do fato de que os segmentos mais atraentes de compradores de couro naquele país não costumam comprar por meio de revistas mas, sim, através de *showrooms*. Até os melhores produtores, irão fracassar se não tiverem uma boa compreensão das necessidades e dos padrões de compras da de seus clientes.

Cooperação Entre Empresas

Quase 80% dos entrevistados afirmam que suas empresas teriam maior possibilidade de sucesso se fizessem alianças internacionais. No geral, os entrevistados também sugerem a inexistência de cooperação suficiente entre as empresas, ou entre as empresas e as universidades. Só os *razoavelmente satisfeitos* sugeriram que o atual nível de cooperação é adequado. Os segmentos que se mostraram mais firmes quanto à necessidade de maior cooperação foram os *parceiros frustrados*, seguidos dos que estão *em busca de um árbitro* e dos *defensores do livre comércio*.

Isso pode sugerir que, dado o ambiente pequeno e protegido, onde os clientes não eram exigentes e as exportações venciam de acordo com o quão baixo era o seu preço, não é surpreendente pensar que as empresas e as universidades jamais foram pressionadas a aumentar a cooperação. Não havia necessidade aparente de melhora através da criação e estruturação de processos para partilhar aprendizado e aperfeiçoamento, capaz de aumentar a complexidade e a capacidade de atender consumidores mais exigentes. Como já mostramos antes, os empresários adquiriram uma grande capacidade de "por a culpa na vaca". Só fica faltando determinar se o gado é o chefe de estado, um membro do ministério, um fornecedor ou, de fato, apenas a vaca.

Em determinado país, introduzimos a idéia de criar um banco nacional de dados de emprego que casaria pessoal qualificado com o emprego apropriado. A lógica era elevar a qualidade geral dos recrutados pela introdução de um elemento de competição. As empresas concorreriam para recrutar os melhores candidatos, identificados para todas as empresas verem, no banco nacional de empregos. Da mesma maneira, os candidatos a emprego concorreriam para melhorar sua capacidade relativa aos demais no banco de empregos, na esperança de serem recrutados. Um dos líderes que poderíamos descrever como *razoavelmente satisfeito* não viu esse sistema como benéfico para si. Ele nos disse que a idéia era desinteressante porque sua vantagem residia na sua capacidade de recrutar os melhores; ele não queria que outras empresas, possíveis concorrentes no futuro, tivessem acesso a um padrão alto e crescente de recursos humanos. "Por que eu iria ajudar as outras empresas neste país a conseguir excelentes recursos?" foi sua resposta sucinta. Com a questão formulada dessa maneira, o ponto de vista desse líder era racional. No entanto, talvez tivesse mudado de idéia mediante uma reformulação da questão: "Por que eu me ajudaria a conseguir melhores recursos do que estou conseguindo agora?"

Compreensão da Posição Relativa

A essência da posição relativa é a capacidade das empresas andinas de quererem aprender sobre a concorrência, não apenas imitarem as estratégias de sucesso (uma forte tendência em toda a região), mas compreenderem a dinâmica essencial entre os clientes mais atraentes, os competidores que tentam agradá-los e a empresa em questão. Como já dissemos, a maioria das empresas venezuelanas acredita que encontrar um produto de sucesso e "permanecer fiel a ele", em geral através da observação e da imitação dos concorrentes, é o caminho para o êxito.

Os *razoavelmente satisfeitos* parecem tipificar esse pensamento mais do que os outros segmentos. O grupo, que acolhe as soluções tradicionais, parece desinteressado em aprender como melhorar. Na Bolívia, trabalhamos com membros do setor de flores, que insistiam na sua capacidade de concorrer no competitivo mercado norte-americano. Insistiam, também, que estavam ganhando muito dinheiro, principalmente no Dia dos Namorados e no Dia das Mães. Fizemos uma análise de sua posição relativa de custos contra os colombianos e descobrimos que só os seus custos de transporte eram três vezes os dos colombianos, e que eles estavam perdendo dinheiro durante o ano todo, ganhando somente naqueles dois dias. Aconselhamos que deixassem o mercado norte-americano por enquanto, exceto naqueles dois dias. O motivo era os intermediários de Miami, curiosamente colombianos na sua maioria, estarem usando as flores bolivianas apenas como capacidade extra em momentos de pico. Um dos líderes da floricultura na Bolívia disse que, antes de ver os dados, pensava que os bolivianos eram bons exportadores de flores; ao seu ver, afinal de contas, "muitos de nós não passamos mesmo de jardineiros".

Aconselhamos os produtores bolivianos de flores a competirem nos mercados crescentes de Santiago, Buenos Aires e outras capitais da região. Eles teriam, então, algumas vantagens relativas em transporte, e poderiam começar a criar vantagens mais complexas na qualidade das flores e no escopo de produto, antes de voltar a atacar os colombianos em Miami.

Não é surpreendente que a melhor atitude no que se refere à posição relativa seja a dos que defendem o livre comércio, que acolhem a inovação e a abertura à mudança e que são, de todos os segmentos, o mais voltado para o exterior.

Oportunidades de Integração para a Frente

Testamos a asserção de que as empresas se beneficiam com as alianças internacionais e observamos um padrão cada vez mais familiar: os *parceiros frustrados*, os *defensores do livre comércio* e o grupo do *eu me garanto sozinho* apóiam com veemência as alianças internacionais, enquanto os *razoavelmente satisfeitos* e os que estão *em busca de um árbitro* demonstram menor interesse.

Em setores como os de flores, suco de frutas e produtos agrícolas tradicionais, a verdadeira riqueza que foi criada acabou sendo capturada no exterior. Os intermediários, que continuam capturando a riqueza, insistem que a qualidade, a regularidade e o serviço especializado que os produtores precisam para desenvolverem relações mais sofisticadas com os intermediários simplesmente não existem. Isso talvez se dê porque os segmentos-chave não esposam a inovação e a cooperação entre empresas, não parecem voltados para o exterior, e vêem como o seu verdadeiro potencial de riqueza aquilo que já possuem — sol e solo fértil — ao invés da capacidade de satisfazer a clientela — nesse caso, tanto o intermediário quanto o consumidor final.

Na floricultura andina, vemos por toda parte tipos *em busca de um árbitro*, confiantes de que, se o governo apenas desvalorizasse a moeda e lhes concedesse alguns incentivos para exportar, as exportações alçariam vôo e todos ficariam ricos. Como costumam ser grandes empregadores de pessoas marginalizadas, capazes de se retirarem para as montanhas a fim de plantar e exportar coisas menos benignas do que flores, isso lhes oferece um argumento político e social muito forte. Assim, o dilema envolve o argumento social e político de curto prazo dos que estão *em busca de um árbitro versus* o argumento do crescimento econômico de longo prazo apresentado pelos *defensores do livre comércio*. Nesse meio tempo, continua a haver entre empresas da região pouca atividade visando a integração para a frente.

Atitude Defensiva

Nossa intuição, bem como nossa pesquisa baseada em levantamentos, *focus groups*, e milhares de discussões com líderes empresariais e governamentais pelo mundo afora nos fazem crer que o desenvolvimento econômico não é uma questão de política macroeconômica; é uma questão de relações humanas. O escritor Francis Fukuyama, em obra recente intitulada *Trust* (Confiança), sugere que "as lições mais importantes que podemos tirar de um exame da vida econômica é que o bem-estar de uma nação, bem como sua capacidade de competir, estão condicionados a uma única e penetrante característica cultural: o nível de confiança inerente à sociedade".[4]

O raciocínio defensivo destrói a confiança. Raciocínio defensivo é aquele que foi tratado na introdução e no Capítulo Seis, em nossa descrição da dinâmica entre um membro do ministério na Colômbia e o presidente da associação dos produtores de flores. Na nova linguagem deste capítulo, o ministro seria um *defensor do livre comércio*, o presidente da Asocolflores estaria *em busca de um árbitro*. Caso o leitor não se lembre, o ministro sugeriu que os floricultores desapareceriam nos cinco anos seguintes porque competiam com vantagens básicas — tais como sol e mão-de-obra barata — e não procuravam melhorar sua logística de transportes para o mercado norte-americano. A associação de flores concordou que o setor desapareceria nos cinco anos seguintes, por causa de um aeroporto ineficiente, uma energia elétrica cara e uma moeda sobrevalorizada, problemas, todos eles, a serem resolvidos pelo governo.

Tanto o presidente da associação de flores quanto o ministro estavam corretos nas desvantagens que apontavam. O que lhes faltou foi uma visão compartilhada: uma visão mais ampla e consistente da competitividade, em que pudessem basear uma discussão mais produtiva sobre como competir. E, sem uma visão compartilhada, eles começaram a fazer deduções sobre o comportamento e as intenções um do outro, o que levou à atitude agressiva sugerida pelas cartas publicadas no jornal, transcritas na introdução. Essa atitude agressiva cortou o aprendizado e impediu a capacidade de fazer os tipos de opções sofisticadas necessárias para melhorar o setor — isto é, como consertar o aeroporto, fornecer energia elétrica com tarifas competitivas, melhorar a logística do transporte até o usuário final, encontrar segmentos atraentes, e competir diante da ameaça crescente das flores de baixo custo do México e de qualidade cada vez melhor do Equador.

Desde então, mudaram o ministro do Comércio Exterior e o presidente da Asocolflores, o aeroporto foi um pouco melhorado e as exportações cresceram em valores nominais, o que muitos no país apontam como vitória. Contudo, as margens de lucro para cada uma das empresas continuam a ser espremidas pela maior concorrência. Muitos floricultores faliram e fecharam as portas, e muitos *campesinos* perderam os seus empregos.

A ironia dessa história é que o *defensor do livre comércio* e o segmento *em busca de um árbitro* fazem parte do mesmo país — da mesma cidade, na verdade. Não há rivalidade pessoal entre eles, e ambos desejam o melhor para a nação. Mas, por causa de diferentes referenciais, optaram por brigar e vindicar, preferindo defender uma posição que pode ser descrita como sua posição tradicional, ao invés de tentar indagar, aprender e alcançar uma perspectiva compartilhada. Tudo isso foi exacerbado pela falta de confiança.

E todos esses referenciais, como já visto no capítulo sobre raciocínio defensivo, serviram de base aos paradigmas que tanto o ministro quanto o presidente da associação escolheram para a geração de riqueza: as vantagens comparativas. A combinação dos referenciais e dos paradigmas, que denominamos modelo mental ou parte invisível da mudança, informou a maneira pela qual eles estruturaram as suas organizações — não visando a indagar, aprender e criar uma visão compartilhada, mas a vindicar continuamente e a defender suas posições. Essas organizações adotaram estratégias que estão começando a desmoronar no que diz respeito a satisfazer as necessidades da clientela, e os resultados que estão alcançando em termos de geração e de distribuição de riqueza não são positivos. E os países estão mais pobres. À luz desses resultados, as pessoas tendem a procurar ajuda onde quer que possam encontrá-la, e isso nos leva ao último dos sete padrões.

Paternalismo

Talvez seja na Venezuela que o paternalismo difundido nos Andes fica mais aparente. No que se refere à capacidade competitiva do país, líderes de todos os tipos crêem que o governo deva conceder créditos de exportação, e muitos (44%) acreditam que sem a assistência governamental as indústrias do país não têm condições de competir. Oitenta e quatro por cento dos líderes do setor privado afirmam que o governo precisa fazer mais para atrair investidores, e 29% acham que os setores necessitam de proteção governamental.

Do lado social, nove de dez líderes pensam que o governo tem de fazer mais para redistribuir riqueza e assegurar um padrão mínimo de vida para todos os cidadãos, e um grande número (54% do setor público e 38% do privado) acredita na regulação dos preços cobrados do consumidor médio. Setenta e seis por cento dos líderes do setor privado em nosso estudo consideram os representantes eleitos indignos de confiança, e 84% crêem que a corrupção é a principal causa da pobreza no país.

Deduzimos da nossa pesquisa que, se perguntarmos a um representante médio do setor privado venezuelano qual é a crise no país, ele ou ela dirá que se trata de uma crise de confiança; eles não acreditam que seus líderes farão o que é necessário para melhorar o país. De fato, talvez seja uma crise de paternalismo tanto quanto uma crise de confiança. Trocando em miúdos, as expectativas do setor privado no que se refere ao setor público podem ser altas demais. No novo mundo da competitividade global, nenhum governo é capaz de realizar todas as tarefas econômicas e sociais que o governo venezuelano assumiu — muito embora seja isso que alguns venezuelanos passaram a esperar.

Os que estão *em busca de um árbitro* esperam o máximo do setor público. Insistem que o governo intervenha nos preços, e conceda subsídios e proteção, visando a assegurar um padrão mínimo de vida para os trabalhadores. Afinal de contas, argumentam, como o país é rico, ninguém deve passar fome. Os *defensores do livre comércio* são tão contrários a essa visão que é possível dizer que eles se encontram no extremo oposto ao do segmento *em busca de um árbitro*.

A demografia também sugere que esses dois grupos se acham em completa oposição. Os que estão *em busca de um árbitro*, compreendendo um quinto do total dos entrevistados, tendem a ser gente vinculada ao governo e ao setor de serviços, situada na região oeste e no interior do país, enquanto os *defensores do livre comércio* tendem a ser dirigentes de empresas estatais de recursos naturais com sede em Caracas.

Um exemplo prático do paternalismo e das altas expectativas que as pessoas têm do governo venezuelano é o movimento sindicalista. As posições divulgadas pelos principais sindicatos exibem uma visão clara de objetivos em termos de desenvolvimento econômico, bem-estar social e qualidade de vida. Os líderes sindicais sugerem com firmeza, no entanto, que essa qualidade de vida tem que ser proporcionada por uma distribuição de riqueza através da intervenção governamental, ao invés de vir como resultado natural de melhores estratégias empresariais e do aumento de competitividade da indústria em geral. Eles estão convictos de que o governo deve assumir papel de liderança no que denominam de "setores essenciais", tais como petróleo e mineração.

Os sindicatos reconhecem a atual crise na Venezuela; no entanto, seus líderes não parecem assumir muita responsabilidade. No seu raciocínio, eles culpam "políticas macroeconômicas neoliberais errôneas" pela crise atual, em especial as do ex-presidente Andres Perez em 1989. Também culpam a "lamentável transferência de poder do Estado" e das empresas controladas pelo Estado, na década de 70, para as "elites neoliberais", cuja fuga de capitais fez com que a dívida se elevasse vertiginosamente e deu partida à espiral descendente em que o país se encontra agora.

Infelizmente, por sua convicção de que cabe ao governo tirar o país da crise em que se encontra, e de que o atual governo se acha mal equipado para fazê-lo, a visão da classe trabalhadora pode estar levando o país a uma atitude mais — e não menos — defensiva, prejudicando ainda mais a sua capacidade de sair de um dilema tão complexo.

Resumo

Neste capítulo abordamos o complexo problema das crenças prevalecentes sobre a geração de riqueza e a distribuição de renda. Em primeiro lugar, usamos o exemplo da Venezuela, um país repleto de incertezas que também é portanto um ambiente rico para a aprendizagem. Em

Capítulo Onze: Modelos Mentais

segundo, introduzimos uma metodologia para determinar como conhecer um pouco melhor "quem está lá", através da discussão dos cinco segmentos bastante diversos identificados na Venezuela — segmentos que acreditamos estejam presentes em muitos outros países. Descrevemos esses grupos, suas atitudes e seus "modelos mentais", objetivando descobrir o que possa vir a uni-los por trás de uma visão compartilhada. Por fim, reintroduzimos os sete padrões de inibidores da competitividade descritos na primeira parte deste livro, e examinamos os referenciais que possam estar induzindo esses padrões e inibindo a geração e a distribuição eqüitativa de riqueza.

Vimos que gerar riqueza não é mais uma questão de macroeconomia ou das vantagens com as quais os países nascem. Trata-se de algo mais complexo, envolvendo um amplo leque de etapas, tais como criar modelos integrados baseados em conceitos de ponta de avaliação de resultados, classificar o escopo das opções estratégicas, compreender a dinâmica institucional, explicitar os paradigmas, e entender como e quando esses paradigmas se tornam obsoletos. Mais importante ainda, gerar riqueza no futuro envolverá a ligação entre os modelos integrados que já mencionamos e a compreensão fundamental de "quem está lá", quais as suas crenças, e como se estrutura um processo visando ao entendimento compartilhado. Conforme sugere a citação com a qual iniciamos o capítulo, tudo (inclusive a geração de riqueza) se resume a relações humanas.

CAPÍTULO DOZE

As Fontes Ocultas do Crescimento

O povo... espalhou a notícia da boa qualidade do solo e da sua situação privilegiada em relação ao pântano.
— *Referência à cidade mítica de Macondo, em* Cem Anos de Solidão, *de Gabriel García Márquez*

Já discutimos em detalhe três grandes temas: a estratégia empresarial, os mecanismos governamentais de direção e as divergências entre líderes — em cada um residem empecilhos a que países em desenvolvimento persigam as sete oportunidades de crescimento econômico sustentado identificadas na primeira metade deste livro. Um quarto tema trata de uma questão muito mais fundamental: como a liderança no mundo em desenvolvimento vê a geração e a distribuição de riqueza? Em última análise, as instituições e as estratégias concebidas pelos líderes refletem suas crenças fundamentais sobre como o mundo funciona. Este capítulo tenciona explorar algumas dessas crenças, e as suas relações com os sete padrões de inibidores da competitividade e com as oportunidades decorrentes.

Vamos começar revendo as perspectivas de vários pensadores sobre riqueza e produtividade. Depois, vamos considerar como as mudanças na economia mundial apresentam a possibilidade de que a geração de riqueza, no século XXI, venha a ser uma questão de concorrência total em escala global, ao invés de concorrência administrada em escala local ou regional. Por fim, este capítulo examinará uma "nova maneira" de pensar sobre riqueza e produtividade.

A Velha Maneira de Pensar

Adam Smith, economista político e filósofo escocês, cuja *Riqueza das Nações* (1776) lançou as bases da teoria econômica clássica do livre mercado, também tratou de comércio internacional e é creditado pela noção de "vantagem absoluta". Sua teoria da vantagem absoluta determina que o país produtor, que tem os mais baixos custos de um item, seja a nação exportadora daquele produto. Sua teoria fazia sentido enquanto os mercados domésticos e internacionais eram relativamente subdesenvolvidos. Entretanto, não leva em conta o impacto da integração global do comércio e do investimento. Hoje, seus pressupostos são postos à prova por novos fenômenos: a dominação do comércio global e a mobilidade do capital e da mão-de-obra capacitada, bem como o papel da tecnologia na redução dos custos e no aumento da qualidade. As idéias de Smith serviram de base para muito aprendizado e abriram caminho para outros pensadores econômicos da época, tais como David Ricardo.

À proporção que os mercados domésticos ficaram mais eficientes, surgiu uma nova teoria afirmando que as nações deveriam se concentrar nas áreas em que podiam produzir bens com maior eficiência do que as outras, e importar os bens não produzidos eficientemente. Essa nova idéia se constituiu na teoria das vantagens comparativas de David Ricardo.

Na teoria de Ricardo, o comércio se baseia na produtividade relativa da mão-de-obra entre nações, e nas diferenças entre seus ambientes em geral, que parecem oferecer certas vantagens a algumas nações em setores específicos. Outra versão da teoria, denominada Teoria de Heckscher-Ohlin, formulada pelos economistas suecos Eli Heckscher e Bertil Ohlin[1], baseava-se na idéia de que cada nação tem uma dotação diferente de fatores de produção, elementos como terra, mão-de-obra, recursos naturais e capital. As nações obtêm vantagem sobre as outras, reza a teoria, pelo processamento intensivo e mais eficiente desses fatores. As vantagens comparativas residem na produtividade com a qual as empresas e as nações são capazes de mobilizar e utilizar seu estoque de dotações naturais. Ao longo do tempo, isso levou os líderes governamentais a enfocar muitas das suas estratégias de crescimento econômico no aumento da capacidade do país de competir nesses fatores básicos, o que resulta em excesso de dependência dos recursos naturais, entre outras coisas. Essa prática, na realidade, limitou a capacidade das nações de aperfeiçoar rapidamente seus ambientes competitivos, ou de desenvolver combinações sofisticadas de insumos que levassem a graus mais elevados de produtividade ou abrissem as portas à inovação.

Em decorrência desse modo de pensar, muitos governos chegaram a acreditar que um de seus papéis mais importantes era o de ajudar a melhorar as estruturas de custos das empresas, pela manipulação do custo dos insumos; na realidade, melhorar e sustentar as vantagens "comparativas" das empresas através de proteção e subsídios. Por exemplo, na Venezuela, observamos que quase metade da liderança pesquisada nos setores público e privado acredita que a riqueza é um recurso finito; que em trinta anos a prosperidade da Venezuela ainda vai estar quase totalmente dependente do petróleo; e que, sem o apoio direto do governo, suas indústrias não poderiam competir no mercado mundial. Essas perspectivas revelam uma maneira de pensar a respeito da geração de riqueza que, na realidade, limita a capacidade dos líderes de criar fontes de riqueza mais complexas e sustentáveis.

Nossa consciência da "velha maneira" de pensar, ou do pensamento das vantagens comparativas, nos ajudou a compreender a razão da existência dos sete padrões tratados na primeira metade deste livro. Em primeiro lugar, como já mencionamos, quando a liderança de um país acredita que a riqueza reside nas suas vantagens naturais, despende seus esforços na exploração das vantagens naturais, o que abrange, numa definição ampla, a exploração da mão-de-obra barata (alguns chamariam isso de degradação do capital humano). Em segundo lugar, o conhecimento das preferências específicas da clientela não é visto como vantagem, quando o produto à venda é tão básico e as características próprias que possui são rudimentares. Em terceiro, qualquer conhecimento existente sobre a posição relativa tende a se concentrar no que o governo deve fazer para baixar a estrutura de custos das empresas (energia, transporte, matérias-primas, taxas de câmbio, salários), e não no que as empresas podem fazer para se posicionarem visando a um crescimento competitivo mais sustentável. Em quarto, a integração para a frente não é considerada fonte de vantagem, porque conhecimentos de logística de distribuição e sobre as preferências do usuário final não afetam o que a liderança vê como as "verdadeiras vantagens" do país — sua riqueza natural. Em quinto, a cooperação entre as empresas também não é fonte de vantagem, porque a complexidade do produto não se faz necessária se a integração para a frente e o conhecimento a respeito da clientela não são valorizados, e porque a maioria das empresas são rivais na luta pelo acesso às matérias-primas do seu país. Em sexto, governo e setor privado adotam entre si (e dentro do setor privado) atitudes defensivas, quando o governo é tido como o alocador de benefícios. E, em sétimo, o paternalismo viceja porque a riqueza é vista como acesso a matérias-primas, quase sempre controlado pelo governo ou sob sua forte influência.

A velha maneira de pensar, apresentada anteriormente em linhas gerais, combinada com as estratégias ao nível da empresa e com os mecanismos governamentais de direção por ela engendrados, não resultou em taxas mais altas de geração e de distribuição de riqueza no mundo em desenvolvimento. À medida que a tendência para a liberação econômica prossegue e as pressões da competitividade global se acumulam, essa velha maneira de pensar vai se tornar ainda menos adequada para melhorar a qualidade de vida da maioria da população no mundo em desenvolvimento. Na "era da competição total"[2], as regras do jogo estão mudando e as empresas ao redor do mundo devem se preparar para competir de maneira diferente. Para as empresas no mundo em desenvolvimento, trata-se tanto de uma grande ameaça quanto de uma tremenda oportunidade.

Nesta era de competição total, há dois processos interligados que estão criando um círculo virtuoso de mudança. O primeiro é a queda vertiginosa dos custos de comunicação e de transporte.[3] O segundo é a consciência crescente por parte do governo de que seu papel consiste em facilitar o intercâmbio de produtos, serviços e conhecimento, e não em usar seus "bons ofícios" para obstruir o comércio e proteger interesses corporativos domésticos.[4] O resultado é que a competição total está permitindo que os clientes fiquem mais exigentes, e está reduzindo o poder de barganha dos fornecedores — especialmente dos que oferecem bens e serviços básicos, sem complexidade.

Como os limites e as fronteiras tradicionais estão desaparecendo, ou pelo menos se tornando tão permeáveis que a sua integridade tradicional passa de algo que mantém a separação para algo que facilita o intercâmbio, o conhecimento vai assumir um papel cada vez mais importante na determinação de quem vence e quem perde no comércio global.[5] Os dois processos mencionados anteriormente vão compelir os líderes governamentais e empresariais, no século XXI, a pensarem de uma forma bastante diferente sobre estratégias de desenvolvimento e a sua competitividade.

Conforme já mencionamos, nossa pesquisa confirmou que as nações exportadoras de produtos manufaturados são mais ricas do que as exportadoras de materiais simples; o mercado paga um sobrepreço pelo conhecimento embutido nos produtos manufaturados.[6] E o mundo sem fronteiras vai permitir que o conhecimento flua com velocidade e freqüência crescente para as áreas em que melhor seja aplicado. Para os líderes no mundo em desenvolvimento, que cresceram sendo ensinados que dispunham de uma abundância de riquezas naturais, tais como petróleo, estanho ou condições favoráveis de cultivo, isso se colocará como um desafio singular. Não deverá mais ser fonte de orgulho nacional e pessoal que os países desenvolvidos tentem obter acesso a esses recursos naturais; isso passa a ser um desafio único a enfrentar: como abraçar a globalização e converter as vantagens comparativas em vantagens competitivas, sustentáveis e baseadas em conhecimento. (O Quadro 12-1 compara e contrasta os aspectos representativos da "velha maneira de pensar" herdada de Smith e de Ricardo com o pensamento da nossa "era da competição total" contemporânea.)

A Nova Maneira de Pensar

Se, conforme discutimos até agora, os sete padrões de subdesenvolvimento persistem em razão de má estratégia, instituições debilitadas, comportamento gerador de divergências e pensamento baseado em vantagens comparativas, o que se pode fazer para revertê-los? Como já deveria estar claro, achamos que uma ênfase renovada no aprendizado

Quadro 12-1. A velha e a nova maneira de pensar.

	A velha maneira de pensar	O pensamento na "era da competição total"
Contexto	Indústrias fragmentadas, intensivas em mão-de-obra, baixa capacitação, comércio baseado em condições de cultivo, recursos naturais e custos de capital.	Barateamento da informática das comunicações, as necessidades do comprador mudam, os fatores de produção constituem percentagem menor nos custos dos produtos, progride o acesso global às matérias-primas.
Crenças, Pressupostos e Atitudes	Pensamento estático e reducionista em relação à vantagem, que é definida como abundância de matérias-primas; oferta barata de insumos é a chave para a vantagem; as nações competem; o comportamento do governo constitui a vantagem.	Pensamento dinâmico e integrativo: a competitividade consiste em alta produtividade, a nação é uma plataforma com dinâmica entre comércio e investimento, as empresas competem. Capital social: confiança, justiça e recursos humanos sofisticados constituem fontes de vantagem.
Perspectivas públicas e privadas	O governo encara como seu dever a redução dos custos das empresas no comércio; o setor privado acredita que deve informar e influenciar o governo.	O setor privado concentra-se nos mercados e na inovação, o governo concentra-se no seu papel no processo de inovação.
Instrumentos	Políticas comerciais e monetárias; o governo se utiliza de tarifas, quotas e subsídios; o setor privado se utiliza de licenças para insumos tecnológicos e de *lobby*.	Os instrumentos do governo incluem educação, desenvolvimento de infra-estrutura especializada, ambientes previsíveis; o setor privado se utiliza de processo de planejamento estratégico — especificamente, técnicas de segmentação do mercado.

(Continua)

Quadro 12-1. (Continuação.)

	A velha maneira de pensar	O pensamento na "era da competição total"
Ações estratégicas	As grandes companhias usam economias de escala (eficiência linear) para vender mão-de-obra barata e competir no preço mediante baixos investimentos em maquinaria e aprendizado; o governo reduz as taxas de juros, desvaloriza a moeda, concede subsídios e oferece incentivos à exportação.	Enfoque na busca de segmentos atraentes da indústria, com base nas preferências da clientela, depois excelência operacional, cooperação de alta qualidade entre as empresas e produtos diferenciados.
Resultados	Investimento direto estrangeiro inadequado para o progresso; exportação de produtos básicos a preços baixos; parca geração de riqueza e má distribuição de renda; atitude defensiva entre o governo e o setor privado; paternalismo; cooperação deficiente entre empresas; crescimento linear, no máximo.	Empresas de alta qualidade são atraídas para os países a fim de desenvolverem processos e produtos centrais, as exportações são de artigos altamente produtivos em segmentos atraentes, a riqueza é gerada a altas taxas e distribuída aos trabalhadores mais produtivos, em quem o governo e o setor privado fazem investimento contínuo.

microeconômico deveria servir de base para as decisões tomadas pelos líderes governamentais e empresariais. Para melhorar o padrão de vida dos cidadãos médios por todo o mundo em desenvolvimento, o crescimento econômico terá que ser alto e sustentável. O crescimento só se dará se uma das seguintes alternativas acontecer: mobilização de maiores recursos para empurrar o crescimento, ou aumento da produtividade. É importante não confundir as duas. Por exemplo, segundo Paul Krugman, o êxito de Singapura em alcançar um crescimento de 8,5% ao ano, entre 1966 e 1990, com a renda *per capita* aumentando 6,6% ao ano, não é sustentável.[7] Ele argumenta que o êxito de Singapura reside em estimular o crescimento mediante um salto gigantesco e que não se repetirá na mobilização de recursos, e argumenta também que houve relativamente pouco ganho de produtividade.

Como indicamos no Capítulo Oito, que tratou de estratégia, define-se produtividade como a quantidade de produto que se pode gerar com uma dada quantidade de insumo. Os economistas sugerem dois tipos diferentes de abordagem ao aumento de produtividade: *eficiência-x* e *eficiência alocativa*.[8] A eficiência-x se refere aos esforços dirigidos à utilização mais eficiente de cada um dos componentes da produtividade (por exemplo, treinamento do trabalhador para aumentar a produtividade da mão-de-obra ou maquinaria mais eficiente para reduzir o consumo de energia elétrica). A eficiência alocativa diz respeito ao aperfeiçoamento da combinação de insumos, de forma a fazer as escolhas certas entre os recursos específicos a aplicar a cada tarefa. Para obter eficiência alocativa, é importante não apenas aplicar os recursos de maneira eficiente, mas também determinar como uns recursos podem ser substituídos por outros — em outras palavras, de que forma os insumos podem ser realocados para melhorar o resultado global. Por exemplo, as empresas poderiam perguntar: Como podemos usar mais equipamento em substituição a mão-de-obra e/ou matérias-primas? Como podemos substituir trabalho árduo por conhecimento? Os líderes regionais ou nacionais poderiam perguntar: Como podemos investir as receitas de exportação de matérias-primas em capital humano sofisticado?

Para a liderança no mundo em desenvolvimento, o desafio é criar condições propícias tanto à produtividade operacional quanto a melhores opções de alocação de recursos. O conhecimento é o ingrediente-chave para melhorar a eficiência alocativa. A meta é depender menos das matérias-primas e do trabalho árduo de um capital humano barato, e fiar-se mais em formas superiores de capital — por exemplo, a eficiência com que as instituições aprendem e disseminam o conhecimento.

Por que conhecimento? As pesquisas demonstram que mesmo para uma companhia com muitas fábricas no mesmo país, usando o mesmo equipamento, produzindo os mesmos artigos e vendendo aos mesmos clientes, a produtividade da fábrica mais eficiente pode ser três vezes maior do que a da menos eficiente.[9] Mesmo quando se descontam as diferenças de idade das fábricas, logística de transporte, tratamentos contábeis, tamanho das séries de produção, escopo de produtos, além de itens extraordinários, as diferenças de produtividade podem chegar à ordem de dois para um. O que, então, explica a diferença de produtividade entre essas fábricas? A diferença é simplesmente o conhecimento de como fazer as coisas. Na verdade, a explicação para o crescimento japonês na produtividade não inclui itens como perícia na fabricação, acesso a capital barato ou a sensação de segurança e de lealdade advinda do sistema de antigüidade ou de relações de trabalho que duram a vida toda. De acordo com essa pesquisa, as empresas japonesas crescem por causa de sua habilidade na "criação de conhecimento organizacional".[10]

O crescimento da produtividade não se intensifica com freqüência no mundo em desenvolvimento, em virtude de uma ênfase excessiva em manter baixos os custos da mão-de-obra barata e dos insumos adquiridos, e de uma tendência a acreditar que grandes compras de equipamentos por si só vão melhorar a produtividade.[11] Tudo isso é exacerbado pelo fato de que os sistemas de incentivos raramente compensam os dirigentes pelo ensino recíproco; na verdade, esses sistemas em geral produzem um efeito contrário, deletério, de encorajá-los a concorrer entre si. Assim sendo, os dirigentes não partilham com freqüência suas informações sobre a combinação correta de insumos de energia, matérias-primas, capital e mão-de-obra.[12] Há exemplos disso em abundância.

Uma maneira de ver o problema da indústria colombiana do couro, cujos dirigentes "põe a culpa na vaca", é que o setor continua tentando melhorar os resultados que obtém combinando couros de qualidade inferior, produtos químicos fortes e a mão-de-obra barata (eficiência-x), ao invés de se esforçar, em conjunto, para ter acesso à orientação de *marketing* e ao conhecimento de *design* (eficiência alocativa). Da mesma forma no caso da soja boliviana, cujos dirigentes acham que devem se concentrar em cultivar mais terra, ao invés de aperfeiçoar e coordenar suas fábricas com vistas a produzir artigos mais complexos, como maionese e alimentos naturais. Em ambos os setores, as empresas preferem trabalhar com afinco para mobilizar mais dos mesmos tipos de recursos, do que obter conhecimento que lhes proporcione opções originais e novas "combinações" de insumos em sua própria equação da produtividade.

Produtividade em Nível Regional

Outra questão que vem à tona é o papel desempenhado pelas regiões, dentro dos países, em contribuir para a persistência dos padrões danosos. Os países em desenvolvimento precisam criar um tipo de ambiente que proporcione apoio e encoraje as empresas a atingirem e sustentarem as vantagens estratégicas. Michael Porter identificou quatro grandes atributos de um país ou região que, individualmente e como um sistema, formam o "diamante" da produtividade regional.[13] O "diamante" fornece o elo perdido vital no esforço de criar um ambiente no qual as empresas nos países em desenvolvimento possam fazer melhores opções. (Ver Figura 12-1.)

Primeiro — As condições dos fatores se referem à presença de recursos humanos avançados e especializados, infra-estrutura técnica e outros fatores de produção necessários na indústria. A questão não é com que condições o país nasceu, mas como ele aperfeiçoou essas condições. Por exemplo, é bom ter gente inteligente, letrada, mas será

Figura 12-1. O diamante.

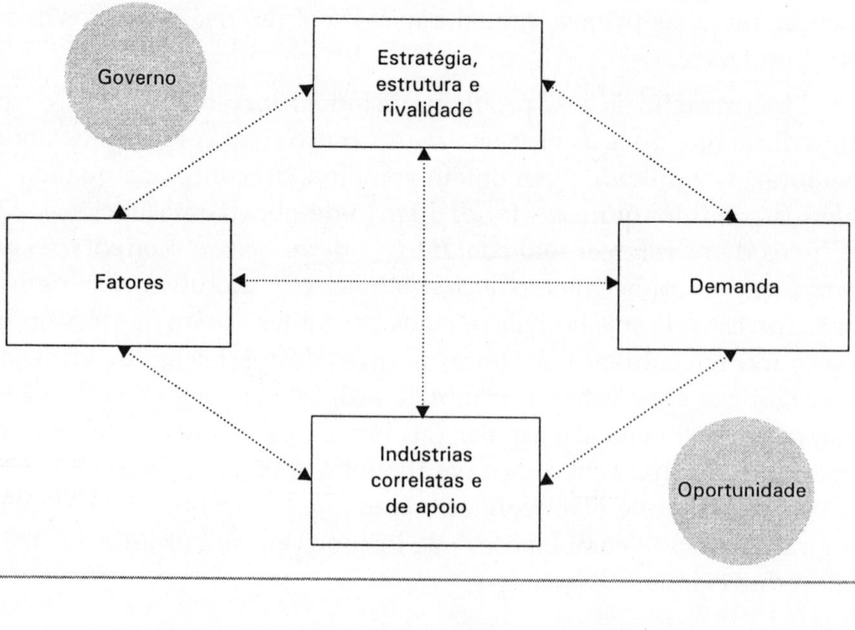

que o país dispõe de engenheiros em número suficiente? É bom dispor de um porto natural de águas profundas, mas será que a movimentação dos *containers* nas instalações portuárias é eficiente?

As condições de fator podem ser aperfeiçoadas, de acordo com o setor que melhor atendem. Por exemplo, o setor de flores na Colômbia precisa aperfeiçoar elementos específicos da infra-estrutura aeroportuária, tais como *bodegas*, estações de carregamento e instalações de fiscalização refrigeradas. Na competição global, onde a Costa Rica tem uma logística aeroportuária sofisticada, o México o melhor acesso aos Estados Unidos e o Equador mão-de-obra mais barata, o sol da Colômbia não constituirá uma vantagem competitiva.

Segundo — As condições de demanda se referem a uma base local de clientela sofisticada, que exige as últimas inovações e o mais alto padrão de qualidade. É importante que a demanda local se antecipe à demanda global, para que os sinais recebidos pelos produtores os ajudem a aprender, ajustar e, por fim, aperfeiçoar-se para competir pela demanda mais sofisticada do mundo.

Por exemplo, a demanda de flores na Colômbia é baixa e sem sofisticação comparada com a do México, onde as pessoas têm 2.000 anos de tradição de compra de flores, ou com a dos Países Baixos, que se gabam do mais alto consumo *per capita* de flores do mundo. Da mesma maneira, o consumo colombiano de têxteis é baixo, em parte porque o país não atravessa mudanças de estação e, portanto, não há necessidade de modas sazonais. Além disso, o consumo colombiano de papel é baixo e sem sofisticação porque o país, antes de mais nada, é uma sociedade rural que não compra muitos tipos de material impresso.

Terceiro — Entende-se por empresas correlatas e de apoio um conjunto forte de fornecedores e distribuidores locais, que pode contribuir para o processo de inovação, e empresas correlatas capazes de reforçar as habilidades em um mesmo produto e tecnologia de processo ou canais de *marketing*. Não existe confiança entre comprador e fornecedor em uma economia voltada para dentro do próprio país, onde o mercado é pequeno e as pessoas estão acostumadas a reparti-lo entre si. Nessa situação, descobrimos que as estratégias não são compartilhadas e que as informações de custos são guardadas com ciúme, o que inibe o aprendizado e o planejamento, e impede que se compartilhem objetivos para a redução de custos e oportunidades de diferenciação no mercado.

Quarto — Estratégia, estrutura e rivalidade ao nível da empresa é uma questão de escolha, posicionamento, e presença de rivais locais competentes, comprometidos e intensamente competitivos. O grau de rivalidade em algumas economias voltadas para a inovação é surpreendentemente alto. No Japão, há 9 grandes fabricantes de automóveis, 19 fabricantes de máquinas de fax, 35 produtores de equipamento de áudio, e 113 produtores de máquinas-ferramenta. A rivalidade forçou essas empresas a melhorarem a ponto de serem capazes de competir, com sucesso, com quem quer que seja. Em um ambiente voltando para investimentos como a Coréia, há 3 fabricantes de automóveis, 18 fabricantes de equipamentos de áudio para automóveis, e 200 empresas que produzem placas de circuito impresso. Um rápido exame dos dados comerciais do Japão e da Coréia confirma que, onde há uma forte rivalidade na economia local, as empresas concorrem favoravelmente no mercado global.

Na região andina, entretanto, a rivalidade em geral é baixa porque o mercado foi mantido pequeno, os mercados de capitais são insuficientes para estimular a constituição de novos negócios, e os líderes do governo e do setor privado encaram a rivalidade como se ela levasse a esforços desnecessariamente duplicados na fabricação de produtos similares para os mesmos consumidores. A rivalidade que por acaso exista costuma resultar de diferenças de personalidade e lealdades familiares.

A produtividade consiste em um sistema composto de fenômenos intensamente localizados. Nos países ou regiões com setores competitivos em nível internacional, os determinantes do "diamante" tendem a operar como um sistema, cada determinante reforçando os demais, levando a mudanças e aperfeiçoamento constantes por todo o sistema. Em virtude da natureza inter-relacionada do diamante competitivo, os países raramente sediam um único setor competitivo; pelo contrário, cria-se um ambiente que leva ao desenvolvimento de núcleos de setores (clusters) que se apóiam mutuamente. Esses núcleos (clusters) estão interligados como um sistema, através de relações *verticais* (comprador-vendedor) e *horizontais* (clientes comuns, tecnologia, canais).

Por causa da natureza de apoio mútuo das indústrias dentro de um "cluster", em cada país tende a haver uma clara concentração de indústrias competitivas em nível internacional em alguns núcleos. Portanto, identificar "clusters" fortes ou potencialmente fortes e compreender a natureza e a força das ligações entre esses "clusters" é vital para se entender e melhorar a competitividade internacional de uma região.

A Colômbia tem alguns núcleos ou "clusters" notavelmente concentrados em termos geográficos: têxteis em Medellín e Bogotá, turismo e petroquímica na costa nordeste, e papel e gráfica em Cáli. Esses "clusters" com base geográfica são uma função tanto de vantagens competitivas incipientes quanto do relevo acidentado da Colômbia, com sistemas rodoviários e de comunicação deficientes que tendem a manter geograficamente separadas certas partes do país. Além do mais, a constituição de muitas das novas empresas é de cunho familiar, o que não é muito diferente do que acontece nos "clusters" têxtil e de vestuário da Itália, mencionados anteriormente.

Nossa pesquisa revelou que muito da variabilidade da riqueza nacional é determinado por regiões muito específicas e identificáveis dentro do país — as condições que permitem as empresas concorrerem e serem produtivas são locais.[14] A aceleração do crescimento da produtividade em nível regional se baseia em conseguir que os quatro determinantes diamante competitivo trabalhem em conjunto, como um sistema. Por exemplo, uma região obterá apenas um crescimento ínfimo da produtividade, caso se limite a melhorar os fatores básicos. É o caso do Peru no turismo. A liderança estabilizou o ambiente e criou algumas infra-estruturas bastante básicas para melhorar o setor de turismo, mas não gerou uma cultura de confiança, inovação ou cooperação. De uma perspectiva estratégica, o turismo peruano é análogo às indústrias de soja e de farinha de peixe discutidas no Capítulo Um — recursos naturais fantásticos (como Machu Picchu), mas pouco investimento em ativos intangíveis, de ordem superior, tais como saber a respeito da clientela. De fato, se o Peru alcançar a meta do presidente Fujimori de atrair 1 milhão de turistas o ano de 2000, sem fazer alterações significativas nas atuais práticas estratégicas, pode acabar causando danos enormes a um de seus setores de maior potencial.

Sem melhorar as estratégias para atrair turistas mais sofisticados e exigentes, sem um núcleo (cluster) aperfeiçoado de empresas correlatas e de apoio, e sem o desenvolvimento de fatores especializados e avançados, o Peru pode esperar apenas atrair em maior número o mesmo tipo de turista que tem atraído há anos. Corre, então, o risco de danificar o ambiente primitivo com um grande contingente de turistas condescendentes, ao invés de aperfeiçoá-lo com um número menor de turistas mais exigentes, como os mencionados no exemplo do hotel peruano, discutido no Capítulo Dois. Pela sua incapacidade de fazer opções mais complexas, o Peru corre o risco de usufruir de crescimento linear até que os números atinjam o ponto de inflexão em que passam a destruir o próprio ambiente à venda.

Alta Produtividade e as Fontes Ocultas do Crescimento

A exploração das vantagens comparativas, a "velha maneira de pensar", representa um estilo de pensamento reducionista que busca respostas fáceis e impede os países de aproveitar oportunidades de crescimento econômico sustentado. O raciocínio das vantagens comparativas cria mecanismos de direção rígidos, ações estratégicas simples e em geral mal informadas, e, subseqüentemente, maus resultados no que se refere à geração e à distribuição de riqueza.

Como podemos usar a "nova maneira de pensar", com o seu enfoque no conhecimento, no crescimento da produtividade e, particularmente, na "eficiência alocativa", para compreender os sete padrões e formular estratégias que rompam esses padrões e libertem as fontes "ocultas" do crescimento no mundo em desenvolvimento?

Os líderes que realmente entendam de produtividade em nível empresarial e regional vão adaptar referenciais diferentes, reorganizar suas instituições para que elas se tornem ágeis e se voltem para o aprendizado, e executar estratégias bem informadas e enfocadas que proporcionem resultados mais positivos e sustentáveis na geração de riqueza. Os sete padrões se tornam imperativos nesse pensamento unificador, de "alta produtividade", que vai liberar as fontes ocultas do crescimento, incluindo o seguinte:

- exportar produtos complexos;

- investir no conhecimento sobre uma clientela mais exigente e sofisticada;
- entender e melhorar a posição competitiva relativa;
- estudar as oportunidades de integração para a frente;
- melhorar a cooperação entre empresas;
- raciocinar produtivamente;
- evitar o paternalismo.

Exportar Produtos Complexos

O desempenho de uma nação no comércio internacional é o indicador-chave de sua produtividade. O comércio proporciona uma oportunidade extraordinária de aumento da riqueza, porque permite aos países se concentrarem na exportação de bens e serviços que possam fabricar de maneira mais produtiva, enquanto importam bens nos quais a sua vantagem é pequena.

Pesquisas do Banco Mundial indicam que o rápido crescimento das exportações, junto com o aperfeiçoamento do capital humano, é o motivo dos países do leste da Ásia terem gozado de tanto êxito econômico.[15] A pesquisa sugere com firmeza que as vantagens específicas oriundas do comércio incluem aspectos tais como aquisição de novos equipamentos, aumento do investimento direto estrangeiro, concessão de licenças tecnológicas, e transferência de tecnologia não registrada e de conhecimento a respeito da clientela — tudo isso, por seu turno, capaz de aumentar a produtividade.[16] Nossa própria pesquisa indica que a capacidade de uma nação de exportar produtos e serviços complexos se correlaciona com a sua capacidade de gerar riqueza para o cidadão médio — que o excesso de dependência da exportação de capital natural está limitando a capacidade das nações dependentes de recursos naturais de atingirem padrões de vida altos e crescentes.

Nossos estudos de mais de vinte e cinco países exportadores de petróleo mostram que, embora o cidadão médio dos países menores gozem de aumentos de riqueza, nas nações mais populosas como o México, a Venezuela e a Indonésia, o poder de compra *per capita* permanece baixo.[17] Na realidade, entre todos os exportadores de petróleo, só há uma pequena correlação positiva entre os aumentos das exportações de petróleo e os aumentos do padrão de vida.[18]

Por outro lado, há um aumento na riqueza *per capita* quando uma nação tem condições de exportar, com êxito, a partir das áreas de sua economia que mais se baseiam em inovação.[19] Claramente, procurar maneiras de competir através da exportação de produtos complexos para clientes sofisticados e exigentes aumenta a riqueza das nações. O que nos leva à segunda fonte oculta de crescimento.

Invistir no Conhecimento de uma Clientela mais Exigente e Sofisticada

O conhecimento das preferências da clientela talvez seja o insumo-chave para a alta produtividade. Conforme já mencionado a respeito da indústria colombiana do couro, descobrimos cinco segmentos de compradores de bolsas nos Estados Unidos, e um no qual os colombianos tinham chance de vencer. Era um segmento de varejistas que desejavam comprar em *showrooms* e não em revistas, onde os colombianos estavam anunciando. Esse segmento exigia um padrão mínimo de acabamento, mas valorizava a relação com os produtores e a possibilidade de devolução dos produtos sem muita complicação. Na qualidade de produtores habituados a concorrer no preço com base em uma moeda desvalorizada, só recentemente os fabricantes colombianos de couro passaram a pensar de maneira diferente a respeito de competição.

Outro exemplo são os produtores peruanos de farinha de peixe. Com pouco ou nenhum conhecimento dos lucrativos mercados japoneses de peixes comestíveis, eles permitem que os barcos coreanos e japoneses pesquem em suas águas territoriais, pagando ao governo peruano uma taxa para retirar pescado da mais alta qualidade da corrente de Humboldt, ao longo da costa. Da mesma maneira, as operadoras de turismo peruanas e venezuelanas resistem em mudar seus horários de transporte para satisfazer as necessidades de turistas estrangeiros capazes de pagar bem em troca de conforto.

As empresas nos países em desenvolvimento precisam fazer duas coisas importantes para descobrir a fonte do crescimento oculto na aprendizagem a respeito da clientela. Em primeiro lugar, saber que os clientes têm muitas preferências diferentes, e que há segmentos de clientes atraentes e segmentos de clientes não atraentes para atender. Em segundo lugar, saber que é cada vez mais importante conceber mecanismos para captar conhecimento dentro da companhia, capazes de melhorar o processo decisório sobre que clientes atender. Fazer boas opções, compreender como o cliente define valor, e executar essa visão com eficiência ajudam a melhorar a produtividade — e constituem a segunda oportunidade oculta de crescimento.

Entender e Melhorar a Posição Competitiva Relativa

O conhecimento também é um fator-chave para melhorar a posição relativa. O produtor colombiano de polipropileno precisava entender sua posição competitiva relativa aos seus rivais na Venezuela, no México e na costa do golfo — Louisiana e Texas. Precisava conhecer seus custos relativos de energia elétrica, transporte e sobretudo de matérias-primas. Precisava saber disso para poder ter uma discussão bem informada com o governo colombiano e para tomar boas decisões estratégicas ao nível da empresa.

Os produtores têxteis no norte do Peru precisavam saber quem mais no mundo estava fabricando tecidos com algodão capaz de substituir o seu algodão egípcio-americano de alta qualidade. Assim, ficaram sabendo a respeito do algodão de Malta, do Egito e das Filipinas, em dimensões tais como o comprimento da fibra e a sua capacidade de absorver corantes.

Aprenderam a distinção fundamental entre singularidade e capacidade de substituição. Muito embora o algodão egípcio-americano só seja cultivado no norte do Peru e, portanto, seja único, ele é altamente substituível por outros algodões de alta qualidade pelo mundo afora, nas dimensões pelas quais os clientes estão dispostos a pagar. Os peruanos pensavam que eram muito diferenciados, mas com margens de lucro declinantes tiveram de reconhecer que sua posição relativa era afetada pelos substitutos.

Da mesma maneira, o setor boliviano de flores tentou competir com os colombianos no enorme mercado norte-americano, enviando suas flores através de intermediários em Miami. Os bolivianos imaginavam que, se os colombianos podiam ganhar lá, então eles também poderiam, pois tinham sol, solo fértil e barato e custos de mão-de-obra ainda inferiores. Pois ficaram sabendo que seus custos de transporte eram três vezes os dos colombianos e que não tinham condições de competir nos Estados Unidos, a não ser na capacidade de fornecedor eventual para épocas de excesso de demanda — como no Dia dos Namorados. Agora estão em busca de capitais regionais como Santiago, no Chile, e Buenos Aires, na Argentina, onde eles têm vantagem de transporte sobre os colombianos.

As empresas nos países em desenvolvimento precisam participar de atividades baseadas em conhecimento, para descobrir as fontes do crescimento oculto no posicionamento competitivo relativo. Conforme já afirmamos, isso significa mudar os valores da empresa, seus mecanismos de direção e suas estratégias. O conhecimento do posicionamento relativo é a terceira oportunidade de "alta produtividade".

Estudar as Oportunidades de Integração Para a Frente

Saber quando e como se integrar para a frente representa uma das mais importantes oportunidades ocultas de crescimento. As oportunidades de integração para a frente são abundantes nos países em desenvolvimento e precisam ser estudadas com cuidado. No caso do setor de suco de frutas na Colômbia, descobrimos que se mover adiante ao longo da "cadeia de produção" seria dispendioso em termos de aquisição de espaço nos supermercados e entrega nos padrões de qualidade e de regularidade exigidos. Nossa recomendação foi, na época, contra a integração para a frente.

No caso da agroindústria no Peru, contudo, descobrimos que a oportunidade de vender aspargos no crescente mercado norte-americano podia ser alavancada com muito maior eficácia pela aproximação com o consumidor dos Estados Unidos, que estava disposto a pagar preços mais elevados por aspargos de qualidade durante as épocas do ano em que os aspargos ficam "fora de estação". Os intermediários nos Estados Unidos reduziam substancialmente as suas compras de aspargos, pensando que os consumidores nunca compravam naquelas épocas do ano. Nossa pesquisa sobre o consumidor indicou que os compradores de aspargos seriam compradores entusiasmados durante o ano inteiro, e que eles ficaram surpresos de poderem obter aspargos o ano todo.

O produtor colombiano de polipropileno não estava alerta para a existência de pelo menos quarenta segmentos nos Estados Unidos para plásticos feitos do seu produto, e ainda está para tirar proveito dessas oportunidades. Descobrimos que, a partir do polipropileno básico, há muitas oportunidades mais adiante na cadeia produtiva para fabricar determinados moldados de plástico, tais como pára-choques de automóveis. Da mesma maneira, na indústria de flores, especialmente nas flores básicas como cravos e rosas, muito do valor real é capturado mais abaixo da cadeia de distribuição, pelos intermediários sediados em Miami, pelos serviços rodoviários de entrega, e pelos varejistas — incluindo tanto as floras tradicionais quanto os supermercados, onde se dá a maior parte das compras de flores por impulso.

Compreender onde se gera a maior parte do valor em uma cadeia de produção é vital para o futuro crescimento nos países em desenvolvimento. Tradicionalmente, as forças econômicas e as políticas governamentais conspiram para limitar a imaginação de exportadores que tentam aprender e melhorar seu acesso aos usuários finais. A integração para a frente, portanto, constitui a quarta fonte oculta de crescimento.

Melhorar a Cooperação Entre Empresas

A quinta fonte do crescimento oculto é melhorar o relacionamento entre instituições correlatas e de apoio. Esse relacionamento permite a concorrência entre as empresas, ajudando-as a reduzir sua estrutura de custos ou melhorar sua capacidade de adicionar um valor singular para uma clientela disposta a pagar por isso.

Voltando ao nosso exemplo de "pôr a culpa na vaca", os curtumes na Colômbia poderiam fornecer couros de melhor qualidade e maior consistência para os fabricantes, os matadouros poderiam tomar mais cuidado para não danificar as peles ao separá-las da carne, e os fazendeiros poderiam descobrir uma maneira de cuidar melhor do gado ao invés de marcá-lo a ferro em excesso. As vacas (não queremos pôr a culpa em todos *mas na vaca*) vão precisar aprender a ficar longe das cercas de arame farpado.

Os floricultores na Bolívia, no Equador e na Colômbia se beneficiariam com mais pesquisa e desenvolvimento capaz de ser compartilhada pelo setor — especialmente no combate a pragas; as dezenove organizações governamentais que regulamentam o setor peruano de turismo limitam a capacidade das empresas de fazer opções mais complexas; o setor de petróleo venezuelano poderia proporcionar algumas das vantagens de sua eficiência de escala aos exportadores da petroquímica; e o produtor estatal de algodão na Bolívia poderia descobrir maneiras de melhorar a regularidade e o preço para os exportadores locais de têxteis. As câmaras de comércio e as associações setoriais precisam se concentrar no treinamento dos executivos e na gentilmente reorientação dos governos, ao invés de fazer *lobby* e tráfico de influência junto às autoridades.[20] De mais a mais, é preciso observar que a lição sobre a cooperação entre as empresas, como a maioria das outras lições cobertas neste capítulo, aplica-se a países fora do mundo em desenvolvimento.[21]

A cooperação entre as empresas é a quinta fonte oculta de crescimento e produtividade, e está baseada em grande parte nas atitudes culturais relacionadas a confiança e cooperação, orientação para o exterior, horizontes de longo prazo e pensamento unificador. O que nos traz à sexta fonte de vantagem.

Raciocinar Produtivamente

Poucas das vantagens anteriores podem ser desenvolvidas sem o aprendizado e o raciocínio produtivos entre proprietários, sócios, membros de alianças estratégicas, fornecedores, empregados, etc. (e também no interior de cada um desses grupos). Como já discutimos em outra parte deste livro, no caso da floricultura colombiana, o raciocínio defensivo do governo e da associação setorial sobre a desvalorização do peso impedia o progresso do setor. E, no caso dos têxteis peruanos, os produtores de algodão egípcio-americano responsabilizavam o governo, em primeiro lugar, por todos os problemas resultantes da abertura da economia à competição das importações. Os produtores bolivianos de soja em grão, em Santa Cruz, acreditavam que o governo, em La Paz, era corrupto e incompetente, e o governo dizia que os produtores de soja eram gananciosos. O maior comprador de produtos de maquinaria na Colômbia sequer se reúne regularmente com os membros da associação industrial que representa o setor. E, no Equador, um líder nos disse: "As tentativas dos sindicatos de promover o afastamento de ministros são o esporte nacional do Equador".

Se partimos de paradigmas obsoletos e fazemos deduções sem fundamentação em dados firmes e raciocínio válido, o único resultado possível é a criação de uma atitude defensiva que impede o debate e o aprendizado úteis. É na descoberta de meios para um aprendizado produtivo — isto é, não defensivo — que reside a sexta fonte oculta de crescimento.

Evitar o Paternalismo

Nossas pesquisas realizadas na América Latina sugerem que a capacidade de confiança dos latinos nos seus governos é pequena. Na Venezuela, 76% acreditam que os representantes eleitos não são dignos de confiança, e 85% os consideram incompetentes.[22] Entretanto, como já demonstramos, muitas das vantagens que o setor empresarial procura nos países em desenvolvimento são baseadas nas funções proporcionadas pelo governo: concessão de subsídios, proteção, desvalorização, informações privilegiadas. O paradoxo do paternalismo é que, na maioria dos países em desenvolvimento, o setor privado encara o governo como fonte da maior parte de suas vantagens, mostrando-se porém, ao mesmo tempo, desconfiado e crítico desse mesmo governo.

Esse foi o caso na Bolívia, onde os produtores de soja estavam sempre criticando o governo mas ficaram chocados quando souberam que a principal fonte de sua vantagem não era o solo fértil, o sol ou a produtividade agrícola, e sim a proteção de preços proporcionada pelo governo através dos acordos de comércio do Pacto Andino.

Não fizemos uma avaliação científica do tempo gasto por pessoas de negócios de escalões superiores na tentativa de influenciar as autoridades do governo, mas nossa pesquisa informal sugere que consideram essa atividade como a melhor utilização do seu tempo. Como já demonstrado, as associações setoriais e as câmaras de comércio estão mais bem configuradas para fazer *lobby* do que para aprender, e ao estudarem o governo ao invés dos consumidores, eles estão desviando os olhos do verdadeiro prêmio em uma era de competição total.

A sétima fonte oculta de vantagem, portanto, é transformar o tempo gasto tentando influenciar o governo em tempo utilizado para saber mais sobre a clientela, os custos e a concorrência.

Resumo

Neste capítulo, exploramos as crenças e as visões dos líderes sobre geração e distribuição de riqueza, e o relacionamento existente entre essas visões e os sete padrões de inibidores da competitividade. Revimos modos históricos de pensar a respeito da geração de riqueza, baseados em modelos de vantagens comparativas e absolutas, e discutimos como essa "velha maneira de pensar" pode impedir os países de tirarem proveito das oportunidades de crescimento sustentado.

Ao contrário, a "nova maneira de pensar" que apresentamos, baseada no conhecimento e na produtividade, pode gerar níveis exponenciais de crescimento, em países que realizem aumentos de produtividade não somente através de maior produtividade operacional, mas por uma melhor eficiência "alocativa", focalizada em investimentos em conhecimento e em capital humano.

Por fim, revisitamos os sete padrões de inibidores da competitividade, discutidos nos capítulos anteriores, para ilustrar como a "nova maneira de pensar" pode transformá-los em valiosas oportunidades de crescimento.

Contudo, resta ainda um desafio: como esses componentes do crescimento exponencial da produtividade se encaixam em um modelo completo para a mudança positiva? Isso ficou reservado para o último capítulo.

PARTE TRÊS

Juntando as Peças

Neste livro, argumentamos que há, no mundo em desenvolvimento, padrões familiares de comportamento econômico que se tornaram cada vez menos produtivos. Também argumentamos que, se for para mudar os padrões de comportamento, é preciso mudar as formas de pensar em que esses padrões estão profundamente enraizados. A primeira parte deste livro explora os padrões de comportamento, e a segunda explica seus alicerces. Esta terceira parte visa a conjugar toda a variedade de temas discutidos até agora sob um modelo geral razoavelmente acessível, capaz de ajudar os leitores a romperem com esses padrões tão persistentes.

CAPÍTULO TREZE

Um Modelo Para Ação

Paul Krugman afirma que as "visões amplas, se não forem expressas em forma de modelo, são capazes de atrair uma atenção temporária, e até angariar seguidores, mas não perduram a menos que sejam codificadas em uma forma capaz de ser reproduzida e até mesmo ensinada". E esclarece o que quer dizer com um "bom modelo", ao explicar que ele representa uma "visão aperfeiçoada do motivo pelo qual o sistema real, muitíssimo mais complexo, se comporta da maneira como ele se comporta". No entanto, Krugman também afirma que "durante o processo de concepção do modelo, há um estreitamento de visão imposto pelas limitações do mesmo e dos instrumentos, redução essa que só pode ser definitivamente afastada se os instrumentos forem bons o suficiente para transcender a tais limitações". Sugere que esse "estreitamento" é difícil de aceitar para pessoas de pensamento abrangente.[1]

Segue-se um modelo baseado na integração das várias partes já apresentadas neste livro, vistas agora a partir de uma perspectiva ligeiramente diferente. Os sete padrões, as estratégias ao nível da empresa, as instituições, os sistemas de crenças — tudo faz parte de um sistema dinâmico criado pelos líderes. Para romper com os padrões, é vital saber onde estão os pontos de alavancagem do sistema — onde os líderes podem se inserir, e a suas idéias e suas políticas — para obter o maior impacto. Denominamos "modelo para ação" o modelo desenvolvido a partir de todos os componentes discutidos neste livro. Esse modelo permite que problemas de imensa complexidade sejam desmembrados em partes mais acessíveis. Krugman sugere que "estamos sempre pensando em termos de modelos mais simplificados. O sofisticado não é fingir que deixamos de fazer assim, e sim fazê-lo de modo consciente — estar a par de que os modelos são mapas e não realidade"[2]. Comecemos a terceira e última parte deste livro com isso em mente.

Resultados, Estratégias e Mecanismos de Direção: A Parte Visível da Competitividade

Consideramos a parte visível da competitividade aquela que é relativamente fácil de observar e avaliar — resultados, estratégias e mecanismos de direção. É pelos resultados que começamos nossa discussão do "visível".

Resultados

Para haver mudança, precisa haver consenso sobre o que tem de ser mudado. Os efeitos da tentativa de mudar são identificados como resultados — positivos ou negativos. A América Latina tem apresentado maus resultados nas últimas décadas segundo quase todas as medidas de prosperidade. Como um todo, vem lutando com dificuldade em relação aos sete padrões de comportamento competitivo, ao desempenho das exportações, ao padrão de vida, à prestação de serviços de saúde, à distribuição de renda ou ao crescimento econômico. E isso não pode ser explicado por uma única variável. A culpa não é da colonização espanhola, não é dos governos, não é do gado. Há milhares de motivos para explicar por que os resultados alcançados são tão ruins.

Embora os ganhos nos indicadores macroeconômicos tenham sido bastante notáveis por toda a América Latina nos últimos anos, a estrutura subjacente da microeconomia não parece estar mudando na velocidade desejada. A estabilidade macroeconômica é necessária, porém insuficiente, para gerar crescimento sustentável. As pressões sociais aumentam à medida que os líderes têm dificuldade de justificar políticas macroeconômicas austeras, sem os benefícios de crescimento e emprego que deveriam proporcionar. E, conforme testemunhado pelas eleições equatorianas em 1996, os eleitores estão perdendo a paciência com os benefícios há muito prometidos, mas raramente cumpridos, da estabilidade macroeconômica.[3]

As nações da América Latina vêm se afastando da comunidade global nos últimos vinte e cinco anos, cada vez conseguindo menor parcela de mercado nos segmentos em que concorrem. Isso não é necessariamente porque estejam exportando menor volume, mas porque os países estão obtendo menores receitas a despeito do maior volume de suas exportações. (Ver Figura 13-1.)

A partir de uma perspectiva de atratividade setorial, a maioria das exportações da América Latina tende a ser de setores dependentes de recursos naturais e, quase sem exceção, os preços desses principais segmentos exportadores estão em queda. Apesar da natureza não atraente desses segmentos, as empresas continuam a intensificar a sua dependência das exportações de fatores básicos. Nossa pesquisa na América Latina, por exemplo, demonstra que a dependência das exportações baseadas em recursos naturais tem aumentando e não diminuído.[4] As estruturas econômicas resultantes ficam vulneráveis à pressão das importações e à concorrência de preços, e impedem o movimento em direção a segmentos mais sofisticados e atraentes da economia global. Quando a estrutura de uma economia é voltada para a exportação de recursos naturais, há muito pouca correspondência em investimentos no ambiente competitivo capazes de promover um êxito maior em setores complexos.

Os resultados não são surpreendentes: medidas tais como o produto interno bruto *per capita*, a paridade do poder de compra *per capita* e a distribuição de renda estão piorando. De fato, uma pesquisa recém-publicada pelo Banco Mundial informa que o hiato entre ricos e pobres está se alargando com mais rapidez na América Latina do que em qualquer outra parte do mundo.

Quais são alguns dos resultados microeconômicos que causam preocupação?[5] As empresas que concorrem com fatores básicos, a menos que tenham acesso realmente monopolístico tanto às matérias-pri-

Figura 13-1. Análise das estatísticas comerciais, parcela das exportações mundiais por país, 1970-1992.

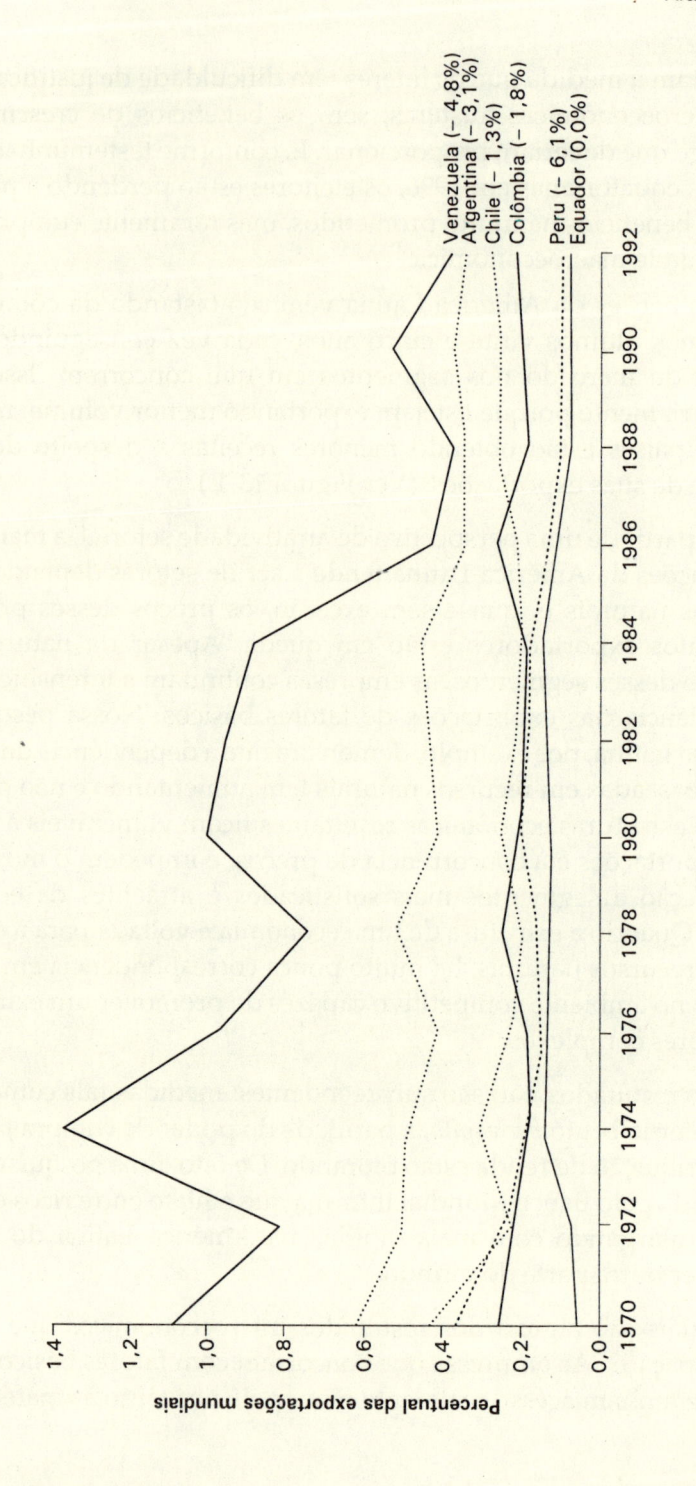

Fontes: Fundo Monetário Internacional, *International Financial Statistics.*
Observação: Dados colombianos de 1992 não disponíveis.

mas quanto aos mercados, estão vendo suas margens de lucro serem espremidas pela tendência mundial de baixa nos preços de muitos produtos primários. Para se tornarem mais eficientes, as empresas estão investindo em atualização tecnológica, algo que costuma ser difícil de fazer através de financiamentos domésticos, forçando assim o financiamento em moeda estrangeira, com os conseqüentes riscos financeiros caso as empresas não estejam obtendo a moeda estrangeira por meio de uma grande parte de suas receitas de exportação.

Muitas empresas estão acumulando estoques na esperança de que os preços melhorem, mas, no meio tempo, estão financiando esse estoque com dívidas de curto prazo caras e empatando dinheiro que poderia ser mais bem utilizado em inovação, na forma de P&D e treinamento dos empregados.

Há também entre as empresas uma tendência a aumentar os estoques com receio que a oferta se reduza, seja por ineficiência dos fornecedores locais, seja pelo comportamento errático do governo, capaz de desvalorizar a moeda, encarecer a importação de suprimentos, ou mesmo fechar as portas aos fornecedores internacionais cedendo a pressões políticas. Quando os estoques aumentam, a lucratividade diminui, já que as empresas precisam financiar esses aumentos em mercados de capitais superprotegidos, ineficientes e pouco competitivos.

Muito embora as empresas divulguem um aumento nas despesas com *marketing*, não há um progresso correspondente no conhecimento dos clientes ou no tipo de clientela atendida. A posição relativa não está melhorando ao nível da empresa. Se os produtos fossem de fato diferenciados, as receitas estariam melhorando — em relação aos ativos utilizados, ao número de empregados ou ao capital. Se a empresa fosse líder em custo, o impacto seria na razão entre vendas e despesas administrativas, ou entre vendas e custos operacionais, e outros itens do demonstrativo de resultados, quase tão rapidamente quanto as vantagens foram criadas. Os fluxos de caixa revelariam investimento em maquinaria específica e fábricas, e seria possível ver o aumento geral da eficiência das companhias pelo giro de vendas e pelos índices de idade das fábricas. No todo, isso não está ocorrendo.

Os especialistas em sistemas nos disseram que *os maus resultados são os únicos resultados possíveis de um sistema planejado com perfeição para alcançá-los*. Se for realmente o caso, então vai valer a pena desenvolver um entendimento mais profundo a respeito do que seja o resto do sistema.

Ações Estratégicas

Os Capítulos Oito e Nove foram dedicados à proposição de que os sete padrões ocorrem, em parte, porque as empresas não estão fazendo as opções estratégicas corretas. Quando se escolhe competir em um segmento sem atratividade, os resultados provavelmente serão ruins. O problema agrava-se quando o próprio setor também não é atraente e os recursos necessários para competir bem (por exemplo, mão-de-obra capacitada, infra-estrutura eficiente, capital barato) não podem ser mobilizados. Muitas das decisões estratégicas tomadas pelos líderes empresariais no passado eram, na verdade, decisões certas naquele instante. Contudo, à luz das pressões da globalização, precisam agora ser revistas. Ver na Figura 13-2 um diagrama de ação estratégica.

As dramáticas mudanças vivenciadas pelas empresas com o fim das economias protegidas levaram a tremendas pressões competitivas,

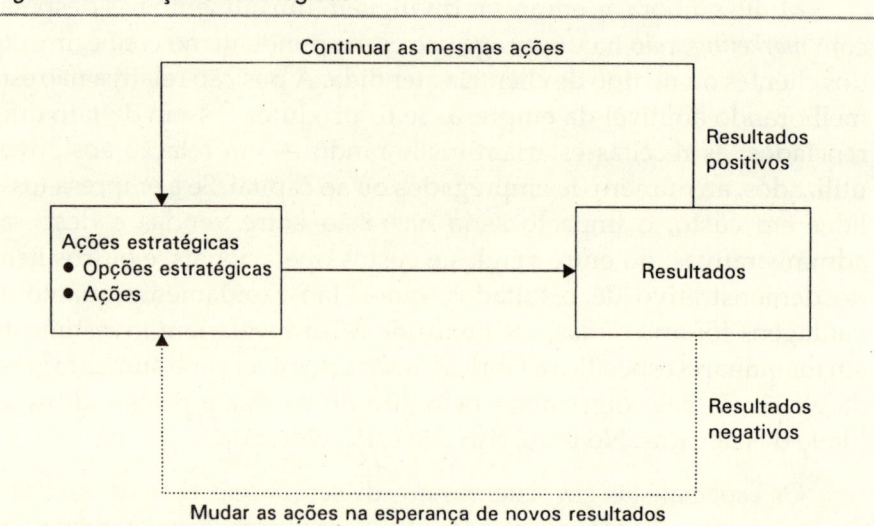

Figura 13-2. Ações estratégicas.

e o desempenho ao nível da empresa acabou sofrendo em vários setores. Os resultados foram ruins. À luz desses resultados, os líderes tiveram que escolher: abraçar as mudanças, ou resistir a elas. Ou, em outras palavras, aprender ou fazer *lobby*. Muitos líderes empresariais — especialmente os que compartilham da mentalidade do "campo nivelado" — optaram pelo lobismo. Na realidade, essa é uma reação compreensível, dada a dificuldade do verdadeiro aprendizado em alguns desses ambientes, e dada a já demonstrada incapacidade dos governos de se manterem fiéis a um plano econômico.

Para romper com os sete padrões já discutidos neste livro, argumentamos que é preciso haver progresso em duas dimensões: melhor estratégia e maior produtividade. Não se trata de uma visão revolucionária, porém é uma que exige reflexão mais profunda. As empresas não têm conseguido adotar abordagens com olhos voltados para o futuro nem no que se refere a estratégia, nem no que diz respeito a produtividade, porque os ambientes em que operam restringem a esfera de opções possíveis. Portanto, a possibilidade de criar produtos diferenciados, ou de trabalhar em conjunto formando núcleos de indústrias, esteve severamente restringida.

Mecanismos de Direção

Quando as estratégias ou as ações realizadas por uma organização auferem resultados positivos, desenvolve-se o instinto de solidificar essas ações específicas em fórmulas de sucesso. À medida que as organizações institucionalizam essas fórmulas de sucesso, elas se tornam *mecanismos de direção*: as leis, as políticas administrativas, os mecanismos de mercado e os costumes informais, para garantir que as fórmulas de sucesso continuem a ser seguidas. Assim, as companhias desenvolvem mecanismos para assegurar determinadas metas de vendas ou de produção consistentes com os êxitos passados. Ou os governos desenvolvem uma série de instituições administrativas planejadas para alcançar resultados específicos.

Os mecanismos de direção podem ter um papel vital no sentido de assegurar o sucesso de uma organização específica em determinado momento. O risco, entretanto, é que esses mecanismos podem, na verdade, distorcer os sinais vindos do mercado e inibir a capacidade das organizações de se adaptarem a realidades competitivas em mutação. Por exemplo, quando os fabricantes têxteis colombianos pediram ao ministro do Desenvolvimento Econômico para instituir pisos de preço na Colômbia para os produtos têxteis importados, eles acreditavam que essas ações eliminariam a competição acirrada e possivelmente ilegal e proporcionariam um campo nivelado para competir. Muito embora essas ações possam ter melhorado os resultados a curto prazo das companhias têxteis e mantido altos os níveis de emprego, mecanismos como o controle de preços na realidade podem isolar as empresas das pressões competitivas que elas precisam sofrer para se tornarem competitivas. (Ver a Figura 13-3.)

Os mecanismos que distorcem os sinais do mercado impedem o desenvolvimento de uma economia competitiva. As empresas ficam mais competentes em administrar as relações com o governo do que as expectativas dos clientes, e desenvolvem mecanismos de direção formidavelmente complexos para assegurar que continuem tendo acesso preferencial aos mercados. A meta é remover os mecanismos, mesmo aqueles originalmente concebidos para ajudar as empresas, que na prática inibem o incentivo para aprender e progredir.

Como o estudo de caso sobre o desenvolvimento de políticas na Bolívia demonstrou no Capítulo Dez, os governos precisam fazer opções

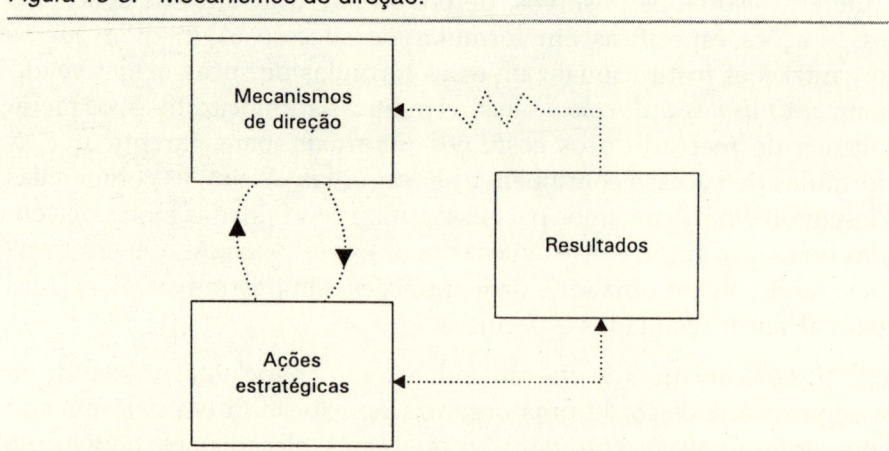

Figura 13-3. Mecanismos de direção.

difíceis sobre onde vão intervir na economia e qual será o conjunto adequado de políticas e mecanismos. As opções feitas por governos em toda a América Latina de realizar reformas para a abertura da economia, na primeira metade da década de 90, obtiveram algum êxito. Essas opções, embora difíceis de fazer, foram relativamente fáceis de executar. Segundo o ex-ministro da Fazenda venezuelano, Moisés Naím, elas constituem as reformas do "estágio 1". Por ora, é suficiente apontar que, embora a América Latina tenha obtido sucesso na mudança dramática das atividades do Estado, essas mudanças têm se concentrado mais no que o Estado devia *parar* de fazer do que no que ele *deve* fazer. Essa observação levou Naím a escrever: "A descoberta do mercado rapidamente forçará os países latino-americanos a redescobrirem o Estado".[6]

Esse é exatamente o desafio para os líderes governamentais seguirem em frente. A compreensão do que o governo pode ou não pode fazer bem feito constitui uma lição fundamental a ser aprendida, para que os sete padrões de inibidores da competitividade se transformem em oportunidades de crescimento.

MODELOS MENTAIS: A PARTE INVISÍVEL DA COMPETITIVIDADE

Consertar a parte "visível" da competitividade é extremamente difícil, consome tempo e constitui uma tarefa intimidante à qual milhares de pessoas se dedicaram. Existe uma outra dimensão da competitividade, entretanto, que raramente é tocada, se bem que talvez seja a mais promissora para gerar uma mudança duradoura. Na América Latina, há uma percepção comum de que os resultados estão em função do contexto no qual as pessoas vivem e trabalham — as estruturas e práticas visíveis que elas têm pouca capacidade de mudar. Acreditamos, por outro lado, que os resultados tendem a estar em função de como as pessoas pensam que o mundo funciona, que é nisso que baseiam seu modo de conceber problemas e relacionamentos, o que por sua vez afeta sua maneira de agir. E são essas ações que auferem os resultados que vimos discutindo. A maneira das pessoas pensarem —

seus modelos mentais — constituem a parte invisível da competitividade — e é aí que está o ponto de alavancagem para gerar uma mudança duradoura.

Definições

O mundo é complexo, e cada um de nós ao longo do tempo desenvolve modelos mentais que nos ajudam a conviver com a complexidade. O conceito de modelo mental foi introduzido em 1943 por Kenneth Craik, ao propor que o pensamento é a manipulação interna das representações de como o mundo funciona. Sugeriu que não somos inteligentes o suficiente para manter a própria realidade em nossa imaginação, por isso temos que nos virar com modelos simplificados do mundo. À proporção que as pessoas recebem novos dados, elas os interpretam ou "concebem" os dados de acordo com modelos que têm na cabeça. Alguém que mude seu modelo mental pessoal passará a interpretar a realidade de maneiras novas, mesmo que esteja diante dos mesmos dados.

Um aspecto-chave dos modelos mentais são os paradigmas em jogo, que nos permitem ter uma perspectiva interna consistente do mundo. Os paradigmas proporcionam aos nossos modelos mentais uma qualidade unificadora. Thomas Kuhn, filósofo da ciência de Princeton, falecido em 1996, foi o primeiro a popularizar o conceito de mudança de paradigma, em 1962, ao dizer que uma nova teoria dominante em geral explica cerca de 80% do que jamais foi explicado antes.[7] Os outros 20% permanecem sem explicação — anomalias. Com o passar do tempo, essas anomalias começam a minar a teoria, até forçarem os observadores a reconceber e redefinir o problema, o que requer o desenvolvimento de outra nova teoria para explicar 80% dos 20% remanescentes. Kuhn sugere que essas anomalias, os "20%", não devam ser afastadas como insignificantes, mas sim mantidas e veneradas como fonte de uma visão futura. John Maynard Keynes dizia: "A dificuldade não reside nas idéias novas, mas em escapar das antigas, que se ramificam — para os que foram criados como a maioria de nós — em cada canto de nossas mentes".[8] Nas situações observadas no mundo em desenvolvimento, a anomalia é o fato de que a riqueza não está sendo gerada e distribuída a taxas satisfatórias, dados os fantásticos recursos naturais e humanos possuídos por esses países.

Outra área-chave dos modelos mentais são os *referenciais*. Trata-se de pontos de referência — metas, atribuições, crenças ou perspectivas através dos quais os indivíduos vêem o mundo. Os referenciais são concretos, em primeira pessoa, e específicos. No Capítulo Onze, examinamos o quão dramaticamente diferentes podem ser os referenciais, mesmo dentro de contextos similares. Os referenciais se baseiam nos paradigmas à disposição do indivíduo, e os indivíduos podem ser agrupados de acordo com características partilhadas ou "semelhantes". Os referenciais indicam como os indivíduos vêem a si próprios em relação àquilo que os circunda e a outros atores no seu ambiente. No caso da América Latina, os referenciais comuns do "setor privado" vêem o governo como inconsistente, indigno de confiança e indiferente aos problemas do setor. Ao mesmo tempo, ganha força um referencial do "setor público" afirmando que o setor privado cresceu acostumado com o favoritismo do Estado e concessões, e dizendo que a maneira de melhorar a competitividade é os líderes empresariais apenas *ponerse las pilas* — "colocar as pilhas". Esses referenciais são a origem da atitude defensiva e da dissensão que inibem o desenvolvimento de relações de trabalho mais produtivas entre as empresas e entre as lideranças empresarial e governamental.

Referenciais

No modelo para ação que propomos, a parte invisível da competitividade está retratada à esquerda da visível, conforme mostrado na Figura 13-4. Todo líder tem paradigmas e referenciais, mas eles permanecem implícitos, na sua grande parte, além de não serem amplamente compreendidos. Entretanto, a influência que esses modelos mentais têm no desempenho dos líderes empresariais e governamentais é profunda. Os capítulos anteriores estabeleceram a existência de referenciais improdutivos e de paradigmas desatualizados. O que vem a seguir procura dar um exemplo de como eles podem ser mudados para encorajar o desenvolvimento de formas mais complexas de concorrência no mundo em desenvolvimento.

Figura 13-4. Modelo para ação: aspectos invisíveis e visíveis da mudança.

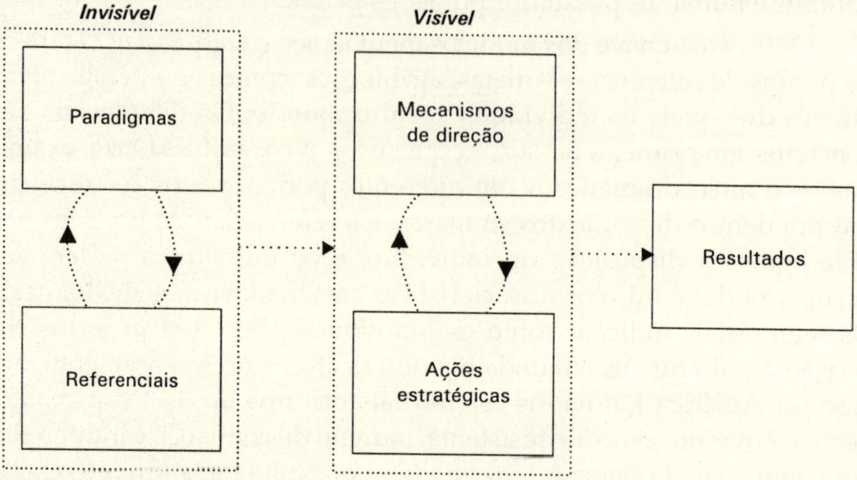

[Diagrama: Invisível (Paradigmas ↔ Referenciais) → Visível (Mecanismos de direção ↔ Ações estratégicas) → Resultados]

O Referencial do Governo

O referencial vital do governo será fazer tudo o que for possível pelo setor privado, exceto impedir a concorrência. Pensando em termos "micro", o governo tem a oportunidade de desenvolver infra-estrutura especializada, oferecer educação primária de categoria internacional e criar incentivos para o setor privado desenvolver a educação universitária e técnica, bem como proporcionar ambiente para que haja alianças do setor privado com o governo e do setor privado com o meio acadêmico para treinamento. O governo também pode proporcionar ambiente para a realização de alianças nacionais e internacionais — mais uma vez, desde que não obstrua a concorrência. Do lado da demanda, o governo pode estimular as oportunidades de aprendizado de mercado e criar uma legislação antitruste que promova a concorrência e propicie estruturas industriais atraentes. No final, os governos têm que criar um ambiente que seja baseado no aprendizado, que estimule a formação de núcleos, que permita uma orientação para o exterior.

Especificamente, da parte do governo, os ministros devem procurar:

- criar ambientes que encorajem exportações sofisticadas, compreendendo que tais ambientes são cruciais para a geração e a distribuição de riqueza;

- criar um ambiente para o investimento direto estrangeiro que não só desencoraje a simples exploração dos recursos naturais, mas encoraje investimentos estratégicos na melhoria do ambiente competitivo;
- propiciar um ambiente em que o governo e o setor privado tenham uma visão correta, explícita e compartilhada a respeito de exportações complexas e de sua relação com o investimento estrangeiro;
- criar vantagens avançadas e especializadas para o setor privado, baseadas em uma visão estratégica explícita e bem informada daquele setor;
- criar um ambiente macroeconômico estável e previsível, com ênfase específica na criação de uma taxa de câmbio estável e previsível;
- aumentar a capacidade do país de criar incentivos para maior produtividade através de tributos e gastos públicos.

Desde que se tenha chegado a um acordo sobre esses objetivos gerais, começa o trabalho árduo de desenvolver estratégias específicas para realizá-los.

Os referenciais do governo permitem que ele veja os aspectos integrados de comércio, investimento e geração de riqueza, e comece a ver sua tarefa não apenas como a de cão-de-guarda de um setor "corrupto e ambicioso", mas também como fonte de criação de vantagens que não sejam facilmente imitadas por outros países. Trabalhando a partir desses referenciais, os dirigentes públicos também podem tentar ajudar as empresas a concorrerem, fazendo para tanto tudo o que estiver ao seu alcance a não ser impedir a competição doméstica ou proteger as empresas das pressões externas.

Referenciais do Setor Privado

Trabalhando a partir de seus referenciais, os líderes empresariais poderão aumentar a capacidade de adicionar valor singular aos seus produtos e serviços, para satisfazer clientes sofisticados e exigentes, dispostos a recompensá-los com margens de lucro mais elevadas. O setor privado está cada vez mais amorfo, e os referenciais variam entre os participantes. O que se segue é uma classificação representativa de alguns dos grupos de interesses com os quais rotineiramente trabalhamos.

INSTITUIÇÕES "QUASI-PRIVADAS"

No século XXI, será vital que as associações setoriais, câmaras de comércio, instituições acadêmicas e sindicatos desenvolvam referenciais através dos quais adotem uma nova maneira de ver os seus papéis de campeões da liderança empresarial: não reverter para o interminável lobismo e crítica ao governo, mas desenvolver processos e programas para educar, treinar e inspirar os líderes do setor privado a desenvolverem estratégias mais competitivas. Através de seus referenciais, devem encorajar o diálogo entre o governo e as empresas, sem todavia ficarem paralisados pela possível falta de diálogo; com a redução das fronteiras globais não há tempo, antes de executar as mudanças, para esperar pelo governo.

Em termos específicos, as associações setoriais e as câmaras de comércio precisam criar mais programas educacionais para executivos, focalizados não apenas em melhorar a eficiência operacional das empresas, mas também em ensinar os donos de empresa e os dirigentes públicos a redirecionarem ocasionalmente sua visão para o horizonte das possibilidades. Os programas de aprendizagem e comportamento organizacional podem ser mais cruciais do que os seminários sobre a teoria da competência central, reengenharia e qualidade total, se bem que também tenham o seu valor.

Os acadêmicos também vão ter que arregaçar as mangas; precisam, agora, ajudar a criar valor para o setor privado. Precisam mudar o modelo mental que pressupõe o trabalho no setor privado como sacrifício da liberdade acadêmica ou, conforme descreveu o poeta irlandês W. B. Yeats, pôr as mãos na graxa da caixa registradora do comércio. Precisam se envolver.

EMPRESAS PRIVADAS E EMPRESÁRIOS

As empresas privadas e os empresários tendem a pensar em termos do curto prazo; evitam riscos e embaraços, e insistem que estão em busca de um campo nivelado em relação aos seus competidores em outros países. Empresas privadas e empreendedores costumam trabalhar em combinação com associações e outros grupos, fazendo *lobby* junto ao governo para obterem "vantagens" quando, ao invés, poderiam se concentrar naquilo que seriam capazes de fazer: aprender sobre a clientela, formar alianças e fazer acordos explícitos e partilhados entre si sobre estratégias complexas. O custo de oportunidade de apenas advogar sua própria visão pessoal, ao invés de indagar e entender a visão dos outros, constitui um enorme custo oculto de fazer negócios nos países em desenvolvimento, e uma força contrária ao aperfeiçoamento do ambiente competitivo.

Que referencial o setor privado deveria ter de sua posição? Sua meta deve ser aperfeiçoar o ambiente competitivo e descobrir maneiras de aprender a respeito de clientes sofisticados, para poder lhes oferecer um valor singular. Ao mesmo tempo, o setor privado precisa ajudar a criar confiança dentro do país, tanto entre seus membros quanto entre si e o governo; trabalhar com o governo para criar um sistema eficiente de justiça, que proteja os investimentos na inovação e a propriedade tangível e intangível; por fim, e talvez o mais importante, desenvolver mecanismos que constantemente testem e reabasteçam os referenciais, para que o país desenvolva normas de comportamento consistentes com as tendências do consumidor e da concorrência mundiais.

Paradigmas

Vemos os paradigmas como maneiras sistemáticas pelas quais os indivíduos ou as instituições pensam a respeito do mundo — teorias econômicas, teorias políticas, crenças sobre justiça ou eqüidade, para mencionar apenas algumas. O paradigma predominante que rege as economias latino-americanas tem sido uma visão da geração de riqueza através de vantagens *comparativas*, tais como as dotações de recursos naturais. É claro que as políticas de substituição de importações (ações estratégicas e mecanismos de direção) oriundas desse paradigma já não são mais eficazes.

Com a globalização surge o imperativo de que as empresas e os governos desenvolvam uma *imaginação sem fronteiras* — algo bem diferente da imaginação desenvolvida nas economias protegidas, dependentes de recursos naturais. O Quadro 13-1 sintetiza alguns dos paradigmas vigentes no mundo em desenvolvimento e sugere como devam mudar no futuro. A lista não tenciona ser abrangente nem definitiva, apenas ilustrativa do que se quer dizer com a necessidade de desenvolvimento de paradigmas diferentes para ajudar a romper com os padrões e práticas de gestão mencionados anteriormente.

O Modelo Para Ação Como um Todo Integrado

Tendo revisto em detalhe cada componente do modelo para ação, precisamos falar a respeito de como eles trabalham em conjunto. Os paradigmas e os referenciais, juntos, são denominados *modelos mentais* e representam a parte invisível da mudança. Os modelos mentais servem de base para o desenvolvimento e a implementação dos mecanismos de direção e das estratégias. Esses trabalham como um sistema, cujos resultados são determinados muito antes de estarem aparentes para muitos tomadores de decisão.

Observamos três maneiras fundamentais pelas quais os líderes respondem a maus resultados: reagindo, replanejando e reorientando. Os líderes que *reagem* compreendem que ações estratégicas diferentes são necessárias para melhorar os resultados, e desenvolvem novas abordagens para mudar os maus resultados. As novas estratégias, no entanto, costumam ser continuações do mesmo conjunto de atividades — a meta é trabalhá-las com mais rigor. O *replanejamento*, por outro lado, brota do desejo do líder de fazer com que a estrutura da organização fique mais condizente com as suas metas e de melhorar a eficiência operacional. Por fim, a *reorientação* representa a mudança fundamental nos padrões de pensamento e de comportamento. A reorientação significa uma mudança completa nos modelos mentais. Acreditamos que essa seja o tipo primordial de mudança que se faz necessário por todo o mundo em desenvolvimento.

Como mostra a Figura 13-5, todos os componentes de nosso modelo trabalham em conjunto. Não acreditamos que seja possível criar mudança sustentável sem tratar cada componente ou categoria. Por exemplo, para melhorar o contexto de um país, a mudança precisa começar com os paradigmas e os referenciais; essas maneiras novas de

Quadro 13-1. Paradigmas representativos — velhos e novos.

Categoria do paradigma	Paradigma específico	Velha maneira de pensar	Nova maneira de pensar
Geração de riqueza	Pensamento das vantagens comparativas *versus* pensamento das vantagens competitivas	• Vantagens comparativas • A riqueza é finita e deve ser dividida • A competição inibe a geração de riqueza • As nações concorrem • Voltado para recursos naturais • Produtos simples, produzidos em massa	• Vantagens competitivas • A riqueza é infinita e deve ser compartilhada • A competição ajuda a geração de riqueza • As empresas concorrem, não as nações • Voltado para a clientela • Produtos complexos
Capital social	Relações humanas	Poder e autoridade centralizados • Paternalista • Organizações hierárquicas • O sucesso é voltado para o indivíduo	• Voltadas para a confiança • Interdependentes • Meritocráticas • Voltadas para a equipe
	Capital humano	• Mão-de-obra e gerentes são fungíveis • Visto como custo de insumo • Educação geral	• Fonte de vantagem competitiva • Fonte de retorno infinito sobre o investimento • Educação especializada, dispendiosa
	Aprendizado	• Pensamento linear, resultados informam opções estratégicas e planejamento organizacional (aprendizado de uma volta só) • Estratégias reducionistas • Técnico e compartimentalizado	• Pensamento em termos de sistemas, resultados informam modelos mentais (aprendizado de duas voltas) • Abordagens integrativas, interdisciplinares • Voltado para a equipe
	Justiça e eqüidade social	• Redistribuir riqueza finita • Leis como restrições • Produtores informais marginalizados	• Gerar riqueza através da inovação e distribuir para quem for mais produtivo • Leis como mecanismo que possibilita o investimento em inovações • Produtores informais cada vez mais integrados
Orientação das ações	Planejamento organizacional	• Centralizado, grande, complexo • Finalidade é alocar recursos	• Descentralizado, estrutura horizontal, flexível, transparente • Dedicado ao aprendizado
	Criação de mudança	• A macroeconomia dirige as decisões • O governo é o estrategista-mor, a quem cabe o primeiro movimento • "Reação, replanejamento"	• A microeconomia e as estratégias empresariais dirigem as decisões • Nível da empresa, setor privado • Visão cooperativa, compartilhada, propósitos morais explícitos • Ações integradas • "Reorientação"

Figura 13-5. Modelo para ação: como mudar a mente de uma nação?

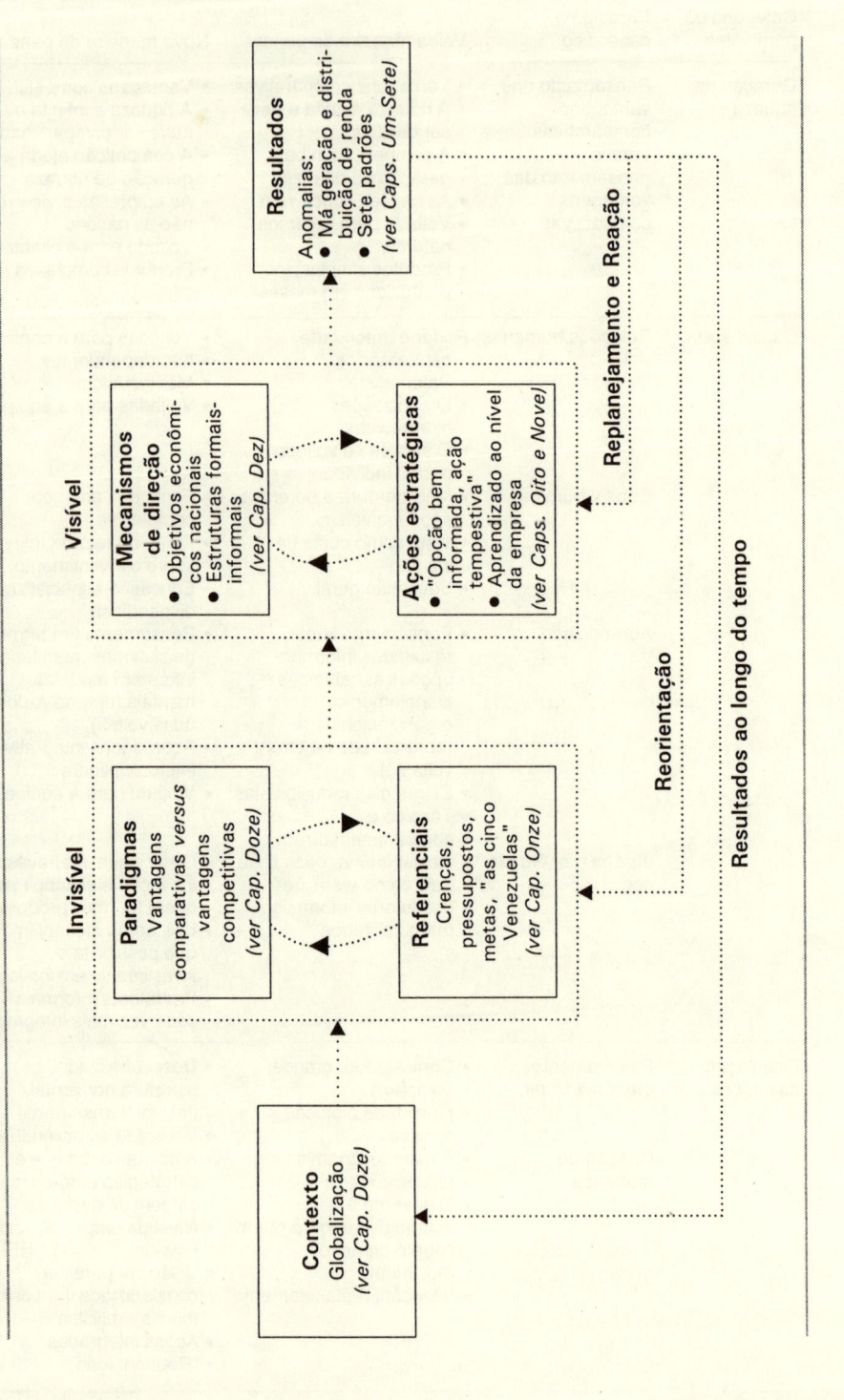

Resultados
Anomalias:
- Má geração e distribuição de renda
- Sete padrões

(ver Caps. Um-Sete)

Visível

Mecanismos de direção
- Objetivos econômicos nacionais
- Estruturas formais-informais

(ver Cap. Dez)

Ações estratégicas
- "Opção bem informada, ação tempestiva"
- Aprendizado ao nível da empresa

(ver Caps. Oito e Nove)

Invisível

Paradigmas
Vantagens comparativas *versus* vantagens competitivas

(ver Cap. Doze)

Referenciais
Crenças, pressupostos, metas, "as cinco Venezuelas"

(ver Cap. Onze)

Contexto
Globalização

(ver Cap. Doze)

Replanejamento e Reação

Reorientação

Resultados ao longo do tempo

pensar devem engendrar ações estratégicas diferentes, que levam por sua vez ao desenvolvimento e à implementação de um conjunto diferente de mecanismos de direção, responsáveis por melhores resultados. Esses melhores resultados vão levar a um ambiente econômico e social aperfeiçoado.

O modelo para ação é de natureza integrativa e sistêmica. Em primeiro lugar, o modelo se origina de *observações* feitas no nível setorial. Quanto mais compreendemos o quão profundo e intricado é o problema de determinado setor — do setor colombiano de flores, por exemplo — mais encontramos essas mesmas questões refletidas em outros setores, em outros países. Os problemas na indústria colombiana de flores, portanto, podem ser considerados um "fractal" dos problemas e das oportunidades do país — e mesmo do mundo em desenvolvimento como um todo.

Em segundo lugar, o modelo consiste de *seis categorias* que são abrangentes e mutuamente exclusivas. Elas possibilitam a destilação de problemas e dinâmicas de extrema complexidade em um grupo de categorias mais fácil de compreender.

Em terceiro lugar, o modelo para ação é *integrativo*, no sentido de que as categorias têm impacto umas sobre as outras em uma determinada ordem; isso indica que há aqui uma espécie de causalidade, no sentido de um movimento para adiante.

Em quarto lugar, trata-se de um *sistema dinâmico*, já que oferece alguma noção de *feedback*. É um sistema fechado, porque tudo o que aprendemos se encaixa em algum lugar no modelo e está relacionado a tudo mais.

Em quinto lugar, o modelo possibilita a discussão de *pontos de intervenção* e inserção úteis. Por ter todas as características mencionadas acima, podemos discutir onde e como no modelo nós gostaríamos de começar a fazer mudanças. Por exemplo, será que começamos com ações estratégicas ou com o planejamento de um mecanismo de direção? Ou será que temos nas mãos um problema de reorientação?

Em sexto lugar, trata-se de um exercício de *aprendizado gerador*. Começamos estudando outros modelos de competitividade, instrumentos governamentais e aprendizado organizacional. Pusemos esses modelos em prática e fizemos uma sintonia fina no método de análise, antes de resolver criar os nossos próprios modelos e, afinal, este modelo, que resulta de nossa internalização do trabalho de tantas outras pessoas e de nossas observações de campo.

Em sétimo lugar, ele se baseia na noção de *aprendizado de duas voltas*, significando que o ponto real de alavancagem neste modelo está na reorientação dos modelos mentais da liderança de um país. Isso inclui sua capacidade de aprofundar, mudar, informar e reabastecer esse aspecto invisível da mudança, que consiste de seus paradigmas e referenciais. De fato, a reorientação, especificamente, o desenvolvimento da capacidade dos líderes de reconceber suas perspectivas — essa é a meta do nosso trabalho em geral, e deste livro.

Thomas Kuhn descreveu como uma anomalia pode indicar a necessidade de mudança de paradigma. Vemos os sete padrões de inibidores da competitividade como anomalias, um grupo de maus resultados. Sua própria existência indica que a maneira atual dos líderes pensarem a respeito da geração de riqueza e da distribuição de renda não funciona, que precisamos de uma teoria mais robusta de mudança para descrever o que está acontecendo. O paternalismo e a atitude defensiva, a falta de visão voltada para o cliente, o mau posicionamento relativo, e os outros padrões constituem anomalias, indícios ou mesmo provas cada vez mais cabais da necessidade de mudança.

Temos três maneiras de interpretar as provas dadas por essas anomalias. Podemos interpretá-las como estratégias que acabaram dando errado. Podemos interpretá-las como instituições que precisam ser recriadas. Ou podemos interpretá-las como modelos mentais sobre a geração de riqueza que não são mais suficientes.

PRECONDIÇÕES PARA A MUDANÇA

Este livro vem tratando de mudança. Vem tratando da tentativa de entender por que as coisas não mudam de maneira positiva para a maioria das pessoas no mundo em desenvolvimento. Vem tratando da tentativa de mudar os paradigmas e as visões econômicas prevalecentes sobre a geração e a distribuição de riqueza. Uma coisa é identificar o que precisa ser mudado; outra coisa bem diferente é de fato efetuar a mudança. Ao longo do tempo, desenvolvemos uma lista de cinco perguntas que gostaríamos de fazer antes de nos envolvermos em qualquer esforço de mudança. Nós a oferecemos ao leitor, para ajudá-lo a refletir sobre a possibilidade de mudança nos países em desenvolvimento. As perguntas são:

1. Há *tensão* suficiente para motivar as pessoas a mudarem?
2. As pessoas estão *receptivas* a novas maneiras de fazer as coisas?
3. O *conhecimento* necessário à mudança encontra-se disponível?
4. A liderança tem *propósito moral* nítido e premente?
5. A *liderança* tem capacidade de facilitar a mudança?

As cinco precondições para a mudança são os pontos de maior alavancagem para destravar a capacidade de uma nação ou de uma organização de "avançar à esquerda", através das caixas do modelo para ação.

O historiador James Rudolph considera que o Peru vivenciou, antes da administração do presidente Fujimori, uma "crise multifacetada": crises econômica, social e política. Em 1992, ele escreveu:

> *Em termos econômicos*, uma década e meia de recessão persistente recentemente degringolou na mais profunda depressão peruana do século XX, com o PIB caindo 14% só em 1989; ao mesmo tempo a hiperinflação, na casa dos 3.000% em 1989, corroeu de tal modo a moeda peruana, o *inti*, que ela está fadada a ser substituída em 1991, só cinco anos após ter sido criada.
>
> ... A *crise social* ficou mais evidente no aumento da pobreza a níveis que poderiam, com propriedade, ser chamados de obscenos: estima-se que, em 1990, um terço ou mais da população peruana não tinha condições de suprir suas necessidades nutricionais. O imenso poder dos lucros aparentemente ilimitados do tráfico de drogas de corromper um segmento ainda maior da população — um poder que só fez crescer com o acirramento da crise econômica — levou muitos peruanos a falar também de uma ampla crise moral na sociedade.
>
> ... Uma insurreição rapidamente crescente — tendo como ponta de lança o Sendero Luminoso — constituiu o aspecto mais visível de uma crise tão difundida que a própria legitimidade das *estruturas políticas e governamentais* peruanas é cada vez mais questionada. As instituições do Estado deterioraram a ponto de rotineiramente não terem condições de fornecer serviços de energia elétrica, água, esgoto sanitário, educação, saúde, polícia e justiça.[9]

Os cientistas políticos Williamson e Haggard sugerem que a crise tem o "efeito de abalar os países de seus padrões políticos tradicionais, desorganizar os grupos de interesses que tipicamente vetam as reformas políticas e gerar pressões para os políticos mudarem as políticas que já se saiba que falharam."[10]

Conforme afirma Anders Aslund, um dos mais próximos consultores econômicos da Federação Russa no início da sua transição para as reformas de mercado: "Em termos políticos, é mais fácil a aceitação de um grande pacote de medidas radicais, logo no começo, quando prevalece um profundo sentimento de crise e vários grupos de interesse ainda não têm condições de avaliar plenamente o que são capazes de ganhar ou perder."[11]

A primeira parte deste livro, focalizando os sete padrões de inibidores da competitividade prevalecentes nos Andes, foi escrita para provocar certa *tensão* no leitor. A história dos floricultores colombianos é uma alegoria, pois é uma história específica mas universalmente aplicável sobre uma nação, uma região ou um grupo de tomadores de decisão que confiou em demasia nas sua vantagens comparativas para gerar riqueza. Essas estratégias funcionaram por certo tempo — trinta anos, mais ou menos — e, de fato, não muito bem. E, como esperamos ter ilustrado, jamais voltarão a funcionar.

No fim dessa história, as atitudes, as organizações e as estratégias do setor de flores podem ser vistas como um mecanismo através do qual a riqueza da Colômbia foi exportada para outros países, principalmente para os Estados Unidos. A riqueza foi exportada porque a Colômbia entregou aos Estados Unidos a sua terra, o seu sol e a sua beleza, a preços subsidiados pelo câmbio subvalorizado e pelos salários artificialmente reprimidos; e porque, quando o dinheiro foi recebido, ele foi recebido por muito poucos proprietários, que se negaram ou se sentiram impossibilitados de reinvesti-lo na Colômbia, na produtividade dos seus compatriotas.

Os lucros foram mantidos no exterior por causa da instabilidade política e econômica; os lucros diminuíram porque a Colômbia concorria em segmentos altamente competitivos com estratégias muito fáceis de imitar, e ninguém pensou em investir nas pessoas; a elevação concomitante de salários teria destruído a estrutura de custos e, portanto, a formação de preços de um produto primário como o seu. A tensão que o leitor deveria sentir é que essa exportação líquida de riqueza vem ocorrendo na maioria dos países em *"des-desenvolvimento"*. E não é que "o mundo mudou"; não é que tenhamos feito más escolhas, ou que os governos não funcionem. É que a maioria dos líderes pensa *incorretamente* a respeito de como criar um padrão de vida alto e crescente para o habitante médio de seus países.

A base política dos membros do ministério, dos funcionários públicos de alto escalão e dos legisladores deve se comprometer com uma economia fundada na inovação: com a inovação como cerne de sua estratégia. A única maneira de sequer chegar perto desse ideal é através do processo de criação de uma visão partilhada tão poderosa, tão difundida, tão habilmente facilitada — como jamais se viu igual no mundo.

O estoque de tecnologias tangíveis e intangíveis exigidas para criar não só compromisso ou mesmo consenso, mas sim um modelo robusto de cooperação e visão partilhada, não reside em apenas uma pessoa, e talvez nem mesmo em um grupo qualquer. Mas desenvolver essa capacidade de mudar e aprender constituirá a vantagem de todas as comunidades intelectuais e das nações que caminharem para a frente.

A reorientação e a mudança dos propósitos morais em uma sociedade ocorrem de cima para baixo, e não haverá consenso social sem uma liderança ampla, explícita e voltada para a ação. O povo vai ter que começar a escolher os líderes pelos quais está disposto a ser conduzido. E o eleitorado tem que deixar de ver os líderes simplesmente como pessoas capazes de lhe conseguir coisas — um perigo que Kenichi Ohmae descreve como o "mínimo civil", antevendo que a liderança de uma nação será retalhada até a morte pelas demandas que lhe serão impostas.[12]

O *conhecimento* a ser exigido dos líderes para melhorar e elevar as nações vai incluir o seguinte (uma lista que provavelmente não é exaustiva): desenvolvimento de modelos para ação explícitos, esclarecimento de modelos mentais, técnicas de raciocínio produtivo, planejamento e comportamento organizacional, filosofia moral, microeconomia, pensamento em termos de sistemas, estratégia empresarial e tecnologia de simulação. Finalmente, será reclamado o conhecimento que Peter

Senge denomina de "maestria pessoal". Trata-se da capacidade da liderança de, entre outras coisas, "concentrar-se nos valores intrínsecos supremos".[13]

Como procuramos repetidamente ilustrar, uma pré-condição primordial para a mudança que está em plena transformação é a possibilidade de reconciliar crescimento econômico e eqüidade social, dadas as demais pré-condições para a mudança. Simplesmente, investir na eqüidade social será tido como vital para a vantagem competitiva, e a vantagem competitiva de fato não será alcançada sem o desenvolvimento da eqüidade social. E a maioria dos líderes, como já apontamos, quando fala de justiça social, está se referindo à distribuição de um salário de subsistência para a maior parte da população. Em nosso modelo mental, falamos sobre uma concepção aprimorada de justiça social, com o que nos referíamos a um capital social avançado e especializado: melhora da confiança, da justiça, das habilidades humanas e da capacidade de um povo de recarregar e aperfeiçoar seus referenciais.

Levantamos a hipótese de que, em um mundo do que Adam Smith denomina de "vantagens absolutas" e David Ricardo chama de "vantagens comparativas", onde a riqueza é finita, criamos uma mentalidade de "soma zero" que tem influenciado grosseiramente a nossa política.

Agora as coisas são diferentes. Ganhador do Prêmio Nobel, Gary Becker afirma que o capital humano é o único investimento com potencial para retornos ilimitados, para crescimento exponencial. Isso pode significar que a teoria dominante das "vantagens comparativas" e os paradigmas e referenciais correlatos não têm mais que dirigir o desenvolvimento de nossos mecanismos institucionais, nossas opções, e, o mais importante, nossos resultados. Em outras palavras: as vantagens comparativas não têm que dirigir nossa política, nosso senso de justiça, o somatório das noções que determinam o relacionamento entre as comunidades e os indivíduos.

A política pode ter a ver com a criação de modelos robustos de compreensão que facilitem o aprendizado para a tomada de decisões cada vez mais complexas, necessárias para gerar riqueza em um mundo cada vez mais competitivo. Os vencedores na política serão os líderes capazes de criar e de facilitar novos modelos de geração de riqueza e de justiça social, que serão vistos, cada vez mais, não como opostos irreconciliáveis mas como dois objetivos rapidamente convergentes. Esse problema vai se "dissolver".[14]

O *propósito moral* emergente será investir na produtividade do cidadão médio através de educação, saúde e infra-estrutura especializada, como o fornecimento de capacidade de computação e de comunicações. Os líderes precisam pensar como criar a capacidade de inovar, dando saltos adiante na capacidade de um indivíduo, de uma empresa ou de uma região para criar valor na forma de um produto ou serviço pelo qual os consumidores estrangeiros estejam dispostos a pagar mais. E o dinheiro será distribuído para o cidadão médio, em troca de sua contribuição para a nova proposta de valor.

O risco de fracasso será alto, e haverá muitos malogros no percurso; os líderes devem ser perdoados por tentarem e às vezes falharem na reorientação dos modelos mentais. Os líderes escolhidos terão que ser mais maleáveis. Vamos precisar de líderes que extraiam muito da sua auto-estima do aprendizado e da geração de mudanças, e não de serem estimados, vistos como invulneráveis, de evitarem embaraços, ou de sempre terem tudo sob controle.

Haverá papéis para todos os tipos de líderes: autoritários como Fujimori, técnicos especializados como o ex-presidente Gavíria da Colômbia, e visionários — bem, há bastante lugar para todos. O autoritário será necessário para resolver as crises, o técnico para reprojetar os mecanismos administrativos, legais e de mercado, e o visionário — ocasionalmente — para mudar a mente da comunidade. Precisamos de líderes com capacidade de migrar de um papel para outro, à medida que os ambientes mudem, à medida que o modelo para ação explícito se aperfeiçoe, à medida que sua autoridade moral evolua.

A autoridade moral, em um ambiente baseado na inovação, virá da sabedoria do líder de gerir as demais pré-condições para a mudança: eletrizando e, então, esclarecendo o eleitorado sobre o novo propósito moral de uma economia em aprimoramento, baseada na inovação, dotada de padrões de valor altos e crescentes criados pelo cidadão médio. Esse líder vai facilitar o desenvolvimento e o uso de tecnologias tangíveis e intangíveis para a mudança e o aprendizado. Ele ou ela vai criar um alto grau de *receptividade* real e sustentada à mudança — na sua base política, na oposição, e numa população cada vez mais complexa.

Com este livro, argumentamos que há bastante motivo de esperança no mundo em desenvolvimento — que os padrões de comportamento causadores de maus resultados econômicos e sociais podem ser rompidos. Argumentamos, ainda, que há uma maneira sistêmica de pensar a respeito desses padrões — como a riqueza pode ser gerada de forma não só consistente com a justiça social, mas no sentido de promovê-la. Nossa visão é que todas as pré-condições para a mudança agora existem. Resta a cada um de nós, interessados em gerar prosperidade para o cidadão médio, nutrir as fontes ocultas do crescimento.

NOTAS

Todas as ilustrações deste livro foram retiradas de materiais já publicados, com a ciência dos clientes e sem refletir suas atuais posições competitivas.

Preâmbulo

1. *Relatório de Desenvolvimento do Banco Mundial, 1995*; pesquisa com os dados de 1993.
2. Paul Krugman, "The Fall and Rise of Development Economics", *in Rethinking the Development Experience*, organizado por Lloyd Rodwin e Donald Schon, (Washington, D.C.: Brookings Institution, 1994), 50.

Introdução

1. De acordo com o *Microsoft Bookshelf: Multimedia Reference Library* (1995), El Dorado é "uma região e cidade históricas vagamente definidas do Novo Mundo, que muitos acreditavam estarem localizadas no norte da América do Sul. Lendária por sua grande riqueza em ouro e pedras preciosas, foram procuradas com ansiedade por exploradores do século XVI e XVII, inclusive Sir Walter Raleigh".
2. As exportações não tradicionais eram definidas como as que não apareciam entre as exportações colombianas tradicionais, tais como petróleo, minérios ou café.
3. Estimamos que aproximadamente 70% dos cultivadores colombianos não são integrados para a frente. A maior parte das flores escoadas por Miami é adquirida desses cultivadores em consignação.

4. Em numerosas entrevistas com os floricultores colombianos e membros da associação colombiana de flores, em 1993, ficou evidente que a Asocolflores tinha tomado uma decisão estratégica contra se envolver em qualquer desafio de mercado, para concentrar seus esforços na conservação de um ambiente exportador favorável. O propósito do Conselho Colombiano de Flores, parcialmente financiado pela Asocolflores e por tributos especiais dos cultivadores, era se defender de acusações de *dumping*. O Conselho Colombiano de Flores também estava encarregado de comercializar os produtos colombianos e optou por seguir uma estratégia de publicidade de massa, com o objetivo de aumentar o consumo geral de flores no mercado norte-americano.

5. Também durante esse período, o Conselho Colombiano de Flores permaneceu ativo nos seus esforços legais para responder às acusações dos cultivadores norte-americanos.

6. O ATPA (Andean Trade Preferences Agreement), acordo comercial com os Estados Unidos que estabelece comércio preferencial com a Bolívia, a Colômbia, o Peru e o Equador, na tentativa de lhes proporcionar alternativas comerciais legítimas à cocaína.

7. Discurso do Ministro do Comércio Exterior, em junho de 1993.

8. Esta e a resposta do ministro foram publicadas na *Asocolflores' Magazine*, em junho de 1993.

9. Este argumento, que será comentado nos capítulos subseqüentes, também foi corroborado, em trabalho recente, por Jeffrey Sachs e Andrew Warner, da Universidade de Harvard.

10. Para ilustrar a diferença entre vantagem comparativa e vantagem competitiva, citamos a indústria colombiana de flores *versus* a holandesa. A Colômbia tem a vantagem comparativa do solo fértil, terra e mão-de-obra baratas — no entanto é o segundo exportador mundial de flores de corte. O primeiro exportador, a Holanda, tem poucas vantagens comparativas — sem terra e mão-de-obra baratas ou excelentes condições de cultivo — mas dispõe de pesquisa e técnicas de desenvolvimento avançadas, tecnologia de produção e distribuição sofisticada, forte demanda local; em síntese, tem muitos fatores difíceis de imitar e, na verdade, cultiva flores de corte de qualidade superior, pelas quais os consumidores estão dispostos a pagar um preço mais alto. Isso é vantagem competitiva.

11. O termo *fractal*, proveniente do estudo da geometria e cunhado por Benoit Mandlebrot, matemático francês nascido na Polônia, significa que os padrões irregulares são compostos de partes com certa semelhança com o todo; por exemplo, gravetos e galhos demonstram a propriedade fractal de auto-semelhança e auto-simetria. O conceito de fractal foi adotado em química, economia, análise do mercado de ações e meteorologia.

Capítulo Um

1. As vantagens de fator constituem um dos quatro determinantes da vantagem competitiva das nações, de acordo com a teoria de Porter. Essas vantagens, juntamente com demanda, com estratégia, estrutura e rivalidade, e com as vantagens dos núcleos quando funcionam em sistema, permitem que uma nação ou uma região progridam e inovem no sentido de criar uma plataforma melhor para a criação de estratégias ao nível da empresa. Ver Michael Porter, *The Competitive Advantage of Nations* (New York: Free Press, 1990), 73-85.

2. A paridade do poder de compra constitui padrão neste livro, porque se trata de uma estimativa das mudanças ocorridas nas taxas de câmbio, baseadas na idéia de manter níveis de preço razoavelmente equivalentes em diferentes países, compensando diferenciais de inflação com as alterações nas taxas de câmbio. Está se tornando cada vez mais preferida pelos economistas, em lugar dos índices de PIB *per capita* para a comparação e a distribuição de riqueza entre países.

3. Para pesquisa adicional que confirme a relação inversa entre exportações de recursos naturais e geração de riqueza, ver Jeffrey D. Sachs e Andrew M. Warner, "Natural Resource Abundance and Economic Growth", National Bureau of Economic Research, Cambridge, Mass., dezembro de 1995, working paper 5398.

4. A renda *per capita* da Bolívia é oficialmente US$670, mas provavelmente é mais alta do que isso, pela presença do mercado informal. O Haiti é mais pobre, com uma renda *per capita* oficial de US$340.

5. As percentagens são números de 1992 e não incluem peixe fresco. Embora os números precisem ser atualizados, o segmento de peixe fresco não vai alterar muito a história. (Quase todo o peixe fresco é consumido localmente.)

Capítulo Três

1. O polipropileno é um plástico leve usado para produzir material de embalagem, têxteis, malas e cordas flutuáveis. Em nossa pesquisa nesse projeto descobrimos no mínimo quarenta segmentos industriais específicos mais adiante na cadeia de beneficiamento.

2. A pesquisa mediu a avaliação dos líderes bolivianos sobre o prestígio da Bolívia, comparado ao prestígio por eles atribuído a outras nações.

3. *Brady bonds* são títulos emitidos por governos estrangeiros (como o México e a Venezuela), segundo um programa concebido pelo secretário do Tesouro Nicholas Brady, em 1989, para ajudar os países em desenvolvimento a refinanciarem suas dívidas. O principal é garantido por títulos do Tesouro norte-americano sem cupons de juros.

4. Kenichi Ohmae, em *The Borderless World: Power and Strategy in the Interlinked Economy* (New York: Harper Perennial, 1990), 33.

Capítulo Cinco

1. Porter, *Competitive Advantage of Nations*, 101-102. Para os interessados em leitura adicional sobre o conceito de núcleo, recomendamos as seguintes discussões: D. Audretsch e M. Feldman, "Innovative Clusters and Industry Life Cycle", Centre for Economic Policy Research, Londres, 1995, texto para discussão; C. Debresson, "Breeding Innovation Clusters: A Source of Dynamic Development", *World Development* 17, nº 1 (1989); Paul Krugman, *Geography and Trade* (Cambridge, Mass.: MIT Press, 1992); Carl Dahlman, "The New Elements of International Competitiveness: Toward More Integrated Policies for Latin America", OCDE, Paris, 1994; Brian Levy, "Successful Small and Medium Enterprises and Their Support Systems: A Competitive Analysis of Four Country Studies", relatório de conferência, Departamento de Pesquisa de Política do Banco Mundial, Washington, D.C., 1994; Alfred Marshall, *Industry and Trade*, 3ª ed. (London: Macmillan, 1927).
2. Cidade de Arequipa (população de 620.471 em 1993). Fundada em 1540 em uma área inca, produz artigos de couro, têxteis de lã de alpaca e alimentos.
3. Em virtude do influxo de dólares para investimento, aquisições em processos de privatização, e repatriação de poupança visando a aproveitar as taxas de juros mais elevadas estipuladas pela política monetária rígida — no caso peruano, exacerbado pelo enorme influxo do dinheiro da folha de coca.
4. Dependendo se medida em relação à paridade do poder de compra ou à inflação remanescente (a taxa de câmbio manteve-se estável mesmo com uma inflação ainda na casa de 10% a 20%, fazendo com que um dado preço em dólar renda cada vez menos em termos reais, quando convertido em *sol*).

Capítulo Seis

1. Chris Argyris, *Overcoming Organizational Defenses: Facilitating Organizational Learning* (Boston: Allyn and Bacon, 1990), 10, grifos nossos.
2. Ibid., 88.
3. Ibid.

Capítulo Sete

1. *Microsoft Bookshelf: Multimedia Reference Library*, 1995.

2. Tivemos essa discussão muitas vezes com Michael Porter e lemos Krugman e outros sobre esse tema. Nossa conclusão é de que os macroeconomistas em geral vêem a desvalorização como uma "correção" e os microeconomistas em geral a vêem como um subsídio para os exportadores.
3. Entrevista dos autores com o presidente Fujimori, em abril de 1995.
4. Entrevistas dos autores com funcionários do Banco Mundial e produtores de soja.
5. O comércio complexo é determinado pela análise de um conjunto de aproximadamente 3.000 produtos, segundo as Estatísticas Comerciais SITC da ONU. Esses 3.000 produtos são então agrupados de acordo com setores, insumos, setores correlatos e de apoio, e produtos derivados. Essa análise foi feita para o Ministro da Indústria, em La Paz, na Bolívia, em março de 1996.
6. Bill Gates, *The Road Ahead* (New York: Viking, 1995).

Parte Dois

1. Ver em *Managing in Developing Countries*, de James Austin (New York: Free Press, 1990), um tratamento muito útil de como essas quatro variáveis interagem.

Capítulo Oito

1. A maioria dos economistas de governo equipara produtividade à produtividade da mão-de-obra, mas em nossa opinião ela é mais bem capturada utilizando-se variáveis de produtividade de múltiplos fatores: capital, mão-de-obra, energia e matérias-primas. Embora, em termos genéricos, o conhecimento seja parte do capital de mão-de-obra de uma empresa, torna-se cada vez mais importante pensar em conhecimento como um ativo especializado a ser capturado, gerido e utilizado de forma distinta, e por isso nós o relacionamos à parte, tanto do capital quanto da mão-de-obra.
2. Há atualmente um debate entre os principais estudiosos de estratégia sobre se esse pensamento bimodal — baixo custo ou diferenciação — ainda é válido. Alguns argumentam que há exemplos de empresas de nível internacional que alcançaram posição de baixo custo e ao mesmo tempo altamente diferenciada. Acreditamos que, se for verdade, isso é possibilitado por uma plataforma de competitividade robusta, desenvolvida por uma região ou uma nação, capaz de servir de apoio a uma inovação tão significativa.

   Nossa experiência, no entanto, é mais clara: nas nações em desenvolvimento, a qualidade da plataforma competitiva raramente serve de apoio à inovação em duas dimensões tão distintas. Sugerimos então aos leitores nos países em desenvolvimento que escolham uma das duas dimensões em que se concentrar e ter êxito antes de tentar inovar na outra.

    Estamos prevendo que isso se torne uma questão maior nos próximos anos, e nutrimos a esperança de poder fornecer mais material de pesquisa aos estudiosos.

3. Michael Porter, *Competitive Advantage* (New York: Free Press, 1995), 120.
4. Para uma discussão interessante sobre contabilidade de custos, ver H. Thomas Johnson e Robert S. Kaplan, *Relevance Lost: The Rise and Fall of Management Accounting* (Boston: Harvard Business School Press, 1987).
5. O Banco Mundial publicou uma análise convincente sobre o êxito econômico do Sudeste da Ásia, que recomendamos aos interessados em estratégias econômicas nacionais. Ver *The East Asian Miracle: Economic Growth and Public Policy* (Washington, D.C.: Banco Mundial, 1993). Ver também, no Capítulo Dez deste livro, uma discussão mais detalhada das estratégias nacionais.
6. As pesquisas sobre geração de riqueza, produtividade e inovação realizadas junto a lideranças pela Monitor Company.
7. Porter, *Competitive Advantage*, 199.

Capítulo Nove

1. Michael Porter, *Competitive Strategy* (New York: Free Press, 1980).

Capítulo Dez

1. Para um tratamento muito útil, ver Keith Griffin, *Alternative Strategies for Economic Development* (New York: St. Martin's Press, 1989).
2. Ver *Monitor National Studies: Colombia 1993*, disponível no Ministério do Desenvolvimento e no IFI em Bogotá; *Peru 1995*, no Ministério do Comércio e Indústria e na PromPeru, em Lima; e *Bolivia 1996*, disponível no Ministério da Indústria, em La Paz.

Capítulo Onze

1. Nossas pesquisas foram realizadas durante quatro anos, em sete países, quatro continentes, com 250 a 500 líderes do setor público e/ou privado respondendo a perguntas, em sessões de uma a três horas, sobre temas que incluíam geração de riqueza, competitividade ao nível da empresa, capital humano, liderança, e mudança. As pesquisas foram aplicadas sob condições controladas e manti-

das dentro de um padrão de precisão e conforto segundo avaliação feita pela equipe de especialistas e peritos em estatística da Monitor.
2. Os entrevistados foram escolhidos das listas dos indivíduos mais influentes no setor público e privado. As listas foram organizadas em cooperação com o Governo da Venezuela e vários órgãos das câmaras de comércio do setor privado, e refletem um espectro amplo de setores e organizações. As pesquisas na Venezuela foram aplicadas a grupos de dez a cinqüenta entrevistados, com uma equipe treinada de funcionários da Monitor presente para instruir e questionar os entrevistados, bem como para responder a perguntas. Os entrevistados foram encorajados a serem honestos e foram assegurados de que suas respostas seriam mantidas em sigilo. Para mitigar as reações de predisposição, durante o processo de convite e de aplicação da pesquisa, a equipe não mencionou que se tratava de um estudo sobre abertura e inovação; ao invés, a pesquisa foi rotulada simplesmente de "pesquisa de opinião econômica nacional". Com apenas algumas exceções, as perguntas da pesquisa eram objetivas; a maioria foi apresentada em uma escala de sete pontos.
3. O processo de segmentação foi duplo: em primeiro lugar, sessenta perguntas individuais foram submetidas a análise fatorial utilizando-se metodologia de componentes principais e rotação/extração Varimax. O punhado de perguntas que ainda não estava em formato de sete pontos foi transformado para combinar com aquele formato antes de ser adicionado para análise. Quatorze fatores foram escolhidos *a priori* para conciliar da melhor maneira possível parcimônia com precisão, e o conjunto de variáveis foi reduzido em um processo iterativo para evitar erros ou cargas múltiplas. A solução resultante de quatorze fatores explicou 50% da variância total no modelo — um nível aceitável nas ciências sociais, e certamente compreensível dada a diversidade do conjunto de tópicos abordados na pesquisa. Na análise final, cada variável foi atribuída ao fator sobre o qual teve maior peso, e a média de cada variável no fator se tornou o escore bruto do fator. Em um segundo estágio, os entrevistados foram agrupados com base nas suas respostas (normalizadas) a quatorze fatores, utilizando-se uma análise de *cluster* hierárquica. Examinamos as soluções resultantes de quatro, cinco e seis *clusters* e consideramos a solução de cinco *clusters* como a mais explicativa e notável.
4. Francis Fukuyama, *Trust: The Social Virtues and the Creation of Prosperity* (New York: Free Press, 1995).

Capítulo Doze

1. Eli Heckscher, professor sueco de economia de Bertil Ohlin, 1889-1979, economista sueco e líder político. Ohlin lecionou (1924-1929) na Universidade de Copenhague e, mais tarde, na Stockholm School of Economics. Também chefiou o partido liberal sueco (1944-1967) e foi ministro do Comércio (1944-

1945). Dividiu o Prêmio Nobel de economia de 1977, por seus estudos pioneiros sobre comércio internacional.

2. Essa frase foi tirada de um discurso de Mark Fuller, presidente do conselho e presidente executivo da Monitor Company.

3. A lei de Moore, assim denominada em homenagem a um dos fundadores da Intel, que em 1965 predisse que o poder computacional por unidade de preço dobraria a cada dois anos, no futuro próximo. Ele quase acertou. Terminou acontecendo mais ou menos a cada dezoito meses nos últimos trinta anos.

4. Há seis acordos de comércio no hemisfério ocidental, e a Colômbia, por exemplo, faz parte de três. O presidente Bush anunciou, no final de sua administração, que em futuro próximo veríamos o NAFTA estendido do "Alasca à Terra do Fogo". Os participantes do encontro de cúpula das nações do hemisfério ocidental, em 1995, concordaram em eliminar todas as tarifas aduaneiras e barreiras de proteção na América Latina até o ano de 2007.

5. Ohmae, *Borderless World*.

6. Nos últimos cem anos, o comércio de manufaturados se elevou de 20% do comércio mundial para 80%. Ver "Natural Resource Abundance and Economic Growth", de Jeffrey Sachs e Andrew Warner, National Bureau of Economic Research, Cambridge, Mass., working paper 5398, dezembro de 1995.

7. Paul Krugman, "The Myth of Asia's Miracle", *in Pop Internationalism* (Cambridge, Mass.: MIT Press, 1996), 175.

8. Para mais material sobre produtividade, ver Kenneth Button e Thomas Weyman-Jones, "X-efficiency and Technical Efficiency", *Public Choice* 80 (1984), 83-104 (Kluwer Academic Publishers, Holanda); Harvey Liebenstein "Allocative Efficiency vs. X-efficiency", Universidade da Califórnia, Berkeley; e Richard Nelson, "Research of Productivity Growth and Productivity Difference: Deadends and New Departures", *Journal of Economic Literature* 20 (setembro de 1981), 1029-1064.

9. Essa discussão beneficiou-se de conversas com Bruce Chew. Para o trabalho que nos alertou sobre essa dinâmica, favor ver Bruce Chew, Kim B. Clark e Steven C. Wheelright, *Dynamic Manufacturing: Creating the Learning Organization* (New York: Free Press, 1988).

10. Ikujiro Nonoaka e Hirotaka Takeuchi, *The Knowledge Creating Company: How Japanese Companies Create the Dynamics of Innovation* (Oxford: Oxford Press, 1995).

11. As pesquisas junto a lideranças realizadas pela Monitor mostram que a tecnologia costuma ser vista como um remédio milagroso capaz de melhorar tudo, e que o conhecimento tácito de como realizar tarefas mais simples, de rotina, é freqüentemente subvalorizado.

12. Fórmula de Cobb-Douglas.

13. Para uma discussão completa sobre o losango competitivo, favor ver Porter, *Competitive Advantage of Nations*.

14. Pesquisa da Monitor na Europa, como parte dos nossos estudos baseados em regiões.
15. Ver *The Asian Miracle* e *Enterprise Training in Developing Countries: Overview of Incidence, Determinants, and Productivity Outcomes* (Washington, D.C.: Banco Mundial).
16. Ver Wilson Peres e Ludovico Alcorta, "Innovation System and Technological Specialization in Latin America and the Caribbean", ECLAC/UNDP, Nova York, na Universidade das Nações Unidas, 1996, para dados primários de boa qualidade e excelente bibliografia.
17. Os países cujos perfis foram traçados incluem todos os tipos de economias, tamanhos e perfis comerciais: Alemanha, Argentina, Bolívia, Brasil, Canadá, Chile, China, Colômbia, Coréia, Costa Rica, Equador, Espanha, Estados Unidos, França, Índia, Indonésia, Itália, Japão, Malásia, México, Paquistão, Reino Unido, Rússia, Singapura, Suécia, Suíça, Turquia e Venezuela.
18. O coeficiente de correlação é +0,29.
19. Essa correlação é +0,88 no total, sendo mais alta nos núcleos de geração de energia, negócios múltiplos, transportes e defesa, seguidos dos núcleos de telecomunicações e de equipamentos de escritório. Mais uma vez, ver "Natural Resource Abundance and Economic Growth" de Sachs e Warner.
20. Ver Robert D. Putnam, *Making Democracy Work, Civic Traditions in Italy* (Princeton: Princeton University Press, 1993), sobre os efeitos da cultura cívica na geração de riqueza.
21. O setor automobilístico norte-americano é notório por destruir esse tipo de confiança, ao contrário dos *keiretsu* japoneses, que desenvolveram um maior grau de confiança nas relações com (e participações acionárias em) fornecedores. Para uma discussão fascinante sobre os esforços da Chrysler para desenvolver o seu próprio *keiretsu*, ver Jeffrey H. Dyer, "How Chrysler Created na American Keiretsu", Harvard Business Review, junho/julho de 1996, 42.
22. Pesquisa nacional da Monitor, com quase quinhentos líderes venezuelanos de empresas, do governo e do meio acadêmico, realizada em meados de 1996. Essa pesquisa serviu de base para as discussões contidas no Capítulo Onze.

Capítulo Treze

1. Paul Krugman, "The Fall and Rise of Development Economics", *in Rethinking the Development Experience*, organizado por Lloyd Rodwin e Donald Schon (Washington, D.C.: Brookings Institution, 1994), 50.
2. Ibid., 51.
3. Ver Diana Sean Schemo, "Ecuador Vote Narrows Race to Privatizer and Populist", *New York Times*, 20 de maio de 1996.

4. Ver Monitor Company, "Creating the Competitive Advantage of Venezuela, Phase I", Ministério da Indústria e Comércio, Caracas, Venezuela, verão de 1996.
5. Observamos especificamente a equação da DuPont, um modelo detalhado de fluxo de caixa, e um diagrama de fontes e usos, tudo compondo um único modelo de desempenho ao nível da empresa. Nossa análise das demonstrações financeiras foi realizada com resultados de companhias em aproximadamente vinte setores, em meia dúzia de países subdesenvolvidos.
6. Moisés Naim, "Latin America's Journey to the Market: From Macroeconomic Shocks to Institutional Therapy", International Center for Economic Growth, São Francisco, 1995, occasional paper 62.
7. A palavra paradigma dá margem a muitas interpretações. Os críticos de Thomas S. Kuhn descobriram 22 significados distintos para paradigma em sua obra, *The Structure of Scientific Revolutions* (Chicago: Chicago University Press, 1962).
8. John Maynard Keynes, economista inglês e autor da obra *The General Theory of Employment, Interest and Money* (Munique: Duncker and Humbolt, 1936); a citação é tirada do prefácio do livro.
9. James Rudolph, *Peru: The Evolution of Crisis* (Westport, Conn.: Praeger Publishers, 1992), 1-2 (grifos nossos).
10. John Williamson e Stephen Haggard, "The Political Conditions for Economic Reform", *in The Political Economy of Policy Reform*, organizado por John Williamson (Washington, D.C.: Institute for International Economics, 1994), 562.
11. Anders Aslund, *How Russia Became a Market Economy* (Washington, D.C.: Brookings Institution, 1995).
12. Kenichi Ohmae, *The End of the Nation State* (New York: Free Press, 1995).
13. Peter Senge, *Fifth Discipline* (New York: Doubleday Currency, 1994), 147.
14. O filósofo Wittgenstein diz que os problemas não se resolvem, se dissolvem. Um amigo estrategista afirma que a maior estratégia é reconciliar o que os outros pensam ser extremos opostos.

Índice Remissivo

A

Ações estratégicas, 18, 292
Acordo de Preferências Comerciais Andino (ATPA), 18, 35
Administração de custos, 178
  necessidade de estratégia na, 179
AeroPeru, 45
África do Sul, XV, XXIII
África, XVI, XX, XXIII, 21
Agência Nacional de Promoção ao Turismo (FOPTUR, em espanhol), 46
Alemanha, 219
Aliança para o Progresso, XXI
Alta produtividade e as fontes ocultas do crescimento,
Ameaça de novos participantes, e o modelo das "cinco forças", 170
América Central, IV, XXV
América do Norte, 7, 19, 21
América do Sul, 39
  e as exportações de couro para os Estados Unidos, 169
América Latina, VIII, XIV, XIX, 49
  e a cultura da auto-suficiência, 95
Análise da concorrência, 188
  como um dos três Cs, 188
  da indústria de flores, 17
Análise da posição relativa de custos (PRC), 63
Análise de custos, 179
  das rosas vermelhas, 190
Análise de segmentação,167
Análise das estatísticas comerciais, parcela das exportações mundiais por país, 190
Análise de custos relativos, 180
  da competitividade da empresa, 180
Andes, XVI, XXI, XXIII, 3
  como um laboratório de desenvolvimento, XXIII
  indústria de flores nos, XXV
"Aperfeiçoamento", 30
Aprendizado de custos, princípios de, 177
Aprendizado de duas voltas, 120
Aprendizado de mercado, 133
Aprendizado de uma volta só, 115
Aprendizado ao nível da empresa, 161
  os três Cs do, 161
Aprendizado microeconômico, 267
  ênfase renovada no, 267
Arábia Saudita, 31
Arcabouço para Ação, 205

parte invisível da competitividade, 296
modelos mentais, 225
   arcabouço para ação como um todo integrado, 302
   definições, 296
   paradigmas, 225, 301
   referenciais, 297
parte visível da competitividade, 288
   ações estratégicas, 225, 292
   mecanismos de direção, 293
   resultados, 288
Arequipa, Peru, 45, 46, 47, 49
Argentina, 36
   couros da, 92
Argyris, Chris, XVI, 25, 51, 70
Ásia, 25, 51, 70
   e as exportações de couro para os Estados Unidos, 164
   e o surgimento da indústria gráfica, 70
Aslund, Anders, 308
Asocolflores, 8, 13, 17, 18
   e a correspondência com o ministro colombiano do Comércio Exterior, 17, 20
Associação das Indústrias Petroquímicas colombiana, 57
Atratividade de setor, e o modelo das "cinco forças", 167
Austin, James, XV, XXXIV
Avianca, 7

B

Banco Mundial, XV, XXIII
Banzer, Hugo, ex-presidente da Bolívia, 130
Barco, ex-presidente da Colômbia, 17, 60
Barranquilla, Colômbia, 39, 40
Becker, Gary, 310
Benetton, 75
Bogotá, Colômbia, XXII-XXIV, XXX, 5, 7, 10
   Câmara de Comércio de, 7, 10
Bolívia, XV, 30, 31
   altiplanos da, XXX
   e a atitude defensiva, 61
   e os preços mundiais em declínio, 61
   infra-estrutura de transporte da, 96
   região de Santa Cruz da, 30, 31
   e custos comparativos com o Brasil, 33
   indústria de soja da, 30, 31
Boston, XXII, 4
Brasil, IX, X, XLI, 31
   e a produção de soja, 31
Buenaventura, Colômbia, 39
Buenos Aires, Argentina, 255

C

Cáli, XXI, XXXIV
Callao, Peru, 40
Canadá, 221
Canais de distribuição, 8, 9, 11, 19
Canal das *bodega*, 80
Canal do Panamá, 39
Capacidades como parte da análise da concorrência, 198
Capital social na competição global, importância do, XXX
Caracas, Venezuela, XXXII
Caribe, XXV, XXIX
Certificado de Abono Tributario (CAT), 11

Índice Remissivo

Chicago, 5
Chile, 36, 40, 43
Chimbote, Peru, 40
China, 51, 52
Ciclos de inferência, 189
   na indústria colombiana de flores, 189
Cidade do México, 68
"Cinco Venezuelas", 250
Clientela, 10, 45, 49, 50, 53
   compreensão da, e a pesquisa venezuelana, 49, 50
Clientes, VIII, X
   diferentes necessidades dos, 10
   entender, 12
Colômbia, 3, 5, 6-10, 32, 35
   dinâmica competitiva na, 5
   indústria de couro da, 55
   indústria petroquímica e fabricação de polipropileno, 65
   indústria gráfica na, 69
Comércio exterior, abertura ao, e a pesquisa venezuelana, 39
Comércio internacional, debates sobre, 28
Competição baseada na localização geográfica, 37
"Competição nunca se dá no vácuo", 57
Competidores, XXVII, 181
   acompanhar as opções estratégicas dos, 193
   metas e pressupostos dos, 199
Competitividade, 19, 20, 26, 45
   e sua relação com estratégia e produtividade, 147
   e estratégia, impacto do paternalismo, 14

   e tecnologia, relação entre, 157
Compreensão da clientela, e a pesquisa venezuelana, 253
Comunicação ineficaz entre o governo e o setor privado, e a posição competitiva relativa, 202
Concorrência, 25
   como dinâmica fundamental da satisfação do cliente, 67
   vulnerabilidade à, 60
Confiança no governo, e a pesquisa venezuelana, 229
Cooperação, necessidade de, entre as duas empresas peruanas de alpaca, 101
Coréia, 42, 53
Coréia do Norte, 222
Corpo da Paz dos EUA, expulsão da Bolívia, 211
Corporación Colombia Internacional (CCI), 79
Corrente de Humboldt, 40
Costa Rica, 273
CPC International, 155
Craik, Kenneth, 296
Crescimento, 263
   fontes ocultas do, 43, 90, 263
   razões para a ocorrência de, 263
Crescimento japonês na produtividade, explicação do, 271
Cuba, 222
Culpa, dinâmica da, 93
Curtume colombiano, 170
Custos ao nível da empresa, compreendidos como vitais, 179
Custos, comportamento dos, 178
Cuzco, Peru, 101

D

"Diamante" da produtividade regional, 272
   Primeiro: condições de fator, 272
   Segundo: condições de demanda, 273
   Terceiro: empresas correlatas e de apoio, 273
   Quarto: estratégia, estrutura e rivalidade ao nível da empresa, 274
Dados de custos, 178
   bom e mau uso dos, 178
Deduções, lógica das, 248
Defensiva, atitude, 61
   superando a, 111
Departamento de Agricultura dos Estados Unidos, 4
Dependência dos fatores básicos, e a pesquisa venezuelana, 143
Dependência excessiva de fatores básicos de vantagem, evitando a, 28
Devecchi, 53
Diferenciação, 41
Distribuição da receita das flores de corte colombianas, 11

E

Economia colombiana, abertura da, 17
Economia ao nível da empresa, 141
Economias de informação, 85
Ecopetrol, 65
Eficácia organizacional, e a pesquisa venezuelana, 231
Eficiência alocativa, 270
Eficiência-X, 270
   aumento da, 270
Egito, 170
El Dorado, encontrar o, 3
Em busca de um árbitro, como segmento da pesquisa venezuelana, 243
"Empresa-mãe", como mecanismo de aperfeiçoamento, 99
ENFE (antiga estrada de ferro estatal boliviana), 97
Enfoque no cliente, falta de, no hotel peruano de turismo, 46
Equador, 14, 15
Escada de deduções, 115
Escopo, 196
   de negócios, 152, 157
   de segmento ou produto, 152, 155
   geográfico, 152, 156
   opção de escopo, 152
   vertical, 152
Escopo vertical, 153
Estados Unidos, 4, 5, 6
Estenssoro, Paz, ex-presidente da Bolívia, 208
Estratégia de industrialização para o desenvolvimento nacional, 218
Estratégia de livre comércio para o desenvolvimento nacional, 218
Estratégia de redistribuição para o desenvolvimento nacional, 218
Estratégia do monetarismo para o desenvolvimento nacional, 219
Estratégia ao nível de empresa, e pesquisa venezuelana, 221
Estratégia socialista para o desenvolvimento nacional, 219
Estratégias
   de baixo custo, 52, 55
   de diferenciação, 151
   explícitas, 56

Estratégias competitivas, permitir que sejam ditadas por forças externas, 166
Estratégias de desenvolvimento nacional, 222
    estratégias de crescimento, 218
    industrialização, 218
    livre comércio, 218
    estratégias de justiça social, 218
        de ênfase na agricultura, 218
        redistribuição, 218
        socialismo, 218
Estratégias de diferenciação, tendência a serem mais sustentáveis, 151
Estrategista-mor da economia, o governo como, 124, 127
Estrutura do setor, 175
    e a posição relativa de custos, 179
    necessidade de reformular a, 181
Estruturas e políticas organizacionais, como mecanismos de direção, 293
Eu me garanto sozinho, como segmento da pesquisa venezuelana, 244
Europa, 25, 39
Excesso de oferta, e as flores colombianas, 12
Exportações colombianas não tradicionais, crescimento nas, 16
Exportações de bolsas para os Estados Unidos, 164

F

Farinha de peixe, peruana, 40, 41, 42
    e a soja, 41
Fatores básicos, dependência dos, e pesquisa venezuelana, 25
Fatores básicos de vantagem, excesso de dependência dos, 25
Faucett Airlines, 46
Federação Russa, 111
Filipinas, 221
Floramerica, 5, 6, 8
Floricultores, 4, 10, 11, 12
Floricultores holandeses, 45
    e a apreciação do florim, 125
Floricultores norte-americanos, e as importações colombianas, 4
Fujimori, presidente do Peru, 128
Fukuyama, Francis, 257
Fundo Monetário Internacional (FMI), 213
Fundos da União Européia, e os líderes irlandeses, 112

G

García Márquez, Gabriel, 50
García, Alan, ex-presidente do Peru, 120
Gates, Bill, 138
Gaviria, Cesar, presidente da Colômbia, 58
Governo
    como estrategista-mor da economia, 10, 127
    e a necessidade de criar um ambiente baseado no aprendizado, 117
    e o setor privado, três micropadrões de comportamento paternalista no, 124
Governo boliviano, estudo de caso do, 207
    os anos de Banzer: 1972-1976, 211
    os anos da crise e os seguintes, 213

capitalismo de estado: 1952-1972, 208
Goya Foods, 80
Grã-Bretanha, 28
Grupo dos Três, acordo de comércio do, 57
Gucci, 53
Gulf Oil, 211

H

Haggard, Stephen, 307
Heckscher, Eli, 264
Holanda, 152
Hong Kong, 156
Hotel peruano de turismo, exemplo de apatia em relação aos clientes, 46

I

Imaginação sem fronteiras, imperativo a ser desenvolvido pelas empresas e pelos governos, 301
IncaTops, 102
Indelpro, 63
Índia, 221
Indonésia, 277
Indústria automobilística japonesa, 197
Indústria boliviana da soja, 30
   acordo entre o governo e o setor privado, importância do, 130
   ciclo de inferência da, 134
   líderes da, 134
Indústria chinesa de couro, 165
Indústria colombiana de couro, 92
   escolhendo onde competir, cinco segmentos da, 171
      Segmento 1 – preço, 171
      Segmento 2 – *design* e qualidade, 171
      Segmento 3 – *design*, marca e serviço, 173
      Segmento 4 – preço e marca, 173
      Segmento 5 – qualidade, 173
Indústria colombiana de flores, 10, 26
   ciclo de inferência na, 11
   crescimento na, 9, 10
   e a Asocolflores, 8
   e a estratégia de distribuição, 8
   e as condições de fator, 19
   e as margens dos cultivadores, 12
   e Edgar Wells, 3, 5, 6
   e o excesso de oferta, 12
   e o governo colombiano, 16
   e os cultivadores holandeses, 19
   e os cultivadores, 26
      norte-americanos, 4, 13
   e os distribuidores de Miami, 8, 10
   os mercados norte-americanos, 8
   tarifas de serviços públicos na, 11
Indústria coreana de couro, 165
Indústria de alpaca do Peru, 101
   e a concorrência com a caxemira da China, 103
   e a necessidade, 103
      de cooperação, 109
      de enfrentar câmbio sobrevalorizado, 103
      de especialização técnica, 105
Indústria de produtos de couro, 164
   opções estratégicas na, 164
Indústria de flores, 28
   exportações colombianas de flores de corte, 5
   flores de corte, 5
      aumento da demanda norte-americana de, 5
      distribuição eficiente de, 6

novos mercados para, 10
indústria de flores de corte, 10
  potencial da Colômbia na, 11
intermediários de flores de corte, 12
  crescente poder dos, 12
  sistema de "taxa de caixa" dos, 12
pontos de venda a varejo de flores de corte, não tradicionais, 9
Indústria gráfica e editorial no México, 69
Indústria italiana de couro, 165
Indústria italiana de moda, 99
Indústria mexicana de flores, 67
  e os intermediários baseados no Texas, 68
Indústria peruana do algodão, 170
Indústria peruana de aspargos, 86
  e o *feedback* do mercado, 86
  possibilidades de distribuição de aspargos para a, 87
Indústria peruana de farinha de peixe, 40
Indústria têxtil italiana, 98
  e a concorrência com a China, 98
  e a terceirização, 98
Indústria têxtil peruana, 103
Indústrias peruanas de cerveja e de laticínios, 102
Indústrias petroquímicas, 183
  custo para atender ao mercado doméstico, 183
  custos de eletricidade das, 181
  determinantes de custo nas, 181
Infinity (Nissan), 198
Inglaterra, 28

Inovação e liderança na Venezuela, visões de, 238
  com base no segmento demográfico tradicional, 238
Instituições "quasi-privadas", 300
Integração vertical, 75
  micropadrões de, 76
Integração para a frente, 256
  avaliando a oportunidade de fazer, 256
  oportunidades de, e a pesquisa venezuelana, 256
  saber quando fazer (ou não) a, 258
Itália, 102

J

Japão, 43, 67
Juliaca, Peru, 104

K

Keynes, John Maynard, 296
Krugman, Paul, 269
Kuhn, Thomas, 296

L

La Paz, 282
Lago Titicaca, Peru, 101
Leste Europeu, 123
Lexus, 198
Líderes colombianos do setor têxtil, e aquisição de equipamento, 158
Líderes irlandeses, e fundos da União Européia, 112
Líderes, três maneiras de responder a maus resultados, 302
Lima, Peru, 45, 46

Livre comércio, 28, 36
Localização geográfica, competição baseada na, 29, 37
Lozada, Sánchez de, presidente da Bolívia, 214
Lucros de curto prazo, e confiança no governo, 212

M

Machu Picchu, 275
Magdalena, rio, 39
Malta, 279
Mão-de-obra barata, abundância de, e a vantagem comparativa, 26
Matadouro colombiano, 92
Matérias-primas, 30
    e exportação de produtos primários, 30
        a armadilha da, 30
    menor dependência de, 30
Mecanismos de direção, 205
    como parte do arcabouço para ação, 205
    impacto ao longo do tempo, 214
    três tipos de, 206
Medellín, 155
México, 57
    tarifas de serviços públicos no, 59
    indústria gráfica e editorial no, 69
Miami, 8
    centro de distribuição de flores de corte em, 8
Michell & Co., 102
Michell, Derek, 102
Milão, Itália, 98
Ministro do Comércio Exterior colombiano, 18, 116
    e a correspondência com a Asocolflores, 18, 116
Ministério do Desenvolvimento Econômico boliviano, 211
Ministro de Desenvolvimento Econômico colombiano, 57
Modelo de "capitalismo de estado" na Bolívia, 208
Modelos mentais, 142
    como parte de um arcabouço para ação, 143
Moeda, revalorização da, 11
Mollendo, Peru, 102
Monetarismo, 218
Mudança de paradigma, 296
Mundo em desenvolvimento, 98
    alcançar vantagem competitiva no, 110
    e a terceirização, 99

N

NAFTA, 68
Naím, Moisés, 295
"Não optar é uma opção", 55
Necessidades dos clientes, na era de mercados protegidos, 174
Nissan, 198
"No es nuestra culpa", 92
Nova York, 91
Cluster colombiano da petroquímica, 57
Cluster peruano da alpaca, 102
    três pontos fracos impedem o desenvolvimento do, 104

O

Ocean Spray, 81

Oeste norte-americano e a produção de flores de corte, 4
Ohlin, Bertil, 264
Ohmae, Kenichi, 67
Opção estratégica básica, compreender o conceito de, 196
Opções estratégicas
  na indústria de produtos de couro, 164
Oportunidades de integração para a frente, e a pesquisa venezuelana, 256

P

Padrão de vida
  declínio devido à omissão de investir em conhecimento, 161
  e as exportações de petróleo, 213
Países andinos, 48
Países Baixos, 273
Países do leste da Ásia, 277
Paradigmas, 225
  do conhecimento, 225
  representativos, velhos e novos, 303
  como parte de um arcabouço para ação, 305
Paradigmas representativos, velhos e novos, 303
Paraguai, 36
Parceiros frustrados, como segmento da pesquisa venezuelana, 239
Parcela das exportações mundiais por país, análise das estatísticas comerciais, 290
Paridade do poder de compra (PPC), 27
Paternalismo, 14, 123
  definição de, 123
  do governo com relação ao setor privado, 125
  dois níveis de impacto, 124
  e a pesquisa venezuelana, 124
  e os sindicatos na Venezuela, 126
PDVSA, 231
PEMEX, 63
Pensamento de alta produtividade, imperativos do, 276
  entenda e melhore a posição competitiva relativa, 279
  melhore a cooperação entre empresas, 281
  raciocine produtivamente, 282
Pensar
  novas maneiras de, 284
  velhas maneiras de, 143, 264
Pequiven, 65
Perez, Andres, ex-presidente da Venezuela, 260
Perfil da concorrência, 194
  na Goya Foods, 194
  na R.R. Donnelley, 199
Perfil da ação da concorrência, integrando os três Cs, 193
Peru, 45, 46
  e a Convenção Peruana Anual de Turismo, 46
  e a indústria de farinha de peixe, 40
  e a negligência com que às áreas interioranas são tratadas, 104
  indústria de alpaca do, 101
    e a concorrência com a caxemira da China, 103
    e a necessidade de enfrentar câmbio sobrevalorizado, 103
    e a necessidade de especialização técnica, 105

e os mecanismos em prol da engenharia genética, 107
necessidade de cooperação entre as duas empresas da indústria de alpaca, 109
o vale do Colca no, 46, 47, 57
PescaPeru, 40
Pesquisa venezuelana com líderes e formadores de opinião, 227
   sobre a capacidade competitiva da Venezuela, 227
   sobre a relação entre trabalho e realização, 227
   sobre abertura ao aprendizado internacional, 227
   sobre a confiança no governo, 227
   sobre a eficiência organizacional, 227
   sobre estratégia ao nível de empresa, 227
   sobre geração de riqueza, a natureza da, 227
   sobre o contexto social, 227
Plan Vallejo, 11
Poder de barganha dos compradores, e o modelo das "cinco forças", 167
Poder de barganha dos fornecedores, e o modelo das "cinco forças", 167
Polipropileno, 57
Pontos a aprender sobre o custo, 187
Porter, Michael, 66
Portugal, 28
Posição competitiva relativa, 57-67
   conhecer a, 57-67
   e a vulnerabilidade à concorrência, 57-67
   e comunicação ineficaz, 57-67
   e opções desinformadas, 57-67
Posição relativa de custos, 63
   e a estrutura do setor, 63
   na indústria de polipropileno, 181
Posição relativa de custos (PRC), análise da, 181
   benefícios da, 181
   ao nível da empresa, 181
   ao nível do governo, 198
Posição relativa, compreensão da, e a pesquisa venezuelana, 202
Posicionamento estratégico, 161
   da empresa, avaliação do, 161
Precondições para a mudança, 307
Princípios de Economia Política, 28
Problema com hotel de turismo no Peru, 46
Processadores colombianos de suco de frutas, 194
Produção de soja, 32
   custos bolivianos e brasileiros da, 33
PROEXPO, 11
Programa de *apertura*, 17
Propilco, 182
Propilven, 182
Puerto Aguirre, Bolívia, 34
"Puerto del Oro", 39
Puerto Suarez, Bolívia,

R

R.R. Donnelley & Sons, 169
   análise da capacidade de concorrência da, 169
Raciocínio defensivo, 257
   definição de, 257
   raízes do, 257
Razoavelmente satisfeitos, como segmento da pesquisa venezuelana, 241
Reagan, Ronald, 219

Redistribuição, 221
Referenciais, 189
   como parte de um arcabouço para ação, 191
   e os sete padrões, relação entre, 202
Referenciais do setor privado, 229
Referenciais e paradigmas da pesquisa venezuelana, 302
Região andina, e riqueza ilusória, 30
Região montanhosa dos Andes, 101
Região oeste dos Estados Unidos, 195
Reino Unido, manufaturas têxteis do, 101
Ricardo, David, 28
Rio Paraguai, 31, 34
Riqueza das Nações, A, 264
Riqueza e produtividade, visão de diversos pensadores sobre, 263
Rivalidade entre concorrentes, e o modelo das "cinco forças", 167
Rudolph, James,

S

Salários, relativos, 38
Samper, presidente da Colômbia, 122
Santa Cruz, Bolívia, 30-32
Santiago, Chile, 255
Savana de Bogotá, 5, 10
Segmentação da clientela com base nas necessidades, três princípios da, 163
Segmentação da clientela, como passo vital, 175
Segmentação do mercado norte-americano de produtos de couro com base nas necessidades, 174
Segmentos atraentes, identificando, 29
Segmentos da clientela 162

escolha de enfoque como ponto de partida crucial para a vantagem competitiva, 162
definir os, 162
opções sobre a escolha de, 175
Sendero Luminoso, movimento guerrilheiro, 128
Senge, Peter, 309
Sete padrões de comportamento não competitivo, 141
Setor agrícola peruano, 85
Setor boliviano da soja, 130
   protecionismo no, 130
Setor privado boliviano, 211
Setor venezuelano de petróleo, 228
Singapura, 269
Sistema de "taxa de caixa", 12
Sistema de latifúndio da Bolívia, 208
Situação social na Venezuela, e a pesquisa venezuelana, 229
Smith, Adam, 264
Socialismo, 218, 221
Substituição das importações, 126
   política de, 128
Supermercados, como pontos de venda a varejo de flores, 9

T

Taiwan, 156
Tapeçarias peruanas de peles, 101
Técnicas de análise de segmentação, 167
Tecnologia e competitividade, relação entre, 157
Tecnologia, opção de, 157
Teoria de Heckscher-Ohlin, 264
Terceiro Mundo, 48, 49, 50
Texas, 65

Thatcher, Margaret, 219
Toyota, 198
Trabalhadores rurais colombianos, salário diário dos, 5
Trabalho e realização, relação entre, e a pesquisa venezuelana, 233
Três Cs da análise da concorrência, 188
Trust, 257
Turismo peruano, 275
Tzu, Sun, 188

U

United Fruit Company, 74
Uruguai, 36

V

Vale do Colca, 46, 47, 57
Vantagem competitiva, 162
    primeiro passo para criar, 162
Vantagens comparativas, 186
    e padrões de vida, 186
    insustentabilidade das, 186
Vantagens de fator, 213
    ultrapassando a dependência das, 213
Vantagens naturais, dependência excessiva das, 184

Velasco, ex-presidente do Peru, 127
Venezuela, 18
    capacidade competitiva da, e a pesquisa venezuelana, 181
    e a dependência do petróleo, 181
    segmentada em cinco "países", 239
        descrição de segmento, 239
        em busca de um árbitro, 239
        eu me garanto sozinho, 239
    visões sobre inovação e liderança na, 238
        baseadas na demografia tradicional, 238
        baseadas no perfil do segmento, 238
Very Fine, 81
Vulnerabilidade à concorrência, 60

W

Wells, Edgar, 3, 5, 6
Williamson, John, 307

Z

Zamora, Paz, ex-presidente da Bolívia, 214
Zuazo, Siles, ex-presidente da Bolívia, 213

Sobre os Autores

Michael Fairbanks é co-líder da prática de competitividade de países da Monitor Company. Há mais de uma década, presta consultoria a dirigentes do governo e do setor privado, na África, no Oriente Médio e na América do Sul. Seus clientes incluem chefes de estado, ministros e presidentes executivos de empresas. Fairbanks também prestou consultoria a funcionários do mais alto escalão do Banco Mundial, bem como de bancos de desenvolvimento na África e na América do Sul.

É diplomado em filosofia pela Universidade de Scranton e em política africana pela Universidade de Colúmbia. Antes de entrar para a Monitor, trabalhou como professor do Corpo da Paz no Quênia; para o Departamento de Estado; e para as divisões internacionais dos bancos Chase Manhattan e HSBC, especializando-se em consultoria financeira a países emergentes.

Suas atividades mais recentes incluem consultoria ao ministro do Desenvolvimento da Venezuela, ao ministro do Desenvolvimento Econômico e à Câmara de Comércio Nacional da Colômbia, bem como ao Congresso Nacional Africano na África do Sul, ao presidente da República do Tatarstão, na antiga União Soviética, e ao prefeito de Bogotá, na Colômbia, sobre estratégia de competitividade regional e nacional, desenvolvimento de capital humano e estratégia ao nível da empresa.

Fairbanks dirigiu projetos em mais de 20 setores industriais em 35 países, inclusive na conversão da indústria bélica na Califórnia, na petroquímica e na indústria do couro na Colômbia, na agroindústria e no setor têxtil no Peru, nos setores de turismo na Irlanda, de telecomunicações no Egito, e bancário e financeiro na Nigéria, na conversão da indústria bélica e no ambiente para a pequena empresa na antiga União Soviética, e no setor de produtos florestais na Bolívia.

Fairbanks tem dado inúmeros seminários sobre a estratégia da competitividade para platéias universitárias e para tomadores de decisão, tanto no setor público quanto no privado, na Europa ocidental e oriental, na África do Sul e na América do Sul, bem como discursos recentes na Conferência das Nações Unidas contra o Apartheid na London School of Business; no Instituto das Américas, na Universidade da Califórnia, San Diego; no Programa sobre o Processo de Paz da Irlanda do Norte, na Kennedy School of Government da Universidade de Harvard; e no Programa de Conferencistas Ilustres da Harvard Business School.

Stace Lindsay é co-líder da prática de competitividade de países da Monitor Company, na América Latina e no Caribe. Presta consultoria a dirigentes governamentais do alto escalão, inclusive vários chefes de estado, e a presidentes de empresas da região, sobre o desempenho no comércio internacional, o impacto das políticas governamentais no ambiente competitivo do país, as opções estratégicas para setores que enfrentam a crescente concorrência global, e o posicionamento estratégico ao nível da empresa.

Tendo vivido e realizado trabalhos de desenvolvimento em nível comunitário na América Central, é diplomado em relações internacionais pela Universidade de Georgetown e pela Universidade de Oxford, onde foi Rhodes Scholar, especializando-se em estudos latino-americanos, com enfoque na política de ajuda humanitária.

Suas atividades mais recentes incluem consultoria aos ministros do Desenvolvimento Econômico da Colômbia e da Bolívia; ao ministro da Indústria, Turismo e Comércio Internacional do Peru; e aos ministros da Fazenda e do Desenvolvimento Econômico de El Salvador. Deu início ao Seminário Nacional sobre Competitividade para líderes governamentais e empresariais na Colômbia, Peru, e na Bolívia, e está ativamente envolvido no treinamento em estratégia para líderes empresariais da região. Também presta consultoria a uma importante organização de microfinanciamento, cuja finalidade é proporcionar acesso a capital a microempresários.

Lindsay coordenou equipes complexas e multinacionais de profissionais na análise de cerca de 20 setores em vários países, inclusive os de turismo, vestuário e agroindústria no Peru; de flores, têxteis e bens de capital na Colômbia; da soja e de pequenas empresas na Bolívia.

Citado com freqüência pela imprensa regional e internacional, tem publicado artigos em periódicos especializados em estratégia e competitividade. É convidado com regularidade a proferir palestras, reuniões anuais e eventos especiais das câmaras de comércio, associações industriais e universidades da região. Também fez palestras na Harvard Business School e na Conferência sobre Desenvolvimento Econômico Internacional da Kennedy School of Government.

A **Monitor Company** é uma firma de consultoria especializada em estratégia internacional, fundada em 1983 pelo professor Mark Fuller, da Harvard Business School — atual presidente do conselho e presidente executivo —, e por um grupo de colegas. A empresa começou com a missão de aplicar os conceitos desenvolvidos pelos membros da área de estratégia empresarial da Harvard Business School, visando a assegurar que os clientes tomassem as medidas necessárias para criar competitividade sustentável. Por tradição, a Monitor Company trabalha com cada empresa para dar respostas às suas questões estratégicas mais prementes: como penetrar em novos mercados, em que negócios entrar, como prever e explorar as mudanças no ambiente competitivo. A partir de 1990, a Monitor ampliou a sua rede de clientes, passando a atender a regiões e nações ao redor do mundo. A Monitor trabalhou com governos e empresas para aumentar a competitividade internacional de indústrias e regiões. Hoje, com 700 consultores e 14 escritórios em 5 continentes, a firma recorre a uma ampla gama de recursos intelectuais e da indústria para atender às necessidades globais de seus clientes.

MONITOR COMPANY

Avenida das Nações Unidas, 11857 — 15º
Brooklin Novo — São Paulo — 04578-000
Tel.: 5 511 5505-5369 — Fax: 5 511 5506-2781

Provocar Mudanças
Como as Melhores Empresas Estão se Preparando para o Século XXI

Dividido em quatro partes, o livro analisa na primeira os fatores que impulsionam a mudança; explica como o novo empreendimento está remodelando o modo como os negócios vêem as pessoas; mostra como as empresas estão utilizando a tecnologia da informação, a inovação e a qualidade; e aborda o modo como corporações formam suas redes, como aprendem, como podem responder melhor às demandas da sociedade e como podem reprojetar sua arquitetura. Os autores alertam que não se trata de mais um livro-fórmula para rápidos ajustes, mas sim da apresentação de um contexto estrutural para a produção de idéias e ações, que permitam aos líderes empresariais provocar e conduzir as mudanças de que precisam.

Autor: Jerry Yoram Wind e Jeremy Main
Págs.: 416
Formato: 16 x 23 cm

Metamorfose Empresarial

O livro aborda temas contemporâneos que envolvem a velocidade das mudanças, a reengenharia de processos e a melhoria contínua, dentre outros fundamentais para que uma organização continue moderna. O autor reúne nesta obra todos os aspectos principais da Gestão Empresarial, incluindo a capacidade de empreender e de liderar, como uma forma de sincronizar conhecimentos, sonhos, aspirações com os objetivos da organização.

Autor: Luiz da Rocha
Págs.: 88
Formato: 16 x 23 cm.

Transformação Organizacional
A Teoria e a Prática de Inovar

Esta obra visa oferecer referências para melhorar a compreensão e orientar escolhas de gestores e pessoas interessadas na transformação organizacional, sejam elas consultores, pesquisadores ou estudiosos na busca de fundamentação para suas idéias e práticas de inovação. O livro aborda temas como: crise de valores e novas referências para a inovação organizacional, dimensão paradigmática do saber administrativo ou sobre como conhecer a mudança, foco de intervenção ou dos modelos substantivos da mudança, dentre outros.

Autor: Paulo Roberto Motta
Págs.: 284
Formato: 16 x 23 cm.

Cenários XXI
Novos Negócios, Oportunidades e Desafios na Gestão do Futuro

Este livro aborda cenários futuros – críveis ou visionários – para empresas e negócios, estimulando o debate sobre o tema. A idéia é sondar o presente e promover soluções e idéias criativas para o futuro dos negócios, mercados e pessoas.

Autor: Alessandro Orofino de Araújo
Págs.: 180
Formato: 16 x 23 cm.

O Cliente na Linha de Frente

As inúmeras viagens do autor ao Japão despertam seu interesse pela Próxima Operação Como Cliente (POCC), processo que prioriza a satisfação do cliente, no ciclo de melhoria contínua de processos que visem à Qualidade. Colocar-se no lugar do cliente, para avaliar falhas e analisar os fatores de sucesso, é a proposta do autor, que ensina os caminhos da satisfação do cliente.

Autor: Keki R. Bhote
Págs.: 120
Formato: 16 x 23 cm.

A Vantagem das Alianças

O livro publicado apresenta ferramentas conceituais e práticas para analisar o projeto e o desempenho de alianças entre empresas. Cada capítulo examina um aspecto diferente de uma aliança, desde a seleção dos parceiros adequados até a minimização de conflitos e a determinação de novos comprometimentos.

Autor: Yves L. Doz e Gary Hamel
Págs.: 320
Formato: 16 x 23 cm.

Entre em sintonia com o mundo

QualityPhone:
0800-263311
Ligação gratuita

✉ Rua Teixeira Júnior, 441
São Cristóvão
20921-400 – Rio de Janeiro – RJ
Tel.: (0XX21) 3860-8422
Fax: (0XX21) 3860-8424

www.qualitymark.com.br
E-Mail: quality@qualitymark.com.br

Dados Técnicos
Formato: 16 x 23
Mancha: 12 x 19
Corpo: 11
Entrelinha: 13,5
Fonte: Palatino
Total de Páginas: 376